V&R

Jüdische Geschichte
als Allgemeine Geschichte

Herausgegeben von

Raphael Gross
Yfaat Weiss

Vandenhoeck & Ruprecht

Bibliografische Information Der Deutschen Bibliothek

Die Deutsche Bibliothek verzeichnet diese Publikation in der
Deutschen Nationalbibliografie; detaillierte bibliografische Daten sind
im Internet über <http://dnb.ddb.de> abrufbar.

ISBN 10: 3-525-36288-9
ISBN 13: 978-3-525-36288-4

Umschlagabbildung:
Moshe Kupferman, Untitled 1972.
© Kupferman Collection, Kibbutz Lohamei Hagetaot, Israel (2006).

© 2006, Vandenhoeck & Ruprecht GmbH & Co. KG, Göttingen
Internet: www.v-r.de
Alle Rechte vorbehalten. Das Werk und seine Teile sind urheberrechtlich geschützt.
Jede Verwertung in anderen als den gesetzlich zugelassenen Fällen bedarf der vorherigen
schriftlichen Einwilligung des Verlages. Hinweis zu § 52a UrhG: Weder das Werk noch
seine Teile dürfen ohne vorherige schriftliche Einwilligung des Verlages öffentlich zugänglich gemacht werden. Dies gilt auch bei einer entsprechenden Nutzung für Lehr-
und Unterrichtszwecke. Printed in Germany.

Druck und Bindung: Hubert & Co., Göttingen

Inhalt

Einleitung 7

Sekundäre Konversion und Säkularisierung

Paul Mendes-Flohr
Martin Buber as a Habsburg Intellectual 13

Gabriel Motzkin
Memory and Secularisation 30

Mythen und Metaphern

Nicolas Berg
Ökonomie und Kollektivität. Fragen zur Metaphorisierung
von Judentum in nationalökonomischen Schriften um 1900 49

Detlev Claussen
Das Genie als Autorität. Anmerkungen zum Kult um Albert Einstein 76

Fremdbilder und Feindbilder

Markus Kirchhoff
Erweiterter Orientalismus. Zu euro-christlichen Identifikationen
und jüdischer Gegengeschichte im 19. Jahrhundert 99

Omar Kamil
»Sie leben in der Gegenwart und für die Zukunft – wir in einer
glorreichen Vergangenheit«. Die arabischen Intellektuellen und
die Wahrnehmung des »Jüdischen«............................... 120

Staat und Nation

Seyla Benhabib
The Boundaries of the *Demos* in a Post-Westphalian World 141

Yfaat Weiss
Ethnic Cleansing, Memory and Property—Europe,
Israel/Palestine, 1944–1948 158

Geschichte und Gerechtigkeit

Moishe Postone
Reflections on Jewish History as General History.
Hannah Arendt's *Eichmann in Jerusalem* 189

Raphael Gross
Zum Fortwirken der NS-Moral. Adolf Eichmann und
die deutsche Gesellschaft 212

Antisemitismus und Holocaust

Steven E. Aschheim
The Bonfires of Berlin: Historical and Contemporary
Reflections on the Nazi Book Burnings 235

Peter Pulzer
Looking Back on the Third Reich. The Politics of German
Historiography 245

Zeit und Narrativität

Ashraf Noor
Narrative Zeit und Historiografie 259

Moshe Zimmermann
Wie viel Zufall darf Geschichte vertragen? Über politische
Zeit- und Krisenwahrnehmung deutscher Juden im Januar 1933 288

Totalitarismus und Terrorismus

Omer Bartov
Nazi State Terror and Contemporary Global Terrorism:
Continuities and Differences 305

Anson Rabinbach
Otto Katz: Man on Ice 325

Autorinnen und Autoren 355

Einleitung

Dieser Sammelband ist dem Historiker Dan Diner zu seinem sechzigsten Geburtstag gewidmet. Als Herausgeber möchten wir uns bei ihm für viele Jahre der besonderen intellektuellen Inspiration, der Unterstützung und der Freundschaft bedanken und ihm ein Buch widmen, in welchem sowohl die inhaltliche und methodische als auch die sprachliche und geografische Vielschichtigkeit seiner Interessen, Themen und eigenen Arbeiten sichtbar wird. In diesen Dank sind auch die Autoren der Beiträge eingeschlossen, denn nicht nur ihre hier versammelten Beiträge zeigen, dass sie durch seine Forschungen, sein Nachdenken und durch viele Gespräche und Diskussionen mit ihm angeregt worden sind, Fragestellungen in einer ganz bestimmten Richtung zu verfolgen. Da Dan Diner Geschichtsschreibung auch als Form intellektueller Intervention versteht, berührt er dabei stets Themen mit großer Gegenwartsrelevanz, ohne dabei das Spezifische und Geschichtliche historischer Fragestellungen jemals tagesaktueller Kurzatmigkeit unterzuordnen. Das weite Spektrum seiner Forschungen und Arbeiten ist beeindruckend – zu nennen sind hier nur exemplarisch seine Arbeiten zu Geschichte und Historiografie des Nationalsozialismus oder seine Beschäftigung mit Fragen des Völkerrechts vor und nach dem »Zivilisationsbruch« des Holocaust. Zu nennen sind auch seine besondere Perspektive auf die jüdische Geschichte, die er immer mit allgemeinen Fragen der europäischen Geschichte verknüpft, oder seine Bücher und Aufsätze zur Geschichte Palästinas und Israels sowie die vielfältigen Impulse, die seine Veröffentlichungen zu Fragen der Erinnerungs- und Gedächtnisgeschichte ausgeübt haben und weiter ausüben.

Die Vielfalt der Gegenstände, die hier nur angedeutet werden kann, ist das eine. Zugleich durchziehen die Texte Dan Diners wiederkehrende Fragen, deren wissenschaftliche Besonderheit und intellektuelle Appellationskraft darin liegt, dass sie aufeinander Bezug nehmen. Sie vermögen es, ein immer weiter ausdifferenziertes Deutungssystem auszubilden – und das in verschiedenen Wissens- und Wissenschaftskulturen. Dass Dan Diner seit vielen Jahren sowohl in Israel als auch in Deutschland lehrt, ist deshalb nur der sichtbarste Ausdruck für die existenzielle Art und Weise, in der er bestimmte Geschichtstraditionen und Gegenwartsbezüge zusammenzuführen in der Lage ist. Mit großer Sensibilität erkennt und beschreibt er immer wieder die unterschiedlich gelagerten historischen Gedächtnisse in Israel und Deutschland, Europa und Amerika. Ohne die eigene Biografie direkt zum Thema zu machen, ist der eigene Lebenshintergrund dabei in subtiler und authentischer Weise stets gegenwärtig. Nicht oft halten Historiker die Spannung zwischen unterschiedlichen Welten aufrecht, Dan Diner dagegen hat sich hierfür in sehr bewusster Form entschieden. Seine Anregungen und Impulse, die er vor allem zwischen Israel und Deutschland vermittelt, bringen neue Erkenntnisse nicht trotz, sondern wegen des Wechsels der Perspektiven mit sich, nicht obwohl, sondern weil es Konfrontation verschiedener historischer Gedächtnisse sind, die hier jeweils – doppelt und vermittelt – die Aufgabe der intellektuellen Durchdringung einfordern.

Auch die deutsch-englische Zweisprachigkeit des Bandes spiegelt Dan Diners Vermittlung zwischen verschiedenen sprachlichen und kulturellen Welten wider. Eindrucksvoll hat er immer wieder auf die Bedeutung von Begriff und Sprache, von Schrift und Text in der Geschichte hingewiesen – zuletzt in seinem Buch »Versiegelte Zeit«, in dem das prekäre Verhältnis der islamischen Welt zur Tradition und Aufklärung, Modernisierung und Veränderung Thema ist. Für Diner sind Sprache und Schrift mehr als ein bloß äußerliches, formales Instrument; immer behandelt er sie als ein eigensinniges und eigenmächtiges Medium, in dem sich etwa sakrale Bedeutungsebenen des Gesagten tradieren können. Er selbst hat in seinen Texten nicht selten Begriffe angeboten, deren Substrat aus dem Erfahrungshorizont der jüdischen Geschichte stammt – deren volle Bedeutung sich aber erst im Kontext der allgemeinen Geschichtsschreibung entfaltet. Die von ihm geprägten Begriffe lassen komplexe historische Vorgänge in einem ganz neuen Licht erscheinen. Jeder, der die Gelegenheit hat, mit Dan Diner ins Gespräch zu kommen, hat diesen seinen besonderen Sprachsinn kennen gelernt. Begriffliche Durchdringung der historischen Zusammenhänge aber ist Sinn-Erkennen, ist Verstehen und Erklären.

Die hier versammelten Beiträge aus Amerika, Deutschland, England und Israel kreisen um Themen der jüdischen und der allgemeinen Geschichte und versuchen dabei im Sinne Dan Diners, beides in Bezug zueinander zu bringen. Einige sind Themen der arabischen Welt und der Durchdringung von jüdischer und islamischer Welt gewidmet, andere Texte beschäftigen sich ganz mit theoretischen Fragen der Geschichts- und Kulturwissenschaft, wieder andere präsentieren konkrete Fallstudien. An allen Aufsätzen jedoch lässt sich verfolgen, wie neuere theoretische oder methodische Debatten oder übergeordnete Fragen aufgenommen werden. Dies geschieht mal im Hinblick auf methodische oder kulturgeschichtliche Fragen allgemein, mal in der Reflexion zu speziellen Problemen der Erforschung von Antisemitismus und Holocaust und in Bezug auf die politischen und erkenntnistheoretischen Folgen, die der Nationalsozialismus noch in den Aufbewahrungs- und Tradierungsformen einer kritischen Wissenschaft aufweist, mit der wir beide untersuchen. Im einzelnen berühren die Aufsätze und Essays Fragen nach »sekundärer Konversion« und Säkularisierung (Paul Mendes-Flohr und Gebriel Motzkin), machen Mythen und Metaphern »jüdischer« Partikularität und Kollektivität zum Gegenstand (Nicolas Berg und Detlev Claussen) und untersuchen Entstehung und Tradierung von Fremd- und Feindbildern (Markus Kirchhoff und Omar Kamil). In weiteren Abschnitten wird das Verhältnis von Staat und Nation beleuchtet (Seyla Benhabib und Yfaat Weiss) und das Problem diskutiert, in welchen Formen Gerechtigkeit in Geschichte und Historiografie ausgehandelt wurde (Moishe Postone und Raphael Gross). Beiträge zur Ereignis- und zur Deutungsgeschichte des Nationalsozialismus (Steven Aschheim und Peter Pulzer), Reflexionen über das Verhältnis von »Zeit« und Narrativität, Zeiterleben und Erkenntnis (Ashraf Noor und Moshe Zimmermann) und Auseinandersetzungen mit den Themen Totalitarismus und Terrorismus (Omer Bartov und Anson Rabinbach) schließen den Band ab.

Wir wünschen uns, dass mit dem Band *Jüdische Geschichte als Allgemeine Geschichte* sowohl die Themenvielfalt der Arbeit Dan Diners, als auch seine Fähigkeit, am historischen Material stets Grundfragen der Geschichte sichtbar werden zu lassen, dokumentiert sind. Beides ist für sein Denken signifikant und beides zusammen macht sein Urteil in geschichtlichen und geschichtswissenschaftlichen Fragen so einzigartig. Stets verweisen seine Arbeiten auch auf die Probleme der Begriffsbildung und auf die Perspektivität der Forschungsmeinungen, deren Reflexion somit immer Teil der Suche nach wissenschaftlicher Erklärung und historischer Deutung wird. Wissenschaftsgeschichte, auch das kann man von Dan Diner lernen, ist keine bloße Propädeutik des so genannten »Forschungsstands« oder ein lediglich schmaler Sektor des Faches, sondern ein – vielleicht das – Medium, in welchem ein wesentlicher Teil der Relevanz des Faches gründet.

Besonderen Dank schulden die Herausgeber den Autoren für ihre Originalbeiträge. Es war eine ganz besondere Erfahrung, dass wir nicht nur von denen Zusagen erhielten, die wir angefragt hatten, sondern eine ganze Reihe von Angeboten für weitere Aufsätze zurückstellen mussten. Dies zeigte noch einmal, in welch umfassender Weise Dan Diner neben den vielen institutionellen Aufgaben seiner Arbeit in Jerusalem und Leipzig den direkten und persönlichen intellektuellen Austausch mit Freunden und Kollegen sucht und pflegt. Für Hilfe bei der Arbeit an den Texten gilt unser besonderer Dank Almut Becker, Nicolas Berg, Christiane Danders, Laura Jockusch, Gabriele Rahaman, David Rees, sowie Dörte Rohwedder vom Verlag Vandenhoeck & Ruprecht. Zudem danken wir auch dem Verlagsbereichsleiter, Martin Rethmeier, dessen Freude, diesen Band in das Göttinger Verlagsprogramm aufzunehmen, ein besonders schönes Zeichen im Verlauf der Arbeit darstellte. Am Ende möchten wir uns auch besonders herzlich beim Richard Koebner Minerva Center for German History an der Hebräischen Universität in Jerusalem für einen Zuschuss bei den Druckkosten dieses Bandes bedanken.

Yfaat Weiss und Raphael Gross im Januar 2006

Sekundäre Konversion und Säkularisierung

Paul Mendes-Flohr

Martin Buber as a Habsburg Intellectual[1]

In a fit of spite Gershom Scholem once derisively referred to Martin Buber as a "Polish Jew."[2] A proud *Yekke*, Scholem was protesting the popular tendency to regard his friend and colleague as a German Jew. He was right. Despite his long years in Germany, Buber was not a German Jew. He was a Galician, a *Galicianer*. Born in Vienna in 1878, at the age of three, in the wake of his parents' precipitous divorce, he was sent to live with and be raised by his paternal grandparents who lived in Lemberg, the capital city of the Habsburg province of Galicia. Lemberg, or Lwow as the city was called in Polish, was a multiethnic metropolis comprised of Germans, Ukrainians, Poles, and Jews, who in Buber's youth made up thirty percent of the city's population of 130,000. The vast majority of the Jews spoke Yiddish as their mother-tongue, although among the wealthier there was a tendency to send their children to either Polish or German schools. Buber himself attended a Polish gymnasium, where he acquired a passion for Polish culture. His very first literary venture was to translate, at the age of seventeen, Nietzsche's *Thus Spoke Zarathustra* into Polish.[3] At home, however, he spoke alternately German and Yiddish with his grandparents, who were, incidentally, pious, traditional Jews. His grandmother in particular shared with him her love for the German language and culture. As many Jewish women of her day and background, she acquired a knowledge of German surreptitiously. In his memoirs, Buber relates:

Among the Jews in the small Galician village where my grandmother grew up the reading of 'alien' books [that is, non-Jewish as well as Jewish books written in a Gentile vernacular] was strictly proscribed, but for the girls the reading of all writings, with the exception of edifying popular books [written in either Hebrew or Yiddish], was regarded as unseemly. As a fifteen year old she set up for herself in the storehouse [adjacent to her home] a hiding place in which stood volumes of Schiller's periodical 'Die Horen,' Jean Paul's book on education, *Levana*, and many other German books which had been secretly and thoroughly read by her. When she was seventeen years old, she took them and the custom of concentrated reading with her into her marriage, and raised her two sons in the respect for the authentic word that cannot be paraphrased. The same influence she later exercised on me.[4]

And Buber added, "For my grandmother language-centred humanism was the royal road to education."[5]

Salomon Buber was a famed and prolific scholar. Given his grandson's later renown, Salomon's prodigious scholarly accomplishments now tend to be forgotten. In fact, in educated Jewish circles of the *fin de siècle* Martin was often simply referred to as "Solomon Buber's grandson."[6] It is apposite that we briefly review Solomon's *curriculum vitae*, not only to give him his due, but also to point to the scholarly and Jewish world in which Martin was raised. Solomon Buber earned acclaim for his critical editions of *Midrashic* literature. The some sixteen collections of *Midrashim* he edited are characterized by an exhaustive examination of all available manuscripts, with textual *varia* duly marked and accompanied by detailed philological commentary, particularly drawing attention to terms and concepts barrowed from Greek and Latin. His erudite historical introductions to these editions, in and of themselves, virtually constitute monographs; his introduction to *Midrash Tanhuma*, published in Vilna in 1885, alone embraces 212 octavo pages. He also wrote extensively in other areas of Jewish literature, for instance, a biography of the Hebrew grammarian Elias Levita, which, published in 1858, was actually Salomon Buber's first scholarly publication. This was followed by a long series of monographs and critical editions. Just to name a few of these in order to highlight the range of his scholarship: Critical editions of Saadia Gaon's treatise on the *Hapax Legomena* of the Hebrew Bible; Samuel ben Nissim's commentary on the Book of Job, *Ma'yan Gannim*; Zedakia ben Abraham's liturgy, *Shibbolei ha-Leket*; and a commentary on the Book of Lamentations by Joseph Caro. Salomon Buber also published hundreds of articles on Jewish history and classical Jewish literature, with few exceptions, all in Hebrew scholarly journals which flourished in the latter half of the nineteenth century in Eastern Europe. Indeed, Salomon was a Hebraist; and although he knew German well, he deliberately chose Hebrew as his scholarly medium as way of underscoring, as his grandson put it, that "the vital energy of our people has not been sapped."[7] Upon his grandfather's death in 1906, he paid tribute to him by changing the dedication of his first work on Hasidism, *Die Geschichte des Rabbi Nachman*. The first printing of this work bore the dedication, "*Meinem Großvater Solomon Buber, dem letzten Meister der alten Haskala, bringe ich dieses Werk der Chassidut dar in Ehrfurcht und Liebe*"; with the volume's second printing, the dedication reads, "*Dem Gedächtnis meines Großvaters Salomon Buber des letzten Meister der alten Haskala bringe ich in Treuen dieses Werk der Chassidut.*"[8]

Like most other nineteenth-century Judaica scholars, Salomon Buber was a *Privatgelehrter*, an independent scholar, meaning his labours were not supported by any institution or foundation. In fact, as a very successful landowner and banker, he personally financed the publication of most of his scholarly editions; he was also a generous patron of other scholars. A letter Martin wrote in 1900 to his grandfather congratulating him on the occasion of his 73rd birthday, incidentally celebrated according to the Hebrew calendar, the fifth of the month of *Adar*, both expresses his deep love for the man who raised him and how that love and corresponding respect for his grandfather's life's work would determine his own intellectual and spiritual calling:

... Birthdays are of course fortuitous but welcome occasions for us to pour out our hearts to those we love most, to tell them all the love, all the thoughts and good wishes we have for them. I have a feeling of sacredness towards Grandpa's birthday. Since leaving home [for the university] I have met many persons of culture, artists, writers and scholars. But I have never again come upon the childlike, miraculous power of mind, the vigour of a strong and simple ambition so purely and beautifully as embodied in Grandpa. Never again has a scholar and intellectual seemed to me so lovable (I mean worthy of the greatest love). When I think of [your] dear face, I have trouble fighting back my tears—tears of warmest reverence. When our relationship to a person is that close, is it really possible to offer 'congratulations'? Dear Grandfather, it is the fervent hope of my heart that your vibrant kindness, which often has brought me comfort and joy and a firm grounding (*Festigkeit*), will be preserved for me for a long, long time. The unflagging and undivided quality of your creative work has often guided me back to myself from the errant path of incoherence. You are a close and inspiring example. For that and for many other things, I am inexpressibly grateful to you. I can show my love in no better way than by emulating your example—in my own fields—and by placing my life, as you have done, in the service of the Jewish people. You have mined and refined treasures from the culture of the Jewish past; I, who am young [Martin was not yet twenty-one at the time] and still long more for action than for knowledge, want to help forge the Jewish future. [Martin is referring to his involvement in the then nascent Zionist movement.] But we are ruled by the spirit of the eternal people, and in this sense I think I can say that I intend to carry on your life's work. May you have many lovely and peaceful joys, dear Grandfather, joy in the success of your activities, in the inner blessing of your great work, and in the homage of hundreds of thousands who know and revere you; ... and joy in living Judaism, which is awakening to new strength and glory; joy in the creative activities of the faithful sons of Jewry, and in mine also. My greetings and kisses to you and dear Grandma; I am in truth *yours*, your faithful grandson.[9]

Until Martin was ten, grandfather Salomon tutored him in the principal sources of the Jewish tradition, the prayer book, Scripture, *Mishnah*, and, of course, *Midrash*.[10] With his grandfather Martin tended to speak *mamaloshen*, Yiddish, as is attested to by their extensive correspondence which is in an elegant—Galician—Yiddish.[11] Much of their correspondence appertains to the young Buber's budding interest in *Hasidism*. His grandfather would bring to his attention *Hasidic* writings and, perhaps most important to his grandson's research, introduce him to established scholars of *Kabbalah* and *Hasidism*, such as Shmuel Abba Horodetzky, who was then still living in his native Ukraine and at the time the editor of the Hebrew scholarly journal *Ha-Goren*. Parenthetically, his grandmother would write to him in German but transliterated in Hebrew letters.[12]

Indicative of his multilingual culture, Buber gave two *Bar Mitzvah* speeches, one in German and another in Polish. The first address in German was read on the occasion of his own *Bar Mitzvah* in February 1891, and the second was delivered several months later, in Polish, at the *Bar Mitzvah* ceremony of a close friend.[13] Buber's later, dialogical, indeed irenic vision—his determined commitment to reconcile opposing social and faith communities—is already in evidence in these addresses. Significantly, the German address places at its centre the poet Schiller, whose humanistic teachings were cast as a prism to refract select passages from Scripture, cited of course in Hebrew. In the Polish *Bar Mitzvah* speech he conscripts the Polish Romantic and patriotic poet Adam Mickiewicz, whose poem "Ode to Youth," served Buber as the lyrical fulcrum for the reflections he shared with those who gathered to celebrate his *Bar Mitzvah*. Citing Mickiewicz, he gently criticizes the bard for entertaining the promise of eternal youth. Youthful beauty, the thirteen-year old Buber observed, "soon withers, strength is so easily broken, passions devour themselves, … the legs grow weary already at the first run." True youth, Buber tells his admiring relatives and friends, is "not of the body, but of the spirit." "If you maintain eternal, ever youthful ideals […] if you live a spiritual life…, if you drink from the well-springs of the spirit, from which ever new youth flows, if you do not abandon the living God of truth in favour of futile and vapid values," you will attain a genuine, eternal youth. Noting that spiritual youth is ultimately sustained by love, the *Bar Mitzvah* lad cites Victor Hugo, in French of course: "*C'est Dieu qui mit l'amour au bout de toute chose. L'amour en qui tout vit, l'amour en qui tout pose. L'amour, c'est la vie.*" The precocious Buber proceeds to comment that the height of love is the love

towards one's enemies. To forgive and even to be benevolent towards your opponents and those who have harmed you, to give a fallen enemy a helpful hand with all your heart full of love so that he might forget his rage and warm up his icy heart on yours—such love, joined with love towards everything that is beautiful and good, makes a human being noble … Love never grows weary; the eyes of love never close for sleep, even when the evening of life approaches…[14]

Shortly before his *Bar Mitzvah*, Martin enrolled in the Franz Josef Gymnasium in Lemberg. Years later, he would recall this school named in honour of the Habsburg Emperor and at which the language of instruction was Polish to be a microcosm of the Austrian-Hungarian Empire, whose multiethnic and cultural tapestry was a weave of contradictory strands:

The language of instruction and social intercourse [at the Franz Josef Gymnasium] was Polish, but the atmosphere was that, now appearing almost unhistorical to us, which prevailed or seemed to prevail among the peoples of the Austrian-Hungarian Empire: mutual tolerance without mutual understanding (*gegenseitige Verträglichkeit ohne gegenseitiges Verständnis*). The students were for the most part Poles, in addition to a small minority of Jews (the Ruthenians [or Ukrainians] had their own schools). Personally the pupils got along well with one another, but the two groups as such knew almost nothing about each other.[15]

In his mature years, Buber would speak of the difference between living *nebeneinander*—*next* to one another (tolerantly, if you will, but without mutual understanding and hence genuine respect)—and *miteinander*—together *with* one another.[16] Buber would cast this insight as a demand—indeed, as an existential and religious commandment—to meet the other as a Thou, as a fellow human being in the deepest and most compelling sense.

At the age of eighteen, Buber commenced his university studies in Vienna. After subsequent stints at the universities of Leipzig, Zurich, and Berlin, he eventually returned to Vienna to complete his PhD, submitting his doctoral dissertation on medieval Christian mysticism.[17] He soon commenced research on an extended second doctorate, the so-called *Habilitationsschrift*, which would have qualified him for a university position. Deflected by other literary and political interests, he never completed this research in art history, conducted under the supervision of the iconoclastic art historian Alois Riegl.[18] He would, however, maintain throughout his life an active interest in medieval Christian and modern, especially Expressionist art.

The city of Vienna duly left its imprint on the inner, spiritual landscape of the youthful Buber. While strolling through the streets and along its glamorous boulevards, he recalled that he had spent the first three years of his life in that vibrant cosmopolitan city. Vienna had for the eighteen-year old Buber a strange, uncanny familiarity:

The detached, flat memory images [of Vienna] appeared out of the great corporal context like slides of a magic lantern, but also many districts [of the city] that I could not have seen [in my early childhood] addressed me as acquaintances. The original home of mine [in Vienna], now foreign, taught me daily, although still in unclear language, that I had to accept the world and let myself be accepted by it....[19]

Parallel to his university studies, the young Buber plunged into the intellectual life of Vienna, frequenting its famed cafes and literary clubs where the city's intellectuals and *literati* would gather. Within months, he would publish his very first essay on the circle of writers called Young Vienna—Hermann Bahr, Hugo von Hofmannstahl, Peter Altenberg and Arthur Schnitzler—which appeared in Polish in a prestigious Warsaw cultural review.[20]

But it was the theatre of the Habsburg capital that left its most enduring mark on Buber:

What affected me most strongly ... was the *Burgtheater* into which at times, day after day, I rushed up three flights of stairs after several hours of posting myself in order to capture a place in the highest gallery. When far below in front of me the curtain went up and I might then look at the events of the dramatic agony as, even if in play, taking place here and now, it was the word, the 'rightly' spoken human word that I received into myself, in the most real sense. Speech here first, in this world of fiction as fiction, also won its adequacy; certainly it appeared heightened, but heightened to itself. It was only a matter of time, however, until—as always happened—someone fell for a while into recitation, a 'noble' recitation. Then, along with the genuine spoken-ness of speech ... this whole world [of direct, dialogical speech] ... was shattered for me—until after some moments it arose anew with the return of the over-against (*das Gegenüber*) [that is, one's fellow human being].[21]

Enthralled by the stage, Buber came to appreciate the paradoxical power and, as we shall presently see, limitations of speech, the spoken word.

Buber would come to regard it as his calling to explore and plumb the depths of this paradox, and do so as a man of letters, as a member of that unique breed of independent scholars and *literati*, that class of educated individuals whom the Hungarian-born sociologist Karl Mannheim aptly called "free floating intellectuals" (and alternately, "detached intellectuals") and who flourished in Central Europe before World War Two.[22] These intellectuals lived at the margins of academia. Educated at the university, they continued to follow scholarly debates and developments. However, viewing the activity of the academy, in the words of Nietzsche, as an Apollonian perversion of learning, they maintained a scornful distance from the university. Accordingly, these intellectuals adopted a style—in the case of Buber, initially Nietzsche's *Zarathustrastyl*, which eventually yielded to the poetic inflections of Expressionism—that was deliberately antagonistic to the discourse prevailing in the university.

True to their posture as academic "outsiders," these intellectuals allowed themselves to cross the formal boundaries of scholarly disciplines, unabashedly courting the "scandal" of dilettantism. Moreover, they dealt with genres of literature and thought not yet recognized by the universities as academically respectable, such as folklore, myth, and mysticism. Buber himself first earned fame for his translations and anthologies of Celtic, Chinese, Finnish and Jewish, mystical and mythic literature. His collection of *Ecstatic Confessions*—mystical testimonies from Buddhist, Chinese Daoist, Hindu, neo-Platonist, Gnostic, Islamic, Eastern Orthodox, early, medieval, and modern Christian and Jewish sources—is considered as one of the founding documents of Expressionism.[23] In the first decade of the twentieth century, Buber was also the editor of a forty-volume series of monographs in social psychology and sociology, to which some of the leading writers and thinkers of the day contributed, among them Werner Sombart, Georg Simmel, Franz Oppenheimer, Ferdinand Tönnies, Eduard Bernstein, Ellen Key and Lou Andreas-Salome. At the time sociology was regarded with great suspicion by most guardians of academic protocol; for they found the then fledgling discipline to be impressionistic and to lack methodological rigor; the fact that sociology seemed to dignify modern, urban civilization by treating it as a legitimate scholarly subject also aroused the ire of the more staid, conservative professoriate who had yet to make their peace with the eclipse of *Gemeinschaft*, the pre-modern rural community in which interpersonal relations were said to be grounded in tradition and primordial values, by the onrush of *Gesellschaft*, the anomic, atomised social life of the city, putatively bereft of reverence for anything more ultimate than personal aggrandizement. Tellingly, sociology was also known at the time in German as *Gesellschaftslehre*. And equally noteworthy, Buber's series was entitled *Die Gesellschaft*.

Buber also wrote extensively of course on Jewish topics—the Hebrew Scripture, *Hasidism*, Messianism, Jewish religious thought and Zionism—but also on philosophy, politics, psychology, education and pedagogy, art, and theatre; he even served as a dramaturge, primarily for an *avant-garde* theatre in Düsseldorf and later in Tel Aviv for the *Habima*, the national theatre of *Eretz Israel*. He also dabbled in poetry, which to his own admission was wanting; and he wrote and published at least one play as well as a novel.

Intellectuals of Buber's ilk looked askance at what they regarded to be the ponderous style—the cult of footnotes—honoured by the academy as *de rigueur* for scholarly disquisitions. Accordingly, they tended to prefer the essay, a form of expression and intellectual reflection that allowed for what Richard Rorty has called "edifying philosophising" and the "discovery of new, better, more interesting, more fruitful ways of thinking and speaking." Edifying philosophy, as Rorty notes, is born of "a protest against attempts to close off conversation by proposals for universal commensuration through the hypostatisation of some privileged set of descriptions."[24] As a vehicle of edifying philosophy, the essay allowed rhetorical experimentation and innovation and sanctioned an eclectic weave of themes, disciplines, and types and levels of discourse. Thus arose what Hermann Hesse somewhat ironically but nonetheless affectionately called *die Zeit des Feuilletons*.[25]

In his novel, *The Man without Qualities*, Robert Musil proffers what may be called a cultural epistemology of the essay. In an era in which all systems of meaning are in flux and, as a consequences, all cultural certainties begin to falter, Musil observes through his novel's principal protagonist, Ulrich, the essay became the preferred discursive medium of intellectuals:

Later, as his intellectual capacity increased, [his unease with scientific modes of thinking] gave rise in Ulrich's mind to a notion that he no longer associated with the indeterminate word 'hypothesis' but with … the peculiar concept of the essay. It was approximately in the way that an essay, in the sequence of its paragraphs, takes a thing from many sides without comprehending it wholly—for a thing wholly comprehended instantly loses its bulk and melts down into a concept—that he believed could best survey and handle the world and his own life. … In this manner an endless system of relations arose in which there was no longer any such as independent meaning, such as in ordinary life, at a crude first approach, are ascribed to actions and qualities. In this system the seemingly solid became a porous pretext for many other meanings; … and man as the quintessence of human possibilities, potential man, the unwritten poem of his own existence, materialized as a record, a reality, and a character, confronting man in general. … There was something in Ulrich's nature that worked in a haphazard … disarming manner against logical systematisation, against the one-track will, against the definitely directed urges of ambition; and it was also connected with his chosen expression, 'Essayism.' … The translation of the word 'essay' as 'attempt' (*Versuch*), which is the generally accepted one, only approximately gives the most important allusion to the literary model [*viz.*, Montaigne, Essais, 1580]. For an essay is not the provisional or incidental expression of a conviction that might on a more favourable occasion be elevated to the status of truth or that might just as easily be recognized as error (of that kind are only the articles and treatises, referred to as 'chips from their workshop,' with which learned persons favour us); an essay is the unique and unalterable form that a man's inner life assumes in a decisive thought. Nothing is more alien to it than that irresponsibility and semi-finishedness of mental images known as subjectivity; but are 'true' or 'false,' 'wise' or 'unwise,' terms that can be applied to thoughts, which are nonetheless subject to laws that are no less strict than they appear to be delicate and ineffable. There have been quite a number of such essayists and masters of the floating life within, but there would be no point in naming them. Their domain lies between religion and knowledge, between example and doctrine, between *amor intellectualis* and poetry, they are saints and without religion, and sometimes too they are simply men who have gone out on an adventure and lost their way. ... And the question fundamental to them was something that Ulrich experienced by no means merely in intuitive glimmerings, but also quite soberly in the following form: a man who is after the truth sets out to be a man of learning; a man who wants to give free play to his subjectivity sets out, perhaps, to be a writer. But what is a man to do who is after something that lies between—*was soll ein Mann tun, der etwas will, das dazwischen liegt*?[26]

Like many other Central European intellectuals of his day, Buber chose—or perhaps was destined—to dwell in the interstellar region *between* disciplined learning and poetic explorations of the human spirit.

Despite their studied distance from the university, these intellectuals were often exceptionally learned. In the case of Buber we may suffice with the testimony of Franz Rosenzweig. Explaining to a sceptical member of the board of the *Freies Jüdisches Lehrhaus*, the institute of Jewish adult education Rosenzweig had founded in 1920 in Frankfurt am Main, why he had invited Buber to teach at that institution, Rosenzweig exclaimed:

I would not have invited him ... had I not been utterly convinced from the very first moment of his absolute genuineness, to be exact, the integrity that has slowly taken hold of him. ... I do not readily employ superlatives. ... Buber is for me an imposing savant (*Gelehrter*). I am not easily impressed by knowledge, because I myself have some. ... But in comparison to Buber's learning, I regard myself as a dwarf. In the course of my conversations with him, every time I seek to say something new, I encounter a commanding erudition—without a trace of pretentiousness—not only in German and foreign literature 'about,' but also in the primary writings of individuals whose names I hardly knew. That I am also impressed by his Judaic and Hebrew knowledge says less, although in recent years I have developed a certain sense and learned to distinguish between a 'little' and a 'great' [knowledge of Jewish matters]. There are areas of Judaica in which he is certainly in the strictest sense of the term an expert (*Fachmann*).[27]

It was, indeed, by virtue of his extraordinary learning that Buber was eventually granted a university appointment, despite his lack of *Habilitation*, initially at the University of Frankfurt as a non-salaried external lecturer in "Jewish Religion and Ethics" (*Jüdische Religionswissenschaft und Ethik*) and later as an adjunct professor (*Honorarprofessor*) of comparative religion.[28] But he remained at heart an extramural, anti-academic intellectual, even after he assumed the mantle of a full-fledged professor at the Hebrew University of Jerusalem shortly after his arrival in Palestine in March 1938, at the age of 60. Indicatively, he consistently refused to be cast into the mould of any particular discipline. He defiantly declared himself to be an "atypical" thinker,[29] surely with respect to the university. Indeed, his appointment to the faculty of the Hebrew University, first broached by the university's chancellor, Judah Magnes, as early as 1927, was delayed for over ten years, not only because he did not have the required *Habilitation* but also because of the uncertainty regarding his academic discipline. Was he a philosopher? A biblical scholar? A historian of mysticism and *Kabbalah*? Or was he perhaps a scholar of comparative religion (*Religionswissenschaft*)? He was all of these and yet also none. Finally, a compromise was reached, and Buber was appointed to a position especially designed for him, "social philosophy." This chair, which eventually served as the founding stone of the university's department of sociology, was apparently deemed sufficiently amorphous to accommodate Buber's polymathic interests. Significantly, his first seminars in social philosophy were devoted to the Finnish national epic, *Kalewala*, and an essay, "On Government," by the Chinese philosopher and founder of Daoism, Lao-tse.[30] Incidentally, Buber translated into Hebrew this remarkable document on the ethical limits of political power himself from the Chinese, apparently with the assistance of a young German-Jewish Sinologist then living in Tel Aviv.[31]

Even after joining the faculty of the Hebrew University, Buber remained ambivalent about academics. He would never make his peace with footnotes and the dictates of scholarly discourse. In a letter to his friend Shmuel Hugo Bergmann, then the rector of the Hebrew University, he stated his ambivalence unambiguously: "*Ich bin kein Universitätsmensch*" and that the university he helped found did not "represent ... an absolute value" for him.[32] In the same letter, written a month before his immigration to Palestine, he expressed his hesitation about his ability to teach in Hebrew, to which Bergman replied with a measure of irony: "It seems to me that your real work still lies ahead of you. You should begin definitely renouncing the German language, ... and express what you have to say to the Jewish people in plain simple Hebrew. As it is, the richness of your German has often led you astray, if I may say so, and enormously impaired your effectiveness."[33] In a similar vein, many of his Jerusalem colleagues and students are said to have quipped that once Buber was obliged to speak Hebrew and thus lower the register of his discourse, they would finally be able to understand what he had to say.

Buber of course knew Hebrew well, but it was largely the literary, flowery language of the *Haskala*, the nineteenth-century East European Jewish Enlightenment, the so-called *meliztah*, that his grandfather had taught him. He was never confident that he could command modern spoken Hebrew.[34] There is a certain paradox here. For reasons I will presently explore, his inclination was for the inflections of poetic speech, although, in seeming contradiction, he celebrated, as already noted, the virtue of the spoken word, the immediacy of direct speech.

In accordance with his intellectual temperament, Buber preferred to publish in journals and with publishing houses associated with various movements that were in search of a new idiom and spiritual horizons. His initial loyalties were to the neo-Romanticism of the *fin de siècle*, then to *Jugendstil*, and, later, to Expressionism.[35] These shifts do not indicate fickleness, since the movements that attracted Buber share in some basic sensibilities and ideational affinities. Each was born of a protest against philosophical idealism and its epistemological presuppositions, and of a concomitant demand for "things-in-themselves" instead of mere conceptual forms.

The votaries of these movements had learned from Nietzsche in particular that the basic impediment to full and essential knowledge of the world is language. Language provides the images with which we represent our experience of the world. However, these images are not identical with the world, but are only a way of articulating what is perceived. Hence, Nietzsche contended, language is but "rhetoric," an intricate weave of tropes and figures of speech.

Buber's particular understanding of the structural limitations of language seems to have been indebted to the Czech writer Fritz Mauthner. A novelist and poet who earned his livelihood principally as a theatre critic, Mauthner published several monographs—one as a contribution to Buber's *Die Gesellschaft*—elaborating the epistemological basis of Nietzsche's insights concerning what he, Mauthner, called the delusion of "word-superstition" or the belief that reality can be known through language.[36] Buber was introduced personally to Mauthner by their mutual friend, the anarchist and author Gustav Landauer, who in 1903 published a work popularising Mauthner's teaching: *Skepsis und Mystik. Versuche im Anschluss an Mauthners Sprachkritik.*[37]

Mauthner taught that language—both philosophical and ordinary language—is intrinsically bound to the *principium individuationis*, the principle that governs our apprehension of the world as individuated phenomena, that is, phenomena that appear to us as separated as discrete units of time and space. As such, Mauthner emphasized, language perpetuates what Schopenhauer called the agony of individuation, the invidious isolation of the facts of existence from one another, including of course, the human denizens of the phenomenal world. To emphasize the tragic character of this situation, Mauthner spoke of the inherently arbitrary nature of language. Structurally beholden to the senses by which we gather information about the world, language perforce knows only that which the senses register, and since the senses with which nature has endowed us are accidental (*Zufallssinne*), they notice or apprehend only a limited range of qualities of the world. Therefore language is partial, indeed fundamentally biased.

Language, Mauthner concluded, has at the most a pragmatic and social import but no epistemic value. He conceded that it does allow one to give expression to feelings, and it is thus an excellent instrument for poetry. But despite its expressive power, as Landauer put it in his commentary on Mauthner, "language cannot serve to bring the world closer to us."[38]

Buber would subscribe to Mauthner's language scepticism, but he instinctively resisted the conclusion that language is merely a necessary social convention or at best expressive of inner feelings. Despite all doubts, language for him remained a precious and indeed sacred vessel. In reply to a request that he sponsor the establishment of an Academy for "the creation of a unified conceptual language," Buber politely declined. Rather than teaching the public to employ new terms, he averred, the exigent task is "to fight against the misuse of the great old words." He further explained: "The creation of the word is for me one of the mysterious processes of the life of the spirit; yet I confess that in my view there is no essential difference between what I here call the production of the word and what has been called the emergence of the Logos."[39]

Buber's abiding respect, indeed, reverence for language may in part be explained biographically. As already noted, he was raised in the multiethnic and multilingual city of Lemberg; in consonance, as a child he spoke German, Polish, and Yiddish and a smattering of other languages; he also studied Hebrew as well as French and English with tutors. At the gymnasium, of course, he studied classical languages, Latin and Greek. In an autobiographical note, he reflected on the significance of his polyglot upbringing:

The multiplicity of human languages, their wonderful variety in which the white light of human speech at once fragmented and preserved itself, was already at the time of my boyhood a problem that instructed me ever anew. I followed time after time an individual word or even structure of words from one language to another, found it there again and yet had time after time to give up something there as lost that apparently existed only in a single one of the languages. That was not merely 'nuances of meaning': I devised for myself two-language conversations between a German and a Frenchman, later between an ancient Roman and a Hebrew, and came ever again, half in play and yet at times with beating heart, to feel the tension between what was heard by the one and what heard by the other, from thinking in another language. That had a deep influence on me....[40]

Buber parenthetically adds that his early mastery of French allowed him to assist his grandfather in unanticipated ways. They would study together Rashi—the great biblical and Talmudic exegete of eleventh-century France, who was wont to introduce many French words, transliterated in Hebrew characters, into his commentary. When grandpa Salomon would stumble over the meaning of one of these French terms, Martin eagerly and undoubtedly with palpable joy offered an explanation.[41] The insight that slowly crystallized for Buber was that it is insufficient merely to know many languages; the challenge is to live in many languages and the cognitive and emotional universes they constitute and represent.

In reflecting on Buber's polyglot talent, I am reminded of an Austrian-Hungarian Jewish anecdote I recently read, which implicitly suggests, with some hyperbole, but perhaps only some, that the Jews of the Habsburg Empire were more prone to learn the languages of their fellow citizens than non-Jews were. It is thus told that a Jewish patriarch once met a Gentile acquaintance to whom he proudly introduced his son who despite his young years has already mastered five European languages. The acquaintance was not particularly impressed and retorted, "Why has he learned so many languages? Does he wish to be a waiter?—*Möchte er ein Kellner sein?*"[42] The anecdote only gains full resonance in the context of the Habsburg Empire, where waiters had indeed to cater to a clientele who spoke a multitude of languages.

Buber had a special relationship to the German language, however. And here too it is significant to underscore that he was not a German Jew, but a "*k. und k. Jude,*" a Jewish subject of the Emperor (*der Kaiser*) of the Habsburg Empire who also served as the King (*König*) of Hungary. As such, he seems to have shared with his fellow Jews of the Austro-Hungarian Empire a peculiar self-consciousness with respect to the German language. Faced with a variety of linguistic options, most deliberately chose to adopt German as their primary tongue. Hence, "*k. und k.*" Jews were said to have jealously preserved the purity of High German. Typically, Karl Kraus, whom Kafka hailed as the spiritual leader of the Habsburg Jewish writers,[43] led a tireless, if not ruthless campaign against all encroachments on High German and against all violations of its vocabulary, syntax, and grammar. To explain the nigh-artificial correctness of the German Habsburg Jewish authors, their writings have been characterized sociologically as "minor literature," a literature that "a minority constructs within a major language."[44] In contrast, German Jews, perhaps because they were raised in a monolingual society, seem not to have been burdened by the feeling they were speaking someone else's language—at least not to the degree of their "*k. und k.*" brothers and sisters—and thus to have had a more relaxed, flexible relationship to German.

In any event, it is Buber's origin as a Habsburg Jew that perhaps explains why, unlike many of his contemporary German Jews, such as his teacher Georg Simmel, he was never drawn to the circle of Stephan George, who in the name of new aesthetic ideals and an anti-bourgeois spitefulness deliberately flaunted the rules of German syntax, grammar, and orthography.[45] Buber was not prepared to withdraw into a mystical aestheticism nurtured by an idiosyncratic German; nor was he willing to relinquish the quest for truth, which in the end had to be anchored in, if not guided by language.

Buber sought to forge a principle of language that would take into account its putative epistemological limitations while affirming its cognitive dignity, and its ethical and existential indispensability. Towards this end, he distinguished between language—wedded as it is to the *principium individuationis*—and the spoken word as the invocation of a primal reality that pulsates at the threshold of language. He first extended exploration of "the spokenness of language" (*Gesprochenheit der Sprache*) was his book of 1913, *Daniel*, in which he introduced the concept of *Gespräch*, conversation, which he would later emend to *Zwiegespräch*, dialogue. In the preface to *Daniel*, he explains the genesis of the term:

After a descent during which I had to utilize without a halt the late light of a dying day, I stood on the edge of a meadow, now sure of the safe way, and let the twilight come down upon me. Not needing a support and yet willing to accord my lingering a fixed point, I pressed my stick against the trunk of an oak tree. Then I felt a twofold fashion my contact with being: here, where I held the stick, and there, where it touched the bark [of the tree]. Appearing to be only where I was, I nonetheless found myself there, too, where I found the tree. At that time dialogue (*Gespräch*) appeared to me. For the speech of man, whenever it is genuine speech, is like that stick; that means, truly direct speech.[46]

Around 1962, that is, some three years before his death in Jerusalem at the age of 87, Buber added the following handwritten gloss to a copy of the original 1913 edition of *Daniel*, implicitly connecting the concept of *Gepräch* with his later teaching of dialogue:

Here, where I am, where ganglia and organs of speech help me to form and send forth the word – I 'mean' to him (or her) whom I send it, I intend him (or her), this one, unexchangeable human being. But also there, where he (or she) is, something of me is delegated, something that is not at all substantial in nature like being-here, rather something that is pure vibration and incomprehensible; that remains there, with him (or her), the person meant by me, and takes part in the receiving of my word. I encompass him (or her) to whom I turn. [47]

Parenthetically, the rhetoric of this citation—written in the autumn of his life— palpitating with the lyric cadences typical of his prose and flush with suggestive but hardly well-defined terms, illustrates the irresolvable dilemma he had in trying to mould a form of public discourse that was both propositional and reflecting the quality of the direct, dialogical spoken word. Taking his cue from his youthful hero, Nietzsche, he held that this quality is best captured in the vocative voice of poetry. For dwelling at the liminal ground of language, the spoken word must perforce take recourse to poetic metaphor and imagery; poetic tropes bespeak allusively of a noumenal reality impenetrable by rational, discursive language. This was also the guiding principle of his collaboration with Franz Rosenzweig in translating the Hebrew Scripture into German in which they sought to convey the original spokenness (*Gesprochenheit*) of the biblical Word.

To conclude, as a "*k. und k. Jude*," a Habsburg Jew, Buber was a self-consciously extramural intellectual, a man of letters who dwelt at the edge, the margins of the university and found himself at the interstices of various languages and cultures. From this vantage point, he realized the urgency of nurturing what we would now call an "intercultural competence."[48] Indeed, Buber understood his life's work to be a "builder of bridges"—in Hebrew *gosher gesharim*. He sought to build bridges between one culture and another, between Jew and Christian, between Jew and German, between Israeli Jews and Palestinians, and perhaps most difficult of all, between Jew and Jew. He presented to Western, acculturated Jews and educated Gentiles alike the world of *Hasidism*, hitherto ridiculed, even reviled as an obscurantist semi-Asiatic mystical sect. He translated (initially with his friend Franz Rosenzweig) the Bible anew into German that was meant to convey the tonality and texture of the original Hebrew. He laboured to bring to the appreciative attention of Western readers the folk wisdom of Finland, the Arabic, Persian, Indian, Japanese and Chinese peoples. Joining the Zionist movement, founded by his fellow Austrian-Hungarian Jew Theodor Herzl, Buber laboured tirelessly for more than sixty years to promote Jewish-Arab reconciliation and mutual accommodation. The Land of Israel, or Palestine, is a land of two peoples in which Jew and Arab must learn to live not simply *next* to one another, but *with* one another for the sake of their common future.[49]

The significance of the preposition "with" was elaborated by Buber with another particle of speech, the conjunction "and." To live *with* another is not to deny oneself one's own reality and needs, but to try to "include" the other—his or her reality and needs—in one's understanding of how best to satisfy one's own reality and needs. Buber called this principle "inclusion" (*Umfassung*), which he sharply distinguished from "empathy" (*Einfühlung*). For by empathy one often means "to glide with one's feelings into the dynamic structure" of another such that one denies the "concreteness" of one's own reality, and hence

> the extinguishing of the actual situation of life, the absorption in pure aestheticism of the reality in which one participates. Inclusion is the very opposite of this. Inclusion is the extension of one's own concreteness, the fulfilment of the actual situation of life, the complete presence of the reality in which one participates. ... [W]ithout forfeiting anything of [one's own] felt reality, one is at the same time to live through the common event from the standpoint of the other.[50]

Hence Buber spoke of the I-*and*-Thou relation; in meeting the other, we do not deny our own reality, but seek to include the reality of the other (as an autonomous subject like ourselves) within our own reality, to integrate the other's story, point-of-view, fears, joys and hopes within one's own story. In confirming the other's "presence"—or existential reality—I invite him or her to confirm my own. The meeting of an I *and* a Thou is the existential basis of mutual accommodation. This teaching pertains both to interpersonal relations but is no less applicable to inter-communal relations.

Buber's irenic calling—his overarching commitment to building bridges—and the realization that these bridges are to be forged by the act of cultural translation and direct, dialogical speech—I submit was honed by his early years as a Jewish citizen of the multicultural Habsburg Empire. His access to a variety of languages and cultures—parenthetically as a parent, he introduced Italian as the *Tischsprache*, as the language of the dinning table—and the realization that this access alone did not ensure mutual understanding and respect alerted the young Buber to the exigent challenge of what he would later call the life of dialogue, to be open to the Other as a Thou—as an autonomous subject irreducible to categorical perceptions and conceptions, and thus in some basic sense beyond translation. And yet at the same time, the Other as Thou is to be ever attentively listened to and existentially confirmed as a fellow human being, as a *Mitmensch*—as one with whom we are not merely to *nebeneinander* but *miteinander*.

But, again, in reaching out to the other one need not negate oneself, one's own particular cultural and historical reality. Buber therefore did not endorse the cosmopolitan syncretism of many of his contemporaries, especially fellow-Jewish intellectuals. He remained firmly anchored in the reality of his own people, its cultural memory and its religious and political hopes, and yet he sought to include the other in his story as a Jew, as Habsburg Jew who became for many an exemplar of the possibility of remaining loyal to one's people and its spiritual patrimony while embracing with equal passion and dedication the transcendent project of humanity.

Notes

1 Much of our labours as scholars have an autobiographical dimension, albeit generally muted. So does this paper, which Dan heard in several versions of its gestation. It implicitly addresses a question that he has often posed to me: What do you find in Buber? On the occasion of the present volume's celebration of Dan's ramified contributions to scholarship, which beneath its imposing edifice of learning and penetrating analysis, pulsates with his own biography, I offer this essay to him as an partial answer to his persistent querying of my protracted engagement in the legacy of Martin Buber. This essay is offered, however, first and foremost as an expression of gratitude for our friendship.

2 Gershom Scholem, 'Martin Bubers Auffasung des Judentums,' in *Eranos Jahrbuch*, vol. 35 (1966), p. 9.

3 Martin Buber, 'Autobiographical Fragments,' in Paul Arthur Schilpp and Maurice Friedman (eds.), *The Philosophy of Martin Buber* (The Library of Living Philosophers, vol. 12), La Salle, Illinois 1967, p. 13, fn. 4.

4 Ibid., p. 4.

5 Ibid., p. 4f.

6 Upon being elected secretary of the Zionist Association of Berlin, the twenty-one year old Buber wrote to his grandmother that "… whenever I meet with Zionists, I am asked about Grandpa, his health, his work and so on; I have yet to be introduced to someone who does not ask me about my relationship to Salomon Buber." Letter from Martin Buber to Adele Buber, 27 December 1899, in Nahum N. Glatzer and Paul Mendes-Flohr (eds.), *The Letters of Martin Buber. A Life of Dialogue*, New York 1991, p. 69.

7 Ibid., p. 70.

8 *Die Geschichten des Rabbi Nachman – Ihm nacherzählt von Martin Buber*, Frankfurt am Main 1906.

9 Letter from Martin Buber to Salomon Buber, 31 January 1900, in Glatzer and Mendes-Flohr (eds.), *The Letters of Martin Buber*, p. 70f. Grete Schaeder (ed.), *Martin Buber, Briefwechsel aus sieben Jahrzehnten*, Heidelberg 1973, vol. 1, p. XX.

10 While he mastered under his grandfather's tutelage *Mishnah*, as the late Ernst Simon noted to me, Martin Buber never acquired a sound knowledge of *Gemara*. This fact might reflect the ambivalence toward the *Gemara* that his grandfather shared with many Galician *Maskilim*.

11 There are, of course, those, especially *Litvaks*, who would object to this formulation, claiming that an "elegant Galician Yiddish" is an oxymoron. Being a proud son of a *Galicianer*, I reserve the right to refer to Solomon Buber's Yiddish with this accolade.

12 The very extensive correspondence between Martin Buber and his grandparents is found in the Martin Buber Archives, housed at the National and University Library, Jerusalem.

13 These addresses have been recently published in Martin Buber, *Frühe kulturkritische und philosophische Schriften. 1891–1924*, ed. by Martin Treml, in *Martin Buber Werk Ausgabe*, ed. by Paul Mendes-Flohr und Peter Schäfer with the assistance of Martina Urban, Gütersloh 2001, vol. 1, pp. 93–102.

14 Buber, "'Glaube, Hoffnung, Liebe' (Ewige Jugend)," in Buber, *Frühe kulturkritische und philosophische Schriften*, Gütersloh 2001, p. 101f.

15 Buber, 'Autobiographical Fragments,' p. 8. Martin Buber, 'Autobiographische Fragmente,' in P. A. Schilpp and M. Friedman (eds.), *Martin Buber. Philosophen des XX. Jahrhunderts*, Stuttgart 1963, p. 2.

16 Buber made this distinction particularly in his writings on the Zionist-Palestinian conflict. Cf. "We have not settled in Palestine together with the Arabs but alongside them. Settlement 'alongside' (*neben*), when two nations inhabit the same land, which fails to become settlement 'together with '(*mit*) must necessarily become a state 'against." Martin Buber, "The National Home and National Policy in Palestine" (1929), in Martin Buber (ed.), *A Land of Two Peoples*, 2nd ed., Chicago 2005, p. 91.

17 Martin Buber, 'Zur Geschichte des Individuationsproblems: Nicholas von Cues und Jakob Boehme,' Ph.D. dissertation submitted to the University of Vienna, 1904.

18 See introduction by Grete Schaeder to *Martin Buber, Briefwechsel*, vol. 1, p. 41. Another reason for not completing his *Habilitationsschrift* might have been the untimely death of his supervisor, Professor Riegl, who passed away in 1905 at the age of forty-seven. On Buber's education in art history and his relation to Alois Riegl, see Margaret Olin, *The Nation without Art. Examining the Modern Discourse on Jewish Art*, Lincoln 2001.

19 Buber, 'Autobiographical Fragments,' p. 13.

20 For a German translation of this article, under the title 'Zur Wiener Literatur,' originally published in a Polish literary review in 1897, see Buber, *Frühe kulturkritische und philosophische Schriften*, pp. 119–130.

21 Buber, 'Autobiographical Fragments,' p. 14.

22 Karl Mannheim, 'The Problem of the Intelligentsia. An Inquiry into its Past and Present Role,' in idem, *Essays on the Sociology of Culture*, London 1956, pp. 157–159, 166–170.

23 See Hans-Dieter Zimmernann (ed.), *Rationalität und Mystik*, Frankfurt am Main 1981, p. 25ff.

24 Richard Rorty, *Philosophy and the Mirror of Nature*, Princeton 1979, p. 360, 377.

25 Hermann Hesse, *Das Glasperlenspiel*, Frankfurt am Main 1957, p. 18.

26 Robert Musil, *The Man without Qualities*, trans. by Eithne Wilkins and Ernst Kaiser, London 1979, vol. 1, pp. 297–302. Idem, *Der Mann ohne Eigenschaften*, vol. 1, chap. 62 ("Auch die Erde, namentlich aber Ulrich, huldigt der Utopie des Essayismus").

27 Letter of Franz Rosenzweig to Eugen Mayer, 23 January 1923, in Rachel Rosenzweig and Edith Rosenzweig-Scheinmann (eds.), *Rosenzweig. Der Mensch und sein Werk: Gesammelte Schriften*, Part 1: *Briefe und Tagebücher*, The Hague 1979, vol. 2, p. 883.

28 Willy Schottroff, 'Martin Buber und die Universität Frankfurt,' in Werner Licharz and Heinz Schmidt (eds.), *Martin Buber. 1878–1965: Internationales Symposium zum 20. Todestag*, (Arnoldshainer Texte 57), Frankfurt am Main 1989, vol. 1, pp. 51–88.

29 Martin Buber, 'Replies to my Critics,' in Schilpp and Friedman (eds.), *The Philosophy of Martin Buber*, p. 689.

30 On Buber's seminars on sociology and social philosophy at the Hebrew University, see the remarks by his former student, Samuel N. Eisenstadt, introduction to Martin Buber, *On Intersubjectivity and Cultural Creativity*, ed. by S.N. Eisenstadt, Chicago 1992, pp. 6–7.

31 On Buber's knowledge of Chinese philosophy, see Irene Eber's introduction to Martin Buber, *Chinese Tales. Zhuangzi: Sayings and Parables, and Chinese Ghost and Love Stories*, trans. by Alex Page, New Jersey 1991, pp. ix–xxiii.

32 Letter from Buber to Bergman, 16 April 1936, in Schaeder (ed.), *Martin Buber, Briefwechsel*, vol. 2, p. 589.

33 Letter from Bergman to Buber, 4 February 1938, in Glatzer and Mendes-Flohr (eds.), *The Letters of Martin Buber*, p. 464f.

34 See his candid remarks in this respect in his address to a conference on Hebrew held in Berlin, 'Die hebräische Sprache und der Kongress für hebräische Kultur,' in *Jüdische Rundschau*, vol. XV, no. 2/3 (14 January, 1910), pp. 13–14; 25–26.

35 Paul Mendes-Flohr, 'Buber's Rhetoric,' in idem (ed.), *Martin Buber. A Contemporary Perspective*, Jerusalem / Syracuse 2002, pp.1–24.
36 Fritz Mauthner, *Die Sprache*, Frankfurt am Main 1907, and vol. 7 of *Die Gesellschaft*.
37 Gustav Landauer, *Skepsis und Mystik. Versuche im Anschluss an Mauthners Sprachkritik*, Berlin 1903.
38 Ibid., p. 3.
39 Letter from Buber to Henri Borel, 17 March 1917, in Schaeder (ed.), *Martin Buber, Briefwechsel*, vol. 1, p. 482.
40 Buber, 'Autobiographical Fragments,' p. 5f.
41 Ibid., p. 6.
42 From the diary of the late Professor Kurt Stern. I should like to thank David and Joseph Stern for inviting me to peruse this wonderful treasure of memoirs and diary notes of their father.
43 See William M. Johnson, *The Austrian Mind: An Intellectual and Social History*, Berkeley 1972, p. 204.
44 Giles Deleuze and Felix Guattari, 'What is a Minor Literature?,' in Mark Anderson (ed.), *Reading Kafka: Prague, Politics, and the Fin de Siècle*, New York 1989, pp. 80–115.
45 On Buber's relation to Stefan George and his circle, see his letter to Kurt Singer, February 7 1914, in Schaeder (ed.), *Martin Buber, Briefwechsel*, vol. 1, p. 356f.
46 Martin Buber, *Daniel. Dialogues on Realization*, trans. by M. Friedman, New York 1967, p. 46.
47 Buber's copy of *Daniel* is now in the Martin Buber Archives. This addition was included in the author's preface to the English translation of the book.
48 On the concept of "intercultural competence," see Alexander Thomas, "Interkulturelle Kompetenz – Grundlagen, Probleme und Konzepte." *Erwägen, Wissen, Ethik*, Jg. 14/2003, Heft 1: 137149. The article is followed by "critiques" by twenty-one scholars (ibid., pp. 150–220), to which Thomas replies (ibid, pp. 221–228).
49 Buber's life-long engagement in efforts to promote Arab-Jewish political *rapprochement* is documented in Buber, *A Land of Two Peoples* (see fn. 14, above).
50 Martin Buber, *Between Man and Man*, trans. by Ronald Gregor Smith, with an introduction by Maurice Friedman, 1947 (reprint, New York 2002), p. 114f.

Gabriel Motzkin

Memory and Secularisation*

Secularisation is a term of art. It was coined in the late nineteenth century and did not come into wide use until after World War II. Tellingly, like many concepts it came to be used as a historical concept after the conflict between religion and state began to fade. That does not mean that our world is not witness to conflicts between religion and state, but it does mean that these conflicts are no longer our central political conflicts. Such conflicts are salient today in places where there are fundamentalists, whereas in the past fundamentalists often first developed a political voice as the result of such conflicts. Interestingly, in those places where fundamentalism is strong, places like the Islamic world or the American South, much attention is paid to theories of secularisation, especially to theories that are not historical explanations, but rather analytic models.

Still, we all believe that a historical process that we can term secularisation is a basic presupposition of modern culture, even though the debate about it seems to belong to an earlier phase in the development of that culture. When we use the term secularisation, we imply that we are considering a historical process. In contrast, if a donor were to endow an institute for secular culture, in distinction to secularisation, he would have in mind a culture that is distinct from religion. The term secularisation blurs the distinction between the religious and the secular because, by leading us to query the historical process of secularisation, it induces us to return to the historical context in which secularisation took place, which was no other than a religious culture. Thus secularisation is a bridging concept, allowing us to view both the secular within a religious context and religion within a secular context. No wonder that it has often been employed by those who are ambivalent about a secular modernity that is viewed as radically distinct from the religious past.

Modernity is not a bridging concept, but, like secularisation, is a retrospective concept, i.e. a concept that refers to a history which took place before the term itself came into use. It could be argued that such retrospective concepts as secularisation and modernity only exist once they are named. If, therefore, such retrospective concepts are to be viewed as valid characterisations of a past, they require an inherently anti-constructivist theory of history, one for which a historical process can and does take place before it has a name. While that may seem commonsensical, it poses a problem in terms of the many theories of language for which things do not exist until we name them. While we all could admit that we normally project from the present onto the past, when we assert that the past itself is a projection from the present we imply that the past has a certain unreal and illusory quality. In contrast, theories of modernity and secularisation presume that there really was a pre-modern and a pre-secular past, that the past was once as real as the present.

Retrospective terms such as these, terms that assert the reality of the past, raise special kinds of problems of memory: we "remember" something for which we had no name, we remember something from before it had a name. How do we then remember it? Like a child who has a visual or physical memory. But even for the child, when we finally name the pre-verbal memory, does not that act of naming change the memory itself? Does not that memory become part of a description? If naming changes a memory, that implies that insofar as naming is a component of memory for someone who uses a language, all memories are reconstructions: we remember, for example, a religious past not as it might have been, but rather as a reconstituted memory. Yet even if we accept the idea that memories are reconstitutions, that still does not mean we also agree that all the elements of a specific memory are only a projection from the present. We could still believe that there is in that specific memory a matter which pre-exists the projection from the present. Moreover, any memory, whether or not reconstituted, presumes that something of the original moment of experience is being remembered that is not being constructed in the present. Our question is whether naming the memory changes the relation between the past that is being remembered and the present act of remembering. We admit that naming a memory radically alters that memory by bringing it under a description. Moreover, the first act of naming alters that memory more than would a subsequent act of renaming. Yet the relation between the act of remembering and what is remembered ignores the element of naming. Faced with the contradiction between naming a past event and remembering it, our reconstructed memory denies that it is a construction.

Is this denial of construction not generally true of historical concepts? Unlike memories, historical concepts admit the fact that they name the past, but like memories they too presume the past's real existence. They rather thematise the relation between their description and what it describes, a relation which is invisible in any act of remembering. Historical concepts admit their construction, but they also impute a real existence to the past. Thus their admission of being constructed is half-hearted. If the distinction between historical concepts and memories is that historical concepts have a visible, explicit relation to their act of naming, then acts of collective memory, such as commemorations or monuments, are more like historical concepts than like memories, because they too make something explicit which is not given in primary experience. Most of the concepts by which we know the past, such as the "Renaissance" or the "Middle Ages", were never experienced as such by people living then.

This act of naming a past can make the name more important than the past. Still, it is impossible for us to consider the past without the semantic associations of these names, medieval having a host of associations, so too renaissance, so too secularisation. Gadamer has termed this associative field the effective history of the concept. But the point is that despite historiography's awareness of its being constructed, the effective history of the shift in the meaning in names does not enter conscious awareness. While we thematise the relation between the name and what is being named, the name has its own history, and this history of the name disappears from view. And when we do write a history of reception, that is not at all the history of the phenomenon itself; we do not understand the renaissance better once we have written the history of the concept "renaissance", unless we already know the history of the renaissance before we move to consider the history of its reception. When we point to the field of association, we are not pointing to the thing itself. Moreover, understanding when a concept was first named is often used as a way of deconstructing the concept so that we can consider what is being named, the history or the memory itself. What we want to understand is secularisation and religion, not the history of the concepts. The history of the concept of secularisation is not about secularisation; rather it is about the way in which the twentieth century views its past. We do not intend an association when we think of something; the association is rather like the colour or tone of the intention; it is not the picture or the melody.

Yet memory is often about the associations; perhaps that is why the moment of naming disappears from view in memory. If so, history and memory are completely different, since history is not about associations. It is because the historian is not oriented to the history of the associations that he can liberate himself from them and base his work not on the living memories, but rather on the analysis of materials and sources that exist in the present. In that case, however, in order to do history, we have to forget what we remember, in contrast to psychoanalysis. (Historiography, then, has an internal dynamic that is the opposite of that of psychoanalysis; in that case, not all re-narrations of the past are psychoanalytic; it may, then, also be that the therapeutic element in retracing the past does not attach to the psychoanalytic process, but rather to its re-narrative element, which is clearly present in non-psychoanalytic re-narrations of the past.) If history presupposes forgetting, we need a completely different set of concepts for analyzing what it is that we remember, since we cannot be said to "remember" analytic concepts like secularisation or modernity (with the exception that there is a memory internal to history: the internal memory of historical science).

Unlike historiography, memory is not constructed on the basis of analytic concepts that then have their own associations. While we all think we know what we mean by memory, we are unable to define memory's connection to the past in the way that we can define that of history. Until recently memory was rejected as a historical concept. Yet, significantly, there are many more theories of memory than of secularisation or even of history. Is this because memory is a richer concept than history, or because we are more baffled by memory than we are by history?

Since we use terms of art, literary concepts such as secularisation or the renaissance,[1] to help us in navigating the historical past, we face a problem when we deliberately mix memory and such a term of art as secularisation. The secularisation of memory does not mean the same as the memory of secularisation. The secularisation of memory would imply that memory had previously been religious, as if categories such as religious and secular could be meaningfully applied to memory; the memory of secularisation would imply that there is something like a memory of the process of secularisation that is independent of historical knowledge. In this social sense memory refers to the faculty of a society to take hold of its past whether or not it has historians. All societies have some collective memories. Yet we must also conclude that our collective memory is influenced by the activity of historians in those societies that do have historians: thus, in such societies, history may be independent of memory, but memory cannot be independent of history.

Having a memory presumes that the memory is present, both that we have a present capacity for remembering and that what we are remembering presently exists as a memory. Not so with historical concepts. Despite Hegel, our actual usage of historical concepts, as Collingwood understood, presumes the physical absence of their referents. That absence of their referents impels us to use terms of art, literary concepts, for we have a fundamental difficulty in distinguishing between what really existed but no longer exists and what never exists. Often we apply the conceptual apparatus of what never exists in order to understand what really existed but no longer exists. Husserl, for example, had great difficulty in distinguishing between memory and imagination. What is the distinction between retrieving a memory and imagining a situation that is not presently given in external reality? Heidegger thought that such questions were illusory results stemming from an orientation to a concept of external reality as meaning the present or something that is present. But he had no theory of why images appear in memory, images that seem to indicate that memory is spatial, and not temporal. Some of us may hear the call of the sacred memory at the holy spot, but for most of us our question about what we remember is, "did this really happen in the way that I remember it?" And most of us are sure that we can distinguish between what we have really experienced and what we have imagined. Since our idea of collective memory is mediated to us by the academic study of collective memory, we do not impute the same capacity to groups. But it is clear for both individuals and groups that they functionally require such a distinction between true and false memories whether or not the actual distinctions are accurate. Regardless of whether the world was once more religious, the belief in the religiosity of the past is a functional requirement of our culture. Imagine our adopting the position that we are really much more religious than anyone has ever been. Not only would we develop a different sense of what it means to be religious, but our entire individual and collective identities would change.

This question of the possible unreality of what is remembered leads naturally to an attempt to locate the nexus of the relation between reality and illusion within memory. Theories of memory that apparently facilitate such a location usually conceive of memory in terms of three sub-processes: encoding, storage and retrieval.

Thus the debate about whether the past is preserved—whether and in what sense the past continues to exist in memory—or whether it disappears turns into a question as to the sense in which the past can be said to continue to exist in encoding, in storage and in retrieval. Realist theories, according to which the past is preserved, will privilege storage, whereas constructivist theories are obligated to privilege the moment of retrieval in the memory process. In general, however, theories of memory are much less clear about this question of the preservation of the past than are theories of history because the former tend to assume that some aspect of the past is preserved, whereas theories of history only have to admit that the documents and relics of the past exist in the present.

When historians describe something as having been forgotten, they mean something that is absent has been forgotten. When psychologists refer to something as being forgotten, they think that it is still there and can therefore be retrieved. The question to be put to psychologists is, then, whether what we "preserve" of memory is a part of the past or of the present. Saying that memory is a bridge between the past and the present does not solve the problem because the metaphor of a bridge assumes that there is a point of origin for the bridge. In that case, memory could easily be like a drawbridge, i.e. a bridge that is still a bridge but that at some point does not connect to anywhere anymore.

What we all know about memory is that it is partial. This is not just an absolute determination about memory as such; in relation to the present, this determination that memory is partial is also a relative one. What that really means is that memory seems to us to be partial in relation to our sense of our perception of the present. But it is a question whether this perception of the partiality of memory is accurate, or whether, for example, our sense of the completeness of the present is illusory, while in reality the partiality of memory is not greater than the partiality of present experience, a conclusion already reached by Plato. It is also a question whether the phenomenology of this sense of the partiality of memory can prove useful for us in understanding our relation to the past.

We are wont to contrast memory to forgetting. We believe that memory is partial because we forget part of what we have experienced. Indeed, it seems that much more is forgotten than remembered. Yet great modern theories of memories such as Hegel's and Freud's took the opposite position, concluding that forgetting is really an illusion. In their view, forgetting may be a very meaningful illusion, but it is not real. The intuition underpinning these theories is that the real contrast is that between memory and death, memory thus serving as a synecdoche for life. Forgetting is so threatening not least because of its similarity to death. The fear of forgetting stems from our sense of the relation between life and death.

For the theorists of the preservation of memory, however, the fear attached to memory was not the fear of forgetting, but rather the fear of remembering. Freud allayed the fear of forgetting by claiming therapeutically that the fear of forgetting is really a fear of remembering. The solace of his solution to the problem of memory was the promise of ultimate retrievability of the past, the same goal that motivated Proust's project of objectifying the subjective memory of the past. For both Freud and Proust, the past is available if only memory can be activated in the right way. Yet perhaps the situation is the opposite: perhaps the fear of remembering stems from the anxiety of forgetting, a conclusion that can be read out of Heidegger's clear separation between memory and forgetting. Remembering means confronting one's desire to forget (both Heidegger and Freud imputed a desire to forget rather than a desire to remember, but for different reasons). For Heidegger, forgetting is not forgetting the past or something past that is still present, but rather forgetting what one is supposed to do, forgetting the future, forgetting one's own ultimate absence.

Tellingly, before the modern age many more documents reveal a fear of forgetting than a fear of remembering. It is forgetting that is kin to oblivion, that evokes the fear of death, not remembering. When remembering then takes the place of forgetting, when the fear of remembering takes the place of the fear of forgetting, does death replace life, or life replace death? Plato's anamnesis can be interpreted as a response to the fear of forgetting, giving us the comfort that preservation may take place at the level of subjectivity, but Plato's preserving memory transcends our own life. Yet the question remains: should memory be viewed more as an act of preservation, an affirmation of life over death, or more as an activity fuelled by the fear of death? Should memory be viewed more in its relation to forgetting or more in its relation to past events?

These paradoxes are even more acute when we consider collective memory. It seems as if collective memory does not have the same death-limitation as individual memory, although collective memory is clearly informed by the possibility of forgetting. Indeed, acts of collective memory are not always linked to the past events which they commemorate, but are clearly attempts to avoid the danger of the past's vanishing into oblivion. Acts of collective memory often involve some element of symbolic re-enactment, but the symbolic re-enactment in collective memory is a symbol of the past; it is not as clear that an individual memory can be said to be a symbol of a past event.

Is collective memory like individual memory? Is it correct to use the same term for two things that are so different as collective memory and individual memory? Collective memory does not appear to have an unconscious substrate. Yet theories of collective memory such as Halbwachs' assume an anthropological attitude, as if there were something such as a group unconscious. Here however one must be careful, for the implicit knowledge of a group is not necessarily also unconscious. Collective memory is generally defined in terms of conscious and intentional collective activities, such as commemorations and museums. Group memory consists of knowledge available to the members of the group. Often when we interview people about vanished pasts, such as the Nazi past, we are trying to use their individual memories to access their collective experience, assuming that there existed implicit and unthematised knowledge which was only available to the members of the group, but which is not accessible through documents. But the brain does not commemorate the past, except on a few special occasions. The brain may have rituals of re-enactment—that was Freud's idea—but rituals of re-enactment do not illumine the purpose of individual memory. Individual memory exists as a requirement for action; collective memories exist as definitions of group identity. The application of the term "collective memory" was made possible on the assumption that the prime purpose of memory is to confer identity. That was the consequence of a modern subject-oriented and subject-conceived philosophy. It could be argued that collective memories are also prerequisite for group actions; but that is not so, since what they do is reinforce identity, and entirely different actions are then taken on the basis of the identity. This distinction between action and identity may often be unclear; in many traditional religions action and identity converge. But political bodies use collective actions to create identities for purposes that are not internally linked to those identities, such as waging wars. Our conclusion: memory is action-oriented, and may confer identity as a by-product; collective memory seeks to instrumentalise identity for the purpose of action, to make a certain kind of understanding possible in a wide community. Possibly the brain has two kinds of memories: images and descriptions, or sense-memories and operating principles. But a collective re-enactment such as a commemoration is neither an image nor a description; it is a re-enactment.

Perhaps language is still a third case, in between individual and collective memory. Like individual memory, language is action-oriented and confers identity as a by-product. Most sentences are comprehensible irrespective of the identity of the speaker. On the other hand, language is a constant re-enactment; moreover it is one which in a secondary act defines identity for the speakers of a common tongue. The idea of a universal language reinforces the barrier between human beings and other animals. If non-linguistic communication on the one hand or a plurality of languages on the other hand is viewed as a category of which language is only a member, then this species border diminishes.

The closest case to language, as Cassirer understood, is religion. He analyzed religion from the perspective of myth because he wanted to view religion from the point of view of the conspectus of activities in which a symbolic meaning is imputed to an external reality. Religion functions in his thinking much like collective memory does in ours. And he also viewed language as a prerequisite of religion. For religion, identity is already much more of a question than for language, reflecting Cassirer's insight that the activity of symbolisation is not a constant, but rather increases over time.

But analogously to language, for religion as well the question must be posed of whether there is only one universal religion or many religions. It should be noted that the modern principle of religious toleration is based to some degree on the idea that all peoples have the same kind of religious consciousness, irrespective of the variation in religious belief or practice. But in the case of universal religion the history is quite different from the history of universal language: the explicit idea of a universal religious consciousness was developed after the full development of universal religions, religions claiming truth because they are *au fond* identical with what is or should be the universal religious consciousness. One should not confuse religious toleration in the modern world with pre-Christian religious toleration, which was a toleration of many gods, not of many beliefs.

The main apparent similarity between individual memory and collective memory is the common applicability of a common range of metaphors to both phenomena. For example, the language of repression has been applied to both individuals and groups: Post-war Germans "repressed" their memories of Nazism. Here, however, the difference becomes obvious. Repression ordinarily means that a phenomenon is not accessible even if the subject wants to reach it; it requires hard work. On the other hand, post-war Germans remembered their experience under Nazism very well; they just did not want to discuss it. Since they did not discuss it, we cannot tell easily whether they wanted to forget, or just to keep silent about something they remembered. But even wanting to forget is not quite the same as successful repression. Is secularisation more like wanting to forget or more like successful repression?

The real similarity between individual memory and collective memory is not one of mechanism, but rather one of intention. It is this: intentional memory is about the desire not to forget, and that desire is as strong in individual life as in collective life. I do not want to forget my knowledge as a scientist; I have worked hard to acquire it, and I am scared when I notice that I have forgotten something that I ought to know, e.g. the genealogical relations between Pfalz-Sulzbach and Pfalz-Zweibrücken. In the same way, collectives take decisions about what they want to remember. These decisions then influence school curricula, monument building, public rituals and the like. The difference here, however, is that the apparent purpose of the public ritual is itself: commemoration may serve a hidden function in society, but its apparent purpose is commemoration. Whereas when I am remembering individually, unless I am intentionally commemorating, which is fairly rare, I am trying to remember something for a purpose which is not remembering. Society does that too, as is evidenced by archives and files, but these are rarely brought together on the continuum with public events. We conclude, then, that the difference between intentional individual memory and intentional collective memory is the theatrical nature of public memory; inside the self the theatre of the self has not been sufficiently objectified so that it can be spontaneously perceived as theatre.

While secularisation is a collective historical phenomenon, it does not first take place as a theatrical performance, although once secularisation has taken place, there is often a theatre of secular religion: atheists also have ceremonies. Despite this initial lack of publicity, secularisation, in contrast to memory, is conceived as a collective phenomenon. Certainly individual secularisation does take place, and is documented in the journals of people who describe how they lost their religious faith; but what we usually understand by secularisation is a historical process on a collective level, and moreover a process that occurred at one time in one place. We all agree that what we mean by secularisation occurred in Europe between the fifteenth and the twentieth centuries. Nonetheless, while we know that secularisation has occurred, we are at a loss about how we should specify it, we are unclear about its definition. This unclarity is inherent in the concept itself. First, it is not clear what the scope of the concept of secularisation is. Second, it is not clear what the process of secularisation is, whether for example secularisation means the preservation of religious content or whether it means the destruction of religious content. As one can see, the same metaphors of loss and preservation, of absence and transformation, pervade the conceptions of secularisation as they do those of memory. Is that a consequence of an intimate relation between these two concepts, or a consequence of the impossibility of thinking about the past outside of the alternative of loss and preservation?

We have no problem in stating that the feudal arrangement of European society has been destroyed. Nor would one disagree that both medieval society and modern society have an institution called marriage. But secularisation is so unclear because it both does and does not refer to an institutional arrangement: in our contemporary world religious institutions continue to exist that existed before secularisation. No individual religion has disappeared since the demise of Paganism. Yet, one responds, the state is no longer bound to one church; some countries have a separation of church and state, itself an arrangement that would indicate the late eighteenth century as the key transition between a religious arrangement of society and a secular one.

But what we mean by secularisation has a wider extent, because we mean the advent of something we term secular culture, and we are unsure about its origins in religious culture. Recognizing that something first took place in a religious context does not mean that it derives its meaning from that context. However, if secular culture is different from religious culture both in content and in origins, why should we remember religion at all? For example, we clearly live in a Post-Classical culture, one in which the cultural significance of Greece and Rome has declined precipitously to the point at which the memory of Classical culture can be said barely to survive in general culture. Classical culture is an exotic memory which some professionals keep invoking either in order to ensure that their own learning be relevant for their societies or in order to provide their societies with an alternative legitimacy to the kind of patent provided by liberal, democratic societies. Is the survival of religion merely a form of legitimation for obsolete religious elites? Would religion survive if there were no organised religion? This question of legitimacy has wider implications than are at first apparent, because it could be that religious feeling could survive the demise of religion but has no cultural tradition to use as a foil for its truths: perhaps without the cultural tradition of religious legitimacy there would be no way to distinguish between religion and superstition. Ending religious tradition would not end religious feeling, but that feeling would only find primitive ways of expression. But is that true? Certainly there are many possible human actions that we suppress that formerly had a tradition, such as duelling. Does the end of the legitimacy of the tradition of duelling make personal conflict more barbaric? The answer is not clear.

Thus the question of secularisation can be reformulated as the question of the possible legitimacy of religion in contemporary culture. The specific conception of secularisation that is adopted will provide different answers to this question of the legitimacy of religion.

Let us take the two extreme definitions of secularisation. According to the first conception, secularisation involves a loss of religion; consequently a secular culture is one which is anti-religious. In the weak version of this conception, a secular culture is one in which no religion predominates, or in which religion does not belong in the public sphere. Whatever version of this anti-religious conception is adopted, the memory of the religious past will be based on an experience of difference between the past and the present, a difference that perhaps makes the memory itself into an irrelevant archaeological memory.

According to the second conception, secularisation involves a re-making of the contents of a past religious culture such that much of the content of the culture survives, but in changed form. Many religious thinkers have found this conception more congenial, because it allows them to argue against the idea that the decline of a given religion must also raise doubts as to its validity. If people have stopped believing in Christianity, maybe that is because something is false about Christian belief. However, if people continue to be unconscious Christians, then Christianity has been transformed from an explicit belief into an underlying structure of thought that can be criticised as false or illusory only to the degree that truth is a criterion that is applicable to underlying thought structures. Either truth is not a criterion that can be applied to underlying thought structures, or those underlying thought structures can themselves provide evidence of the truth. Much psychology and social science is based on the idea that underlying thought structures are not given before a decision is made about their truth, but are true because they provide a more accurate picture of the conditions of existence than surface perceptions.

If truth is defined either in terms of agreement with underlying thought-structures or as an effect of such structures, and religion is determined to be such a structure, i.e. such a foundational act of consciousness, the case for religion is immeasurably strengthened. An operation of self-anthropology reveals the foundation, which is identical with the preserved past, an attitude that is also congenial with the notion of an unconscious collective memory. The meaning of culture can be understood in terms of the previous cultural tropes that are available for transformation, and this transformation preserves the meaning of those cultural tropes. Thus, for example, M.H. Abrams has argued that the Romantic poets secularised Christian content by taking the story of Christ and applying it to the Romantic poet.[2] In this version of secularisation, then, it is really impossible both to be a member of contemporary European culture and to think outside of the framework of Christianity. Cultural memory determines the plots by which one attributes meaning to the relation of self and world.

The question is whether or not the preservation of the past in the present has anything to do with memory. For institutions, one could make the argument that the past is preserved in the structure of an institution irrespective of whether or not there is a memory of that past. But the analogy of institutions may not be applicable to memory itself. The idea of an unconscious memory may well be analogous to the preservation of past structures in a present institution, but the analogy only works if memory is (a) accessible in the way an institution is accessible and (b) can be said to be entirely in the present in the way that an institution exists in the present. It is especially that last assumption, although apparently believed by Freud, that is dubious.

But what of cultural memory, the kind of memory that is necessary for M.H. Abrams' idea of the secularisation of a Christian model by Romantic poets? Is cultural memory more like an institution such as the Catholic Church or the German state, or is it more like individual memory? For the preservation model to work, we would need to be able to conclude that cultural memory is more like an institution. The Romantic poets belong to an institution which we call culture, and in that institution contents are preserved. However, that model misses a key element of cultural memory, namely that an act of cultural memory is also a projective and intentional act, and not just the preservation of a structure. If I model my image of my life on my memory of Christ, I am performing an act that assumes the existence of Christ as a subjective memory and not just as an objective structure. Here there is an act of constitution required, one which could easily mislead me to conclude that the past is constructed if I both perform this act and at the same time deny the objective validity of my subjective cultural memory. That very act of denial implicit in the idea that the past is entirely a construction in the present shows that a subjective element exists in the idea of cultural memory. But it also shows that preservation is also an inappropriate model for cultural memory. For cultural memory to work, then, there must be both a volitional act which is not a purely constructive act and also something of the past that is preserved in a different way than explicit traditions of learning or institutional structures. The use of the model of Christ by Romantic poets is not just an act within a tradition of Christian thinking nor a passing-on of a tradition.

If we turn to the elements that are remembered and are forgotten in the alternative models of secularisation, we can readily see that in the case of the model of loss, the idea is either that pre-secular culture is forgotten as a consequence of secularisation or that it is remembered in an anthropological fashion, i.e. we either remember that past as being composed of people different from ourselves or we are remembering ourselves as having been other than we are now. In the second case, the model of preservation, the idea is that we are repressing our religious origins, but that we are really intimate with the religious past, since we still believe the same things about the structure of the relation between man and world. We are not really other than we have been. (But here there is a curious asymmetry: historicism assumes that we are other than we have been, yet it also preaches the continuity between the past and the present. For those who support the idea of secularisation as preserving transformation, the otherness is a perhaps inauthentic superstructure, thus combining historicist presuppositions about culture with a belief in a constant human nature.)

The consequence of the choice of one of these two models of secularisation for our sense of memory of the past is apparent. It is also significant that the real memory boom in historiography began at the time which is seen as the crucible for the examination of the question of secularisation: the eighteenth century.

This memory boom has continued unabated until recently, when it seems as if people no longer desire to remember. The recent memory boom is not a memory boom at all, but really a sign that we have no idea about how to remember, we have no master paradigm for commemoration. Thus just as there was a crisis of historicism at the end of the nineteenth century because history no longer seemed to be a sufficient definition for human nature, now there is a crisis of memory, one which perhaps shows that memory is no longer held to be a sufficient definition for human subjectivity. It may be that this crisis of memory has occurred because the time relations that obtained between present, past and future over the past two centuries have been fundamentally disturbed in modern times. Since memory is about the conversion of time into space, both individual and collective memory being spatial functions that take sequenced experiences and store them in thematic clusters, although the clusters are often obscure to us, disturbing the time-relations means that the space-relations are also disturbed: it becomes difficult for us to organise a space for memory; it becomes difficult for us to remember naturally. My underlying assumption: things are discussed when we do not know the solution, when they disturb us. The memory crisis is not a sign that we want to remember, it is a sign that we do not know how to remember.

The rituals of commemoration often substitute the ritual of commemoration for the experience of memory. The ritual recitation of the mourner's Kaddish in

Judaism is a remembrance of the dead person only in an extremely limited way: we neither name the dead person, nor call to mind something we experienced, but rather content ourselves with praising God, who has taken the dead person from us. Moreover religious law lets us commemorate in this way only a parent or a child. The commemoration signifies a continuity which is absent from subjective memory.

Memory is intentional. Even when we miss our object, that is because we are intending something. An involuntary memory strikes us so strongly because it appears to be unintentional. But even if memory were really unintentional, we experience it as intentional. An example: in a recent review of *Leviticus as Literature* by Mary Douglas,[3] Gabriel Josepovici writes: "In Numbers, the central issue is the contrast between those who seek nostalgically to return to the state they were in Egypt and those who are enjoined to remember and celebrate the Lord's action in bringing people out of captivity, between, that is, a state and a continuing activity". But both are intentional: the desire to return to Egypt and the desire to view the Lord's action as extending from the past into the present. In the same way, when Christ says "Drink this in remembrance of me", the idea is that the memory of Christ is part of an ongoing process of miracle that is made possible through a commemorative action. What is really different here is the difference between memory as indicating the desire to return to the past and the desire to view the past as being active in the present. Because both signify action in the present, neither is really historical in the historians' sense.

If we seek the connection of memory to secularisation, we should ponder for a moment the religious function of memory. The religious function of memory is the evocation of the sacred, yet religion is insecure about whether an evocation of the sacred is possible: we can miss our object both because we do not have a correct intention in the act of commemoration and because it is the nature of the sacred in our monotheistic religions to be veiled. The whole idea of revelation is based on the notion that the sacred is veiled in the natural state. To return to the analogy of Leviticus, we can choose to remember the outer court, the inner sanctuary, or the Holy of Holies. But can we penetrate the Holy of Holies without first traversing the outer court and the inner sanctuary? The religious consensus was that the memory of God is a discipline.

Secularisation is also a revelation. The notion that the idols signify nothing has a revelatory effect. Religion is now the veil and not the unveiling; our memory is now the trickster and not the guarantor of truth. But the model by which religion is destroyed is itself a religious model, a secularisation as the continuation of the thought pattern of religion. And after secularisation the question is whether the memory of the Holy of Holies is not like the memory of Egypt for the Jews in the desert, the memory of the comfort of the past, a false memory both because it was not really comfortable in Egypt and because the memory is a memory that encourages inauthentic action: a return to Egypt. But the memory of having been in Egypt is not false. In Judaism, the desire of some to rebuild the Temple is now like such a desire to return to a former condition. But can a religion survive without the desire to rebuild its Temple, without the ambivalent desire of participating in Christ's sacrifice? Is the memory that informs this desire a false memory or an authentic basis for religious experience? The issue is not whether God was really crucified, but whether we should wish to relive that point in space and time, even if only in the imagination.

Such a reliving of the past requires a conception of memory as inner experience, not as commemoration. But the history of the concept of memory in the twentieth century can be written as the history of the transition from the idea of memory as inner experience to the idea of memory as commemoration. But commemoration at the end of the twentieth century does not belong to any religion. It has become a secular and public concept, infusing that public secularity with a tinge of religiosity. The religion of the Holocaust is more a religion of commemoration than one of subjective experience. Indeed, the acceptance of commemoration in this regard is a sign of our common discomfort at the idea of memory as reliving subjective experience in relation to the Holocaust. But the main point is that the Holocaust occupies the place it does in our consciousness in the absence of religion and not because of its presence. Orthodox Jews, who entertain a suspicious attitude to the religion of the Holocaust, understand this very well, namely that the commemoration of the Holocaust does not reinforce their religion, but rather calls it into question.

However, the point about commemoration is that it also correlates to a certain de-psychologisation of memory. It was clear to both Freud and Dilthey that the question of memory is a question of subjective experience. Dilthey even tried to rescue history by claiming that a subjective approach to objective history is possible. This end to the psychology of memory can only be understood culturally in relation to the subjective psychology of memory. Freud believed that he was engaged in a great secularizing process, one which would among other things reveal the psychological origins of religion and expose religion as an illusion. The idea of memory as subjective experience was, then, a way of buttressing the secular subject against a religious conception of the subject. The end of the secular and anti-clerical concept of the subject as being a subject defined by memory, however, has not led to a renaissance of a religious conception of the subject. Instead, what has re-emerged is the almost antique and Pagan culture of commemoration, a cult that is directed against any subjective concept of memory by substituting for it a communal memory that is marked by rite and ritual, one, however, for which the community in question is not the religious community. Which community is it? Which is the post-secular community, one that is marked neither by a common religion, nor by the sense of a common historical experience? Namely this: it is the community that is first constructed through its rituals. One could respond that any religion is first constituted through its rituals, but that is not quite true, because those rituals coexist with a tradition or a text or an organised religious community. In this case, however, the rituals alone constitute the community in question. The community of Holocaust commemoration is only the most marked of what will be a set of such communities. The increasingly voluntary nature of society means not only that communities will be voluntary communities, but their memory structures will also be voluntary structures. My point: in order to consider the issue of memory and secularisation together, one has to look not only at religious memory or secular memory, but also at post-secular memory. If religious memory was the commemorative memory of religious origins and secular memory was the constant re-experience of subjective origins, post-secular memory is the commemorative memory of an origin that is created together with its memory. One reason for the great resonance that the Holocaust has found is because of the limit of absolute nothingness that this event is taken to represent. The negative myth of origin that is consequently constructed requires constant self-creation since it makes the possibility of natural cultural continuity dubious.

In this context it is easier to believe in the thesis of secularisation as continuity and not as loss, because our continuity with the context set by the opposition between the religious and the secular has now been lost. Sensing the gap between our contemporaneity and the era of secularisation, our sense of the commonalty between religion and secularity is augmented. If secularisation is now itself a past phase, then it is easier to see it as one with its own past. The idea of a continually present religious origin is no longer threatening since one is no longer wedded to a definition of subjectivity as an opposing force to religion. In turn, the suitable concept of memory is no longer one of preservation, but rather one of retrieval, an archaeological concept of memory, already prefigured by Goethe in the *Elective Affinities* and then emphasised by Foucault in the *Archeology of Knowledge*. If Freud was interested in the encoding of memory, the hero of the age should perhaps be Richard Semon, who in *Die Mneme* first articulated a psychological theory of memory as retrieval. The point about retrieval is not that it retrieves something that is present, but that memory is constituted through its re-enactment. The re-enactment eventually becomes more important than the actual event, the reception more than the memory of the origin. Here again the Holocaust poses a limit, for we are uneasy about the idea that the reception of the Holocaust is more meaningful than the Holocaust, yet we are constantly being exposed to this possibility.

The post-secular secularisation of collective memory calls into question the link between memory and personal identity. I recently had the experience of reading what I consider to be one of the best books written about the Holocaust, *Reading the Holocaust*, by Inga Clendinnen. Inga Clendinnen is a Gentile Australian who is especially known for her work on human sacrifice in Aztec and Maya culture. Immobilised as the result of a life-threatening disease, she used her many months in hospital to meditate on the Holocaust, and has produced a book that seeks, unlike so many others, to deal with the experience of both the victims and the perpetrators in comparison to the ways this experience has been interpreted after the Holocaust. Her book is perforce written more from the point of view of the victims, for they, and not the perpetrators, occupy a greater place in our contemporary memory. But this is my point: reading the book I became convinced that the history of the Holocaust could only be written by Gentiles, for whom questions of the behaviour of the *Judenräte* and the *Sonderkommando* are not questions of personal identity, as they are for me. Like all Jews, what seizes me is the memory of the Holocaust, the memory of the sacrifice, the commemoration of the victims. Ultimately the message I derive from the cultivation of this memory is that memory is a moral structure, and that therefore I must expose my memory to a comparison with other memories, but nonetheless it remains my memory. Hence for me the commemoration of the Holocaust is meaningless because it is extremely pale in comparison to my memory. I am always caught between the secular concept of identity and the quasi-religious memory of the Holocaust.

What does that mean? History is *au fond* a secular pursuit; it calls the past into question and has to treat its subjects from the outside. It is only quasi-empathic because the historian has to pretend as if his own identity is not in play in order to write history. But that means that the more his identity is in play the less he can write history. That is perhaps because the basic structure of secular culture, individual subjectivity, is basically unstable. Memory, despite Freud, is not *au fond* a secular pursuit; if it were, then pre-secular cultures would have to be viewed as cultures without memory. However, the question is whether memory can be secularised, how it is affected by the secularisation of identity. My point: the structure of memory cannot be secularised. Memory is not like the state or like culture or like history. However, that does not mean that the content of memory cannot be secularised. If, however, the content of memory is secularised, then we have a secular content within a non-secular structure. That is our current situation.

Notes

* Originally delivered at the Carl-Friedrich-von-Siemens-Stiftung, Munich, October 26, 2000.
1 Perhaps analytic concepts are simply a genre of literary concepts.
2 M.H. Abrams, *Natural Supernaturalism: Tradition and Revolution in Romantic Literature*, New York 1971.
3 Gabriel Josepovici, 'Reading Mount Sinai,' in *Times Literary Supplement*, 28 July 2000, p. 24.

Mythen und Metaphern

Nicolas Berg

Ökonomie und Kollektivität

Fragen zur Metaphorisierung von Judentum in
nationalökonomischen Schriften um 1900

I. Ängste und Bilder

Ängste werden habhaft in Bildern. Im Zeitalter von Industrialisierung und Modernisierung waren es Imaginationen wirtschaftlicher Überwältigungen und sie fanden in drastischen Darstellungen Niederschlag: Eine aus heutiger Sicht besonders sprechende Zeichnung zeigt zum Beispiel den von einem Ungeheuer überwältigten Typus des Arbeiters – aufgekrempeltes Hemd, der Hammer entgleitet seiner Faust – auf dessen Schultern ein Vampir sitzt, der gierig die Zähne in den Nacken des schon leblos vornüber auf den Tisch gesunkenen Mannes schlägt. Auf dem Rücken des hässlichen drachenartigen Tiers prangt der Begriff »Kapitalismus«. Als Rettung naht von der Seite eine schöne Frauengestalt, engelsgleich mit Flügeln versehen und erkenntlich als Allegorie der »Wissenschaft« aufgrund des so betitelten dicken Folianten unter ihrem Arm. Sie berührt das Opfer mit der Hand, als ob ihr die Kraft eigen sei, es im Moment höchster Drangsal zu stärken oder sogar zu erretten.[1]

Nicht nur in dieser negativen Ikonographie des Kapitalismus waren sozialökonomische Ängste und ein wissenschaftliches Hilfsangebot vereinigt, diverse Buchtitel zielten auf einen ähnlichen Zusammenhang: »Schrecken des überwiegenden Industriestaates« oder »Deutschland am Scheidewege« – so lauteten die Überschriften zweier Wirtschaftsbücher, die kurz nach 1900 erschienen.[2] Beide waren – ähnlich der Karikatur – weit davon entfernt, optimistisch den ökonomischen Aufbruch in ein neues Zeitalter zu preisen, stattdessen gaben auch sie eher einer ohnmächtigen Zukunftsangst Ausdruck. Aber solche Bücher verzichteten auch nicht darauf, den Habitus der rettenden Wissenschaft vorzuführen und ihre eigenen ökonomischen Ideen anzupreisen, häufig als schlichte Idealisierungen von Bauernstand und Agrarsektor, manchmal in Phantasien wirtschaftlicher Autarkie-Modelle und selten ohne politische Beschwörungen einer starken und zentral gelenkten Wirtschaft unter straffer Kontrolle der Regierung oder einer charismatischen Führerpersönlichkeit.

In diesen Bildern und Büchern schlug sich eine Sorge nieder, der sich wissenschaftlich seinerzeit in erster Linie die Wirtschaftswissenschaft und -theorie annahmen. Die oben beschriebene Frauengestalt der Karikatur könnte man präziser auch als Personifikation der Volkswirtschaftslehre deuten, als märchenhafte Gegenfigur »Nationalökonomie«, die dem Gang der Zeit widersteht und als Imago eines intellektuellen Antwortversuchs auf die moderne Entwicklung der Wirtschaft fungiert. Diese Entwicklung verband Werner Sombart 1902 in seiner zweibändigen Untersuchung »Der moderne Kapitalismus« mit den Begriffen »abstrakt« und »unbegrenzt«, Ernst Troeltsch sprach wenige Jahre später von einer »im Grunde so naturwidrigen Entfaltung« des Kapitalismus und Edgar Salin warnte in ganz ähnlicher Formulierung vor dem »widernatürlichen Gesellschaftsgefüge«, das die moderne Wirtschaft mit sich bringe.[3] Auch andere über den Kreis von Spezialisten hinaus bekannte Vertreter des Faches wie Lujo Brentano oder Max Weber äußerten sich ähnlich, Weber etwa prägte das Wort vom »grundstürzenden Umgestaltungsprozess«, den der Kapitalismus mit sich bringe.[4] Alle Formulierungen stellten Gegenmetaphern zur Natur dar, alle Autoren evozierten Grund und Boden, um die ökonomischen Entwicklungen der Zeit als das Gegenteil davon beschreibbar zu machen; zugleich vermittelten sie den Anspruch, dass in den eigenen Arbeiten Gegenwartsdiagnose, historisch-genealogische Analyse der Vergangenheit und rettende Alternativen für die Zukunft zugleich zu haben seien. Die Angst aber, sie war den Lesern dieser Schriften und ihren Verfassern gemeinsam: alle befürchteten hier nichts weniger als die Umwälzung des kompletten Lebens zum Schlechteren. David S. Landes hat 1969 in seiner zum Klassiker gewordenen Darstellung diese epochale zeitgenössische Wahrnehmung der technischen Überwältigung zur Leitlinie seiner Überblicksdarstellung der Industrialisierung gemacht und vom »entfesselten Prometheus« gesprochen.[5]

Die Angst vor unbeherrschbar erscheinenden zentripetalen Energien richtete sich gegen moderne Phänomene wie Mechanisierung und Technik, Landflucht und Großstadt – also gegen das, was man seinerzeit »Materialismus« nannte und immer häufiger mit dem Terminus »Kapitalismus« zu belegen begann.[6] Spätestens seit dem »Gründerkrach« von 1873 wurden die in den Begriff Kapitalismus eingegangenen Phantasiebilder und Befunde mit Juden in Zusammenhang gebracht.[7] Die Formierung einer »nationalen Ideologie« in Deutschland in der zweiten Hälfte des 19. Jahrhunderts und dann verstärkt im Zeitalter des Wilhelminismus war stets von dem Versuch bestimmt, die allgemeine kulturpessimistische Zeitdiagnose kausal mit »den Juden« zu bebildern, sei es als Gegenpol zur Utopie einer »nationalen Religion«, wie sie Paul de Lagarde formulierte, sei es in der Revolte eines Julius Langbehn oder Adolf Bartels gegen die moderne »jüdische« Kunst und Literatur, oder sei es als Teil des Traums vom »Dritten Reich«, wie ihn Arthur Moeller van den Bruck träumte.[8]

Dieser Kulturpessimismus radikalisierte sich im Verlauf der 1920er Jahre erneut. Er wurde umso mehr zur politischen Gefahr, je konkreter er wirtschaftlich argumentierte und je stärker er dabei antikapitalistisch auftrat. In der zweiten und dritten Dekade des 20. Jahrhunderts lauteten Buchtitel dann – noch einmal einen Ton schriller – »Deutsche Nation in Gefahr« oder es wurde gleich »Die Überwindung« oder »Das Ende« des Kapitalismus ausgerufen.[9] In den hier anklingenden Verschärfungen waren »Kapitalismus« und »Judentum« nahezu identisch geworden. Der weitverbreitete Antirationalismus, den Oswald Spengler als »Revolte des Blutes gegen das Geld« ausrief, ließ Edgar Salin das »dürre Gespenst« des Rationalismus verhöhnen und von der »Geldrechnungskrankheit« sprechen, Othmar Spann gegen die »rationalistische, seelentötende Wissenschaft« polemisieren und den 70jährigen Werner Sombart der frühen 1930er Jahre in Agraridyllen schwelgen.[10] Gerade in Wirtschaftstheorien wurde eine antirationalistische Grundhaltung verteidigt oder gar propagiert, wurde »organisches« Denken gegen Rationalismus ausgespielt und gegen »Abstraktion und wurzellose Spekulation« polemisiert.[11] Neben der notorischen populistischen und antisemitischen Tagesliteratur häuften sich diese Art von Darstellungen und Affekte einer »Kämpfenden Wissenschaft«[12] auch in seriöseren Kontexten, in denen dasselbe mit akademischer Würde und im Rahmen universitärer Volkswirtschaftslehre vorgetragen wurde.

II. Metaphern und Begriffe

Aus der Retrospektive ist die Sorge vor »Entseelung« und »Entwurzelung« ein die gesamte Epoche der Industrialisierung begleitendes Phänomen. In diesen beiden Ängsten, die den Übergang von Realismus zu Relativismus, von Substanz zu Beziehung und von Stabilität zu Bewegung offensichtlich nur als Verlust konzeptualisieren konnten, akkumulierten sich die allgemeinen Vorbehalte gegen die Ideen von »1789«, gegen Liberalismus, Aufklärung und Emanzipation. Dass solche Ablehnung bei aller Ideologisierung und Rationalisierung stets auch von schlichter wirtschaftlicher Konkurrenz, Neid und Ranküne geprägt war, ist in der Forschung immer wieder hervorgehoben worden. Auch dass dabei die häufig vorgetragenen Beschwerden, die Juden hätten Bauernstand und Handwerk »zerstört«, zum grundlegenden Arsenal gehörten, ist ein seit Peter Pulzers Dissertationsschrift über »Die Entstehung des politischen Antisemitismus in Deutschland und Österreich« aus dem Jahre 1965 allgemein anerkannter Befund.[13]

Kaum untersucht wurde dagegen, wie eine antikapitalistische Wirtschaftsmentalität um 1900 zu Formen metaphorischer Verdichtungen griff, die zur Evidenz des Vorwurfes beitrugen, dass die schlechten Verhältnisse der Gegenwart den Juden insgesamt anzulasten sei. Hier fand eine Gegenüberstellung von Metaphern, von »natürlichen« und »künstlichen« Werte-Räumen statt, die ihre Antinomie mit völkerpsychologischen Bewertungen versah, in der die Juden für das »Unnatürliche«, »Abstrakte« und »Grenzenlose« standen. Die Verschärfung solcher Dispositionen in den Jahren nach dem Ersten Weltkrieg, nach Revolutionen und Inflation, politischer Radikalisierung und Weltwirtschaftskrise war somit zugleich eine Verschiebung, und das Besondere war weniger die aktuelle Diagnose der Moderne als vielmehr der Ort, an dem sie nun vorgenommen wurde, das Fach »Nationalökonomie«. Um jene Prozesse der Entfremdung aufzuhalten, so Edgar Salin im Jahr 1930, müsse aber aus dem ehemaligen »romantischen ›Zurück zur Natur‹«, wie es noch »entwurzelte Schreiber und freischwebende Höflinge« formuliert hatten, nun eine harte politische Notwendigkeit werden, ein »Muß für ein vom Boden gelöstes Volk.«[14]

Metaphern wie diese, in denen »Boden« und »Schweben« einander gegenübergestellt werden, enthalten eine Semantik, deren Herkunft im Folgenden Thema sein soll. Denn Salin evozierte mit seinem Vergleich genau jenen Dreiklang aus Metaphorik, Ökonomie und Kollektivität, dessen systematischere Erforschung noch aussteht.[15] Die Hypothese, dass das deutsche Volk sich »vom Boden gelöst« habe, war in erster Linie eine voll Sorge konstatierte Krisenbeschreibung des Industrialisierungsprozesses; auch wird deutlich, dass die Lösung des so beschriebenen *status quo* nicht mehr länger den »entwurzelten Schreibern« und »freischwebenden Höflingen« – also den Literaten der Romantik – überlassen werden dürfe, sondern in die Regie der »harten politischen Notwendigkeit« – also der Wirtschaftspolitik – gehöre.

Solche sprachlichen Vorstellungen und Bilder, die mit der Semantik ökonomischen »Schwebens« das Faktum der Industrialisierung insgesamt kritisierten, waren nicht nur in der populären Zeitschriftenliteratur, sondern auch in wissenschaftlichen Wirtschaftsanalysen zu finden. Begriffseinträge wie »Arbeit«, »Ackerbau«, »Bodenzersplitterung«, »Feldgemeinschaft« oder »Kapital« in Nachschlagewerken und Lexika steckten das Feld ab. So widersprach z.B. das »Handwörterbuch der Staatswissenschaft«, aus dem die oben genannten Stichworte stammen, in seiner vierten Auflage Anfang der 1920er Jahre dem »Irrtum« des bedeutendsten Vertreters der klassischen Volkswirtschaftslehre, David Ricardo, der Arbeit als »wertschaffend« bezeichnet hatte: »Die ursprüngliche Quelle der wirtschaftlichen Werte« aber, so das Lexikon kategorisch, seien »Grund und Boden.«[16] Gutgeheißene Wirtschaft wurde demnach mit Bildern von Erde, Grund und Boden zum positiven »produktiven« Wertekosmos Stabilität, Natürlichkeit und Ewigkeit entfaltet; falscher oder fehlgegangener Wirtschaft wurde umgekehrt in einen Bilderreigen von Schweben und Schwanken der Makel von Unnatürlichkeit, Künstlichkeit und Unproduktivität verliehen.[17]

Das hier zu entschlüsselnde Amalgam aus »harter« ökonomischer Realität und diffuser zeitgenössischer Paranoia vor den Anforderungen der Moderne verdichtete sich in der um 1900 zur Leitwissenschaft gewordenen Politischen Ökonomie oder Nationalökonomie, die sich zur Artikulation dessen, was sie bekämpfte, die Kollektivmetapher »jüdisch« erfand. »Jüdisch« waren demnach »Bodenferne«, also Tausch, Handel und »rastlose Erwerbssucht«; christlich dagegen der »ehrliche Verdienst« und der »Idealismus der Arbeit«[18] – meist assoziiert mit Hand- und Feldarbeit.[19] In solchen Gegenüberstellungen ging es um nichts weniger als um das Aushandeln dessen, was als »Arbeit« geadelt wurde und was nicht. Die Bezeichnung »jüdisch« war nicht nur zur Chiffre für die allgemeine Wirtschaftssituation insgesamt geworden, Symbol einer grundlegenden »Ökonomophobie«[20], sondern auch für die vermeintliche Affinität von Judentum und Kapitalismus. In den resistenten Varianten solcher Diagnosen, deren Argumentation jenseits aller Tagespolemik einen immer »materialistischeren« Kern erhielt, wurden Metaphernbild und Wirtschaftsangst kausal verknüpft: »jüdisch« war zum Kampfbegriff in der ökonomischen Theorie einer Wissenschaft geworden, die zwischen Produktion und produktiver Wirtschaft auf der einen und »unproduktiver« Verteilung und »Verkehrswirtschaft« auf der anderen Seite zu unterscheiden versuchte.

Bisherige Forschungen zum Thema haben zwar nicht mit Hinweisen auf »sprechende Metaphorik«[21] oder einschlägige »Vokabeln und Metaphern«[22] gespart, diese aber kaum decodiert, oder zumindest nicht zum zentralen Gegenstand der eigenen Untersuchungen gemacht.[23] Dabei wäre hier an eine Fülle von Texten anzuknüpfen, in denen das Fach seine Bestimmung und Aufgabe definiert und sich theoretisch und methodisch im Feld von »Staatswissenschaft« und Soziologie, Kulturtheorie und Wirtschaftsgeschichte verortet – manchmal auch durch Reflexion über die Reichweite der eigenen Begrifflichkeit.[24] Wo die Forschung Metaphern und Begriffe hingegen doch zum eigenen Thema machte – erwähnt seien hier die Arbeit Arthur Mitzmans von 1973 und Klaus Lichtblaus Untersuchung zur Kultursoziologie in Deutschland zwei Jahrzehnte später – standen eher die aus dem Briefwechsel des jungen Werner Sombarts nachweisbaren literarischen Anleihen bei Emile Zola und die Überführung von ästhetischen Kategorien aus dem Bereich von Literatur und Kunst in den der Wirtschaftsanalyse im Zentrum des Interesses, nicht dagegen die deutende Wertungsmetaphorik des »Jüdischen« in der damaligen Wissenschaftsprosa der politischen Ökonomie insgesamt.[25] Obwohl gerade Sombart 1902 im Vorwort seines wirtschaftshistorischen Hauptwerks »Der moderne Kapitalismus« das bemerkenswerte Programm einer zukünftigen »ästhetischen Nationalökonomie« entworfen hat, die nicht nur der »äußeren« Darstellung, sondern auch auf den »künstlerischen Aufbau des Gedankens« bezogen sein sollte[26], blieben die auf die symbolischen Ordnungen und metaphorischen Wertebezüge zielenden Fragestellungen der historischen und wirtschaftstheoretischen Forschung sehr allgemein. Eine Monographie zum Verhältnis von Sprachverwendung und Theoriebildung, Metaphorik und Semantik in nationalökonomischen Schriften deutscher Sprache um die Jahrhundertwende, die chronologisch an Wolf-Hagen Krauths wissenssoziologische Studie von 1984 anknüpfen und den bemerkenswerten Ansatz Richard Biernackis zur »Fabrication of Labour« von 1995 aufgreifen würde, gibt es nicht.[27] Eine solche Arbeit hätte – vergleichbar auch mit Georg Kamphausens jüngst vorgelegter Studie »Die Erfindung Amerikas in der Kulturkritik« – analog dazu »Die Erfindung des Jüdischen in der Kapitalismuskritik« zu untersuchen.[28] Doch den diesbezüglichen Wissensstand der Forschung muss man heute aus den beiläufig gemachten Bemerkungen über signifikante »semantische Differenzen« in den Werturteilen der zeitgenössischen Quellensprache und wirtschaftswissenschaftlichen Literatur destillieren.[29]

Das ist schon deshalb verwunderlich, weil kaum ein anderer Bildbereich seine Metaphern so freigiebig verwendete wie die Ökonomie, im Übrigen auch dort schon, wo jüdische Lebenswelten gar nicht zum Vergleich herangezogen wurden. Das hat z.B. Wolfgang Schivelbusch in einem Essay kürzlich demonstriert, in welchem er die »Naturgeschichte der Wirtschaftstheorie« beleuchtete und auf die Bedeutung der im Bereich der klassischen Politischen Ökonomie vorhandenen metaphorischen Sprachkonventionen hinwies. In allen wirtschaftstheoretischen Lehrsätzen von Hegel über Adam Smith bis in das 20. Jahrhundert hinein hätten die sozialwissenschaftlichen und philosophischen Begründer der ökonomischen Theoriegebäude die Metaphorik des Blutkreislaufes, des Verzehrs und der Verdauung, der Sättigung und des Wachstums, der Blüte, der Krankheit und der Verbrennung verwendet – um nur die am häufigsten anthropomorphisierenden und biologisierenden Bilder zu erwähnen. Schivelbusch untersuchte in seinem Beitrag vornehmlich das Verhältnis von Physiologie und Ökonomie, nicht dagegen den rhetorischen »Bann« für alles, was am »Kapitalismus« beängstigend war durch das Epitheton »jüdisch«. Juden aber, so die These der vorliegenden Seiten, wurden in Europa deshalb um 1900 von der Nationalökonomie zu den Begründern des kapitalistischen Wirtschaftsgeistes ausgerufen und zum Symbol der – beklagten, begrüßten oder einfach hingenommenen – neuen wirtschaftlichen Entwicklungen erkoren, weil ein Blick auf die kollektive Seite ihrer Existenz eine metaphorische Analogie zu allgemeinen ökonomischen Tendenzen der Zeit wahrnehmen konnte: zu Transnationalität und »Bodenferne« ebenso wie für Kommunikation und Mobilität, für Urbanität wie für sämtliche Berufe der »Zirkulationssphäre«.[30] Eine nüchterne Wirtschaftswissenschaft, die ganz und gar auf empirischen Daten beruhte, hätte solcher Art durch Analogieschluss und ästhetischen Vergleich zustande gekommenes Wissen kaum in den Kanon ihres Faches aufgenommen, geschweige denn zu Genealogien und »Meistererzählungen« des Kapitalismus bemüht. Dafür bedurfte es der speziellen wissenschaftshistorischen Kombination aus Protosoziologie und Ethnographie, aus politischer »Volksgeist«-Geographie und Völkerpsychologie, aus romantischer Individualitätslehre und einem breit entfalteten kulturtheoretischen Interesse an »Wirtschafts-Stil« und »Unternehmer-Geist«. Und genau eine mit diesen Besonderheiten charakterisierbare Wissenschaft gab es seinerzeit in Deutschland mit der als »Nationalökonomie« bezeichneten Fachrichtung tatsächlich.

III. Konzepte und Diskurse

Bilder – ob aus Ängsten entstanden oder nicht – verlangen nach Deutung und konvertieren in Begriffe, aus denen Konzepte und Diskurse werden. In Fachwissenschaft und Zeitdiagnostik hatten um die Jahrhundertwende Konzepte Konjunktur, die nach dem »Geist« des Kapitalismus oder nach dem »Wirtschaftsstil« einer Gruppe fragten. »Kapitalismus« wurde in Dutzenden von Bedeutungen gebraucht und man hatte sich angewöhnt, das Wort für alles Mögliche zu verwenden. Eine zeitgenössische Untersuchung der Begriffsverwendung klagte vor diesem Hintergrund zu Recht, es sei »eine ganz unglaubliche Konfusion« auf diesem Gebiete eingerissen.[31]

Wenn in Kapitalismus-Erklärungen um 1900 am Existential des Zusammenhangs zwischen moderner Wirtschaftsentwicklung und »den Juden« gearbeitet wurde, so soll damit nicht gesagt werden, dass dies der einzige Kommentar zur Industrialisierung gewesen sei. Aber die Gegenüberstellung von natürlichem Land und widernatürlichen »Apparaten« oder künstlicher Technik avancierte zum Großthema des 19. und frühen 20. Jahrhunderts, die Opposition von Konkretem und Abstraktem war die ästhetische Grunddichotomie, in der das Denken über die gesellschaftliche und sozialpolitische Wirklichkeit stattfand. Werner Sombart ging es immer um »die Idee« oder »die Gestaltidee« der Wirtschaft und Hans Freyers 1921 als Habilitation in Leipzig vorgelegte Abhandlung über die geschichtsphilosophische Bewertung der Wirtschaft durch Denker und Theoretiker des 19. Jahrhunderts verstand sich als Teil der Aufgabe, »Strukturbegriffe der Wirtschaft« aufzufinden.[32]

Eine der entscheidenden strukturellen Antithesen in der so ausgerufenen »Idee« der Wirtschaft lautete bei Freyer »Technik und Seele«, ein Thema, welches die Technik als Ursache für das »unheimliche Eigenleben« des Wirtschaftsprozesses betrachtete.[33] Auch Edgar Jungs Buch »Herrschaft der Minderwertigen« aus dem Jahre 1927 sprach von Deutschland verteidigender Form als dem »Land der Seele« und dem Ort der Gegenbewegung gegen Mechanismus, Rationalismus, Individualismus. Er beklagte die »Heraushebung« der Bevölkerung aus einer »landwirtschaftlichen Umwelt«, forderte eine »nationalwirtschaftliche« Politik und »Schutz der bodenständigen Wirtschaft« – gegen jeden Internationalismus –, und eine Sonderstellung der Landwirtschaft und »Vermehrung des Bauerntums«, da hier »die Grundlage von Volk und Staat« verwaltet werde, der Boden.[34] Wie in Schriften vieler Akteure der »Revolution von rechts« (Hans Freyer) waren Völker für Freyer und Jung – hier in einer langen Tradition der politischen Romantik stehend – »reale Individuationen, Menschheit und Weltwirtschaft nur Abstraktionen«.[35] War in diesem erweitert-metaphorischen Sinne von »Wirtschaft« die Rede, fragte man nicht im Anschluss an Karl Marx nach den Folgen für den Einzelnen oder die Klasse der kapitallosen Arbeiter, sondern verteidigte den Ort der »Seele« und perhorreszierte eine »kalte«,

»fremde« und »äußere« Ökonomie, gegen die dann »Der Mensch« verteidigt werden musste.

Beide Begriffswelten wurden dichotom gegeneinandergestellt und im Kontext kulturkritischer Wirtschaftsdiskurse immer häufiger zusammen behandelt. Wie Freyer suchten auch andere nach Konzepten, um die »Tyrannei über den Menschen«[36], die er im modernen Kapitalismus zu erkennen meinte, abzuwenden. Auch Werner Sombart, der diese Form von Antinomie Zeit seines Lebens beschwören sollte, idealisierte in seiner Spätschrift »Die Zukunft des Kapitalismus« aus dem Jahr 1930 die Verhältnisse um 1900, also jener Zeit, in der die eingangs vorgestellte Zeichnung vom Vampir des Kapitalismus entstand und die zitierten Autoren jene Bücher verfasst hatten, die seinerzeit ganz und gar den ökonomischen Schreckensvisionen einer »entseelten« Wirtschaft gewidmet waren.[37] Die Theoriereiche ökonomischer Ordnungsversuche hatten ihr gedächtnisgeschichtliches Pendant in den von den Autoren idealisierten Erinnerungen der eigenen, vergangenen Lebenszeit.

Johannes Burkhardt hat vor einigen Jahren beschrieben, wie sich in der Vorstellung, die man von »Wirtschaft« als Ganzes hatte und in der Folge auch in der Sprache, mit der sie beschrieben wurde, in der zweiten Hälfte des 18. Jahrhunderts ein Entwicklungsbruch ereignete. Wenige Jahrzehnte zuvor war noch danach gesucht worden, die Bereiche »Oeconomie«, »Policey« und »Cammer-Sachen« in einen Ausdruck zu fassen[38], »gut Wirthschafften« wurde dabei zum Oberbegriff für alle »Nahrungs- und Erwerbskunst«.[39] Nachdem sich der Terminus »Wirtschaft« als breit angelegte Synthese des Ökonomischen durchgesetzt hatte, sei es im Zuge einer Agrarkonjunktur dazu gekommen, so Burkhardts Argumentation, dass sich die begriffsgeschichtliche Entwicklung, in deren Verlauf eine Semantik des Wirtschaftens konzipiert worden war, die Landwirtschaft, Handel und Gewerbe als gleichgewichtige Einheit umfasst hatte, noch einmal umgekehrt habe. Dieser begriffliche Umschlag ließ die genannten einzelnen Wirtschaftsbereiche wieder in different wahrgenommene Sphären auseinander treten, und es sei zu einer »Reagrarisierung der ökonomischen Terminologie« gekommen. Der Begriff des Ökonomischen, so Burkhardts pointierte Formulierung, »hatte sich gleichsam noch einmal auf das Land zurückgezogen.«[40]

Dieser hier konstatierte semantische »Rückzug« kann symptomatisch gelesen werden, scheint doch dem Prozess der begrifflichen Reagrarisierung von Wirtschaftszusammenhängen eine gedankliche Schwerkraft eigen zu sein, denn er ereignete sich auch in späteren Zeiten immer wieder. Die Imprägnierung von Sprache durch ein vorwiegend an Boden, Grund, Land und Erde orientiertes Denken war weder ein einzelnes Ereignis noch ein eindimensionaler Prozess, sondern ähnelte mit ihrer Evidenz des Sichtbaren und Natürlichen mehr einer Kraft, deren Einfluss auf Konzepte und Begriffe in der Ökonomie immer wieder erneuert wurde. Auf der symbolisch-metaphorischen Ebene leisteten hier, so noch einmal Burkhardt, die Phänomene dem Denken eine Art von »gedanklicher Entwicklungshilfe«.[41]

Die diskursiven Folgen lassen sich nicht nur in Randbemerkungen dieser und späterer Zeiten nachzeichnen, sondern ihre Wirkung reichte über den engeren Bereich der Wirtschaft hinaus. Sie öffnete der damals in hohem Ansehen stehenden Völkerpsychologie die Tür und beide zusammen wurden im Rahmen der »Historischen Schule« zu einer synthetisierenden Metawissenschaft, in der Körper und Geist, Wirtschaften und Denken erklärend miteinander verknüpft wurden.[42]

Innerhalb der wirtschaftstheoretischen Versuche, den Kapitalismus zu erklären, wurde in einer Mischung aus vermeintlicher Genealogie und unterstellten Motiven des Ökonomischen regelmäßig zu Sprachbildern gegriffen, die Judentum und Kapitalismus in eins setzten. Nicht das Nachdenken über das Thema »Judentum und Wirtschaft« erscheint dabei als der zentrale Punkt, denn die zum Klischee geronnene Vorstellung, nach der beides affin zueinander sei, reicht weit zurück und begleitet die Geschichte der Judenheiten seit jeher. Das Problem lag vielmehr in der besonderen Konzeptualisierung dieser Verbindung im Zeitalter der Moderne, in der Terminologie vom »Geist« des Wirtschaftens, in der »psychologischen Begründung sozialen Geschehens« überhaupt – eine programmatische Formulierung, die schon der junge Sombart als Zielsetzung für die Wirtschaftswissenschaft formuliert hatte.[43]

In einer Zeit, in der die Radikalität des Denkens als legitimes »Werkzeug zum Hausgebrauch des Menschen« stilisiert wurde, als ein Werkzeug, das der Mensch benötige und benütze, »um seine eigene Lage inmitten der unendlichen und höchst verschränkten Wirklichkeit seines Lebens zu klären«, so der spanische Kulturphilosoph Ortega y Gasset, konnte dies Folgen haben, die weit über den Bereich des Gedanklichen hinausreichten. In seinem sprichwörtlich gewordenen »Aufstand der Massen«, ein Buch aus dem Jahr 1930, das auch als Dokument der Angst und als Legitimationsschrift der umkämpften Ressource »Platz« gelesen werden kann, schrieb Ortega y Gasset weiter:

»Leben ist Kampf mit den Dingen, gegen die wir uns behaupten müssen. Die Begriffe sind der Kriegsplan, den wir schmieden, um ihren Angriff zu parieren. Prüft man daher den innersten Kern irgendeines Begriffes genau, so ergibt sich, dass er nichts über den Gegenstand selber sagt, sondern die Zusammenfassung dessen ist, was ein Mensch mit ihm tun oder durch ihn leiden kann.«[44]

Das »Leben« war ebenso begrenzt wie der konkrete »Raum« – und in der Zusammenziehung beider Begriffe zu »Lebensraum« entstand einer der Schlüsselbegriffe zum Verständnis der Zeit um 1900.[45] Verlässlichkeit und Konstanz in einer sich immer rascher wandelnden Welt, in der sich die »Massen« immer mehr Einfluss und Macht sicherten, konnten vermeintlich nur noch der ganz konkret gemeinte Boden und das messbare, abgegrenzte Territorium garantieren. Diese Desillusion sollte zum intellektuellen Ausgangspunkt vieler radikalelitären Überzeugungen werden, genauer: hier konnte das idealistische Denken materialistisch argumentieren. Somit musste der von den Zeitgenossen als immer knapper wahrgenommene Raum in einem Vorstellungs- und Ideenkrieg verteidigt werden. Begriffe, Vergleiche, Bilder und Metaphern wurden auf diese Weise zum »Werkzeug«, wie bei Ortega y Gasset beschrieben, oder gar, wie von Ernst Jünger in einem Brief an Carl Schmitt formuliert, zu einer Art Geheimwaffe einer gewaltbereiten intellektuellen Elite. Jünger schrieb, nachdem er Schmitts Schrift »Der Begriff des Politischen« gelesen hatte, am 14. Oktober 1930 in bezeichnender Emphase, dass der Grad der »unmittelbaren Evidenz« dieses Buches so stark sei, dass er jede Stellungnahme überflüssig mache, und weiter: »Der Rang eines Geistes wird heute durch sein Verhältnis zur Rüstung bestimmt. Ihnen ist eine besondere kriegstechnische Erfindung gelungen: eine Mine, die lautlos explodiert. Man sieht, wie durch Zauberei die Trümmer zusammensinken; und die Zerstörung ist bereits geschehen, ehe sie ruchbar wird.«[46] Die gedanklichen Minen und lautlosen Explosionen erhielten ihre Sprengkraft nicht zuletzt durch solche Formen gegenseitiger Ermutigung für eine gewaltsame Revolution im Bereich der politischen Begrifflichkeit.

IV. Wissenschaft und Episteme

Die Bezeichnungen »Politische Ökonomie« oder »Nationalökonomie« zielen auf Unterschiedliches und hatten ihre jeweiligen Konjunkturen auch nicht zur gleichen Zeit.[47] Verschiedene Versuche, eine Definition der Begriffe zu geben, haben stets zwei Wege gewählt. Entweder aktualisierten sie die Begrifflichkeit und zollten dabei vor allem der Vielfalt der verschiedenen Bedeutungen Aufmerksamkeit,[48] oder sie haben das Bezeichnete als ein Phänomen *sui generis* gelesen – und es somit historisiert. In diesem zweiten Fall bot es sich an, die Begriffe entweder in ihrer Entstehungszeit oder aber in der Ära ihrer hauptsächlichen Verwendung aufzusuchen.[49] Oberflächlich betrachtet scheint mit beiden Fügungen nichts anderes gemeint zu sein, als ein zu bestimmten Zeiten favorisierter Terminus für das, was gemeinhin »Volkswirtschaftslehre« genannt wird. Ein Leser von Meyers Konversationslexikon wurde zu Beginn des 20. Jahrhunderts vom Lemma »Politische Ökonomie« zu »Volkswirtschaftlehre« verwiesen. Dort stand dann »Volkswirtschaftslehre (Nationalökonomie oder politische Ökonomie)«, ganz so, als handele es sich bei allen drei Begriffen um Synonyme.[50] Tatsächlich aber werden sie zwar häufig so gebraucht, wissenschaftsgeschichtliche Untersuchungen aber verweisen auf eine begriffliche und inhaltliche Parallelentwicklung zwischen der westeuropäischen »political economy«, bzw. »économie politique« und der Historischen Schule der Nationalökonomie in Deutschland. Die schon zeitgenössisch als »Kathedersozialismus« verspottete, stärker als das englischsprachige Vorbild auf Obrigkeit und Staatlichkeit orientierte Richtung der Wirtschaftswissenschaft wird inzwischen als eine Sonderentwicklung des Faches verstanden. Noch vor wenigen Jahren wurde sie als »Rätsel« beschrieben, da der Einfluss dieser Schule vor dem Ersten Weltkrieg so unübersehbar mächtig war, auf längere historische Sicht aber die Schriften der Vertreter der Historischen Schule diesen Einfluss auf das Fach aber verloren.[51] So sprechen sogar noch Arbeiten, die seit einigen Jahren für eine Wiederentdeckung oder gar Wiederaufnahme dieser Traditionslinie plädieren, von der »anderen Ökonomie«.[52]

Dieses wissenschaftshistorische »Rätsel« hat natürlich weniger mit der Benennung des Faches zu tun als mit den hier verhandelten Inhalten, Themen und Werturteilen. Auffällig sind die weit über den Bereich der Wirtschaft zielenden Ansprüche des Faches auf Welterklärung. In dem oben zitierten Konversationslexikon hieß es beispielsweise, dass es sich bei der Nationalökonomie um eine Wissenschaft handele, die volkswirtschaftliche Erscheinungen beschreibe und definiere, aus Ursachen erkläre und zuletzt »als ein zusammenhängendes Ganzes« begreifbar mache. Unterschieden wurde traditionell in eine theoretische »reine« oder auch »allgemeine« Lehre und ihr »praktisches« oder »spezielles« Pendant.[53] Werner Sombart unterteilte das Fach der Nationalökonomie nicht in zwei, sondern in drei Bereiche und unterschied zwischen allgemeiner Wirtschaftsphilosophie, »Wirtschaftskunstlehre« und dem, was er »Wirtschaftswissenschaft« oder eben Nationalökonomie nannte. In dieser Dreigestalt, die häufig auch insgesamt den Namen »Nationalökonomie« erhielt, waren sowohl ontologische Fragen, Kulturphilosophie und Wirtschaftsethik als auch Finanz- und Volkswirtschaft enthalten.[54]

Im Zentrum einer solchen Wissenschaft standen jedoch keineswegs nur Kenntnisse über Produktionstheorien und Verteilungswege, über Konjunktur und Außenhandel, über Tausch und Preis, Arbeit und Geld. Der Blick auf die Zeit um 1900, als das Fach in Deutschland seine besondere Gestalt erhielt, offenbart eine weitaus markantere Bedeutung: In den Jahrzehnten zwischen 1870 und 1900 – und in ihrer Wirkung noch bis zur folgenden Jahrhundertmitte – konstituierte sich in Deutschland die »Historische Schule« der Nationalökonomie als eine Art gesellschafts- und kulturtheoretisches Metafach aus »Realwissenschaft«, »Kulturwissenschaft« und »Geisteswissenschaft« (sic!).[55] Diese Richtung verstand sich als Gegenbewegung gegen den ökonomischen Liberalismus und war durch drei Besonderheiten charakterisiert:[56] Zum einen durch die Bevorzugung des ökonomischen Kollektivs vor dem Individuum, denn wirtschaftliche Aussagen betrafen weniger das individuelle Bedürfnis als vielmehr den kollektiven Willen einer Gemeinschaft. Sodann durch den Anspruch auf seine theoretische Ganzheitlichkeit und größere Reichweite der Verallgemeinerbarkeit (Wirtschaft, so schrieb Sombart, ist »objektiver Geist«[57]); und schließlich durch die spezifische Ausrichtung des Faches auf die historische Singularität wirtschaftlicher Erscheinungen.

Häufig klingt in wissenschaftstheoretischen Selbstbeschreibungen der Stolz an, mit der man die deutsche Wissenschaftstradition als »Überwindung des Smithianismus« präsentierte, von der allgemeinen Fachentwicklung abhob und dabei zugleich den Kollektivcharakter des Faches betonte. Schmoller definierte 1900 im »Grundriß der allgemeinen Volkswirtschaftlehre« die Nationalökonomie als die Wissenschaft von den geschichtlichen Erscheinungen des Gemeinsinns.[58] In der »theoretischen« Ausrichtung der Nationalökonomie wurde der Anspruch formuliert, zur konkreten Gegenwartsdiagnose und zur allgemeinen Kulturkritik beitragen zu können. So heißt es denn auch in dem bereits zitierten Konversationslexikon, die theoretische Volkswirtschaftslehre sehe ihr eigentliches Ziel darin, »durch Berücksichtigung des Einflusses von Staat, Gesellschaft, Sitte und Recht, Bevölkerungs- und Naturverhältnissen«, das Wissen in »philosophisch-soziologischer Weise zu vertiefen.«[59] Adolph Wagner charakterisierte das Fach 1902 als die Lehre des nach Autarkie strebenden »Organismus« der »heimischen Volkswirtschaft als Ganzem«.[60] In einem gegen das Ausland gerichteten Impetus kritisierte die »Historische Schule« der Nationalökonomie das Suchen nach allgemeinen Wirtschaftsgesetzen und favorisierte stattdessen die Herleitung der je spezifischen völkerpsychologischen Eigenarten des Wirtschaftens.[61] Das Allgemeine war in dieser Sicht »mechanistisch«, was »Wirtschaft« eigentlich sei, zeige nicht die Regelhaftigkeit einer modellhaften Theorie, sondern nur die Sammlung des national verschiedenen historischen Materials. Im Jahre 1937 pries dann das nationalsozialistisch gewordene Fach noch einmal den »Anteil«, den die deutsche Historische Schule an der Nationalisierung der Wirtschaftswissenschaft insgesamt gehabt habe.[62]

Auf diese theoretische, aber antiuniversalistische Lehre waren sowohl Stufenmodelle als auch Wirtschaftstypologien und Völkerpsychologien applizierbar. Die ökonomische Politik eines Landes hatte von der erreichten Wirtschaftsstufe auszugehen. Es war konsequent, wenn man später auch Friedrich List als Vorläufer der Historischen Schule bezeichnet hat,[63] seine Arbeiten zur Schutzzollpolitik waren das politische Pendant zur Polemik gegen die englische Freihandelslehre. Heute werden er und sein Hauptwerk »Das nationale System der politischen Ökonomie« (1841) zu den Vorgängern des späteren Wirtschaftsnationalismus gerechnet, der dann für die Jüngere Historische Schule von keinem so deutlich formuliert wurde, wie von Gustav von Schmoller, dem Lehrer Werner Sombarts. Für Schmoller war es axiomatisch, dass die Nationalökonomie »von den Bedingungen des Raumes, der Zeit und der Nationalität« nicht abtrennbar sei – ein Grundsatz, den er bereits in seiner Dissertation von 1860 formuliert hatte.[64]

Friedrich List hatte gegen Adam Smith und dessen Wirtschaftsliberalismus mit dem Vorwurf des »bodenlosen Kosmopolitismus« polemisiert – er stellte ihm und seiner Lehre die Nation als ein »für sich bestehendes Ganzes« entgegen.[65] Die so genannte »Ältere Historische Schule« – Wilhelm Roscher, Karl Knies – hatte die Theorien über den Wert des Bodens von Adam Müller und dessen romantische Sozialphilosophie geschätzt, eine Sichtweise auf Wirtschaft, die der Wiener Nationalökonom Othmar Spann in den 1920er und 30er Jahren wiederentdecken und ideologisieren sollte, bis sie sich dann affin zur NS-Wissenschaft lehren lassen konnte.⁶⁶ Auch Schmoller argumentierte gegen »falsche Abstraktionen«, behielt aber den Anspruch bei, »generalisierender Staats- und Wirtschaftstheoretiker« zu bleiben. Sein Schüler Sombart nannte diese spezifische Verbindung aus konkreten Details und Gesetzmäßigkeit eine »anschauliche Theorie« und Arbeit an »Gedankenbildern der Wirklichkeit«.⁶⁷

Werner Sombart war überhaupt einer der prägendsten Gestalten des Faches. Er bezeichnete »Nationalökonomie« als eine »Gesamtlehre von der Wirtschaft« oder als »Lehre von der Wirtschaft als Ganzes« und stellte sie als komplex strukturiertes Gebilde aus Wirtschafts- und Kulturphilosophie, Ethik der Wirtschaft, »Wirtschaftskunstlehre« und Wirtschaftswissenschaft dar, in der sich Real-, Kultur- und Sozialwissenschaft, »Evidenzwissen« und Erfahrungswissen – frei von Werturteilen – ergänzen würden.⁶⁸ Ihre Aufgabe sei es, so Sombart, die Einheit der Wirtschaft zu erkennen, und zwar sowohl in Vergangenheit und Gegenwart als auch für die Zukunft. Dabei betonte Sombart v.a. den »Kulturwert der Wirtschaft« und den »Wertzusammenhang« des Faches, das nicht nur die »Grundzüge der ›richtigen‹ Wirtschaft« sondern auch die Form »der ›gerechten‹ Verteilung« zu erarbeiten habe. Liest man seine methodisch-didaktischen Arbeiten zur Propädeutik des Faches und seine kapitalismustheoretischen Untersuchungen parallel, so wird der Verweiszusammenhang zwischen Werkzeug und Erkenntnis, zwischen Mittel und Zweck offenkundig: Nationalökonomie war die anerkannteste Form der Kapitalismustheorie.⁶⁹

Das Fach Nationalökonomie oszillierte also zwischen zwei Wertsphären und zielte somit auch immer auf zwei Dinge zugleich: einerseits auf die inhärente Anerkennung im Bereich des wirtschaftswissenschaftlichen Fachs und zweitens auf die intellektuelle Führung im Werte- und Deutungsdiskurs der Zeit – und beides mit einem speziellen Akzent auf nationalen Sonderwegen und gegen jede Form von »Internationalismus«. Dieser Diskurs war deshalb sowohl detailversessen, empirisch und mitunter materialistisch, als auch kulturwissenschaftlich; er zielte auf die großen Aussagen zur Kultur der Gegenwart, auf Theorien zum »Wirtschaftsstil« der Völker und auf Aussagen, die stets Elemente der seinerzeit gängigen Völkerpsychologie und später auch der »Rassenanthropologie« in ihre Argumentation einschmolzen.

V. Raum und Wert

Aus Begriffen und Konzepten bauen akademische Fächer ihre wissenschaftlichen Deutungen und Erklärungen. »Nationalökonomie«, in eben dem Sinne, wie im vorherigen Abschnitt von der angelsächsischen Entwicklung der »Political Economy« abgegrenzt, war – nicht anders als andere Theorien des Ökonomischen – eine Wissenschaft von Raumnutzen und Wertschöpfung. Raum und Wert aber sind keine gegebenen, theorielosen Begriffe. Werden sie auf Land und Boden bezogen, ist das alles Entscheidende Datum der mit ihnen rechnenden Vernunft die empirische Tatsache, dass sie begrenzt sind. Bodenschätze sind nicht beliebig zu verbrauchen, und der Acker stellt eine kostbare Ressource dar. Dieser »Geiz der Natur« ist die »ewige Grundgegebenheit des Wirtschaftslebens« – nie ist genug da, um alle Bedürfnisse zu befriedigen.[70]

Die überbordenden und radikaler werdenden Eingriffe in die Semantik politischer Terminologie, die Völkerpsychologien und Kollektivkonstruktionen im Bereich des Ökonomischen, wie sie in der hier ins Zentrum der Aufmerksamkeit gerückten Zeit der Jahrzehnte vor und nach dem Fin de siècle so weit verbreitet waren, waren auch Ergebnis eines akademischen Diskurses, der sich diesem »Geiz der Natur« zuwandte und aus ihm seine theoretischen Folgen zog. Hier akademisierten sich unter den Bedingungen der Industrialisierung die Ansichten und die bereits zu früheren Zeiten entwickelten Grundlagen einer wissenschaftlichen Epistemik, die ihre Semantik schon lange zuvor erhalten hatte.[71] Das Nachdenken über Sinn und Wert von Wirtschaftstheoremen und ihrer Bedeutung für die Selbsterkenntnis stand zu einer Zeit in Blüte, in der der Terminus »Lebensraum« aus der Politischen Geographie in die Sozialwissenschaften einwanderte. Das subjektive Gefühl des fehlenden Platzes, der Enge und der zunehmenden Masse, die damit zusammenhängende Angst vor dem Kampf und der symbolische Wert von Grund und Boden bekamen hier eine neue sozialdarwinistische Bedeutung.

Dachte das Fach über sich selbst nach, erschien es als sei es »eine der jüngsten Gesellschaftswissenschaften«.[72] Erst zwei Jahrhunderte zuvor wurden »Boden«, »Arbeit«, »Handel« und »Produktivität« erstmals ausführlich in einem theoretischen System der Ökonomie entwickelt, eine Theorie, die nun in der Hochmoderne als ökonomischer Wegweiser wiederentdeckt wurde und die im Rückblick als Entschlüsselung moderner Widersprüche in ihrer ganzen Plausibilität regelrecht erstrahlte: Die Lehre von der »natürlichen Ordnung«, die im Frankreich des 18. Jahrhunderts formuliert und die als Physiokratie bezeichnet wurde.[73] Die Physiokraten, so die Ansicht, seien »die ersten gewesen, die im vollen Sinn des Wortes eine umfassende Anschauung der sozialen Wirtschaft« gehabt hätten, ihre Methoden stellten den »ersten wirklichen Versuch dar, die volkswirtschaftlichen Kreislaufzusammenhänge zu erfassen und zu verstehen«, sie seien deshalb »die Entdecker« der volkswirtschaftlicher Zusammenhänge und »Begründer der Nationalökonomie als Wissenschaft.«[74]

Alle Kernsätze der physiokratischen Schule waren mit der Naturrechtslehre verbunden und stützten sich auf die Vorstellung einer »natürlichen Ordnung« (*ordre naturel*), die von der Vernunftordnung des Menschen respektiert und unterstützt werden müsse. Es gebe von Gott gewollte und somit »natürliche Gesetze«, nach denen die menschliche Gemeinschaft funktioniere; diese Gesetze müsse man sowohl erkennen als auch befolgen, ein Eingriff in sie führe zu Wohlstandseinbußen.[75] Zentrales Element der physiokratischen Denkschule war – in Abgrenzung zur vorangegangenen Gewerbeförderung Jean Baptiste Colberts[76] – die Betonung der Bedeutung der Landwirtschaft. Land und Boden waren dieser Auffassung zufolge die entscheidenden Faktoren des Reichtums einer Nation, von hier stammen alle Lebensmittel und Rohstoffe. Anhänger der physiokratischen Lehre nannten sich »les économistes«, ihr wichtigster Ideengeber war der Arzt und Chirurg François Quesnay.[77] Er schrieb, dass der Boden »die einzige Quelle des Wohlstandes« sei, andere betonten noch mehr, dass alle Arbeit, die sich nicht mit dem Boden beschäftige, »vollständig unproduktiv« sei, denn der Mensch sei kein »Schöpfer.« Die natürliche Tatsache, »dass die Erde die Quelle aller Güter ist«, sei so selbstverständlich, dass eigentlich niemand sie bezweifeln könne.

Quesnay formulierte auch erstmals gesellschaftliche Konsequenzen der ökonomisch konstatierten Wert- und Raumlehre von Boden und Landwirtschaft. Die Gesellschaft wurde nach Klassen eingeteilt, die den Kategorien entsprachen, nach denen sie produzierten oder konsumierten. Die Klasse der Grundeigentümer – seinerzeit also Adel, Klerus und Krone – bezeichnete er als *classe propriétaire*, die Bauern und Pächter wurden von ihm »produktive Klasse« (*classe productive*) genannt, während Händler und Gewerbetreibende die Kategorie *classe stérile* bildeten. »Produktion« – das war in diesem Modell strenggenommen nur dasjenige, was die Landwirtschaft hervorbrachte, bzw. das Schürfen von Bodenschätzen.[78] Dagegen waren nicht nur die Kaufleute, sondern sogar Handwerker und Gewerbetreibenden in dieser wirtschaftstheoretischen Aufstellung unproduktiv und *stérile*.[79]

Der zentrale Punkt, auf den spätere Zeiten der ökonomischen Theoriebildung immer wieder zurückgekommen sind, lag darin, dass die Nähe zum Boden als Gradmesser von »Natürlichkeit« und Produktivität gemacht wurde. Umgekehrt formuliert, wiederholt sich das physiokratische Modell des »Phänomens der Bodenfruchtbarkeit« immer dann, wenn Natur und Natürlichkeit, Boden und Landwirtschaft zum Ausgangspunkt der Theoriebildung und Bewertung von Wirtschaftsprozessen werden.

VI. Texte und Theorien

Das Medium, in dem das Völkische mit der Ökonomie in intellektuellen Fusionen zusammengeführt wurde, waren Texte. In ihnen fand das beschriebene metaphorische Sprechen statt, das Kollektivität und die Frage von Zugehörigkeit ethnisieren und mit einer materialistischen, territorialen Vorstellung von Wirtschaft verknüpfen sollte. Völkerpsychologische Großnarrative enthalten ökonomische Diskurse; umgekehrt wurden die diversen Konzeptualisierungen des »Geistes« oder des »Stils« einer Wirtschaft häufig entlang von – religiös oder national codierten – Kollektivkonstruktionen vorgenommen, bei Max Weber und Ernst Troeltsch vor allem im Hinblick auf den Protestantismus, bei Werner Sombarts »Die Juden und das Wirtschaftsleben« (1911) mit Bezugnahme auf das Judentum.[80]

Dieses Buch hat die drei Ebenen von Kollektivität – Wirtschaftsgebaren – Werte-Metaphorik in einer solchen Konsequenz zusammengeführt, dass es mit Fug und Recht als wichtigster Beitrag zur Rationalisierung des Ressentiments und zum klassischen Dokument antijüdischer Mentalität gelten kann. Auch wenn Sombart im Vorwort seines von ihm selbst so bezeichneten »sonderbaren Buchs« beteuert, dass es ein »streng wissenschaftliches« Unternehmen darstelle und anfügt, es handele über fünfhundert Seiten von Juden, »ohne auch nur an einer einzigen Stelle so etwas wie eine Bewertung der Juden, ihres Wesens und ihrer Leistungen« vorzunehmen, könnte eine Dekonstruktion der in diese Schrift eingegangenen metaphorischen Verdichtungen die Identifikation von »Juden« – »Kapitalismus« – »Bodenferne« samt der hiermit vorgenommenen Bewertungen aufzeigen.[81] Die Schrift begann hier mit Statistiken zum Anteil der Juden in modernen Wirtschaftsbetrieben und Volkswirtschaften, ging dann dazu über, die »Herausbildung einer kapitalistischen Wirtschaftsgesinnung« und die »Befähigung der Juden zum Kapitalismus« zu thematisieren, ehe der Autor auf den letzten einhundert Seiten unter der Überschrift »Wie jüdisches Wesen entstand« die »anthropologische Eigenart der Juden« erkundete. Jeder dieser Abschnitte war als Grundlegung der vorangegangenen angelegt, so dass man den Aufbau des Buches auch als »self-fulfilling prophecy« bezeichnen kann. Sombart behandelte seine Elementar-Metaphorik, nach der die Juden sich »an ein Leben gegen die Natur (und neben der Natur)« gewöhnt hätten, als Letztbegründungen für »Kapitalismus«, den er ebenfalls als »künstlich« und »widernatürlich«, als »Knalleffekt« und »Katastrophe« bezeichnete.[82] Er konstruierte die Opposition des jüdischen »Wüsten- und Wandervolks« und der »nasskalten, schwerblütigen, bodenständigen« Völker Europas.[83] Diaspora und Migration waren für ihn »Nomadismus« und das Gegenteil der als natürlich deklarierten Bodenständigkeit und Heimatverbundenheit. Sein antinomisches Denken »entortete« das Judentum als Ursache des Kapitalismus, weil beide keinen »abgegrenzten Tätigkeitskreis« und »keinen umfriedeten Bezirk« aufwiesen;[84] stattdessen metaphorisierte er Geld und Juden als zirkulierende Wanderer, die die Mentalität des Handelns und des »Saharismus«, der »Wüste« und des »Sandes« in die Gefilde der »bodenständigen Wirtschaftsordnung« eingeführt hätten. Für Sombart waren deshalb Bebilderungen jüdischer »Verbreitung« und ihrer gesellschaftlichen »Fremdheit«, ihr »Halbbürgertum« und ihr Geldbesitz,[85] ihr spezifischer religionssoziologisch hergeleiteter Rationalismus und der von ihnen gepflegte »Intellektualismus« sowie ihr Leben in Großstädten gleichwertige und wissenschaftsfähige Fakten – und vor allem: sie waren Belege für Differenz, nicht für deren Abbau durch Prozesse der Universalisierung. Anstatt in der Moderne gerade die variationsreichen Neutralisierungsenergien von Herkunft und Zugehörigkeit zu erkennen, machte er sie umgekehrt zum Ergebnis der vermeintlichen völkerpsychologischen Besonderheit einer Gruppe. Nicht dass oder warum Juden modern waren, sondern dass und warum die Moderne »jüdisch« war, interessierte ihn.

Karl Pribram hat am Beginn seiner großen zweibändigen Geschichte des ökonomischen Denkens zu Recht hervorgehoben, dass man an der Entwicklung der Nationalökonomie besser als an jedem anderen Wissenschaftszweig aufzeigen könne, wie stark methodologische Vorannahmen und die in Begriffen und Konzepten formulierten und zu Texten und Theorien geronnenen Prinzipien die Entwicklung des Faches bestimmt haben.[86] Eine Theorie ist so betrachtet nicht nur Text, sondern auch »eine Entscheidung« und sie bedeutet »eine willensmäßige Stellung zur Welt«.[87]

Niemand hat eine nachdrücklichere Form der Entscheidung durch Text und Theorie im Bereich der Wirtschaftshistoriographie so breit dokumentiert hinterlassen wie Werner Sombart. Seine Tätigkeit als Sozialwissenschaftler, Wirtschaftshistoriker und Ökonomietheoretiker führte nicht nur zur wissenschaftlichen Verbreitung des Begriffs »Kapitalismus«, der in dieser Formelhaftigkeit zuvor nicht gebräuchlich gewesen war.[88] Zugleich koppelte sein Buch auch den »homo capitalisticus« und den »homo Judaeus« miteinander.[89] Alle in der Literatur aufgelisteten Merkmale des deutschen Antikapitalismus können an seinen Arbeiten exemplarisch aufgezeigt werden. In seinem Werk, das als Summe der hier skizzierten Tendenzen und Entwicklungen gelten kann, wurde die metaphorische Erkenntnis von Eignung, Genealogie und »völkischer« Affinität von Juden und Kapitalismus zu einer volkswirtschaftlichen Theorie ausformuliert, die beabsichtigte, den historischen und mentalen Kausalzusammenhang zwischen der Entstehung des Kapitalismus und den Besonderheiten jüdischer Existenz in der Neuzeit darzulegen.

Die Formen seiner Argumentationsweise huldigten dabei dem weit verbreiteten Antirationalismus, Anti-Intellektualismus und Moralismus.[90] Sombarts späte Arbeiten formulierten – aus seinem Antikapitalismus abgeleitete – politische und humanitäre Ideale des »Deutschen Sozialismus«, der berufsständischen Ordnung, der Kultur-Zivilisations-Dichotomie und der Beschwörung allgemeiner »Reform des Menschentums«. Auch die Polemik gegen die liberale Wirtschaftsordnung, gegen die »Anarchie« der kapitalistischen Produktion und gegen den Freihandel als »Imperialismus englischen Eigeninteresses« durchzieht seine Schriften – auch jene, in denen er sich der strengen Wertfreiheit verpflichtet fühlte. Schließlich waren auch die allgemein verbreiteten antikapitalistischen Ersatzideale – nationale Autarkie und eine halb staatliche Planwirtschaft – die von ihm und in seinen Schriften favorisierten Ideale.

Die Breitenwirkung der Bücher »Modernen Kapitalismus« und »Die Juden und das Wirtschaftsleben« hatte zahlreiche Gründe,[91] einer aber war sicher der von ihm gewählte Wissenschaftsstil und seine metaphernreiche Sprache. Die Bücher waren nicht nur gelehrige Schulbeispiele der Ansichten seiner Zeit, sie waren auch umkämpft. Vor allem war es der Stil selbst, der zur Auseinandersetzung aufforderte: Den einen galten sie als zu »theoretisch«, anderen als zu »historisch«, vielen waren sie zu »marxistisch« oder gar »projüdisch«, von anderen wurde er dafür gerügt, vom Materialismus Marx' abgerückt zu sein. Neben den Fachzeitschriften wurden seine Arbeiten auch von fachfremden Disziplinen und von feuilletonistisch-schöngeistigen Zeitschriften beachtet. Man hat zu Recht von Sombarts »impressionistischer Ader« gesprochen, schon Zeitgenossen wie Carl Heinrich Becker, der im Preußischen Kultusministerium einflussreich für Sombart im Speziellen und für das Fach Soziologie im Allgemeinen warb, sprach 1916 vom »Sombartismus« und meinte damit die »Hyperbeln« Sombarts, seine »flammende Beredsamkeit« und »ästhetisch gerichtete Geistesart«, seine »blendenden Formulierungen« und »Sucht nach Pointierung«[92]

Sombarts Arbeiten waren in einem Stil geschrieben, der rhetorischen Fragen, Beispiele aus der Gegenwart, eine argumentative Mischform aus empirischer Beweisführung und theoretischer Hypothesenbildung und Paradoxien als Erkenntnismittel verwendete, der häufig metaphorisch argumentierte und sich vor keiner populären Zuspitzung scheute. Friedrich Naumann traf bei seiner Rezension der Erstauflage diesen entscheidenden Punkt, als er schrieb, Sombart biete »konstruktive Geschichte« statt »Berge von Kenntnissen«, präsentiere also »Geschichte mit bestimmten Gesichtspunkten.«[93]

Werner Sombart war einer der einflussreichsten deutschen Sozialwissenschaftler des 20. Jahrhunderts, in der Forschung wurden an seiner Person »Größe und Versagen bürgerlichen Geistes im 20. Jahrhundert« exemplarisch zum Thema gemacht.[94] Seine Bedeutung für eine Untersuchung der Bilder, der Metaphern und des Denkstils der Nationalökonomie um 1900 liegt darin, dass er in besonderer Weise ökonomische, soziologische und psychologische Diskurse miteinander verknüpft hat.[95] Hier finden sich nicht nur die allgemeinen und gängigen Typologien und Kollektivkonstruktionen der Zeit, sondern ein nachgerade klassisch ausgebreitetes Kompendium jener Gegensätzlichkeiten in den verschiedenen Wirtschafts- und Nationalgeschichten mit ihren scheinmaterialistischen Begründungen. Er verstand sich als »Kulturhistoriker« im umfassenden Sinn des Wortes, seine Synthesen und »enzyklopädischen Geschichtsbetrachtungen«[96] waren Teil seiner umfassenden Gegenwartsanalysen, die historisch, ökonomietheoretisch und wissenschaftlich dargeboten wurden.

VII. Realität und Ressentiment

Dan Diner hat in seinem Aufsatz über Max Horkheimers Aporien der Vernunft[97] von der Wahrnehmungsdopplung gesprochen, die sich daraus ergibt, wenn das Epitheton »jüdisch« nicht nur einen Bezug auf reale jüdische Menschen aufweist, sondern zugleich dem Sog der Metaphorik folgt und sich mit gesellschaftlichen Vergleichen und ökonomischen Deutungsversuchen mischt. Diese Art von Vermischungen, so Diner, seien in der Mentalität des ersten Jahrhundertdrittels weit verbreitet, seinerzeit nur schwer zu vermeiden, aber immer schon zumindest zwiespältig gewesen. Nach der Vernichtung der europäischen Juden im Zweiten Weltkrieg werde bereits die Relevanz der Frage begründungspflichtig, warum man der Versuchung, »theoretische Trennschärfen zwischen der metaphorischen und der realen Bedeutung von Juden« zu ziehen, überhaupt noch nachgeben solle.[98]

Tatsächlich ist kein anderer Grund denkbar, als die Dekonstruktion eben jener Diskurse, die diese Doppelungen seinerzeit eingeführt und wissenschaftlich plausibel gemacht haben. Wenn Ressentiment durch Wissenschaft zu »Realität« gemacht werden kann, dann ist hier der umgekehrte Weg zu gehen. Die »Kapitalismusdebatten« um 1900 waren keine Wirtschaftskontroversen, sondern umfassendere Kulturdebatten in der Sprache der Ökonomie und in der intellektuellen Regie von Kultursoziologen und Völkerpsychologen. Sie machten seinerzeit ihr Fach – die »Politische Ökonomie« oder »Nationalökonomie« – zur Leitwissenschaft eines intellektuellen Diskurses, der nicht innerhalb akademischer Institutionen verblieb, sondern Ängste und Erfahrungen einer breiten Mehrheit aufgriff. Dabei stand nicht eigentlich die Wirtschaft zur Diskussion, sondern kollektive Zugehörigkeiten; aus der Analyse »guter« und »falscher« ökonomischer Praxis konnte so mehr gewonnen werden, als Einsichten über Handel und Preise, Tausch und Geld, Produktion und Zirkulation. Was immer seinerzeit im Einzelnen noch Ziel der Auseinandersetzungen der wirtschaftstheoretischen Fragen war – zu ihrer Geschichte gehören aus heutiger Sicht die verheerenden Wirkungen durch die Konstruktionen von Eigenen und Fremden.

Was in Deutschland in der Tradition der politischen Romantik »Nationalökonomie« genannt wurde, zielte nicht auf einen Sektor der Gesellschaft, sondern auf das große Ganze. Es gehört zu den dramatischen Kapiteln der Wissenschaftsgeschichte, dass der Ton der politischen Dringlichkeit und der Habitus der gesamtgesellschaftlichen Rettung seinerzeit durch die theoretische Ökonomie angeschlagen und forciert wurden. Sie kann in der Verflechtung von Wirtschaftstheorie und Völkerpsychologie als das folgenreichste Beispiel gelten, um die Macht einer wirtschaftsdiagnostischen Metaphorik aufzuzeigen, deren intellektuelle Manifestation schließlich in Wirtschafts- und Kulturmodellen eines »preußischen«, eines »deutschen Sozialismus«, eines »nationalen Sozialismus« bzw. »National-Sozialismus« gerann, aus welchem analog zur ideologischen Verschärfung des damit jeweils Gemeinten Juden ausgeschlossen, vertrieben und vernichtet wurden.

Tatsächlich ließe sich für jenes nationale Wirtschaftsdenken von einer *Philosophie der Ökonomen* sprechen, die seinerzeit bei weitem einflussreicher und verständlicher war als die naturwissenschaftliche Lehre ihrer Kollegen Max Planck und Werner Heisenberg.[99] Die äußere ökonomische Seite dieser Wirtschaftsphilosophie speiste sich aus den gängigen Sorgen vor Statusverlust und der Sehnsucht nach dem vergangenen Ständestaat mit seiner vermeintlich gottgewollten Ordnung. Der Kern und politische Stachel des Diskurses aber lag nicht in der Analyse, sondern in der spezifischen »Ästhetik des Denkens«. Brisanz lag bereits in der von Hans Freyer beschworenen »Entscheidung«, die auch in der Theorie geleistet wurde. Sie lag in der machtvollen Logik der gedanklichen Form eines »nationalen Systems« von Ökonomie, die bis auf Friedrich List und das frühe 19. Jahrhundert zurückreichte; Brisanz lag im intellektuellen Spiel von wirklicher und imaginierter Analogie und in der sprachlichen Metaphorik, die zwischen Wirtschaftsform und »völkischer« Kollektivität hin- und herwechseln konnte, als handele es sich um zwei Seiten derselben Sache. Nicht der Inhalt des Kulturpessimismus oder seine einzelnen Beobachtungen und Kritikpunkte, sondern seine Bildsprache insgesamt wurde wirkungsmächtig, wenn in den Diagnosen zeitgenössischer Wirtschaftswissenschaftler die als defizitär und bedrohlich wahrgenommene Wirtschaft mit einer politisch-psychologischen Kollektivkonstruktion verknüpft wurde, die Juden und Judentum als Träger von Rastlosigkeit, als Urheber des »Abstrakten« und als Grund für »Unsicherheit« im Wirtschaftssystem darstellte.

Die hier vorgenommene gedankliche Verschmelzung von Produktion, bzw. Produktivität mit einer neophysiokratischen Doktrin der Erdgebundenheit und das In-Eins-Setzen von Zirkulation, »Verkehrswirtschaft« und »Kapitalismus« mit der jüdischen Diaspora kann in seiner Wirkung nicht überschätzt werden. Heute scheint es möglich zu sein, diesem Thema analytisch zu Leibe zu rücken, indem das Bildarsenal von Wirtschaftstheorien selbst thematisiert wird. Um die Erklärungsansprüche über die »jüdische Urheberschaft des Kapitalismus«, wie sie im Verlauf des 19. Jahrhunderts vorbereitet worden waren, zur Jahrhundertwende Konjunktur hatten und dann um 1930 zur alles dominierenden Ideologie werden konnten, zu entschlüsseln, ist die Macht der Metapher ernst zu nehmen. Hier wurde nicht einfach Wirklichkeit in Worte gefasst, sondern hier wurde sie aus Begriffen hergestellt.

Liest man die Quellen heute, so vermeint man immer noch zu spüren, mit welcher fast greifbaren Erleichterung das Allgemeine seinerzeit »jüdisch« genannt wurde – manchmal in positiver, zumeist aber in pejorativer Absicht. Die wissenschaftliche Vernunft hatte sich hier einer suggestiven Begrifflichkeit bemächtigt und sie gegen das als »jüdisch« deklarierte unverstandene Soziale geführt – in besonderer Ausprägung und Radikalität auch in der deutschsprachigen Nationalökonomie. Für die Perspektive eines heutigen Betrachters ist angesichts einer diskursiven Überprüfung zentraler wirtschaftstheoretischer Texte aus der deutschen Nationalökonomie zwischen 1900 und 1930 festzuhalten, dass hier kaum über Juden, wenig über Wirtschaft, aber viel über diejenigen ausgesagt wird, die in diesen Jahren mit ihren Schriften an der antikapitalistischen Kulturtheorie arbeiteten, dass also wenig über Realität, viel über Ressentiment erfahren werden kann.

Anmerkungen

1 Otto Marcus, Kapitalismus und Wissenschaft (Karikatur), in: Der wahre Jacob (Mai 1894), wieder in: Die Neue Gesellschaft/Frankfurter Hefte 53 (2006), H.1/2, S. 27; der Drache war als Symbol des Kapitalismus nicht selten, vgl. eine ähnliche Abbildung in: Diether Stolze und Michael Jungblut (Hg.), Der Kapitalismus. Von Manchester bis Wall Street. Texte, Bilder und Dokumente, München 1969, S. 210.

2 Lujo Brentano, Schrecken des überwiegenden Industriestaates, Berlin 1901; Ludwig Pohle, Deutschland am Scheidewege, Berlin 1902; in ähnlichem Tenor auch: Karl Oldenberg, Deutschland als Industriestaat, Göttingen 1897; Adolph Wagner, Agrar- und Industriestaat, Jena 1901; zum Gesamtzusammenhang vgl. v.a. Wolfgang Hock, Deutscher Antikapitalismus. Der ideologische Kampf gegen die freie Wirtschaft im Zeichen der großen Krise, Frankfurt am Main 1960, passim (hier v.a. S. 56).

3 Werner Sombart, Der moderne Kapitalismus (2 Bde), Bd. 1, Leipzig 1902, S. 196; Ernst Troeltsch, Die Bedeutung des Protestantismus für die Entwicklung der modernen Welt, in: Historische Zeitschrift 97 (1906), S. 1–66, hier S. 43f.; Edgar Salin, Wirtschaft und Staat. Drei Schriften zur deutschen Weltlage, Berlin 1932, S. 117.

4 Max Weber, Geleitwort, in: Archiv für Sozialwissenschaft und Sozialpolitik 1 (1904), S. I–VII, hier II; zit. nach: Hartmann Tyrell, Kapitalismus, Zins und Religion bei Werner Sombart und Max Weber. Ein Rückblick, in: Shylock? Zinsverbot und Geldverleih, S. 193–217, hier S. 194. Auch Tyrell betont an dieser Stelle, dass seinerzeit mit dem Kapitalismus-Begriff »das Bewusstsein einer tiefgreifenden Diskontinuität oder epochalen Zäsur der Gesellschaftsentwicklung« verbunden sei.

5 David S. Landes, The Unbound Prometheus. Technological change and industrial development in Western Europe from 1750 to the present, Cambridge 1969 [dt.: Der entfesselte Prometheus. Technologischer Wandel und industrielle Entwicklung in Westeuropa von 1750 bis zur Gegenwart, Köln 1973].

6 Eine Einführung in die Begriffsgeschichte bietet: Marie-Elisabeth Hilger, Kapital, Kapitalist, Kapitalismus, in: Geschichtliche Grundbegriffe. Historisches Lexikon zur politisch-sozialen Sprache in Deutschland [weiter zit. GuG], Bd. 3, Stuttgart 1982, S. 399–454; Richard Passow, »Kapitalismus«. Eine begriffsgeschichtliche Studie, 2., neu durchges. Aufl., Jena 1927; außerdem: Ludwig Mises, Die Wurzeln des Antikapitalismus, 2. Aufl., Frankfurt am Main 1979 [zuerst 1958]; Dan Diner, Verkehrte Welten. Antiamerikanismus in Deutschland. Ein historischer Essay, Frankfurt am Main 1993, S. 52ff.

7 Zum Gesamtzusammenhang einführend: Derek J. Penslar, ›Homo economicus judaicus‹ and the Spirit of Capitalism, 1848–1914, in: ders., Shylock's Children. Economics and Jewish Identiy in Modern Europe, Berkeley, Los Angeles und London 2001, S. 124–173.

8 Fritz Stern hat diesen »Idealismus wider die Modernität« als *cultural dispair* beschrieben: Fritz Stern, Kulturpessimismus als politische Gefahr. Eine Analyse nationaler Ideologie in Deutschland. Aus dem Amerikanischen von Alfred P. Zeller. Mit einem Vorwort von Norbert Frei, Stuttgart 2005 [zuerst 1961]; zu Bartels: Steven Nyole Fuller, The Nazi's Literary Grandfather. Adolf Bartels and Cultural Extremis, 1871–1945, New York u.a. 1996; vgl. auch die Aufsatzsammlung von Karl Schwedhelm (Hg.), Propheten des Nationalismus, München 1969.

9 Hans Naumann, Deutsche Nation in Gefahr, Stuttgart 1932 (hier wurde Aufklärung als eine über Deutschland gekommene »Krankheit« beklagt und der Ständestaat als »metaphysischer Gradualismus« zum besten Modell für die Gesellschaft erkoren); Paul Jostok, Der Ausgang des Kapitalismus. Ideengeschichte seiner Überwindung, Berlin 1928; Ferdinand Fried, Das Ende des Kapitalismus, Jena 1931. »Ferdinand Fried« war das Pseudonym für Ferdinand Friedrich Zimmermann, einer der wichtigsten Autoren aus dem Kreis »Die Tat«, dem Organ der sog. »Konservativen Revolution«.

10 Die Beispiele alle nach Hock, Deutscher Antikapitalismus, S. 28ff.

11 Ferdinand Fried, Autarkie, Jena 1932, S. 17, 19 und 45; Der »Tat-Kreis« erhoffte sogar, dass das Geld »erlöschen« möge, vgl.: Ferdinand Fried, Die Auflösung, in: Die Tat, Jg. 23, 1931/32, S. 602 und 622; zit. nach: Hock, 76.

12 Othmar Spann, Kämpfende Wissenschaft. Abhandlungen zur Volkswirtschaftslehre, Gesellschaftslehre und Philosophie, Jena 1934 (eine Programmschrift zum Wissenschaftsverständnis im Nationalsozialismus); zum Zusammenhang vgl. einführend: Christina Kruse, Die Volkswirtschaftslehre im Nationalsozialismus, Freiburg 1988.

13 Franz Kayser, Die Ausbeutung des Bauernstandes durch die Juden, Münster 1894; hierzu: Olaf Blaschke, Antikapitalismus und Antisemitismus. Die Wirtschaftsmentalität der Katholiken im Wilhelminischen Deutschland, in: Johannes Heil und Bernd Wacker (Hg.), Shylock? Zinsverbot und Geldverleih in jüdischer und christlicher Tradition, S. 113–146, hier S. 120; zum Gesamtzusammenhang: Peter Pulzer, Die Entstehung des politischen Antisemitismus in Deutschland und Österreich [zuerst 1964]. Mit einem Forschungsbericht des Autors zur Neuauflage, Göttingen 2004.

14 Salin, Wirtschaft und Staat, S. 106.

15 Zur Methode vgl. einführend: Ulrich Raulff und Gary Smith (Hg.), Wissensbilder. Strategien der Überlieferung, Berlin 1999; Achim Landwehr, Geschichte des Sagbaren. Einführung in die Historische Diskursanalyse, Tübingen 2001; Hans Erich Bödeker (Hg.), Begriffsgeschichte, Diskursgeschichte, Metapherngeschichte, Göttingen 2002; Philipp Sarasin, Geschichtswissenschaft und Diskursanalyse, Frankfurt am Main 2003; Hans-Jürgen Lüsebrink, Begriffsgeschichte, Diskursanalyse und Narrativität, in: Rolf Reichardt (Hg.), Aufklärung und historische Semantik. Interdisziplinäre Beiträge zur westeuropäische Kulturgeschichte, Berlin 2003, S. 29–44.

16 Handwörterbuch der Staatswissenschaften, hrsg. von Ludwig Elster, Adolf Weber, Friedrich Wieser, 4., gänzl. umgearbeitete Aufl., Bd. 1, Jena 1923, S. 806f.

17 Den Begriff »Produktivität« untersucht Johannes Burkhardt, Das Verhaltensleitbild »Produktivität« und seine historisch-anthropologische Voraussetzung, in: Saeculum 25 (1974), S. 277–299; vgl. auch Blaschke, Antikapitalismus und Antisemitismus, S. 121, der vom »Gegensatz zwischen legitimer und illegitimer Ökonomie« spricht.

18 Robert Waldhausen [Pseudonym für Georg Ratzinger], Die Volkswirtschaft in ihren sittlichen Grundlagen, 2. Aufl., Freiburg 1895, S. 435–438, zit. nach: ebd., S. 123.

19 Josef Wimmer, Die Arbeit im Lichte des Christentums, München 1926; insgesamt auch: Johannes Chr. Nattermann, Die moderne Arbeit – soziologisch und theologisch betrachtet, Dortmund 1953.

20 Den Begriff verwendet Hock, Deutscher Antikapitalismus, S. 28–38.

21 Johannes Burkhardt, Art. »Wirtschaft«, in: GG, Bd. 8, S. 587.

22 So etwa: Karl-Siegbert Rehberg, Das Judentum in der frühen deutschen Soziologie, in: Hans Otto Horch (Hg.), Judentum, Antisemitismus und europäische Kultur, Tübingen 1988, S. 151–186, hier S. 183; ähnlich: Blaschke, Antikapitalismus und Antisemitismus, S. 140; Tyrell, Kapitalismus, Zins und Religion, S. 202.

23 Das gilt auch für die ausgezeichneten Beiträge im Rahmen dieser Thematik, die im Jahrbuch des Leo-Baeck-Instituts (LBIYB) veröffentlicht wurden, vgl.: Toni Oelsner, The Place of the Jews in Economic History as viewed by German Scholars. A critical-comparative Analysis, in: LBIYB 7 (1962), S. 183–212; Hans Liebeschütz, Max Weber's Historical Interpretation of Judaism, in: LBIYB 9 (1964), S. 41–68; Paul Mendes-Flohr, Werner Sombart's The Jews and Modern Capitalism. An Analysis of its Ideological Premises, in: LBIYB 21 (1976), S. 87–107, hier S. 100f.; George Mosse, Judaism, Jews, and Capitalism. Weber, Sombart, and Beyond, in: LBIYB 24 (1979), S. 3–15.

24 Karl Pribram, Nominalismus und Begriffsrealismus in der Nationalökonomie, in: Schmollers Jahrbuch 60 (1931), S. 1–42.

25 Arthur Mitzman, Sociology and Estrangement. Three Sociologists of Imperial Germany, New York 1973; Klaus Lichtblau, Kulturkrise und Soziologie um die Jahrhundertwende. Zur Genealogie der Kultursoziologie in Deutschland, Frankfurt am Main 1996, hier v.a. das Kapitel »Zur Rolle des Kunstgewerbes innerhalb einer ›ästhetischen Nationalökonomie‹«, S. 232–242.

26 Werner Sombart, Der moderne Kapitalismus, Bd. 1, Leipzig 1902, S. XXX; zit. nach: Lichtblau, Kulturkrise und Soziologie, S. 234f.

27 Wolf-Hagen Krauth, Wirtschaftsstruktur und Semantik. Wissenssoziologische Studien zum wirtschaftlichen Denken in Deutschland zwischen dem 13. und dem 17. Jahrhundert, Berlin 1984; Richard Biernacki, The Fabrication of Labour. Germany and Britain, 1650–1914, Berkeley 1995; vgl. auch die Hinweise bei Dan Diner, Das Jahrhundert verstehen. Eine universalhistorische Deutung, München 1999, S. 146ff.

28 Georg Kamphausen, Die Erfindung Amerikas in der Kulturkritik der Generation von 1890, Weilerswist 2002; Dan Diner hat in seiner Habilitationsschrift nicht nur ein Beispiel, sondern auch weiterführende Hinweise dafür gegeben, welcher Art die Zusammenführung von ansonsten getrennt verhandelten

Wissensgebieten sein müsste und welche Literatur eine solche Untersuchung zu rezipieren hätte, vgl.: Dan Diner, Israel in Palästina – Über Tausch und Gewalt im Vorderen Orient, Königstein/Ts. 1980.

29 Avraham Barkai, Judentum, Juden und Kapitalismus. Ökonomische Vorstellungen von Max Weber und Werner Sombart, in: Menora 5 (1994), S. 25–38, hier S. 27: Die Fugger erscheinen als »›Kaufleute‹ oder ›Bankiers‹«, die Juden hingegen »trieben ›Wucher‹ oder ›Schacher‹« – manchmal in ein und demselben Text; zu den Ausnahmen des oben konstatierten Befundes zählt: Rainer Erb, »Warum ist der Jude zum Ackerbürger nicht tauglich«? Zur Geschichte eines antisemitischen Stereotyps, in: ders., Michael Schmidt (Hg.), Antisemitismus und Jüdische Geschichte. Studien zu Ehren von Herbert A. Strauss, Berlin 1987, S. 99–120; vgl. auch: Nicolas Berg, Jüdische Luftmenschen – Über Metapher und Kollektivmusterbuch, in: Dan Diner (Hg.), Synchrone Welten. Zeiträume jüdischer Geschichte, Göttingen 2005 (= Toldot. Essays zur jüdischen Geschichte und Kultur, Bd. 1), S. 199–224.

30 Ein Begriff, der bei Karl Marx und Friedrich Engels verwandt wird, aber auch bei Heinrich Heine. Noch Max Horkheimer verwandte ihn und sprach von den Juden als »Agenten der Zirkulation«, vgl.: ders., Die Juden in Europa (1939), in: Gesammelte Schriften, Bd. 4: Schriften 1936–1941, Frankfurt am Main 1988, S. 328, zit. nach: Diner, Angesichts des Zivilisationsbruches, S. 161.

31 Richard Passow, »Kapitalismus«. Eine begrifflich-terminologische Studie, 2., neu durchgesehene Aufl., Jena 1927 (zuerst 1918). Der Autor sprach auch von »Begriffswirrwarr« und betonte, dass man gegen die Anwendung des Terminus den Einwand zu erheben habe, dass dasjenige, was die Verfasser meinen, »mit Kapital wenig oder gar keinen Zusammenhang« habe. Nicht die Eindeutigkeit, sondern die Vieldeutigkeit von »Kapital« war zum Problem geworden. Beispiele seines heterogenen Gebrauchs reichten von Sombarts »kapitalistischer Geist« über die Verwendung des Begriffs in der Bedeutung »zinstragendes Darlehen« bis hin zum Äquivalent von Erwerbsvermögen.

32 Werner Sombart, Der Aufbau der Nationalökonomie, in: ders., Nationalökonomie – Ein Überblick, in: ders., Nationalökonomie als Kapitalismustheorie. Ausgewählte Schriften, hrsg. von Alexander Ebner und Helge Peukert, Marburg 2002, S. 421–438, hier S. 427 und 428; Freyer, Die Bewertung der Wirtschaft, S. 6. Es gehe, so Freyer, um die »objektiven Formen«, die die Wirtschaftsgeschichte aufzeichnet; v.a. aber – analog zum »Stil« in der Kunstwissenschaft – um »seelisch-moralische Realitäten«, um »Wirtschaftsgesinnung«, »Wirtschaftswille« und »Wirtschaftsgewissen«, um den »Geist eines Wirtschaftssystem« (ebd., S. 2 und 4).

33 Ebd., S. 132–148, hier S. 134.

34 Edgar Jung, Die Herrschaft der Minderwertigen. Ihr Zerfall und ihre Ablösung, Berlin 1927, S. 245, 339.

35 Hock, Deutscher Antikapitalismus, S. 23; vgl. zur antiwestlichen Werte-Antinomie, bzw. zur Berufung auf die vom Westen scharf abgegrenzte deutsche Traditionslinie: Johann Plenge, 1789 und 1914. Die symbolischen Jahre in der Geschichte des politischen Geistes, Berlin 1916; Paul Kluckhohn, Die deutsche Bewegung von Möser und Herder bis Grimm, Berlin 1934.

36 Freyer, Die Bewertung der Wirtschaft, S. 134.

37 Sombart, Die Zukunft des Kapitalismus, S. 44; ähnlich: Salin, Wirtschaft und Staat, S. 73; Hock spricht vom »Verfall des national-ökonomischen Denkens«, vgl.: Hock, Deutscher Antikapitalismus, S. 41.

38 Johann Peter v. Ludewig, Die neu angerichtete Profession in Oeconomie, Policey und Cammer-Sachen, Halle 1727, zit. nach: Johannes Burkhardt, Artikel »Wirtschaft« (Teil VI–VIII), in: GuG, Bd. 7, hrsg. von Reinhart Koselleck, Stuttgart 1992, S. 572.

39 Ebd.

40 Ebd., S. 573.

41 Ebd., S. 574.

42 Den Paradigmenwechsel zwischen »Völkerpsychologie« und der frühen Soziologie, bzw. die Nähe beider zur damaligen »Nationalökonomie« beschreiben: Lichtblau, Kulturkrise und Soziologie um die Jahrhundertwende, passim; Volker Kruse, Von der historischen Nationalökonomie zur historischen Soziologie. Ein Paradigmenwechsel in den deutschen Sozialwissenschaften um 1900, in: Zeitschrift für Soziologie 19 (1990), S. 149–165; Thomas Hauschild, Kultureller Relativismus und anthropologische Nationen. Der Fall der deutschen Völkerkunde, in: Aleida Assmann, Ulrich Gaier, Gisela Trommsdorff (Hg.), Positionen der Kulturanthropologie, Frankfurt am Main 2004, S. 121–147.

43 Zit. nach: Lenger, Werner Sombart, S. 121–123, hier S. 124.
44 Ortega y Gasset, Der Aufstand der Massen, Stuttgart 1952 [zuerst: 1930], S. 142 f. Als Aufsatzserie erschien »La rebelión de las masas« bereits 1929 in der Zeitschrift »El Sol«.
45 Die Schlüsselquelle für die Prägung des Begriffs im Sinne der »Politischen Geographie« ist: Friedrich Ratzel, Der Lebensraum. Eine biogeographische Studie, in: Karl Bücher u.a., Festgaben für Alfred Schäffle, Tübingen 1901, S. 101–189; das Äquivalent in der Nationalökonomie waren Schriften wie die von Gustav Langen, Deutscher Lebensraum. Ein Beitrag zur Raumwirtschaft und zur Gesamtrationalisierung in Wirtschaft, Siedlung und Volksleben, Berlin 1929; zur begriffshistorischen Forschung: Woodruff D. Smith, »Weltpolitik« und »Lebensraum«, in: Sebastian Conrad und Jürgen Osterhammel (Hg.), Das Kaiserreich transnational. Deutschland in der Welt 1871–1914, Göttingen 2004, S. 29–48; außerdem: Hans-Dietrich Schulz, Die deutsche Geographie im 19. Jahrhundert und die Lehre Friedrich Ratzels, in: Irene Diekmann u.a. (Hg.), Geopolitik. Grenzgänge im Zeitgeist, Bd. 1.1: 1890–1945, Potsdam 2000, S. 39–84.
46 Ernst Jünger – Carl Schmitt, Briefwechsel 1930–1983, hrsg. von Helmut Kiesel, Stuttgart 1999, S. 7.
47 Zur Begriffsgeschichte vgl.: Afred Bürgin und Thomas Maissen, Zum Begriff der politischen Ökonomie heute, in: Geschichte und Gesellschaft 25 (1999), S. 177–200; Eberhard K. Seifert, Politische Ökonomie – Genese und Bedeutungswandel eines beladenen Begriffs, in: Winfried Vogt (Hg.), Politische Ökonomie heute. Beiträge zur Tagung des Arbeitskreises Politische Ökonomie im Herbst 1987, Regensburg 1988, S. 23–53; Rainer Künzel, Zum Verhältnis von Nationalökonomie und Politischer Ökonomie, in: ebd., S. 223–238; Gunnar Stollberg, Zur Geschichte des Begriffs »Politische Ökonomie«, in: Jahrbuch für Nationalökonomie und Staat 192 (1977/78), S. 1–35; Heinz-Dieter Mundorf, Der Ausdruck »Politische Ökonomie« und seine Geschichte. Eine dogmengeschichtliche Untersuchung, Diss. Ms., Köln 1957.
48 Aktualisierungen hatten in den 1960er und 1970er Jahren Konjunktur, vgl. exemplarisch den Artikel von Ludwig Bress, Friedrich Engels und die politische Ökonomie der Gegenwart, in: Archiv für Sozialgeschichte 13 (1973), S. 289–307; einen Literaturüberblick gibt derselbe Verf. im gleichen Band, vgl.: Ludwig Bress, »Politische Ökonomie – Geschichte und Kritik«. Das Gesicht einer Reihe der Europäischen Verlagsanstalt, in: ebd., S. 511–573.
49 Die Entstehung der Begriffskombination untersuchen James E. King, The Origin of the term »Political Economy«, in: The Journal of Modern History 20 (1949), S. 230 ff; Mundorf, Der Ausdruck »Politische Ökonomie«, S. 51–71; Bürgin und Maissen, Zum Begriff der »Politischen Ökonomie« heute, S. 187ff; Stollberg, Zur Geschichte des Begriffs, S. 2–8; sowie: Alfred Bürgin, Merkantilismus: Eine neue Lehre von der Wirtschaft und der Anfang der politischen Ökonomie, in: F. Neumark (Hg.), Studien zur Entwicklung der ökonomischen Theorie, Bd. 2, Berlin 1982, S. 9–61.
50 Vgl. zum Beispiel: Meyers Großes Konversationslexikon, 6. Aufl., Bd. 16 (»Plaketten« bis »Rinteln«), Leipzig und Wien 1909, S. 100: »Politische Ökonomie«, soviel wie Volkswirtschaftslehre, s.d.«
51 Werner Plumpe, Gustav von Schmoller und der Institutionalismus. Zur Bedeutung der Historischen Schule der Nationalökonomie für die moderne Wirtschaftsgeschichtsschreibung, in: Geschichte und Gesellschaft 20 (1996), S. 252–275, hier 252.
52 Birger P. Priddat, Die andere Ökonomie. Einschätzung von Gustav Schmollers Versuch einer »ethisch-historischen« Ökonomie im 19. Jahrhundert, Marburg 1995.
53 Ebd., Bd. 20 (»Beda« bis »Zz«, Leipzig und Wien 1909), S. 243.
54 Sombart, Nationalökonomie – Ein Überblick, in: ders., Nationalökonomie als Kapitalismustheorie. S. 422.
55 Ebd., S. 424f.
56 Pribram, Geschichte des ökonomischen Denkens, Bd. 1, S. 406 schreibt, die Historische Schule sei zu ihrer Zeit in Deutschland »beherrschend« gewesen, mehrere Generationen danach hätten diese Ansichten noch geteilt; Schumpeter charakterisierte sie als eine Schule mit »typisch deutschen Wurzeln«, vgl.: Ziegler, Geschichte des ökonomischen Denkens, S. 147.
57 Sombart, Nationalökonomie – Ein Überblick, S. 425.
58 Zit. nach: ebd., S. 148: »Das, was der Engländer ›political economy‹, der Franzose ›économie politique‹ nennt, der Deutsche erst Staatswirtschaft, dann richtiger Volkswirtschaft nannte, umschließt

zwei Grundvorstellungen. Es handelt sich um eine Gesamterscheinung, die auf der menschlichen Tätigkeit beruht, und die zugleich von den menschlichen Erscheinungen ihren Stempel empfängt.« Zum Stolz auf die Differenz zu England vgl. exemplarisch: J. Grünfeld, Die leitenden sozial- und wirtschaftspolitischen Ideen in der deutschen Nationalökonomie und die Überwindung des Smithianismus bis auf Mohl und Hermann, Leipzig 1913.

59 Meyers Großes Konversationslexikon, 6. Aufl., Bd. 20, S. 243.

60 Wagner, Agrar- und Industriestaat (1902), zit. nach: Hanna Rabe, Art. »Nationalökonomie«, in: Historisches Lexikon der Philosophie, Sp. 417–420, hier 419.

61 Zur »Historischen Schule«, die hier nicht weiter differenziert vorgestellt werden kann, vgl. v.a.: Pribram, Geschichte des ökonomischen Denkens, Bd. 1, S. 401–428; Ziegler, Geschichte des ökonomischen Denkens, S. 137–149.

62 Eugen Vogel, Der Anteil der Deutschen Historischen Schule an der Entwicklung der »Politischen Ökonomie« zu einer »nationalen Wirtschaftslehre«, in: Vierteljahrsschrift für Sozial- und Wirtschaftsgeschichte 30 (1937), S. 209–228.

63 In mancherlei Hinsicht war dies ganz und gar nicht der Fall, vgl. Pribram, Geschichte des ökonomischen Denkens, Bd. 1, S. 408.

64 Ziegler, Geschichte des ökonomischen Denkens, S. 139 und 141; noch vor List könnte Johann Gottlieb Fichte, Der geschlossene Handelsstaat (Tübingen 1800) zu den Vorläufern und Traditionsbegründern der »Historischen Schule« gezählt werden, vgl.: Pribram, Geschichte des ökonomischen Denkens, Bd. 1, S. 402.

65 Ebd., S. 409.

66 Ebd., S. 405.

67 Ebd., S. 141f. (zit. wird eine Äußerung Arthur Spiethoffs).

68 Werner Sombart, Nationalökonomie. Ein Überblick, in: ders., Nationalökonomie als Kapitalismustheorie, S. 421–438.

69 Georg Kamphausen hat beobachtet, dass der in solchen Kulturdiagnosen zentrale Begriff des »Kapitalismus« zu dieser Zeit gar nicht im »Wörterbuch der Volkswirtschaftslehre« oder im »Handwörterbuch der Staatswissenschaften« verzeichnet war, wohl aber im entsprechenden Band »Religion in Geschichte und Gegenwart« – *der* Enzyklopädie des deutschen Kulturprotestantismus, vgl.: Kamphausen, Die Erfindung Amerikas, S. 114.

70 Eduard Heimann, Geschichte der volkswirtschaftlichen Lehrmeinungen, Eine Einführung in die nationalökonomische Theorie, Frankfurt am Main 1949 [amerik. Orig.: 1945], S. 15.

71 Zur speziellen Fach- und Mentalitätsgeschichte der Nationalökonomie im deutschen Kaiserreich, vgl.: Fritz K. Ringer, Ökonomie und Sozialpolitik, in: ders., Die Gelehrten. Der Niedergang der deutschen Mandarine 1890–1933, München 1987 [amerik. Orig.: 1969], S. 134–152; Ulla G. Schäfer, Historische Nationalökonomie und Sozialstatistik als Gesellschaftswissenschaften. Forschungen zur Vorgeschichte der theoretischen Soziologie und der empirischen Sozialforschung in Deutschland in der zweiten Hälfte des 19. Jahrhunderts, Köln 1971; Dieter Krüger, Nationalökonomen in wilhelminischen Deutschland, Göttingen 1983; Rüdiger vom Bruch, Historiker und Nationalökonomen im Wilhelminischen Deutschland, in: Klaus Schwabe (Hg.), Deutsche Hochschullehrer als Elite 1815–1945, Boppard 1988, S. 105–150; ders., Friedrich Wilhelm Graf und Gangolf Hübinger (Hg.), Kultur und Kulturwissenschaften um 1900. Krise der Moderne und Glaube an die Wissenschaft, Stuttgart 1989; Knut Wolfgang Nörr, Bertram Schefold und Friedrich Tenbruck (Hg.), Geisteswissenschaften zwischen Kaiserreich und Republik. Zur Entwicklung von Nationalökonomie, Rechtswissenschaft und Sozialwissenschaft im 20. Jahrhundert, Stuttgart 1994.

72 Ebd., S. 15.

73 Physiokratie (griech.) – »Herrschaft der Natur«; der Begriff wurde im Jahre 1761 von Dupont de Nemours, einem Schüler Quesnays, geprägt (Ziegler, Geschichte des ökonomischen Denkens, S. 87–94; Alfred E. Ott und Harald Winkels, Geschichte der theoretischen Volkswirtschaftslehre. Mit 72 Abb., zahlreichen Tabellen und 16 Portraitabb., Göttingen 1985, S. 13–35, hier S. 19 und 33); zeitweise wurde diese Lehre auch »Wissenschaft von der natürlichen Ordnung« genannt. Blütezeit war die Epoche zwischen 1660–1770; ihr Beginn kann mit dem Erscheinen von Quesnays »Tableau économique« (1758) bezeichnet werden, als Ende ihrer praktischen Wirksamkeit der Sturz des Finanzministers Turgot (1776).

74 Charles Gide und Charles Rist, Geschichte der volkswirtschaftlichen Lehrmeinungen, Jena 1923, S. 2.

75 Dies wurde in Abgrenzung zur seinerzeit dominanten Wirtschaftstheorie des Merkantilismus – ein Begriff, den erst Adam Smith prägte – im Zeitalter des Absolutismus (17./18. Jh.) formuliert, in einem System, in welchem der Staat das Ziel aller Wirtschaftsfaktoren und Wirtschaftsaktivitäten war, als eine unhintergehbare verwaltende Obrigkeit galt und der enge, ja zwingende Zusammenhang von monetären Faktoren und wirtschaftlicher Aktivität betont wurde.

76 In Frankreich unter Ludwig XIV. (1638–1715) veranlasste der Finanz- und Wirtschaftsminister Colbert (1619–1683) eine Politik der Gewerbeförderung (»Colbertismus«), um Steuereinnahmen des Staates zu erhöhen.

77 Quesnays wirtschaftstheoretisches Interesse an landwirtschaftlichen Fragen kann nicht damit erklärt werden, dass er Sohn eines Kleinbauern war. Er beschäftigte sich später mit Mathematik, Theologie und Psychologie und entwickelt die von seinen Zeitgenossen bewunderte Lehre des »Tableau économique« als makroökonomisches Modell für die Analyse wirtschaftlicher Prozesse.

78 In der Vorstellung der Physiokraten bedeutete »Produktion« auch nicht »Herstellen«, wie im alltäglichen Sprachgebrauch üblich. In Handwerk oder in Manufakturen erfolgen nach streng physiokratischer Lehre nur eine Stoff-, und Formveränderung des natürlichen Reichtums. Allein in der Boden- und Landwirtschaft galt der für sie entscheidende Grundsatz, dass die produzierten Güter die bei der Produktion verbrauchten Güter überstiegen (»Überschuß« oder *le produit net*), nur der Boden werfe einen »Reinertrag« ab.

79 Nicht zu verwechseln mit der »Freigiebigkeit der Natur«; die theologischen Wurzeln der physiokratischen Theorie betonen Charles Gide und Charles Rist: »Die Erzeugnisse des Bodens sind ein Werk Gottes, und allein Gott ist Schöpfer, während die Erzeugnisse der Kunstfertigkeit Menschenwerk sind und den Menschen keine Schöpferkraft innewohnt.« (Gide und Rist, Geschichte der volkswirtschaftlichen Lehrmeinungen, S. 17).

80 Diese Arbeiten sind nur die bekanntesten Beispiele für jenes Zusammenspiel aus ökonomischer Religionssoziologie und intellektueller Kollektivkonstruktion., vgl.: Max Weber, Die protestantische Ethik und der »Geist« des Kapitalismus, Teil I: Das Problem, in: Archiv für Sozialwissenschaft und Sozialpolitik 20 (1905), S. 1–54; Teil II: Die Berufsidee des asketischen Protestantismus, in: ebd., S. 1–110; Ernst Troeltsch, Die Bedeutung des Protestantismus für die Entstehung der modernen Welt, in: HZ 97 (1906), S. 1–66; Werner Sombart, Die Juden und das Wirtschaftsleben, Leipzig 1911.

81 Sombart, Die Juden und das Wirtschaftsleben, S. V, XI und XVI; vgl. zu diesem Buch Penslar, Shylock's Children, S. 124–173; Lenger, Werner Sombart, S. 187–218; Avraham Barkai, Jüdische Minderheit und Industrialisierung. Demographie, Berufe und Einkommen der Juden in Westdeutschland, 1850–1914, Tübingen 1988, S. 70–90; sowie die Arbeiten von Oelsner, Liebeschütz, Mendes-Flohr, Mosse (Anmerk. 22 und 23) und Barkai (Anmerk. 29).

82 Sombart, Die Juden und das Wirtschaftsleben, S. 281 und S. VIII; sowie: Werner Sombart, Mein Leben und Werk (1933), Rundfunkvortrag, abgedruckt in: Sombarts »Moderner Kapitalismus«. Materialien zur Kritik und Rezeption, S. 429. Sombart nannte das »unsere Zeit beherrschende Wirtschaftssystem« an derselben Stelle auch ein »Gewitter, das über die Menschen hereingebrochen ist, das ein paar Jahrhunderte heraufgezogen ist, dann sich im 19. und im ersten Jahrzehnt des 20. Jahrhunderts entladen hat, und heute im Abziehen begriffen ist, so dass wir nur das ferne Grollen des Donners vernehmen.«

83 Ebd., S. VII.

84 Ebd., S. 417 und 425 f. »Letzten Endes«, so Sombart, basierten die Gegensätze zwischen »Wüste« und »Wald«, »Nomadismus« und »Agrikulturismus« auf dem »verschiedenen Feuchtigkeitsgehalt der Luft.« (S. 417).

85 Ebd., S. 198.

86 Pribram, Geschichte des ökonomischen Denkens, Bd. 1, S. 16.

87 Hans Freyer, Die Bewertung der Wirtschaft im philosophischen Denken des 19. Jahrhunderts, Hildesheim 1966 [zuerst: Leipzig 1921], S. 7; zu Freyer: Jerry Z. Muller, The Other God That Failed. Hans Freyer and the deradicalization of the German Conservatism, Princeton 1987.

88 Lenger, Werner Sombart, S. 9.

89 Sombart, Die Juden und das Wirtschaftsleben, S. 281.
90 Vgl. z.B. Hock, Antikapitalismus, S. 28–38.
91 Ebd., S. 67–85.
92 Materialien zur Kritik und Rezeption, S. 425–427, hier 425 f.
93 Ebd., S. 123. Dies allerdings konnte auch als Kritik gegen den Stil von Sombart vorgebracht werden, so etwa die ebenso repräsentative Schelte seines Lehrers Schmoller, der Sombart einen »Schulmeister« nannte und der im Tone der Resignation über seinen Schüler und Nachfolger schrieb, wer alle »bisherigen Begriffe« umwerfe, »überall neue Worte einführen« wolle, der verzichte auf einen guten Teil Lesbarkeit und Verständlichkeit. Zit. nach: Materialien zur Kritik und Rezeption, S. 234.
94 Die Einschätzungen nach Lenger, Werner Sombart, S. 9 und Bernhard von Brocke, Vorwort, S. 9.
95 Ebner, Nationalökonomie als Kapitalismustheorie, S. 7.
96 So charakterisierte der preußische Bildungsminister Carl Heinrich Becker den Stil Sombarts, vgl. sein Gutachten in: Sombarts »Moderner Kapitalismus«. Materialien zur Kritik und Rezeption, S. 427.
97 Dan Diner, Angesichts des Zivilisationsbruchs – Max Horkheimers Aporien der Vernunft, in: ders., Gedächtniszeiten. Über jüdische und andere Geschichten, München 2003, S. 152–179 und 276–281; zuerst u.d.T.: Aporie der Vernunft. Horkheimers Überlegungen zu Antisemitismus und Massenvernichtung, in: ders. (Hg.), Zivilisationsbruch. Denken nach Auschwitz, Frankfurt am Main 1988, S. 30–53.
98 Ebd., S. 154f.
99 Erhard Scheibe, Die Philosophie der Physiker, München 2006.

Detlev Claussen

Das Genie als Autorität

Anmerkungen zum Kult um Albert Einstein

Es scheint ein für allemal unzweifelhaft – wenn jemand mit einem solchen »Titel« versehen werden kann, dann er: Albert Einstein, das »Genie«. Im soeben vergangenen Jubiläumsjahr, das in vielen offiziellen Verlautbarungen zur Kulturpolitik der Bundesrepublik Deutschland nur noch »Einsteinjahr 2005« genannt wurde, wurde die Vorstellung vom einzigartigen »Jahrhundertgenie« erneut unendlich oft reproduziert. Noch nie ist so viel Mühe darauf verwandt worden, in durchaus gelungenen Publikationen die Relevanz der Einsteinschen Erkenntnisse für ein Laienpublikum zu erklären; aber man merkt es selbst nach der Lektüre: Soll ein naturwissenschaftlich ungebildeter Laie einem Dritten erklären, was er glaubt, soeben verstanden zu haben, gerät er schnell ins Schwimmen. $E = mc^2$ gerinnt zur autoritären Zauberformel, die das Genie und die Welt zugleich erklären soll. Auf die Frage, was sich denn durch Einsteins Arbeit verändert habe, wird schnell geantwortet: »Unser Weltbild«, als ob die gängigen Vorstellungen von Raum und Zeit sich durch wissenschaftliche Theorien bestimmen ließen. Wissenschaft und Glauben, auch in säkularisierter Form als Vertrauen und Kredit, sind im neunzehnten Jahrhundert irreversibel auseinander getreten. Ihrer Struktur nach ist die moderne Wissenschaft antiautoritär; aber gerade sie bringt Autoritäten hervor, an die geglaubt werden kann. Einsteins Bild mit der ausgestreckten Zunge verkörpert diesen Widerspruch einer antiautoritären Autorität.

Dieses Foto, das Albert Einstein selbst vervielfältigte und an Freunde verschickte, macht es leicht, ihn heute als Popstar der Wissenschaft oder als Ikone des Wissens zu klassifizieren. Die Aufnahme stammt aus dem Jahr 1951, als er längst schon zur öffentlichen Figur, eben zu »Einstein« in Anführungszeichen, geworden war. Die amerikanische Öffentlichkeit war damals im Aufspüren von *celebrities* der europäischen weit voraus; die Attraktivität seines Aufenthaltsorts Princeton zehrte auch davon, in der Nähe einer Weltmetropole wie New York die Abgeschiedenheit einer kleinen Gelehrtensiedlung genießen zu können. Die Distanz zur eigenen Rolle in einer unersättlichen Öffentlichkeit dokumentiert die herausgestreckte Zunge. Der selber leidenschaftlich Neugierige schlägt den Neugierigen ein Schnippchen.

Wieder berühren sich die Kreise des kaum verstandenen Einzelgängers, dem Genialität zugeschrieben wird, mit einer Öffentlichkeit, die im außerordentlichen

Das Genie als Autorität

Einzelnen sich selbst wieder entdecken möchte. Es ist derselbe Reiz, der auch von Biografien ausgeht. Genieverdacht und Biografismus nähren einander. Auch an diesem Punkt muss man nicht lange auf die ausgestreckte Zunge des berühmten Physikers warten: »Was uns an der eigenen Existenz bedeutsam ist, wird uns selber kaum bewusst und sollte die Mitmenschen gewiss nicht kümmern. Was weiß ein Fisch vom Wasser, in dem er sein Lebtag herumschwimmt?«[1] Einstein hat Zeit seines Lebens versucht, die Last einer »schon mythischen Autorität«, die ein Thomas Mann dem Zeitgenossen zuschrieb, wieder loszuwerden.[2] Aber nachdem er ein öffentlicher Intellektueller geworden war, ging es nicht mehr. Der Ruhm, der ihn traf, an ihm hängen blieb und sich stets wieder erneuerte, hat seine Quelle im wissenschaftlichen Genie als gesellschaftliche Autorität, die aber ein Rätsel bleibt, solange man nicht ihre besonderen Entstehungsbedingungen anschaut.

Einstein wird also als Genie des zwanzigsten Jahrhunderts betrachtet. Tatsächlich jedoch fußt sein Ruhm auf einer älteren Zeit, die zur eigentlichen Stütze seiner Autorität in der Gegenwart wird. Versteht man das zwanzigste Jahrhundert als das *short century*, das vom Ende des Ersten Weltkriegs bis zum Untergang des Sowjetreichs dauerte, dann gehört vielleicht die Autorität Einstein in dieses kurze zwanzigste Jahrhundert, sein *annus mirabilis* 1905 jedoch lag noch im langen neunzehnten Jahrhundert, das man auch als das eigentliche bürgerliche Jahrhundert bezeichnen könnte. Das mag auch schon die Distanz Einsteins zur eigenen öffentlichen Rolle erklären. Einstein ist noch im Ethos der bürgerlichen Wissenschaft des neunzehnten Jahrhunderts groß geworden.

Daneben ist noch eine weitere Kolorierung hinzuzudenken: Wissenschaftliche Anerkennung schien für viele mitteleuropäische Juden der Königsweg der Emanzipation. In der berühmten und bewunderten Wissenschaftler-Ikone ist die wechselvolle Geschichte der Emanzipation im neunzehnten Jahrhundert nicht mehr präsent; aber zu Einsteins Rolle als geniale Autorität in der Weltöffentlichkeit des zwanzigsten Jahrhunderts gehört auch sein Judentum. Doch auch hier ist genauer zu unterscheiden – die Autorität des öffentlichen Intellektuellen in den zwanziger Jahren und die Autorität des in der Öffentlichkeit auftretenden Wissenschaftlers, dem auch noch die Grundlegung des Atomzeitalters zugeschrieben wurde. Die Tatsache, dass Albert Einstein ein Jude war, der seit 1932 nie mehr einen Fuß nach Deutschland gesetzt hat, ist der deutschen Öffentlichkeit erst 2005 richtig präsent worden. Deutsches Publikum und Weltöffentlichkeit – auch das muss man immer wieder in Erinnerung rufen – sind durch das gesamte zwanzigste Jahrhundert hindurch keineswegs identisch. Und auch das Judentum ist eine viel beweglichere Kategorie, als es die inzwischen gängige Rede von der »jüdischen Identität« nahe legt.

Anders als in dem einer breiten Öffentlichkeit präsentierten Klischeebild ist in der Person Einsteins die Geschichte der europäischen Juden präsent gewesen; auch dies im übrigen in einer nicht immer eindeutigen Art und Weise. Die Erhebung zum Genie jedoch machte Einstein vieldeutig – und somit undeutlich;

sie hob ihn aus seiner persönlichen Vorgeschichte heraus, zu der eben auch die jüdische Herkunft gehörte, eine Tatsache, die ihm persönlich stets bewusst gewesen ist. So könnten sich auch seine skeptischen Erklärungen zum Biografischen verstehen lassen, nämlich als Geste der Verwahrung gegen die Tendenz, aus ihm eine neutrale »Figur« zu machen. Auch der ältere Sigmund Freud, der wie Einstein in der Zwischenkriegszeit zur internationalen wissenschaftlichen Autorität befördert wurde, musste sich mit dem Genieverdacht auseinander setzen. Freud hingegen empfand es in erster Linie als außerordentlich schmeichelhaft, mit Einstein in einem Atemzug genannt zu werden.

Der Wissenschaftshistoriker John Forrester aus Cambridge hat den Umgang beider mit ihrem Ruhm verglichen.[3] Der große Durchbruch zur Bekanntheit kam seinen Forschungen zufolge für beide erst mit ihrer jeweiligen Anerkennung in der angloamerikanischen Öffentlichkeit: Bei Freud geschah dies schon anlässlich seines Besuchs 1909 an der Clark University in Massachusetts. Bei Einstein war es zehn Jahre später der Fall, nämlich im November 1919, als die London »Times« seine die bisherigen Lehrmeinungen umstürzenden Theorien für empirisch bewiesen erklärte; die Anerkennung war dafür aber umso heftiger. Dazwischen lag der Erste Weltkrieg, der nicht nur allgemein das Ansehen der deutschen Kultur in der Welt ramponierte. Das Gefühl für eine Weltöffentlichkeit, eine Öffentlichkeit, die zumindest eine transatlantische Dimension bereithielt, entstand erst mit dem Eintritt Amerikas in den *Great War*.

Ohne den Ersten Weltkrieg lässt sich also die von Grund auf veränderte Rolle der Wissenschaft in der Öffentlichkeit gar nicht verstehen. Während des *long century* galten wissenschaftliche Errungenschaften als Elemente der Nationenkonkurrenz, an der sich der fortgeschrittene Stand einer nationalen Kultur ablesen ließe. Doch die deutsche Wissenschaft hatte sich zu Beginn des Krieges mit den »Ideen von 1914« chauvinistisch gegenüber den französischen und englischen Traditionen der Aufklärung exponiert. Der Aufruf »An die Kulturwelt«, den die Elite der deutschen Wissenschaftler im Sommer 1914 unterschrieb, konnte den damals in Berlin an der Akademie der Wissenschaften tätigen Einstein nicht überzeugen; er arbeitete vielmehr umgekehrt an einem Gegenentwurf mit, der »An die Europäer« gerichtet war – allerdings die Öffentlichkeit nicht mehr erreichen sollte. Noch war in Deutschland die Wissenschaft als Ganzes eine Autorität, wenn auch nicht jeder einzelne Wissenschaftler. Halböffentlich aber war Einstein schon in die Rolle des politischen Nonkonformisten geraten, der sich in der deutschen Wahrnehmung nach der Niederlage entweder in die Figur eines modernen Propheten oder aber in die des »Vaterlandsverräters« verwandeln konnte, je nach politischer Sichtweise.

Die antisemitisch verzerrte Wahrnehmung, die nach 1918 in Deutschland noch einmal Konjunktur bekam, verstärkte diese Perzeptionen einer vermeintlichen Identität von Judentum und Pazifismus, auch wenn z.B. Freud gar kein Pazifist war, sondern ganz im Gegenteil noch in einem Brief aus dem Jahre 1914 ganz offensiv bekannte, seine »ganze Libido«[4] gehöre Österreich-Ungarn. Aber es wäre falsch, aus solchen Bekenntnisses nun einen nationalistischen Rückschluss zu ziehen. Gerade Freud verabscheute den Nationalismus, der die Juden als nichtterritoriale Gruppe im zerfallenden königlichen und kaiserlichen Österreich-Ungarn aufzureiben drohte. Im Allgemeinen fürchteten die Juden – und nicht nur sie – das panslawistisch-zaristische Russland, in dem der pogromistische Antisemitismus Teil der Regierungspolitik geworden war. Seine bekannte Anglophilie dagegen konnte Freud nicht mit seiner anfänglichen Parteinahme für die Mittelmächte in Übereinstimmung bringen; er hat sich auch nie für einen politischen Fachmann gehalten, seinem Selbstverständnis nach blieb er Wissenschaftler, für den »leidenschaftslose Unparteilichkeit«[5] als höchstes Gut zu gelten habe. Den Verlust wissenschaftlicher Objektivität nannte er 1915 eine »Enttäuschung des Krieges«[6]. Dennoch begannen beide, Freud und Einstein, nach dem Ende des Krieges Resolutionen zu unterschreiben; sie nutzten ihre Berühmtheit, um für Zwecke zu werben, für die sie keine Experten waren. Freud jedoch musste in der Zwischenkriegszeit eher von Einstein überredet werden, auf die Frage »Gibt es einen Weg, die Menschen von dem Verhängnis des Krieges zu befreien?«[7] eine begründete Antwort zu geben. »Ich erschrak«, antwortete Freud im September 1932 auf Einsteins öffentlichen Brief vom Juli 1932,

»[...] zunächst unter dem Eindruck meiner – fast hätte ich gesagt: unserer – Inkompetenz, denn das erschien mir als eine praktische Aufgabe, die den Staatsmännern zufällt. Ich verstand dann aber, dass Sie die Frage nicht als Naturforscher und Physiker erhoben haben, sondern als Menschenfreund, der den Anregungen des Völkerbunds gefolgt war [...].«[8]

Die altmodische Vokabel »Menschenfreund« könnte uns auf die richtige Spur bringen, die verrät, wie beide die Enttäuschungen des Krieges verarbeitet hatten, um ihren nach dem Krieg wachsenden internationalen Ruhm in öffentliche Stellungnahmen zu übersetzen. Beide sahen im Ergebnis des Krieges ein Desaster des Nationalismus. Einstein empfand sich als »ein von Affekten nationaler Natur freier Mensch«; hier kam ein Kosmopolitismus zum Vorschein, der noch im Zeitalter der frühbürgerlichen Aufklärer die vorherrschende Überzeugung von Intellektuellen in Europa gewesen war. Die Juden, die dies zur Lebensform gewählt hatten, nannte Isaac Deutscher dann später im 20. Jahrhundert *Non-Jewish Jews*, nichtjüdische Juden[9]. Einstein wie Freud rechnete er zu ihnen, Spinoza galt als einer ihrer Ahnherren. Im langen Jahrhundert, als Religion im bürgerlichen Europa zur Privatsache werden sollte, wären sie schon keine Juden mehr gewesen, als die sie sich doch fühlten. Freud hat dann vor der B'nai B'rith Loge 1926 den berühmten Kommentar abgegeben, im Rahmen dessen er weit vorsichtiger als Einstein formulierte:

»Ein nationales Hochgefühl habe ich, wenn ich dazu neigte, zu unterdrücken mich bemüht, als unheilvoll und ungerecht, erschreckt durch die warnenden Beispiele der Völker, unter denen wir Juden leben [...]. Weil ich Jude war, fand ich mich frei von vielen Vorurteilen, die andere im Gebrauch ihres Intellekts beschränkten, als Jude war ich dafür vorbereitet, in die Opposition zu gehen und auf das Einvernehmen mit der ›kompakten Majorität‹ zu verzichten.«[10]

Freud versuchte aber, den Eindruck zu vermeiden, die Psychoanalyse sei eine jüdisch-nationale Wissenschaft; diese Sorgen brauchte sich Einstein in der Physik nicht zu machen. Aus diesem Unterschied erklärt sich vielleicht auch Freuds größere Scheu vor der Öffentlichkeit. Aber auch der Altersunterschied – Freud war Jahrgang 1856, Einstein wurde im Jahre 1879 geboren – war beträchtlich und Freud sympathisierte politisch schon aufgrund seiner Sozialisation eher mit dem bürgerlichen Liberalismus des neunzehnten Jahrhunderts, während der politische Nonkonformismus Einsteins neben einem dezidierten Linksliberalismus auch den Zionismus umfasste. Der Aufschwung antisemitischer Vorurteile und Feindseligkeiten nach 1918 brachte die ansonsten sehr unterschiedlichen Geister Freud und Einstein in einen näheren Kontakt.

Der plötzliche Weltruhm Einsteins signalisierte nach 1919 eine Veränderung von Zeit und Raum nicht in der Form, als ob die Theorien von Einstein die alltägliche Wahrnehmung verändert hätten. Im Alltag macht man sich gewöhnlich keine Gedanken über Zeit und Raum, sie scheinen gegeben; aber ein vergleichendes Nachdenken über Geschichte und Gesellschaft machte die Erkenntnis unabweisbar, dass die Wahrnehmung von Raum und Zeit gesellschaftlich konstituiert ist – eine Erkenntnis, die aber ebenso wenig wie fortgeschrittene naturwissenschaftliche Theorie wieder zurück in die alltägliche Erfahrung integriert wurde. Gerade weil gesellschaftliche Erfahrung mit dem Ersten Weltkrieg ins Wanken geraten, das Vertrauen in das geschichtliche Fortschrittskontinuum verloren gegangen war, wuchs das Bedürfnis nach sicheren Kategorien. Die empirische Bestätigung theoretischer Annahmen von kosmischer Tragweite schien eine travestierte, aufklärerische Gewissheit zu bestätigen, die zertrümmert zu werden drohte: Es gibt den richtigen Gedanken, der nur bewiesen werden müsse. Die Versicherung, dass es doch eine Wahrheit gäbe, die zwar nicht jedermann, aber einem Einzelnen zugänglich sei, reparierte das Vertrauen in wissenschaftliche Objektivität. Die Medien schufen dieses Amalgam von Alltag und Außerordentlichkeit, die ein Stellvertreter des Numinosen geworden war. Experiment und Wunder fielen in der Sensationsmeldung der Londoner »Times« vom 7. November 1919 zusammen: »Revolution in der Wissenschaft – Neue Theorie des Universums – Newtons Ideen umgestürzt.«

In Deutschland jedoch, das sich zu dieser Zeit im revolutionären Ausnahmezustand befand, fiel dieses Ergebnis der gemeinsamen Sitzung von Royal Society und Royal Astronomical Society auf den Boden einer besonders national gelenkten Aufmerksamkeit und eine strikt nationale Wahrnehmung bemächtigte sich dieses gesellschaftlichen Ereignisses. Einstein schien die deutsche Kultur zu rehabilitieren, die durch den Ersten Weltkrieg international in Misskredit geraten war. Die »objektiv« anerkannte wissenschaftliche Leistung diente der Reparation des Glaubens. Der Alltag brachte wieder zusammen, was die Geschichte getrennt hatte: Wissen und Glauben.

Dieses Wunder kann aber nicht jeder vollbringen, sondern nur ein Außerordentlicher: eben ein Genie. Das neue Jahrhundert schien aus unterschiedlichen Perspektiven auf ein solches Genie gewartet zu haben. Aus englischem Sichtwinkel scheint sich mit der Einsteinschen Revolution die aufklärerische Evolution zu vollenden. Aus der deutschen Perspektive dagegen scheint die Einsteinsche Genialität die Verurteilung der deutschen Kultur zu revozieren. Doch vergessen werden soll auch die Perspektive der nationaljüdischen Presse nicht: In Einstein begrüßte das »Jüdische Echo« 1919 einen »neuen Genius«, »den das jüdische Volk der Menschheit schenkte.«[11] Bevor Einstein selbst öffentlich aktiv geworden ist, hatte sich die Aufmerksamkeit der Öffentlichkeit schon ungefragt seiner bemächtigt. So unterschiedlich die Reklamierungen seiner Verdienste auch sind, in der Teilhabe am Ruhm vereinigen sich die Interessen. Ein neuer Typ von Autorität entsteht: die Berühmtheit, die *celebrity* des Wissenschaftsbetriebes.

Es spricht für Einstein, wie unheimlich ihm die Sache von Beginn an gewesen ist. »Gegenwärtig debattiert jeder Kutscher und jeder Kellner, ob die Relativitätstheorie richtig sei«,[12] konnte er 1920 konstatieren. Schon im Jahr 1919 hatte er in einem Leserbrief an die Londoner »Times« witzig auf den medienspezifischen Umgang mit Relativität hingewiesen:

»Noch eine Anwendung des Relativitätsprinzips [...]: heute werde ich in Deutschland als ›deutscher Gelehrter‹, in England als ›Schweizer Jude‹ bezeichnet. Sollte ich aber einst in die Lage kommen, als ›bête noir‹ präsentiert zu werden, dann wäre ich umgekehrt für die Deutschen ein ›Schweizer Jude‹ und für die Engländer ein ›deutscher Gelehrter‹.«[13]

Popularität und nationale Wahrnehmung vermischen sich; aber was machte die Relativitätstheorie so anziehend? Auch hierauf hat Einstein eine verblüffend einfache Antwort parat. Einem niederländischen Korrespondenten erklärte er 1921 in Berlin:

»Ob mir das lächerlich vorkommt, diese [...] Aufregung der Massen über meine Theorie, von denen die Leute doch kein Wort verstehen? [...] Ich bin sicher, daß es das Mysterium des Nicht-Verstehens ist, was sie so anzieht [...] es hat die Farbe und die Anziehungskraft des Mysteriösen [...] und dann ist man begeistert und aufgeregt.«[14]

Im Kern der öffentlichen Attraktion Einsteins findet sich demnach ein irrationales Moment, das aus dem Forscher eine *celebrity* macht. Ohne dieses irrationale Moment wäre seine Etablierung als geniale Autorität über die Kreise der Physiker oder Naturwissenschaftler hinaus nicht vorstellbar. Diese Autorität ist in der zweiten Hälfte des Jahrhunderts noch gesteigert worden und kulminiert in der gängigen Rede vom »Jahrhundertgenie«, das im »Einsteinjahr 2005« allgemein zum guten Ton gehörte.

Man muss sich eine Vorstellung von dem »originalen« Einstein-Hype der 20er Jahre machen, der seinerzeit nicht nur Europa, sondern auch Amerika und Japan erfasste, um ein genaueres Bild von der internationalen Etablierung des Mythos vom Genie Einstein zu erhalten. Seine öffentlichen Auftritte und Vorträge wurden zu Shows; in Wien sprach er 1921 vor dreitausend Menschen: »Das Publikum befand sich […] in einem merkwürdigen erregten Zustand, in dem es schon gar nicht mehr darauf ankommt, was man versteht, sondern nur darauf, dass man in unmittelbarer Nähe einer Stelle ist, wo Wunder geschehen«, heißt es in einem Augenzeugenbericht von damals.[15] Sein Auftritt in Paris im April 1922 legt einen Vergleich zu Charlie Chaplins kurz vorhergehendem triumphalen Besuch nahe. Einstein ist in Paris ganz *en vogue* – »große Mode«, wie das »Berliner Tageblatt« am 12. April 1922 stolz berichtet.

Einsteins Bild entsprach nicht der gängigen Vorstellung vom deutschen Professor, auch in den Rückspiegelungen der Berliner Presse nicht. Schon die Titelseite der »Berliner Illustrierten Zeitung« von 1919, die Einstein als »Eine neue Größe der Weltgeschichte« vorführte, zeigte einen nachdenklichen *penseur* mit einem eher melancholischen Blick. Im Unterschied zu Rodins bekannter Plastik »Der Denker« erschien jedoch das Titelbild entheroisiert. Das Bild vom Genie begann sich zu verändern. Im späten neunzehnten Jahrhundert war besonders in Deutschland ein kraftstrotzendes Bild von Rembrandt als Inbegriff des Genies entworfen worden, das das Ohnmachtsgefühl des deutschen Bildungsbürgertums kompensieren half. Gerade die Selbstüberschätzung der deutschen Kultur, die im letzten Drittel des 19. Jahrhunderts antinomisch der westlichen Zivilisation entgegengesetzt wurde, machte eine Genievorstellung populär, die noch ältere Quellen hatte. Schon am Ende des achtzehnten Jahrhunderts war es dem aufklärerischen Schriftsteller und Wissenschaftler Georg Christoph Lichtenberg aufgefallen, wie sehr im deutschen Sprachraum die Vorstellung vom »Originalgenie« gepflegt wurde als es noch gar keine deutsche Nation gab. Besonders der Kult des genialen Einfalls verleugnete die wissenschaftliche Erkenntnis als Produkt zunehmender Arbeitsteilung. Der große Naturforscher und Aphoristiker Lichtenberg erkannte in dieser Genieverehrung die gesellschaftliche Zurückgebliebenheit Deutschlands hinter England und Frankreich. Der vor den Nationalsozialisten geflohene Philosoph und Soziologe Helmuth Plessner, der in der niederländischen Emigration die Besonderheiten Deutschlands und des deutschen Geistes historisch erkundete, hat im Jahre 1934 diesem Phänomen nachträglich mit seinem Titel »Die verspätete Nation« einen Namen gegeben.[16]

Die Etablierung Einsteins als Autorität in Deutschland nach dem Ersten Weltkrieg geschah über den Umweg seiner Anerkennung im Ausland. Die schon zitierte Titelseite der »Berliner Illustrierten Zeitung« bezog sich auf eine »neue Größe der Weltgeschichte«, die nicht mehr wie 1914 im imperialistischen deutschen *Griff nach der Weltmacht*, wie Fritz Fischer[17] es später ausdrücken sollte, zu suchen sei, sondern in einer geistigen Kraft, die an das weniger kraftmeierische

Das Genie als Autorität 83

vorwilhelminische deutsche Selbstbild vom Land der Dichter und Denker erinnere. Aber auch hier war der irrationale Kern eines Bedürfnisses nach Größe nicht zu übersehen. Das Titelfoto von 1919 paarte den *penseur* mit der vorbürgerlichen *melancolia* eines Dürer. Die Größe wurde nicht in der Revolution des Weltbilds gesucht, von der die Londoner »Times« sprach, sondern im Gedanken der Vollendung einer langen Tradition. In der ausländischen Wahrnehmung von damals trug die neu entdeckte Autorität Einstein kaum deutsche Züge, wenn überhaupt dann waren es eher unbürgerliche, künstlerische Charakteristika, hier bot Einstein offensichtlich noch das Bild eines Künstlers. Nicht nur in der Pariser Presse, sondern vor allem in der »New York Times« von 1921 wurde gerade das besonders hervorgehoben. William Clark macht auf den überdimensionalen Künstlerhut aufmerksam, der damals noch Einsteins Kopf bedeckte.[18] Bis 1930 vermerkte diese Buchführung Clarks noch den Künstlerhut, erst dann wurde er langsam vom offen getragenen Haarschopf abgelöst. Bei seiner Ankunft 1930 in New York fielen der »New York Times« seine »grauen und drahtigen Haare« auf, »die von seinem Gesicht und seinem Kopf abstrahlten wie eine Aura.«[19] Clark deutete seinerzeit diese Verschiebung des Interesses als Ausdruck einer Wandlung vom Geniebild des Künstlers weg und hin zur Wahrnehmung Einsteins als eines Heiligen und Propheten. In der Öffentlichkeit musste sich die Vorstellung vom Genie als Autorität erst noch wandeln – langsam verschob es sich vom exzentrischen Künstler, der noch ganz an das neunzehnte Jahrhundert erinnert, zum modernen Wissenschaftler, der zum Propheten der neuen Zeit wird. Einstein konnte beide Bilder zur Deckung bringen; das gibt der gängigen Rede vom »Jahrhundertgenie« nachträglich einen ganz eigenen Sinn.

Kehren wir noch einmal zu 1919, dem Beginn des Geniekults, zurück: Der Erste Weltkrieg hatte eine Zerstörung traditioneller Autoritäten nach sich gezogen, besonders in den Ländern der Mittelmächte. Die kontinentaleuropäischen Dynastien stürzten; aber auch die angelsächsische Welt war sich nicht gleich geblieben. Was im London des neunzehnten Jahrhunderts begonnen hatte, kulminierte in New York: Eine fortgeschrittenere, kommerziell organisierte Öffentlichkeit mit ihrer rastlosen Suche nach dem Neuen vermarktete intellektuelle Veränderungen als Sensationen, die den Urhebern dieser *news* ganz neue öffentliche Rollen zuwiesen, als sie es bisher gewohnt waren. Einstein hat dies nach der Rückkehr von seiner ersten Amerikareise 1921 mit befremdeter Distanz bemerkt: »Die übergroße Begeisterung für mich in Amerika scheint echt amerikanisch zu sein, und wenn ich es richtig begreife, daran zu liegen, dass die Menschen sich dort so ungeheuer langweilen, viel mehr als bei uns […]«[20] Mit Erstaunen hat Einstein sich selbst als Teil der Unterhaltungsindustrie wahrgenommen:

»Man erzählt ihnen von etwas Großem, das Einfluss auf das ganze weitere Leben haben soll, und von einer Theorie, die nur von dem Auffassungsvermögen einer kleineren Gruppe Hochgelehrter bewältigt werden kann, und es werden große Namen genannt, die auch

Entdeckungen gemacht haben, von denen die Masse nichts begreift. Es imponiert ihnen, es bekommt die Farben und die bezaubernde Macht des Mysteriösen [...].«[21]

Beide Tendenzen, die Zerstörung traditioneller Autoritäten und die Produktion von neuen, erzeugten ein Paradox, das Einstein 1930 in einem Aphorismus festgehalten hat: »Zur Strafe für meine Autoritätsverachtung hat mich das Schicksal selbst zu einer Autorität gemacht.«[22]

Aber warum nun gerade Einstein? Einstein entstammte dem Kontinentaleuropa desjenigen Jahrhunderts, in dem sich die Wissenschaft noch in der Tradition der Aufklärung in der Auseinandersetzung mit traditionellen Autoritäten wie Kirche und Armee befunden hatte. Resümierend hat er hierzu 1949 in einem Brief geschrieben:

»Meine wissenschaftliche Arbeit wird durch ein unwiderstehliches Verlangen vorangetrieben, die Geheimnisse der Natur zu verstehen, und durch nichts sonst. Meine Gerechtigkeitsliebe und das Streben, zur Verbesserung der menschlichen Beziehungen beizutragen, haben *nichts* mit meinen wissenschaftlichen Interessen zu tun.«[23]

Aufgrund eines klaren Bewusstseins seiner paradoxen Rolle konnte Einstein der Versuchung widerstehen, von sich selbst ein idealisiertes Selbstbild zu entwerfen. Die öffentliche Autorität war ihm zugefallen. Die Ziele, die er in dieser Rolle verfolgte, leiten sich nicht aus seinen wissenschaftlichen Interessen ab. Gerechtigkeitsliebe und das Streben, zur Verbesserung der menschlichen Beziehungen beizutragen, diese zweite von ihm benannte Motivquelle, waren Synonyme für sein Selbstverständnis als säkularer Jude, die er von seinem wissenschaftlichen Selbstverständnis abtrennte. Auf diese Weise war es ihm möglich, eine Vorstellung von der Unparteilichkeit der Wissenschaft wiederherzustellen, die der Erste Weltkrieg angegriffen hatte und zugleich eine öffentliche Rolle als Intellektueller einzunehmen, die er bis zu seinem Lebensende ausfüllen sollte.

Unterschiedliche Formen und Funktionen von Autorität trafen in der Person Einsteins zusammen. Wissenschaftliche Autorität entstand in der *scientific community*, die 1919 in der Anerkennung von Einsteins Leistungen durch die Royal Society und Royal Astronomical Society so eindrucksvoll zum Ausdruck gekommen war. Einsteins Etablierung als allgemein bekannte »geniale Autorität« in einer sich nach dem Ersten Weltkrieg herausbildenden neuen Weltöffentlichkeit hingegen bedurfte tatsächlich eines außerordentlichen Einzelnen, der sich für diese Rolle eignen musste. Seine 1905 erschienenen Arbeiten sind in einer *splendid isolation* produziert worden, die den durch tägliche Erfahrung bedrohten Glauben an die Schöpfungskraft geistiger Arbeit wiederherstellten. Einstein verkörperte die Idealvorstellung des einsamen Genies, in dem das Bürgertum des neunzehnten Jahrhunderts sich selbst noch einmal verherrlichen konnte; aber im gleichen Atemzug verlangte die Etablierung dieses Genies die Anerkennung einer Wissenschaft, die Augenschein und Alltagserfahrung hinter sich zurückgelassen hatte. Nicht nur ein Oswald Spengler sah in der Relativitätstheorie einen bewussten Beitrag zum »Untergang des Abendlands«. Die Opposition aus den Reihen der sich so nennenden »deutschen Physik« attackierte in Einstein die Autorität, die sich von Anschauung und Experiment entfernt. Zugleich wurde die Berühmtheit Einsteins als Ergebnis von bloßer Reklame dargestellt. Wieder einmal wurde die antisemitische Obsession verbreitet, mit der die angebliche »jüdische« Abstraktion gegen das deutsche Streben nach Wahrheit denunziert werden konnte. Gerade weil sich Einsteins wissenschaftliche Theorie mit den Kategorien von Zeit und Raum befasste, konnte er über seine wissenschaftlichen Annahmen hinaus zu einer Autorität werden, die auch noch *ex negativo* von seinen hassverzerrten Gegnern bestätigt wurde.[24]

Einstein konnte nur zu dem »Jahrhundertgenie« werden, weil er in der nach dem Ersten Weltkrieg neu entstandenen Weltöffentlichkeit seine internationale Anerkennung als Wissenschafter erreichte, dem *individuell* die Grundlegung eines neuen Weltbildes zugeschrieben werden konnte. Seine öffentliche Präsenz nach 1919 reproduzierte die Erinnerung an seine Autorität, aber sie ließ ihm auch eine öffentliche Funktion als Intellektueller zuwachsen, die nicht mehr mit seiner wissenschaftlichen Autorität identisch war. Seine plötzliche Popularität ließ Einstein keine Wahl: Gerade sie rief Neider und Feinde auf den Plan, die ihn zwangen, seine Arbeit in einer Öffentlichkeit zu verteidigen, die gar keine Kompetenz besaß, über diese Arbeit zu urteilen. Die wissenschaftliche Autorität musste auf einem ihr gar nicht angemessenen Terrain behauptet werden. Der Wissenschafter Einstein konnte von dem öffentlichen Intellektuellen auf den ersten Blick nicht unterschieden werden. Es wirkt paradox: Erst seine Umstrittenheit in der Öffentlichkeit machte einen Autoritätstransfer vom Wissenschafter auf den Intellektuellen möglich. Die Welt wissenschaftlicher Erkenntnis, aus der die begründete Autorität stammt, bleibt der Welt fremd. Die Welt außerhalb der Wissenschaft aber, in der sich der öffentliche Intellektuelle behaupten muss, ist dem Publikum vertraut – den Autoritätstransfer vom Wissenschafter auf den Intellektuellen begleitet es mit Ambivalenz. Hinter der Verehrung unerklärlicher schöpferischer geistiger Produktivität lauerte immer auch die tiefe Verachtung weltfremder Intellektualität, eine Ambivalenz, die Einstein sein Leben lang zu spüren bekommen hat.

Wenn man nach dem »Jahrhundertgenie« fragt, muss man nicht nur nach dem Genie, sondern auch nach dem Jahrhundert fragen. Das »Genie« Einstein steht als Chiffre für die veränderte Bedeutung der Wissenschaft in den Gesellschaften des zwanzigsten Jahrhunderts, die auf die bürgerliche Gesellschaft des neunzehnten Jahrhunderts gefolgt sind. Das berühmte Titelbild des »Time Magazine« vom 1. Juli 1946 zeigt Einsteins Kopf mit krausem Haar vor einem Atompilz, in dessen Wolke $E = mc^2$ hineingeschrieben ist. Kein Bohemien oder Avantgardekünstler schaut uns an, sondern, wie William Clark treffend bemerkt hat, »das Gesicht einer Sphinx.«[25] Zu dem Außenseiter mit extravagantem Künstlerhut von 1921 passte sein nonkonformistisches Engagement für die Ostjuden und die potenziellen jüdischen Einwanderer nach Palästina, für die er in den Vereinigten Staaten gemeinsam mit Chaim Weizmann Geld sammeln wollte. Im Gesicht dieses Titelbildes von 1946 verbindet sich das Wissen um Schöpfung und Weltuntergang. Die Folgen der Erkenntnis haben sich gegenüber dem Erkennenden verselbstständigt: Als ob die Ohnmacht des Wissenden dargestellt wird, eines Wissenden, der zugleich als Urheber des Ungeheuerlichen imaginiert wird. Das Atomzeitalter ist angebrochen, aber der Erfinder der Zauberformel ist vom Resultat zutiefst beunruhigt. Die Autorität wird durch ihr verselbstständigtes Resultat entzaubert. Eine Einstein-Verehrung mit jenen hysterischen Zügen, wie sie um 1920 stattgefunden hat, ist nach dem Zweiten Weltkrieg nicht mehr denkbar. Die der Wissenschaft zugeschriebene Macht spiegelte sich in der Ohnmacht der Wissenschaftler als Intellektuelle. Im Emergency Committee of Atomic Scientists, das sich die Verhinderung des Atomkrieges zum Ziel gesetzt hat, erfuhr Einstein nach 1946 die deprimierende Kehrseite öffentlicher Verehrung von Wissenschaft: dem nonkonformistischen Intellektuellen wird seine politische Bedeutungslosigkeit demonstriert.

Was mag Einstein dazu bewogen haben, im Frühjahr 1946 gemeinsam mit Leo Szilard für die »Time-Life« Wochenschau, »The March of Time«, die Szene nachzustellen, als er 1939 seinen berühmten Brief an Franklin D. Roosevelt aufsetzte? Es ist, als liefere er mit dieser Darstellung das *missing link* in der Legende vom »Jahrhundertgenie«, die so sinnfällig im Titelbild des »Time Magazine« zum Ausdruck gekommen war. Mit dem Brief an Franklin D. Roosevelt schreibt sich Einstein in die Rede vom »Vater der Atombombe« ein, vom Erfinder also, der nicht nur die Formel lieferte, die im Atompilz zu lesen ist, sondern auch ihren Gebrauch politisch gewollt hat. Im Titelbild verdichtet sich exemplarisch der Mythos, gegen den Einspruch zu erheben das empirische Subjekt nicht mehr vermag. So verschwinden die Motive, die ihn dazu bewegt haben könnten, diesen Brief zu schreiben. Gerade weil ein *Hiatus* die Naturwissenschaft von der Politik trennt, versuchte der öffentliche Intellektuelle Einstein sich über die Wochenschau etwas von der Autorität zurückzuholen, die im öffentlichen Bild vom »Jahrhundertgenie« verloren zu gehen drohte. Aber der Rücktransfer der Autorität gelingt nicht. Im Gedächtnis der Nachwelt bleibt das Bild vom wissenschaftlichen »Jahrhundertgenie«, das unheimliche Kräfte freigesetzt hat, die den bewussten Willen des Einzelnen übersteigen. Die aufklärerische Intention des öffentlichen Intellektuellen Einstein, der das Publikum auffordert, die Atomkraft nicht gleichmütig hinzunehmen »wie ein Erdbeben, wie Gotteswerk«,[26] verschwindet hinter dem Mythos einer übermächtigen Wissenschaft.

Die Autorität des Wissenschaftlers und des Intellektuellen haben sich im Brief an den amerikanischen Präsidenten aus dem Jahre 1939 überschnitten. Seine Kenntnis der modernen Naturwissenschaft erlaubte ihm eine kompetente Stellungnahme auf dem Gebiet der Politik. Er schreibt: »Einige […] neue Arbeiten von E. Fermi und L. Szilard lassen mich annehmen, dass das Element Uran in absehbarer Zeit in eine wichtige Energiequelle verwandelt werden könnte. Gewisse Aspekte der Situation scheinen die Aufmerksamkeit der Regierung, und, wenn nötig, rasche Aktion zu erfordern.«[27] Über die zerstörerische Bedeutung der Atomenergie ist sich Einstein im Klaren:

»Das neue Phänomen würde auch zum Bau von Bomben führen [...] Eine einzige Bombe dieser Art, auf einem Schiff befördert oder in einem Hafen explodiert, könnte unter Umständen den ganzen Hafen und Teile der umliegenden Gebiete völlig vernichten. Möglicherweise würden solche Bomben infolge ihres Gewichts den Transport auf dem Luftweg ausschließen [...].«[28]

Einstein war politisch von dem Bau der Bombe überzeugt; deswegen schickte er einige Monate nach Kriegsbeginn am 7. März 1940 einen weiteren Brief an den Präsidenten. Es kann kein Zweifel daran bestehen, dass Informationen aus Deutschland, die Nazis arbeiteten an einer Atombombe, Einstein dazu gebracht haben, dem Präsidenten ein amerikanisches Atomprogramm vorzuschlagen und seine persönliche Hilfe dabei anzubieten.

Aus pazifistischer Sicht schien das der Sündenfall Einsteins zu sein. Aber angesichts der Naziherrschaft hatte er schon 1933 seine Überlegungen zum Kriegsdienst modifiziert. »Genie hat er nur in der Wissenschaft. Auf anderen Gebieten ist er ein Tor [...]«, schrieb Romain Rolland[29] im September 1933 erbittert an Stefan Zweig, als Einstein frühzeitig aus Hitlers Kriegsdrohung die Konsequenzen zog und den Pazifismus mit den Worten suspendierte: »Unter den heutigen Umständen würde ich als Belgier den Kriegsdienst nicht verweigern, sondern in dem Gefühl, der Rettung der europäischen Zivilisation zu dienen, gerne auf mich nehmen.«[30] Die Inkonsequenz seines Pazifismus, die Romain Rolland 1933 so verärgert hat, zeigte mehr Realitätssinn für das Jahrhundert als die meisten fest gegründeten politischen Überzeugungen seiner Kritiker. Sein Urteil über die Nazidiktatur klang von Beginn an klar und fest: »Jetzt aber hat mich der Vernichtungskrieg gegen meine wehrlosen jüdischen Brüder gezwungen, den Einfluss, den ich in der Welt habe, zu ihren Gunsten in die Waagschale zu legen [...]. Ist die Vernichtung der deutschen Juden durch Aushungerung nicht das offizielle Programm der jetzigen Regierung?«, schrieb er am 6. April 1933 – kurz nach dem Boykott jüdischer Geschäfte – an seinen Kollegen Max Planck.[31] Aus Sicht der arrivierten Akademiker in der Kaiser-Wilhelm-Gesellschaft klang das exzentrisch und übertrieben. Aus der Preußischen Akademie der Wissenschaften trat Einstein aus, ehe seine wissenschaftlichen Kollegen ihn auf Druck der Nazis hätten ausschließen können.

Einsteins Reaktion auf die nationalsozialistische Machtergreifung ist nur ein Argument, das es nahe legt, sich als rückblickender Betrachter vom Schema jenes scheinbar übermächtigen Mythos zu befreien, das Einstein stets als exzentrisches Genie wahrnimmt. Denn das irrationale Moment, das im Autoritätstransfer vom Wissenschaftler auf den Intellektuellen zu beobachten war, rächte sich *post festum*; die Reduktion auf das wissenschaftliche Genie zieht die Banalisierung des Intellektuellen zum Exzentriker nach sich. Allerdings wäre es nur eine Verschiebung des irrationalen Moments, würde man Einsteins politisches Verhalten und Handeln allein auf seine jüdische Herkunft zurückführen. Sein demonstrativer Verzicht auf die Mitgliedschaft in der Preußischen Akademie 1933 und damit auf die deutsche Staatsbürgerschaft trug ihm schon damals heftigste Vorwürfe ein – nicht nur von den akademischen Kollegen. Schmähbriefe in großer Zahl erreichten ihn auch von deutschen Juden, die sein öffentliches Auftreten scharf missbilligten. Es war nicht das erste Mal, dass einer seiner Auftritte auf solche Ablehnung stieß. Einstein hatte von Anfang an versucht, seinen nach 1919 einsetzenden Weltruhm zu nutzen, um Verfolgten zu helfen. Dabei hatte er sich vor allem für die sogenannten »Ostjuden« eingesetzt, die durch den russischen Bürgerkrieg und die Nationalitätenkämpfe in Mittelosteuropa zwischen die kämpfenden Parteien und somit in besondere Not geraten waren. Seine erste Reise nach Amerika im Jahre 1921, bei der er mit Chaim Weizmann Geld für die geplante hebräische Universität in Jerusalem sammeln sollte, erklärt sich weniger aus seinen politischen Überzeugungen als aus den Widersprüchen seiner neuen Rolle.

Sein zehn Jahre älterer Kollege Fritz Haber hatte ihn eindringlich vor dieser Reise gewarnt: »Sie opfern mit Sicherheit den schmalen Boden, auf dem die Existenz der akademischen Lehrer und Schüler jüdischen Glaubens an deutschen Hochschulen beruht.«[32] Der virulente akademische Antisemitismus in Deutschland war nach dem Ersten Weltkrieg so offensichtlich gewesen, dass sogar ein eher indifferenter Zeuge wie Max Weber in seinem berühmten Vortrag »Wissenschaft als Beruf« feststellen konnte, einem Juden in der deutschen Universität könne man nur raten, wie in Dantes Hölle, alle Hoffnung fahren zu lassen.[33] Wie viele deutsche Juden mit akademischen Ambitionen hatte sich auch Fritz Haber taufen lassen; außerdem ließ er an seinem deutschen Patriotismus 1914 keinen Zweifel aufkommen. Als Chemiker galt sein Beitrag zur deutschen Kriegführung vornehmlich der Forschung – und das waren die wissenschaftlichen Voraussetzungen für den Einsatz von Giftgas. Zudem war er auch direkt an einem Einsatz beteiligt, demjenigen am 22. April 1915 in Ypern. Seine Frau Clara, selbst ausgebildete Chemikerin, beging direkt nach der erfolgten Beförderung ihres Mannes Selbstmord. Einstein hatte alle diese Vorkommnisse in unmittelbarer Nähe der beteiligten Personen miterlebt; aber Zeugnisse eines Einspruches von seiner Seite finden sich nicht. 1918 erhielt Fritz Haber den Nobelpreis für Chemie, schon fünfzehn Jahre später nannte Einstein ihn eine »tragische Figur«.[34] Haber wiederum schwieg 1933 bei Einsteins Austritt aus der Preußischen Akademie, aber selbst er musste bald darauf Deutschland verlassen und auch eine Fürsprache Max Plancks bei Hitler persönlich konnte die Vertreibung nicht verhindern. Aus Brüssel erreichte Fritz Haber im August 1933 ein Brief Einsteins: »Ich freue mich sehr, dass Ihre frühere Liebe zur blonden Bestie abgekühlt ist.«[35]

Einsteins Entscheidung, sich 1921 öffentlich für den Zionismus einzusetzen, entsprach keineswegs den Erwartungen der Milieus, in denen er verkehrte. Erst die eigene Erfahrung mit einer öffentlichen Rolle veränderte seine Beziehungen zur Politik. Bis dahin scheint er das isolierte Leben eines außerordentlichen Wissenschaftlers gelebt zu haben – die wissenschaftliche Utopie des neunzehnten Jahrhunderts. Wissenschaft galt als Inbegriff des Universalismus; eine Utopie war diese universalistische Vorstellung deshalb geworden, weil der Zugang zum Wissen durch Schule und Hochschule national organisiert war. Der Druck des akademischen Antisemitismus lastete auf den jüdischen Wissenschaftlern, die sich von der universalistischen Utopie der Wissenschaft angezogen fühlten. Einstein selbst war diesem Druck durch sein Pendeln zwischen Österreich-Ungarn, Deutschland und der Schweiz nicht so direkt ausgesetzt; sein *annus mirabilis* erlebte er als Einzelforscher in Bern. Erst mit seinem Umzug nach Berlin kam er 1914 mit der organisierten deutschen akademischen Welt wieder in direkte Berührung. Aber auch hier waren die Umstände für ihn persönlich einzigartig: Er erhielt ein gutes Gehalt, wurde an die Akademie der Wissenschaften berufen und sah sich vom Zwang zu Lehrverpflichtungen enthoben. Sein Dankesbrief spricht es unmissverständlich aus:

»Nicht minder bin ich Ihnen dafür dankbar, dass Sie mir eine Stellung in Ihrer Mitte anbieten, in der ich mich frei von Berufspflichten wissenschaftlicher Arbeit widmen kann. Wenn ich daran denke, dass mir jeder Arbeitstag die Schwäche meines Denkens dartut, kann ich die hohe, mir zugedachte Auszeichnung nur mit einer gewissen Bangigkeit hinnehmen. Es hat mich aber der Gedanke zur Annahme der Wahl ermutigt, dass von einem Menschen nichts anderes erwartet werden kann, als dass er seine ganze Kraft einer guten Sache widmet, und dazu fühle ich mich wirklich befähigt.«[36]

Die »Enttäuschung des Krieges«, von der Freud 1915 in »Zeitgemäßes über Krieg und Tod«[37] sprach, stand noch bevor. Die Enttäuschung, die Freud am meisten bewegt hatte, war die Selbstzerstörung der unparteilichen Wissenschaft. In dieser Spiegelung lässt sich heute auch Einsteins Verhalten während des Krieges verstehen: Mit allen Mitteln versuchte er, die Wissenschaft gegen diese unvermeidliche Enttäuschung zu schützen, er verteidigte eine unabhängige Forschung, die ihren Wert in sich trage, nicht in unmittelbarer praktische Konsequenz. Die Welt des Wissenschaftlers erschien in solchen Abgrenzungsversuchen von der Außenwelt vollständig abgetrennt. In einem Brief an Paul Ehrenfest vom 19. August 1914 heißt es dazu: »Unglaubliches hat Europa nun in seinem Wahn begonnen. In solcher Zeit sieht man, welcher traurigen Viehgattung man angehört.« Daneben steht der lakonische Bericht: »Ich döse ruhig in meinen friedlichen Grübeleien und empfinde nur eine Mischung aus Mitleid und Abscheu.«[38] Seine ganze Aufmerksamkeit und Energie – seine Libido, wenn man an die Freudsche Bemerkung von 1914 noch einmal erinnern will – galt der Entwicklung und Ausformulierung der Allgemeinen Relativitätstheorie. Das schloss zwar einen allgemeinen deutschlandkritischen Blick nicht aus, aber auf sein Denken und Handeln wirkte die außerwissenschaftliche Erfahrung nicht direkt ein. Den militärischen und pädagogischen Autoritarismus in Deutschland hatte er schon seit seiner Schulzeit abgelehnt. So konnte er sich im November 1918 auch öffentlich einen »alten Demokraten« nennen, »der nicht hat umlernen müssen.«[39] Seine Einstellung zum Ende der Monarchie war eine andere als die seiner Kollegen, die ihrem Selbstverständnis nach mit ihrer wissenschaftlichen Arbeit dem Kaiser gedient hatten. Einstein sehnte sich nach wissenschaftlicher Kommunikation und schrieb im November 1918 in einer Art revolutionärem Überschwang aus Berlin, Deutschland habe seinen »Militarismus« und »Geheimratsdusel« endlich und »gründlich« beseitigt: »Dass ich das erleben durfte!! Keine Pleite ist so groß, dass man sie nicht gerne in Kauf nähme um so einer herrlichen Kompensation willen.«[40]

Einstein beobachtet die Wirkungen der politischen und gesellschaftlichen Veränderungen genau, beschrieb sie aber mitunter in einer merkwürdigen Diktion als »äußeres Erlebnis«, ganz so, als würden sie ihn nur oberflächlich tangieren und sein Innerstes, seine wissenschaftlichen Fragestellungen, gar nicht berühren.[41] Der so konstruierte Kontrast zwischen Innen und Außen aber scheint mit der Revolution plötzlich vermindert. Die wissenschaftliche Arbeit muss nicht mehr die ganze Last der Emanzipation tragen. Einsteins kritische Bemerkungen über assimilierte Juden sind nicht zufällige mentalitätsgeschichtliche Randbemerkungen, sondern Einstein artikuliert mit ihnen ein Zu-Sich-Selbst-Kommen. »Ich sah die würdelose Mimikry wertvoller Juden, dass mir das Herz bei diesem Anblick blutete.«[42] Einstein wählt den Zionismus als eine Ausdrucksform der Freiheit. Liest man seine politischen Äußerungen genauer, gewinnt man allerdings den Eindruck, dass es sich um einen synkretistischen Privatzionismus handelt, der sich keiner politischen Strategie oder Organisationsdisziplin unterwirft. Er wusste selbst, dass die zionistischen Führer ihn nicht wegen seiner dezidierten Überzeugungen und politischen Überlegungen brauchten. Er teilte anlässlich der Amerikareise 1921 Maurice Solovine mit, dass »ich als Renommierbonze und Lockvogel dienen muss […].«[43] Die Zionistenführer nutzten das jüdische Genie als Autorität.

Seine Identifikation mit dem Zionismus scheint insofern angemessen, da das traditionelle religiöse Judentum für Einstein wenig Bedeutung hatte, im Gegenteil: er stand ihm hilf- und verständnislos gegenüber. Beim Besuch der Klagemauer in Jerusalem notierte er 1923 die Formulierung »stumpfsinnige Stammesbrüder« in sein Reisetagebuch. Ihr lautes Beten – »mit dem Gesicht der Mauer zugewandt, den Körper in wiegender Bewegung vor und zurück beugend« – sei, wie Einstein schrieb, ein »kläglicher Anblick von Menschen mit Vergangenheit ohne Gegenwart.«[44] Seine Sichtweise unterschied sich hier kaum von der der angepassten jüdischen Kollegen in Mitteleuropa, die er für ihre Anpassung kritisiert hatte. Als Mann der Wissenschaft wollte er ein moderner Mensch sein; dafür musste er aber bereit sein, einen jüdischen Nationalismus zu akzeptieren, der seinen kosmopolitischen Aspirationen widersprach. Zionismus sei, erklärte er 1929, ein »Nationalismus, der nicht nach Macht, sondern nach Würde und Gesundung strebe. Wenn wir nicht unter intoleranten, engherzigen und gewalttätigen Menschen leben müssten, wäre ich der erste, der jeden Nationalismus zugunsten des universalen Menschentums verwerfen würde.«[45] Einstein befand sich in den ganz gewöhnlichen Fallstricken jüdischer Existenz in der ersten Hälfte des zwanzigsten Jahrhunderts. Einerseits fühlte er sich der Tradition aufgeklärter Moderne mit universalistischer Utopie aus dem neunzehnten Jahrhundert verbunden, andererseits erkannte er die Not der jüdischen Flüchtlinge ohne sicheren Ort, für deren Zukunftsoption er vor allem Palästina verteidigte.

Doch Einsteins öffentliches Bekenntnis zum Zionismus bedeutete mehr; es signalisierte eine bewusste Abkehr des zum Genie Stilisierten von der idealisierten Vorstellung des genialen Einzelwissenschaftlers. Einstein formulierte sein neues Selbstbewusstsein als einen Akt der Befreiung vom gesellschaftlichen Assimilationszwang. 1931 äußerte er sich über seine Motivation zum Zionismus: »Ich habe mich immer wieder über die unwürdigen Bemühungen und Bestrebungen um Anpassung geärgert, die ich bei so vielen meiner Freunde beobachtet habe […]. Diese und ähnliche Vorfälle haben in mir nationale jüdische Gefühle geweckt.«[46] Einsteins öffentliches Engagement durchbricht die Isoliertheit des Wissenschaftlers; dafür war er bereit, Inkonsistenzen zwischen intellektuellem Anspruch und politischer Realität in Kauf zu nehmen. Er erfand sich die Vorstellung von einem Zionismus als Vorstellung einer überindividuellen Existenz, einer imagined community, die als wissenschaftliche Internationale im Ersten Weltkrieg infrage gestellt worden war. So heißt es in einer Rede aus New York vor dem National Labor Committee 1938:

»Meinem Gefühl für das Wesen des Judentums widerspricht der Gedanke eines jüdischen Staates mit Grenzen, einer Armee und säkularen Machtmitteln […]. Ich fürchte den inneren Schaden, den das Judentum dann erleidet […] insbesondere durch die Entwicklung eines engen Nationalismus in unseren Reihen, gegen den wir schon ohne einen jüdischen Staat schwer zu kämpfen hatten […]. Eine Rückkehr zu einer Nation im politischen Sinn des Worts wäre gleichbedeutend mit einer Abwendung von der Vergeistigung unserer Gemeinschaft, wie wir sie unseren Propheten schulden.«[47]

Bekanntlich wurde Chaim Weizmann, mit dem er 1921 durch die USA gereist war, zehn Jahre später erster Präsident Israels. 1952, nach Weizmanns Tod, bot Premier David Ben Gurion Einstein die Nachfolge an, denn er war überzeugt, »dass es nur einen Mann gibt, den wir bitten sollten, Präsident des Staates Israel zu werden. Er ist der größte lebende Jude. Vielleicht der größte lebende Mensch überhaupt.«[48] Die Irrationalität des Geniekults hatte den politischen Intellektuellen eingeholt. Einstein war klug genug, die ihm angebotene Position abzulehnen.

Dem irrationalen Moment in der Autoritätsverehrung des Genies kann man kaum entfliehen; aber das Bild vom Genie als Autorität hatte sich, wie an Einsteins zionistischem Engagement ersichtlich wird, verändert. Stand noch in den zwanziger Jahren der Typus des »künstlerischen Geistes« im Mittelpunkt der Verehrung, die einem verachteten Volk zur Ehre gereichte, so war es zu Beginn des Atomzeitalters wiederum der fetischisierte »Geist der Wissenschaft«, die zu einer allgemein anerkannten und zugleich von niemandem durchschauten Macht geworden war. An der Veränderung des öffentlichen Einsteinbildes lässt sich diese Verschiebung ablesen. Einstein versuchte während der zwanziger Jahre, seine öffentliche Rolle zu nutzen, um ungewöhnliche Einstellungen populär zu machen. Dazu gehörte auch die Vorstellung von der »demokratischen Technik«. Seine Eröffnungsansprache der Berliner Funkausstellung von 1930 mag hierfür als Beispiel dienen, hier heißt es humorvoll: »Sollen sich auch alle schämen, die gedankenlos sich der Wunder der Wissenschaft und Technik bedienen und nicht mehr davon geistig erfasst haben als die Kuh von der Botanik der Pflanzen, die sie mit Wohlbehagen frisst.«[49] Einstein brach für das »Heer namenloser Techniker« eine Lanze:

»Denket auch daran, dass die Techniker es sind, die erst wahre Demokratie möglich machen. Denn sie erleichtern nicht nur des Menschen Tagewerk, sondern machen auch die Werke der feinsten Denker und Künstler, deren Genuss noch vor kurzem ein Privileg bevorzugter Klassen war, der Gesamtheit zugänglich und erwecken so die Völker aus schläfriger Stumpfheit.«[50]

Dem Rundfunk als dem damals wichtigsten Medium der Massenkommunikation schrieb Einstein eine bedeutende, wenn auch äußerst idealisierte Rolle zu:

»Was speziell den Rundfunk anbelangt, so hat er eine einzigartige Funktion zu erfüllen in diesem Sinne der Völkerversöhnung. Bis auf unsere Tage lernten die Völker einander fast ausschließlich durch den verzerrenden Spiegel der eigenen Tagespresse kennen. Der Rundfunk zeigt sie einander in lebendigster Form und in der Hauptsache von der liebenswürdigen Seite. Er wird so dazu beitragen, das Gefühl gegenseitiger Fremdheit auszutilgen, das so leicht in Misstrauen und Feindseligkeit umschlägt.«[51]

In solchen Festtagsreden schlug das irrationale Moment der Genieverehrung Kapriolen: Der Autoritätstransfer wurde von dem Verehrten selbst vorgenommen, indem er die von ihm vorgestellten Sachen idealisierte. Das irrationale Moment blieb wider Willen an der neuen Autorität des öffentlichen Intellektuellen haften. Der späte Einstein erfuhr dies als Einsamkeit der öffentlich bekannten Person: »Es ist seltsam, wenn man so allgemein bekannt und dabei einsam ist. Aber Tatsache ist, dass diese Art Popularität, wie sie bei mir sich eingestellt hat, den Betroffenen in eine Verteidigungs-Position drängt, die zur Isolierung führt.«[52] Der öffentliche Intellektuelle scheint in einer ähnlichen Form wieder in eine isolierte Stellung geraten zu sein, wie zuvor schon der Wissenschaftler, der einsam seine Entdeckungen gemacht hat, die seinen Ruf als Genie begründeten. An seinem eigenen Ruhm erfuhr Einstein die Ohnmacht des Individuums gegenüber dem gesellschaftlichen Zusammenhang. Als er 1931 auf Einladung Charlie Chaplins die Premiere von »City Lights« besuchte, fand er sich etwas desorientiert in dem für beide gespendeten Applaus wieder. Der kluge und schlagfertige Chaplin hatte ihm in einem später berühmt gewordenen Aphorismus erklärt: »Mir applaudieren die Leute, weil alle mich verstehen, und Ihnen, weil Sie niemand versteht.«[53] Dahinter stand für Einstein aber eine Frage, die ihn nicht mehr loslassen sollte: »Woher kommt es, dass mich niemand versteht und jeder mag?«, hatte er 1944 in der »New York Times« gefragt.[54] Was in dieser Formulierung fast kokett klang, trug einen spürbaren Unterton von Verzweiflung in sich. Die Popularität des bekanntesten aus Deutschland nach Amerika vertriebenen Flüchtlings begann so in eine Form der Missachtung umzuschlagen, den jeder gern haben konnte, ohne ihn verstehen zu müssen.

Diese Zusammenhänge mögen auch der Beweggrund dafür sein, warum Einstein in der »Time-Life« Wochenschau von 1946 eine Mitverantwortung für die Atombombe übernommen hatte, die so gar nicht bestand, zumal da sie gar nicht in seinem Sinne eingesetzt worden war – nämlich nicht gegen das nationalsozialistische Deutschland. Aber dieses Bekenntnis zu seiner Mitautorschaft am berühmten Rooseveltbrief von 1939 legte den Grundstein für einen neuen Mythos, nämlich jenem von Einstein als dem »Vater der Atombombe«. Diese stilisierte Vereinfachung konnte dann perfekt auf dem Cover des »Time Magazine« vom 1. Juli 1946 in Szene gesetzt werden, graphisch gestaltete der Umschlag die Formel $E = mc^2$, eingeschrieben im explodierten Wolkenpilz einer entfesselten Atombombe. Seinem Kollegen Linus Pauling gestand Einstein:

»Ich habe in meinem Leben einen großen Fehler gemacht – als ich den Brief an den Präsidenten Roosevelt unterzeichnete, in dem ich mich für den Bau einer Atombombe aussprach. Aber vielleicht kann man mir verzeihen, weil wir alle das Gefühl hatten, dass die Deutschen an diesem Problem arbeiten und Erfolg haben könnten und die Atombombe einsetzen würden, um die Herrenrasse zu werden.«[55]

Einstein hatte nach den ersten Atombombenabwürfen versucht, seine wissenschaftliche und intellektuelle Autorität einzusetzen, um den Mythos in seinem Sinne zu steuern und nutzbringend einzusetzen. Er hat später immer wieder betont, dass er nicht am Atombombenprojekt mitgewirkt habe; auch wenn er gewollt hätte, hätte man ihn nicht gelassen. FBI-Chef Edgar J. Hoover, der in einer umfangreichen und erschreckenden Akribie Aktenmaterial über Einsteins amerikanische Jahre gesammelt hatte, sah in ihm ein Sicherheitsrisiko für Amerika. Im Kampf gegen Nazideutschland erschien die Atombombe als ein im Clausewitzschen Sinne gerechtfertigtes Mittel der Fortsetzung der Politik mit anderen Mitteln. Einstein besaß jenes untrügliche Gespür für die Gefahren, die der Welt von den Nationalsozialisten drohten. Das nach den Erfahrungen des Ersten Weltkriegs isolationsgestimmte Amerika hingegen musste erst davon überzeugt werden, dass Deutschland eine Gefahr für die ganze Welt darstellte. Einsteins klarer Blick für den antisemitische Vorurteilsstrukturen verband sich mit dem Wissen um die konkrete rüstungspolitische Bedrohung. Keine exzentrische Widersprüchlichkeit gegenüber seinen pazifistischen Überzeugungen spricht aus diesem Handeln, sondern die Verantwortung eines Intellektuellen, der sein Denken und Handeln so einzurichten versucht, dass das Schlimmste, das denkbar Schlimmste nicht einträte. Die lebensgeschichtliche Situation des Individuums überschnitt sich hier mit der weltpolitischen Konstellation: Einsteins öffentliches Engagement, seine jüdischen Erfahrungen mit der deutschen Wissenschaft und seine Situation als prominentester Flüchtling im Amerika der dreißiger Jahre machten ihn zu einem rüstungspolitischen Protagonisten. Und dies machte ihn dann seit der zweiten Hälfte der vierziger Jahre auch zu einem Hauptverdächtigen McCarthys. Durch sein öffentliches Engagement als Atomwissenschaftler wollte Einstein etwas von der Souveränität zurückholen, die er als massenmediales Produkt »Jahrhundertgenie« verloren hatte. Es gelang nicht.

Einsteins Blick auf die Welt war geschärft durch die Ausläufer des langen neunzehnten Jahrhunderts: Traditionelle Autorität stand der Ausbreitung universeller Vernunft durch Wissenschaft im Wege. Aber die Wissenschaftler selbst hatten diese Autorität verinnerlicht; das war seine deutsche Lektion, die er Otto Hahn 1949 noch einmal deutlich mitgeteilt hat: »Die Verbrechen der Deutschen sind wirklich das Abscheulichste, was die Geschichte der sogenannten zivilisierten Nationen aufzuweisen hat. Die Haltung der deutschen Intellektuellen – als Klasse betrachtet – war nicht besser als die des Pöbels.«[56] Ein frühes Bewusstsein des Widerspruchs von wissenschaftlichem Universalismus und traditionellem Autoritarismus ließ Einstein eine neue Rolle als öffentlicher Intellektueller annehmen, die ihm nach der spektakulären Bestätigung seiner Forschungen 1919 in den Schoß fiel. Einstein bot sich wie kein zweiter im zwanzigsten Jahrhundert für diese Rolle an, weil sich in ihm die traditionelle Genieverehrung des großen Einzelnen, der noch an das alte Künstlergenie erinnerte, mit dem Bedürfnis nach neuen Genies aus der alltagsrelevanten, aber unverständlichen Wissenschaft überschneiden konnte. Die verselbstständigte gesellschaftliche Arbeitsteilung zwischen Kunst und Wissenschaft erscheint in der Anbetung einer genialen Persönlichkeit reversibel. Diese Konstellation produziert einen neuen Mythos: Veränderte gesellschaftliche Verhältnisse erscheinen als Folgen einer unverstandenen Wissenschaft. Über Einsteins Größe als Wissenschaftler sollte in diesem Beitrag kein Urteil gefällt werden; für Einsteins menschliche Größe spricht es, dass er versucht hat, die ihm durch moderne Publizität zugewachsene Autorität wieder in ein Wissen zurückzuverwandeln, das es den normalen Menschen erlaubt, von ihren eigenen gesellschaftlichen Dingen mehr zu verstehen als die schon erwähnte Kuh von der Botanik.

Anmerkungen

1 Zitiert nach Johannes Wickert, Einstein, 24. Auflage, Reinbek bei Hamburg 2003, S. 8.
2 Ebd., S. 144.
3 John Forrester, Die Geschichte zweier Ikonen. »The Jews all over the world boast of my name, pairing me with Einstein (Freud, 1926)«, in: Michael Hagner (Hg.), Einstein on the Beach, Frankfurt am Main 2005, S. 96–123.
4 Zitiert nach Ernest Jones, Sigmund Freud, Leben und Werk, Bd. 2, München 1984, S. 207
5 Sigmund Freud, Zeitgemäßes über Krieg und Tod, in: Gesammelte Werke, Bd. X, London 1946, S. 323–355, hier 324.
6 Ebd.
7 Albert Einstein zitiert nach Sigmund Freud, Warum Krieg?, in: Gesammelte Werke, Bd. XVI, London 1950, S. 11–27, hier S. 12.
8 Freud, ebd., S. 13.
9 Isaac Deutscher, Der nichtjüdische Jude. Essays, Vollständige Neuausgabe, Berlin 1988.
10 Sigmund Freud, Ansprache an die Mitglieder des Vereins B'nai B'rith, in: ders., Gesammelte Werke, Bd. XVII, London 1941, S.49–53, hier S. 52.
11 Zit. nach Carsten Könneker, Katastrophal für bürgerliche Hirne, in: Hagner (Hg.), Einstein on the beach, S. 79–95, hier S. 83.
12 Ebd.
13 Zit. nach Alice Calaprice (Hg.), Einstein sagt. Zitate, Einfälle, Gedanken, München 1999, S. 40.
14 Ebd., S. 41.
15 Zit. nach Wickert, Einstein, S. 87.
16 Helmuth Plessner, Die verspätete Nation, Frankfurt am Main 1974.
17 Fritz Fischer, Griff nach der Weltmacht. Die Kriegszielpolitik des kaiserlichen Deutschland 1914/18, Kronberg 1977.
18 Siehe William Clark, Einsteins Haar, in Hagner (Hg.), Einstein on the beach, S. 15–39, hier S. 26f.
19 Ebd., S. 30.
20 Zit. nach Calaprice (Hg.), Einstein spricht, S. 197.
21 Ebd., S. 197 f.
22 Ebd., S. 43.
23 Ebd., S. 47 [Hervorhebung durch den Verfasser].
24 So lässt sich Einsteins rückblickende Behauptung lesen: »Auch Pfeile des Hasses wurden gegen mich abgeschossen; sie trafen mich aber nie, weil sie gewissermaßen zu einer anderen Welt gehörten, zu der ich keine Beziehungen habe.« Ebd., S. 50.
25 Zit. nach Clark, Einsteins Haar, S. 34.
26 Ebd.
27 Zit. nach Calaprice (Hg.), Einstein sagt, S. 115.
28 Ebd.
29 Zit. nach Jürgen Neffe, Einstein, Reinbek bei Hamburg 2005, S. 313
30 Ebd., S. 313f.
31 Ebd., S. 316.
32 Ebd., S. 351.
33 Max Weber, Wissenschaft als Beruf, in: Gesammelte Aufsätze zur Wissenschaftslehre, hrsg. von Johannes Winckelmann, Tübingen 1988, S. 582–613, hier 588.
34 Ebd., S. 281.
35 Ebd., S. 319.
36 Zit. nach Wickert, Einstein, S. 68 f.
37 Siehe Fußnote 5.
38 Zit. nach Neffe, Einstein, S. 283.
39 Ebd., S. 286.

40 Ebd., S. 287.
41 Ebd.
42 Zit. nach Wickert, Einstein, S. 81.
43 it. nach Calaprice (Hg.), Einstein sagt, S. 103.
44 Ebd.
45 Ebd., S. 107.
46 Ebd., S. 104.
47 Ebd., S. 106.
48 Zit. nach John Forrester, S.122.
49 Zit. nach Wolfgang Kemp, Verehrte An- und Abwesende, liebe Nachwelt, in: Hagner (Hg.) S. 124–147, hier S. 127.
50 Ebd.
51 Ebd.
52 Zit. nach Calaprice, Einstein sagt, S. 47.
53 Zit. nach Neffe, Einstein, S. 403.
54 Zit. nach Calaprice, Einstein sagt, S. 46.
55 Ebd., S. 121.
56 Ebd., S. 59.

Fremdbilder und Feindbilder

Markus Kirchhoff

Erweiterter Orientalismus

Zu euro-christlichen Identifikationen und
jüdischer Gegengeschichte im 19. Jahrhundert

I. Juden als »Europas eigene Orientalen«

Im Jahr 1898 erschien in Madras die Schrift »Judaism and Islam«. Es handelt sich um die Übersetzung einer Studie Abraham Geigers (1810–1874), die dieser unter dem Titel »Was hat Mohammed aus dem Judenthume aufgenommen?« 1833 in Bonn veröffentlicht hatte. Der Untertitel »Eine von der Königl. Preußischen Rheinuniversität gekrönte Preisschrift« zeigte an, dass Geiger das ausgelobte Thema beantwortet hatte und seine Arbeit als die beste bewertet worden war. Die posthume Übertragung ins Englische sechseinhalb Jahrzehnte nach Erscheinen der Originalfassung war allerdings nicht bloß als Übersetzung gedacht. Die Umstände der Publikation bedeuteten eine Rekontextualisierung der Schrift gegen jegliche Intention des mittlerweile verstorbenen Autors. Gedruckt wurde das Buch nun von der Cambridge Mission at Delhi, die der Society for Promoting Christian Knowledge zugehörte – einer der bedeutendsten britischen, Empire-weit tätigen Missionsgesellschaften des 19. Jahrhunderts. Abraham Geiger hatte sich zu seiner Zeit gegen christliche Auffassungen des Islams gestellt. Als junger Student der Orientalistik in Bonn, gerade Anfang zwanzig, beantwortete er die Preisfrage nach den Bezügen der Lehre Mohammeds zum Judentum, indem er einen dezidiert philologischen und historischen, nicht jedoch theologischen Ansatz zugrunde legte. Zudem hielt er sich von christlichen Anfeindungen fern, denen zufolge Mohammed ein »Betrüger« oder »Pseudo-Prophet« war, und die dementsprechend den Koran verhöhnten. Der Koran war nach Geiger mit jüdischen Glaubensansichten eng verbunden und war nicht zuletzt deshalb ernst zu nehmen. Mehr noch: Sein Buch gilt als das erste Werk eines Europäers, in dem der Islam so dargestellt ist, dass er »quasi gleichberechtigt« neben Judentum und Christentum stehen kann.[1] Mit der englischen Übersetzung zu Ende des Jahrhunderts allerdings fanden sich Geigers Ausführungen *für* christliche Zwecke vereinnahmt, dienten sie doch nun der Mission von Muslimen. Diese und thematisch ähnliche Schriften sollten beweisen, dass der Islam praktisch Judentum bedeute.[2] Anscheinend sollten (sonst nur schwer zu konvertierende) Muslime überzeugt werden, dass ihr Glaube so gut wie jüdisch sei und über diesen Zwischenschritt – eben wie Juden auch – für die christliche Botschaft gewonnen werden.

Die christlich-missionarisch motivierte Übersetzung von Geigers Schrift in Britisch-Indien mutet exotisch an. Aber das Beispiel steht, über den engeren missionarischen Kontext hinaus, für Formen des Umgangs des Christentums oder der christlich geprägten westlichen Welt mit anderen Religionen und Kulturen, für die im Englischen der Begriff *supersession* gebräuchlich ist – das Verdrängen, Ersetzen, »Aufheben« der nichtchristlichen Umwelt. Um mehr als eine Rekontextualisierung, um eine Verschiebung, Dislozierung, ums Ganze handelte es sich hier.

Geiger ist in diesem Zusammenhang ein besonders beredter Zeuge, als er sich nicht nur gegen bestimmte christliche Sichtweisen des Islam, sondern auch des Christentums selbst verwandte. Im Anschluss an sein Studium war Geiger als Rabbiner und Theologe tätig, wurde zum bedeutendsten Repräsentanten und Verfechter des liberalen Judentums in Deutschland sowie der Wissenschaft des Judentums, die ihren bedeutendsten publizistischen Ausdruck in der »Monatsschrift« und ihre Institutionalisierung in der 1872 eröffneten Berliner Hochschule (Lehranstalt) für die Wissenschaft des Judentums fand. Schon in seinem Werk über den Islam hatte er die Methode der historischen Kritik, die auch die deutsche bibelwissenschaftliche Schule in Form der höheren Kritik an das Alte Testament anlegte, angewandt; zweieinhalb Jahrzehnte später machte er vom gleichen Instrumentarium für seine Forschungen zu Jesus und zum frühen Christentum Gebrauch. Nach dem »historischen Mohammed« trat in seinem Werk an die Stelle der theologischen Figur des christlichen Jesus nun die historische Person, der – aufgrund eben dieser Forschung – »jüdische Jesus«.[3]

Ein historisches Bild Jesu zu vermitteln, lag durchaus im Trend der Zeit. Ein solches Anliegen vertrat beispielsweise auch der französische Religionswissenschaftler, Semitist und Schriftsteller Ernest Renan (1823–1892) in seinem 1863 veröffentlichten »Vie de Jésus«.[4] Renan zog für diese historische »Kritik« der neutestamentlichen Darstellung erheblichen Unmut auf sich und verlor seinen Pariser Lehrstuhl; zugleich war sein vielfach übersetztes Buch ein Bestseller; vor allem aber stellte er das Christentum, das er verehrte, nicht nur auf seine Weise dar, sondern hob es auf eine neue – historische – Stufe. Währenddessen finden sich insbesondere im Frühwerk Renans abfällige Äußerungen über die »semitischen« Religionen Judentum und Islam.[5] Die historische Methode auf das Leben Jesu anzuwenden, war also kein singuläres Unterfangen, aber Geigers Darstellung war insofern revolutionär, als er »in nachgerade provozierender Weise Jesus als Menschen und als Juden präsentiert« hat – dies aber auch hier »wieder rein philologisch und ohne normative Wertung.«[6]

So bietet sich das Werk Geigers als Kritik christlicher Selbstverständlichkeiten, aber auch als Herausforderung von und Innovation gegenüber Positionen vermeintlich säkularer, letztlich durch inhärente christliche Heils- als Weltvorstellungen getragene Forschung an.[7] Der vorliegende Aufsatz trägt in Form eines impliziten, keineswegs vollständigen sowie um einige Quellentexte ergänzten Literaturberichts jüngere Forschungsbeiträge, die eine jüdische Perspektive ein-nehmen, zusammen, um auf Ansätze zu verweisen, die für diesen Zusammenhang, instruktiv erscheinen. Insbesondere gilt dies hinsichtlich einer erweiterten Debatte um den »Orientalismus«. Der Terminus, wie er von Edward Said in »Orientalism« eingeführt wurde,[8] soll einen Diskurs bezeichnen, innerhalb dessen »dem Orient« in pejorativer Weise zwar in Varianten, aber in letztlich wiederkehrenden Mustern bestimmte Eigenschaften zugewiesen werden, gewöhnlich solche der Rückständigkeit, wenn nicht der Degeneration. Insbesondere wissenschaftliche Darstellungen werden für solche Wahrnehmungen verantwortlich gemacht; zudem habe die Wissenschaft der Beherrschung der Region häufig gezielt vorgearbeitet.

Eine Reihe von Autoren nimmt Saids polemische Kritik am westlichen Bild des (islamischen) Orients zum Anlass, um auf Defizite und Leerstellen des Werks hinzuweisen, aber auch um Anknüpfungspunkte zur Erfahrung der Juden herauszustellen sowie mittels einer jüdischen Perspektive christliche oder vermeintlich rein säkulare europäische Wahrnehmungen neu aufzuschlüsseln. Es handelt sich hierbei um Arbeiten, die das Verhältnis von Orientalismus und Juden,[9] die jüdische Entdeckung des Islams[10] oder die Rolle von Juden und Altertum in der Imagination des 19. Jahrhunderts[11] thematisieren. Die Beiträge dieser Art beabsichtigen, das westliche Bild »des Orients«, »der Antike«, »der Juden« und »des Islams« ebenso genauer zu konturieren wie das »euro-christliche« (James Pasto)[12] geschichtsphilosophische wie heilsgeschichtliche Selbstbild.

Eben dies ist das Thema der Studie von Susannah Heschel über »Abraham Geiger and the Jewish Jesus«.[13] Dabei handelt es sich um ein Werk, das in umfangreichem Maße das Vokabular postkolonialer, subalterner und verwandter Studien aufgreift und verdichtet. Auf diese Weise scheint gerade dieses Buch ein Modell für jüngere Forschungen innerhalb der Studien zu Juden und Judentum zu werden. Während solche Terminologie in den englischsprachigen *Jewish Studies* bereits verbreitet anzutreffen ist, scheint sie – eben über das Englische – nun auch in der deutschen Forschung zu den gleichen Themen Aufnahme zu finden. Bezeichnend hierfür ist der englische Titel, den Christian Wiese für seine zuerst auf Deutsch publizierte Studie »Wissenschaft des Judentums und protestantische Theologie im wilhelminischen Deutschland: Ein Schrei ins Leere?« wählte. In der englischen Übersetzung trägt das Buch den Haupttitel »Challenging Colonial Discourse«.[14] Wiese greift hier Heschel auf, die in ihrer Studie über Geiger Elemente postkolonialer Theorie fruchtbar gemacht habe. So weist er den jüdischen Protagonisten – er selbst verwendet, anders als Heschel, Anführungsstriche – einen »antikolonialen« Impuls zu.[15] Wiese will dabei nach eigenem Bekunden nicht selber eine postkoloniale Studie verfassen, aber Aspekte postkolonialer Geschichtsschreibung übernehmen. Unter Vermeidung einer generellen Diskussion solcher Konzepte[16] schließt er sich dem spezifischen Argument an, die protestantische Repräsentation von Judentum und jüdischer Geschichte im 19. Jahrhundert könne als koloniale Ideologie interpretiert werden, die auf die Unterdrückung der Stimme der »Subalternen« abzielt. Das Judentum war demnach »innere Kolonie« und »subalterne« Stimme Europas. Die Wissenschaft des Judentums des 19. Jahrhunderts erscheint dabei nicht als Apologie, sondern als Konkurrenz zum christlich-europäischen Diskurs – »contesting the master narrative of Western history, which was rooted in concepts of Christian religious supremacy and which metaphorically described Judaism as a ›dead‹, obsolete and even dangerous tradition«.[17] Jüdische Geschichte sei hier – wie bei Heschel – Gegengeschichte.[18]

Nicht die triviale Erkenntnis, dass eine Kultur andere Kulturen an der eigenen misst, ist dabei von Bedeutung, wohl aber ist die Art und Weise von Interesse, wie das Christentum und seine neuere säkulare Geschichte diese Unterscheidung diskursiv arrangiert. Dabei soll hier nicht eingehend diskutiert werden, ob und in welchem Maße Beiträge und Theorien aus den *Jewish* und den *Postcolonial Studies* einander sinnvoll ergänzen können; stattdessen soll, als Ausschnitt einer solchen breiteren Diskussion, gezeigt werden, dass die »Orientalismus«-Debatte sinnvollerweise um das Bild der Juden in spezifischen Kontexten zu ergänzen ist: In solchen Kontexten, in denen Juden als »Europe's Other par excellence« galten, in denen sie, wie John M. Efron schreibt, »Europe's own Orientals« waren, »with whom Europeans existed in a colonial relationship«.[19] Mit dem Beispiel Abraham Geiger – seinem doppelten Gegendiskurs gegen christliche Darstellungen sowohl Mohammeds als auch Jesu[20] sowie christlicher Appropriationen seines Werks – im Hintergrund sollen zeitweilige Parallelen in der Beschreibung und Kategorisierung der arabisch-muslimischen und der (biblisch-)jüdischen Kultur thematisiert bzw. Perspektiven für deren weitere Erforschung aufgezeigt werden.

In der entsprechenden neueren Literatur werden dem Befund »Orientalismus«, als Desiderata, folgende Themenkreise zur Seite bzw. gegenübergestellt: a) die Perspektive von jüdischen Gelehrten innerhalb von Orientalistik und Islamwissenschaft b) westliche Repräsentationen bezüglich des Judentums, wobei hier – zum Teil nur tentativ – zwischen akademischen und populären Repräsentationen zu unterscheiden ist. So bemängelt Martin Kramer, als Herausgeber des Bernard Lewis gewidmeten Sammelbands ›The Jewish Discovery of Islam‹, Saids Vernachlässigung von jüdischen Gelehrten und ihren Positionen innerhalb der Orientalistik und Islamstudien; im gleichen Band zeigt Lawrence I. Conrad dies bezüglich Fehler in der Bewertung des Werks von Ignaz Goldziher auf.[21] In breiter angelegter, aber ebenfalls auf die akademische Welt bezogener Kritik bringt Heschel in »Abraham Geiger and the Jewish Jesus« ihre Verwunderung darüber zum Ausdruck, dass Saids »Orientalism« derartiges Aufsehen erregte, hätten doch vergleichbare Studien zur akademischen Konstruktion des »Judentums« und des politischen Gebrauchs dieser Konstruktion weit eher vorgelegen.[22] Nicht allein auf akademische Darstellungen bezogen, weisen Ivan Davidson Kalmar und Derek J. Penslar darauf hin, dass sich westliche Darstellungen des Orients eben nicht allein auf den muslimischen Orient beschränkten: »In fact, Jews have almost always been present in one way or another whenever occidentals talked about or imagined the East.«[23] Geographisch auf die deutsch-jüdische Erfahrung im 19. Jahrhundert bezogen, geht James Pasto thematisch weiter, indem er das Thema möglicher Parallelen von »Orientalismus« und der »Judenfrage« aufwirft. Hierzu wählt er einen Hinweis Saids zum Ausgangspunkt, wonach eine Ähnlichkeit zwischen Orientalismus und Antisemitismus existiere: »Orientalism« sei »a strange, secret sharer of Western anti-Semitism.«[24] Diese von Said nicht weiter ausgeführte Bemerkung dreht Pasto dahingehend um, die jüdische Erfahrung teile sich eigenwilligerweise ein Geheimnis mit dem Islam. Allerdings hält auch er sich von einem eingehenden Vergleich von Orientalismus und Antisemitismus fern, da er beide Phänomene für nicht vergleichbar hält, um stattdessen die deutsche Bibelwissenschaft des 19. Jahrhunderts und ihre Beziehung zur Judenfrage als »missing link« anzubieten[25] – gemeint ist damit offenbar jener Platz, den der Islam im orientalistischen Diskurs anderer Länder (gemäß Said aber nicht in Deutschland) eingenommen habe. Pasto greift hier auf die religionssoziologische Studie Bryan S. Turners »Religion and Society« (1983) zurück, die, unter der Überschrift »andere Religionen« Islam *und* Judentum als Gegenstand eines orientalistischen Diskurses behandelt. Turner konstatiert einen christlichen okzidentalen Rassismus, der sich in der formalen Parallele der Persistenz von Motiven des westlichen Diskurses über den Islam wie über das Judentum beobachten lasse.[26]

Zur Erörterung solcher Parallelen werden im Folgenden, entlang der bestehenden Forschung, vor allem wissenschaftsgeschichtliche Beispiele angeführt; der wichtigste Bezugsraum ist dabei das deutschsprachige Mitteleuropa des 19. Jahrhunderts, für das Juden nach einschlägigen neueren Titeln eben Gegenstand eines nach innen gerichteten kolonialen Diskurses waren. Um diesen engeren deutschen Betrachtungsraum zu kontextuieren, werden ausblicksartig weitere Perspektiven okzidentalischer Wahrnehmung von Altertum und Orient sowie Juden und Muslimen thematisiert. Vorangestellt wird zunächst eine kunsthistorische Perspektive: Ein Blick auf jenen Strang euro-christlicher Kunst, der die nichtchristliche, jüdische Umgebung als orientalisch mit zum Teil arabisch-muslimischen Attributen darstellt, Jesus und seine christliche Gefolgschaft aber in okzidentalischer Form abbildet. Hieraus ergibt sich, dass für die christliche Auffassung der drei Religionen Christentum, Judentum und Islam das jeweilige Verhältnis zur klassischen, griechischen (oder griechisch-römischen) Antike und zu Orient und Okzident ein bedeutendes Kriterium darstellt.

II. Der okzidentale Jesus in der Kunstgeschichte

Wenn davon die Rede ist, dass Juden fraglos ein wesentlicher Bestandteil der europäischen Staaten waren und häufig an der Spitze moderner Entwicklungen standen, zugleich aber auch »Europas Andere par excellence« und »Europas eigene Orientalen« gewesen seien, so lässt sich eine erweiterte Bestätigung dieser Feststellung in der christlichen Kunst finden. Wie die neuere kunstgeschichtliche Forschung herausstellt, bildet die Darstellung *biblischer* Juden in der christlichen Kunst eine erste Instanz für die westliche Wahrnehmung des Orients als Gegensatz zum Westen.[27] So tritt in der europäischen biblischen Kunst, signifikant seit der Renaissance, Jesus gewöhnlich weniger orientalisch auf als seine nichtchristliche, jüdische Umgebung. Zahlreiche Bilder weisen den dargestellten Christen Attribute zu, die der hellenischen als *westlicher* Antike entstammen. Mit Beginn der Neuzeit werden die christlichen Figuren auf diese Weise aus einem orientalischen Kontext gelöst, während jüdische Figuren mittels Physiognomie, vor allem mittels Kleidung und insbesondere Kopftracht umso orientalischer abgebildet werden.

Ein Beispiel für das 16. Jahrhundert ist das 1563 vollendete Gemälde »Hochzeit zu Kana« Paolo Veroneses: An der Hochzeitstafel sitzen hier auf der einen, der linken Seite orientalisch gekleidete Personen, die diejenigen repräsentieren, die noch nichts über Jesus als Christus wissen (können). In der Mitte sitzt Jesus, der soeben Wasser in Wein verwandelt hat; zur Rechten sitzen die Jünger, wobei Veronese diese – deutlich von den orientalischen Figuren geschieden – in westlicher Kleidung malte.[28]

Andere Künstler zeigen anhand der Kleidung der Jünger deren Status auf dem Weg hin zu vollständigem Christentum an. Für das 19. Jahrhundert ist Gustave Doré das prominenteste Beispiel: In seiner in den 1865 veröffentlichten »Sainte Bible«, einer Sammlung von 230 Bibelillustrationen, werden in zwei aufeinander abfolgenden Bildern (Nummern 223 und 224) die Jünger vollends zu Christen, wie der Wechsel ihrer Kleidung anzeigt – von orientalisch zu okzidentalisch: In Dorés Grafik »Himmelfahrt« schwebt Jesus im weißen, griechisch anmutendem Gewand über den Jüngern, die – noch – in Beduinentracht gekleidet sind. Im darauf folgenden Bild, das die Ausgießung des Heiligen Geistes auf die Jünger (also das Pfingstmotiv) zeigt, sind diese nicht mehr beduinisch, sondern »klassisch« christlich-europäisch gekleidet.[29]

Wenn Doré – in Fortsetzung und Pointierung einer alten Tradition – Juden als Orientalen, hingegen Christen als westliche Weiße markiert, wird diese rassistische Art der Darstellung noch übertroffen durch den Historienmaler und überaus populären Orientalisten Jean-Léon Gérôme. Sein Bild aus dem Jahr 1890 »Eintritt Christi in Jerusalem« überhöht Christus auch hinsichtlich der Rasse: Jesus, blond, von links nach rechts aus ländlicher Gegend in weißem Gewand auf weißem Esel gen Jerusalem reitend, wird von einer Gruppe empfangen, der Maria Magdalena vorsteht. Hinter ihr, im rechten und dunkleren Teil des Bildes sind männliche Juden in muslimischer Mode abgebildet, die sich rechts und links des Zugangs zum Stadttor vor Jesus in den Staub werfen: Der weiße Jesus, so die Botschaft des Bildes, hat sich über seine jüdisch-orientalische Umgebung erhoben.[30]

Ein in Zusammenhang mit den genannten Bildern bereits angesprochenes Motiv ist die Darstellung biblischer Juden mittels Attributen jeweils zeitgenössischer orientalischer, muslimischer Figuren. Biblische Juden erschienen entsprechend dem Bild von Repräsentanten des Orients, das Europa am meisten vertraut war oder die christliche Imagination am stärksten faszinierte. Völlig ahistorisch wurden hierzu Kleidungsmerkmale, insbesondere Kopfbedeckungen herangezogen, in der Frühen Neuzeit die der türkischen Osmanen, im 19. Jahrhundert bevorzugt solche der beduinischen Araber. So wurde im 15. Jahrhundert der biblische Orient durch die »Turbanisierung« der Juden re-orientalisiert, zunächst in der italienischen Kunst, bald aber auch in Frankreich und Flandern sowie in Deutschland, wo für jene Zeit Dürer der bekannteste Vertreter ist. Mittels der Druckerpresse wurde die Imagination des biblischen Juden im Gewande des Türken – gleichwohl doch Kontakt zu Juden in Europa bestand – im ganzen westlichen Christentum verbreitet. Ein prominentes Beispiel aus dem 17. Jahrhundert ist Rembrandts biblische Szene mit den zwei jüdischen Figuren »David und Uria«, die als »typische« Kopfbedeckung Turbane tragen. Wählten Maler des 18. Jahrhunderts zur Darstellung biblischer Szenen im Einklang mit dem Klassizismus der Zeit charakteristischerweise Motive des europäischen Altertums, wandelte sich dies im 19. Jahrhundert erneut. Wiederum war nun eine orientalistische Darstellung der Israeliten verbreitet; biblische Juden wurden vor allem durch den Kopfschal der arabischen Männer (*koffia*) kenntlich gemacht – das Modell war nun »der Araber«, insbesondere »der Beduine«. Am meisten popularisiert wurde dieses Bild wiederum durch die Bibelillustrationen Dorés. Wie einflussreich Dorés Bestseller für das Bild biblischer Juden als Kopftuch-tragender Beduinen war, ist in der westlichen Christenheit vielerorts anhand von Krippendarstellungen ersichtlich.[31]

Insgesamt betrachtet, verlief die Parallelisierung von biblischen (zum Teil auch zeitgenössischen) Juden und den jeweils »typischen« Arabern oder Muslimen in der christlichen Kunst wechselvoll und variantenreich, doch in gewisser Kontinuität. Ein wesentlicher Ausgangspunkt scheint das Abschreiben des Orients bereits im Mittelalter gewesen sein, als »Orient« und »Osten« noch nicht den Islam, sondern Byzanz und die orientalischen christlichen Kirchen meinten. Mit dem Schisma zwischen Ost- und Westkirche, gefolgt vom glanzlosen Ausgang der Kreuzzüge sowie dem Vordringen einer weiteren islamischen Macht, der Osmanen, gekrönt durch die Einnahme Konstantinopels 1453, entfremdete sich Europa vom Orient. Für das Abendland galt das Morgenland noch als organisch-zugehöriger Gegenpart, das neuzeitliche Europa hatte hierfür nur wenig übrig.³² Gerade der Vordere Orient, mithin auch der Handlungsort der biblischen Geschichte, war mit dem Beginn der Neuzeit, als die Reconquista die christliche Herrschaft auf der Iberischen Halbinsel wiederhergestellt hatte und sich Europa anschickte die Welt zu erobern, der bedrohlichen türkischen Herrschaft unterworfen. Im 19. Jahrhundert sollte sich diese Konstellation grundlegend wandeln, als mit der Orientalischen Frage das Ende des Osmanischen Reichs immer wieder bevorzustehen schien. In der christlichen Darstellung biblischer Juden traten an die Stelle des »Türken« nun die arabischen Einheimischen.

Während die europäische Imagination Jesus nie in solchen orientalischen Kontexten verortete, war dies bezüglich der biblischen Juden sehr wohl der Fall: »The essence of religious orientalism is revealed by the fact that, in Christian art, most Israelites can typically be shown as Muslims, but not Jesus Christ.«³³ Seit der Renaissance erhebt sich die Darstellung Jesu nicht nur über die vermeintlich ärmliche Welt des Alten Testaments, sondern über die Beschränkungen des Orients. In der Folge der Schriften des Semitisten Renan, aufgegriffen durch Gérôme, kommt im 19. Jahrhundert der Aspekt hinzu, dass die Überlegenheit des Christentums über den ursprünglich jüdischen Orient als Überlegenheit der arischen über die semitische Rasse dargestellt wird. Das Problem, Jesu jüdische Geburt mit seinem angeblich arischen Geist zur Deckung zu bringen, wird dadurch »gelöst«, Jesus entweder gar nicht semitisch oder nicht zu sehr semitisch darzustellen: bisweilen durchaus etwas orientalisch, aber nie mit »semitischer Nase« und nicht mit Turban oder arabischen Kopfschal.³⁴

So ist für die christliche Kunst eine »implizite Hierarchie orientalistischer Darstellung« charakteristisch³⁵: Stets ist ein exzeptioneller Status Jesu zu beobachten. Die weiteren Figuren der biblischen Szenerie können orientalisch oder nichtorientalisch dargestellt werden, müssen aber immer um einen Grad weniger okzidental, um einen Aspekt mehr orientalisch dargestellt werden als Jesus. In dieser von »orientalisch« nach »okzidentalisch« reichenden Hierarchie stehen die »eigentlichen« Orientalen an niedrigster Stelle, gefolgt von den »jüdischen Juden«, die entweder vor Jesus lebten oder ihren – nun – alttestamtlichen Glauben weiterhin, trotz Jesus befolgen, überragt von den »christlichen« Juden, die sich bereits ganz der christlichen Idee des Neuen Testaments angeschlossen haben; der okzidentale Jesus schließlich steht an höchster Stelle.

Eine solche Hierarchie des biblischen Orientalismus in der Kunst erscheint als symptomatisch für das christliche, dann das europäische Selbstbild: So wie Jesus sich von seinen jüdischen Wurzeln gelöst habe, so habe sich der Westen von und über orientalische Ursprünge erhoben.³⁶ Der okzidentale Jesus lässt den Orient hinter sich; ebenso sieht sich das Christentum und in seiner Folge der christlichsäkulare Westen in einer dem Orient überlegenen Position.

III. Deutsch-jüdischer Gegendiskurs über Orient, Christentum und Islam

Jüdische Stimmen können als Indikator für diese Formen des christlichen Supersessionismus, europäischen Okzidentalismus und äußeren, vor allem aber inneren Kolonialismus gewertet werden. Hier vertreten zahlreiche neuere Beiträge, wie gezeigt, den Anspruch, den kolonialen Diskurs, wie er für die Auseinandersetzung Englands und Frankreichs mit islamisch geprägten Kulturen im imperialen Kontext als »Orientalismus« kritisiert worden ist, um die Analyse eines inneren kolonialen Diskurses Europas gegenüber den europäischen Juden zu ergänzen. Dabei wird weniger auf die politisch-soziale Debatte um die Emanzipation per se abgehoben. Vielmehr geht es hier um *intellectual history* – konkret um das Bild der Juden etwa im Kontext der Altertumswissenschaft und der Bibelforschung. Hierfür bietet sich der Blick auf Deutschland im 19. Jahrhundert an: Dort wo Altertum, Bibel, Orient und Judentum in besonderer Weise wissenschaftlich neu verhandelt wurden, regte sich – mittels Übernahme der Methoden, aber nicht notwendig der Interpretationen – am stärksten jüdischer Widerspruch, indem den dominanten Perspektiven eigene entgegengesetzt wurden.

Symptomatisch für die Exklusivität des europäischen Bildes seiner antiken Wurzeln ist die Formulierung des altertumswissenschaftlichen Programms um die Wende vom 18. zum 19. Jahrhundert. Im Konzept der Altertumskunde hatte der Alte Orient nicht nur keine wesentliche Bedeutung, er wurde ausgeschlossen – und dies betraf explizit auch die »Hebräer«. 1807 erschien Friedrich August Wolfs grundlegende »Darstellung der Alterthums-Wissenschaft nach Begriff, Umfang, Zweck und Wert«. Wolf (1759–1824), der zunächst in Halle, dann in Berlin lehrte und als Gründer der modernen Altertumswissenschaft gilt, konstituierte die neue Disziplin, indem er sie einengte: Vielerlei Ursachen machten eine Trennung notwendig, so dass das Studium der alten Völker in »einer Kunde«, so wünschenswert auch immer, nicht möglich sei: Es gehe nicht an, »*Aegyptier, Hebräer, Perser* und andere Nationen des Orients auf einer Linie mit den *Griechen* und *Römern* aufzustellen.« Eine der wichtigsten Unterschiede sei, »dass die ersteren gar nicht oder nur wenige Stufen sich über die Art von Bildung erhoben, welche man die *bürgerliche Policirung* oder *Civilisation*, im Gegensatze *höherer eigentlicher Geisteskultur*, nennen sollte.«[37] Zwar wolle er »die Völker des Orients« keinesfalls »unter ihr Verdienst« schätzen. Doch die »Anfänge geistiger Ausbildung, dergleichen wir besonders von den Hebräern durch ihre heiligen Bücher erhalten haben, tragen bei sämmtlichen Orientalen einen von dem griechischen so auffallend verschiedenen Charakter«; ähnliches gelte für die Kunstwerke aller alten orientalischen Völker.[38] Auf der Grundlage seines Verständnisses von Kriterien wie Bildung, Geisteskultur und Ästhetik also schloss Wolf den Alten Orient aus der neuen Disziplin aus. Zuvor, in der Frühen Neuzeit, hatte es eine solche Trennung von orientalischer und griechisch/römischer Geschichte nicht gegeben;³⁹ in den letzten Dekaden des 18. Jahrhunderts hatte die »orientalische Renaissance« (genauer: die Renaissance des Orientalischen) im Rahmen der aufklärerischen Wissenschaft ihren Höhepunkt erlebt und ein breiteres Publikum brachte dem Orient Interesse und Neugier entgegen.⁴⁰ Nicht zuletzt aufklärerische Perspektiven waren an jenem Verständnis von »Altertum« beteiligt, das allein Griechenland und Rom als Gegenstand der Altertumskunde zuließ. Aber der asiatische Orient war für die Aufklärer selbst noch eine Größe gewesen, die es mit Neugier in ihrer Bedeutung zu entdecken galt oder die in Konzeptionen politischer wie religionshistorischer Art einzubeziehen war.⁴¹ Nun aber schloss die Definition des Gegenstandes der Altertumswissenschaft mit den Worten ab, es werde »erlaubt seyn, [...] sogar den Namen *Alterthum* in ausnehmenden Sinne auf die beiden durch Geisteskultur, Gelehrsamkeit und Kunst verfeinerten Völker einzuschränken.«⁴²

Wie sehr sich dies auch gegen jegliche Inklusion eines jüdischen Altertums richtete, zeigt Wolfs Vorlesung über Enzyklopädie der Philologie, die er im Winterhalbjahr 1798/99 hielt: »Die Hebräer haben sich nie so ausgebildet, dass man sie für eine gelehrte Nation halten könnte [...]. Es versteht sich also, dass wir Werke solcher Völker, wie die Hebräer waren, ausschliessen müssen.«⁴³ Für seine eigene altertumskundliche Studie »Prolegomena ad Homerum« (1795) hatte Wolf Anleihen beim Göttinger Alttestamentler Johann Gottfried Eichhorn gemacht, der die Methode historisch-kritischer Analyse der Bibel anwandte.⁴⁴ Ähnlich wie diese deutsche protestantische Schule der Bibelwissenschaft, die im englischen mit »Higher Criticism« übersetzt wird, die Schrift nach Schichten unterschiedlicher Autorschaft sortierte, so scheint Wolf beabsichtigt zu haben, gleich alle Schriften des Altertums neu zu ordnen.

Die Etablierung der Altertumswissenschaft, die einerseits ein Beispiel disziplinärer Ausdifferenzierung darstellt, hatte andererseits den Ausschluss ganzer Kulturen aus einem wenn nicht universalen, so zuvor zumindest weit gefassten Betrachtungszusammenhang zur Folge. Im deutschen Sprachraum sollte fortan die Erforschung der Kulturen des Alten Orients weitgehend der – bis zum Ende des Jahrhunderts – ausschließlich philologisch orientierten Orientalistik vorbehalten bleiben;⁴⁵ das biblische Altertum (das es im streng Wolfschen Sinne gar nicht geben konnte) wurde nun um so mehr die Domäne der protestantischen Theologie, innerhalb derer die Bibelkritik zu einem deutschen Spezifikum wurde. Durch die Scheidung, aber auch Schärfung der Gegenstände wurde die antike Kultur der Juden sowohl von der altertumswissenschaftlichen Betrachtung ausgeschlossen wie durch die Theologie intensiver denn je untersucht.

An intellektuellen Diskursen dieser Art teilnehmende Juden des 19. Jahrhunderts hatten sich angesichts der mit dem neuen Bild des Altertums einhergehenden Konsequenzen für die *eigene* alte Geschichte zu positionieren. Hier trat die Wissenschaft des Judentums als ein jüdisches Pendant nicht nur, aber eben auch zu der in Deutschland begründeten Altertumswissenschaft sowie der höheren Kritik der Bibel auf. Dass die Wissenschaft des Judentums die Methoden und die Themen der Zeit aufgriff, ist kein Ausweis bloßer Assimilation oder gar Apologetik; vielmehr handelt es sich um ein Phänomen jüdischer »sekundärer Konversion« – der Bewahrung von Eigenem durch Angleichung,[46] hier auf geradezu paradigmatischen Terrain: dem der Wissenschaft und insbesondere der Geschichte.[47] Dabei rekurrierten die von der neuhumanistisch orientierten Umwelt gesetzten Themen – metaphorisch gesprochen – derart auf »Athen« als Ideal, dass sich ein modernes Judentum dieser Setzung weder verschließen konnte, noch einer Affizierung durch dieses Ideal entgehen konnte, wollte es – um im Bild zu bleiben – auch »Jerusalem« zu gleichberechtigter Geltung gelangen lassen.[48]

So wendete sich die Wissenschaft des Judentums trotz des rigorosen Ausschlusses der »Hebräer« aus der Altertumswissenschaft keinesfalls von der neuen Disziplin ab. Im Gegenteil: Deutsch-jüdische Gelehrte, die ab den 1820er Jahren das Programm eben der Wissenschaft des Judentums formulierten, nahmen die Methoden der Altertumskunde, wie Wolf und sein Schüler August Böckh sie lehrten, in ihre Auffassung von Wissenschaft und ein durch diese zu beförderndes modernes Judentum auf.[49] Neben Immanuel Wolf und Isaak Markus Jost gilt dies vor allem für den bedeutendsten jüdischen Schüler Friedrich August Wolfs – Leopold Zunz (1794–1886). Beeinflusst von Zunz, der in Wolf seinen faszinierendsten Lehrer sah, erfolgte 1819 in Berlin die Gründung des Vereins für Cultur und Wissenschaft der Juden, die als Geburtsstunde der neuen Strömung gilt. Von Anfang an also gingen von der Altertumswissenschaft Impulse für die Wissenschaft des Judentums aus. Bei Zunz selbst äußerte sich dies zum Beispiel, wenn er in einer zuerst 1841 veröffentlichten Schrift den wiederholten Einfluss des griechischen Altertums auf die Juden betonte: »Dreimal ist der hellenische Geist, der die Völker mündig gemacht hat, den Juden begegnet.«[50] Zuerst unter den Seleuciden und Ptolemäern »als herrschender, verhöhnender Feind; das Wissen der Griechen verbreitete sich unter die höheren Stände, ihre Sprache im Volke: aber die Gabe des Feindes war gefürchtet, gehasst.«[51] Das zweite Mal in der arabisch-muslimischen Welt:

»Als im achten Jahrhundert die siegenden Araber von den Büchern der Besiegten unterworfen wurden, führten syrische und arabische Autoren die griechischen Kenntnisse zum zweiten Male bei den Juden der Moslemischen Länder ein: zuerst Astronomie, Philosophie, Medizin; allmählich die Erdkunde. Dahingegen theilten germanische und französische Juden die mittelalterliche Finsterniss«.[52]

Zum dritten Mal in im neuzeitlichen Europa:

»[Die] Wissenschaft feierte ihre Auferstehung, und soweit das unverminderte Elend den Nacheifer gestattete, blieben auch die Juden nicht zurück, namentlich in Italien und dem freien Holland, in grösseren Pausen in Deutschland. Jedoch erst seit dem letzten Viertel des vorigen [18.] Jahrhunderts erstarkt mit der geistigen auch die bürgerliche Freiheit, und seitdem ist das Ziel des jüdischen Geistes der wissenschaftliche Standpunkt.«[53]

Für Zunz bedeutete dies, dass sich die »Kunde von den Juden in Geschichte und Statistik« verwandle und in Bezug auf das Heilige Land sollten nun »Alterthumskunde und biblische Geographie« zur Anwendung kommen.⁵⁴

An anderer Stelle machte Zunz deutlich, wie umfassend er den Begriff »Altertum« für ein *jüdisches* Altertum zur Anwendung zu bringen gedachte – ein Altertum, das die Zeit des Talmuds, oder, auf Eretz Israel bezogen, die Spanne von Josephus, dem Autor des ersten Jahrhunderts, bis hin zu Benjamin von Tudela, dem jüdischen Palästinareisenden des 13. Jahrhunderts, umfasst.⁵⁵ Die jüdische Literatur dieser Epochen wollte Zunz als historisches Vermächtnis analog zu jenem Stellenwert verstanden wissen, den die klassische Altertumskunde den griechischen und römischen Quellen zumaß. Den Talmud in seiner historischen und geographischen Ausdehnung als altertumskundliches Dokument aufzufassen, zeichnet das Verständnis der Wissenschaft des Judentums aus, das sich bei Zunz, später noch deutlicher beim Historiker Heinrich Graetz finden lässt. Die Altertumswissenschaft nahm das Altertum der Juden nicht auf; die Wissenschaft des Judentums tat dies, verbunden mit einem verlängerten Altertum, umso mehr.

Das Werk Heinrich Graetz' (1817–1891), des bedeutendsten jüdischen Historikers des 19. Jahrhunderts, ist ein einziger Ausweis solcher jüdischer Selbstbehauptung. »Die Anerkennung der Juden als vollberechtigte Glieder ist bereits so ziemlich durchgedrungen« – so, also recht optimistisch, endet, mit Blick auf die Mitte des 19. Jahrhunderts, der 1870 erschienene elfte (und von der Zählung her letzte Band) von Graetz' »Geschichte der Juden«. Doch die zweite Hälfte desselben Satzes lautet: »die Anerkennung des Judenthums aber unterliegt noch schweren Kämpfen.«⁵⁶ Wie zur Erläuterung des ersten Teils des Befundes berichtet Graetz auf der vorletzten Seite des Bandes über die Folgen der 1848er-Revolution: »Unerwartet und überwältigend schlug für die europäischen Juden die Stunde der Befreiung mit der Februar- und Märzumwälzung«;⁵⁷ wiederum eine Seite zuvor findet sich ein Hinweis darauf, was er mit der umkämpften »Anerkennung des Judentums« gemeint haben dürfte: Hier ging es um die Bibelforschung. Die Heilige Schrift, die »so lange über die Maßen vergöttert worden war«, sei »seit der Mitte des 18. Jahrhunderts in Mißachtung geraten.« Hier sah Graetz nun eine Übereinstimmung in der Außenwahrnehmung von Bibel und Juden, insbesondere in Deutschland: »der Judenhaß des deutschen Volkes, in dessen Mitte die Bibelforschung die eifrigste Pflege gefunden hatte, wurde auch auf das Erbe des jüdischen Stammes, auf die biblischen Urkunden übertragen. Es sollte bei den Juden nichts gefunden werden, was irgendwie vortrefflich erscheinen könnte.«⁵⁸ Graetz nannte hier aus der »vernüftelnden«, rationalistischen Schule Autoren wie Eichhorn, Gesenius, de Wette und andere, die zwar Quellenforschung zu den hebräischen Urkunden unternommen hatten, »aber nur zu dem Zwecke, deren Wert zu verkleinern.«⁵⁹ Hingegen sah er die Werke christlicher Autoren nicht grundsätzlich negativ: Die Schriften des Theologen und Orientalisten Heinrich Ewald zu den »Propheten des alten Bundes« und zur »Geschichte des Volkes Israel«⁶⁰ begrüßte er ausdrücklich; diese hätten »eine neue Bahn zum Verständnis des hebräischen Geistes und Volks eröffnet«. Der Mangel dieser Schule war für Graetz, dass ihr zufolge »das letzte Blatt der Geschichte des Gottesvolks Israels vor achtzehn Jahrhunderten geschrieben worden sei.«[61] In der Einleitung zum ersten Band seiner »Geschichte der Juden« (1874), der über die »Geschichte der Israeliten von ihren Uranfängen bis zum Tode des Königs Salomo« handelt, wies er Bedenken bezüglich der kritischen Behandlung der biblischen Quellen zurück. Im Gegenteil: Wende man auf die biblische Geschichte »dasselbe Verfahren an, wie auf die Geschichtsforschung anderer Völker, so wird die Superklugheit nicht mehr so rückhaltlos wagen, das israelitische Volk als eine verkommene semitische Race verächtlich zu behandeln, oder die Geschichte desselben als eine ›Judengeschichte‹ wegwerfend zu bezeichnen«.[62] Nicht die Methode der christlichen Bibelkritiker war zu beanstanden, wohl aber die – teils mittels dieser Methode – vertretenen judenfeindlichen Interpretationen. Richtig angewendet, erscheine die biblische Geschichte in bestem Licht.[63]

Zunz hatte die Altertumswissenschaft programmatisch für das Verständnis eines jüdischen Altertums adaptiert; Graetz folgte ihm in der Betonung des altertumskundlichen Quellenwerts der beiden Talmude nach, wandte sich gegen – auf ihre Art altertumskundliche – exklusive Lesarten seitens der christlichen alttestamentlichen Theologie oder, spätestens seit Renan, der Semitistik.[64] Hinzu kamen dezidierte Abweichungen von euro-christlichen Pauschalbildern der Araber und des Islams. Auch diese Kulturgrößen des Orients hatten im Konzept der Altertumswissenschaft keinen Platz. Ausdrücklich hatte Wolf gefordert, als »nicht cultivierte, nur civilisierte Völker« auch die Araber, »wiewohl sie mit Hülfe der Griechen […] einen gewissen Grad gelehrter Bildung erreichten«, aus der Altertumswissenschaft auszuschließen. Es seien dergleichen Literaturen »gänzlich den Orientalisten« zu überlassen.[65] Zunz hatte dies, wie zitiert, anders gesehen: Unter der muslimisch-arabischen Herrschaft habe das hellenische Erbe fortgelebt und davon habe auch das Judentum unter dem Islam – kein Wort vom »Mittelalter« in diesem Kontext – profitiert. Überhaupt zählt die Betonung jüdischer Blüte zur hohen Zeit des Islams, wie vielfach untersucht, zu den jüdischen Diskursen des 19. Jahrhunderts, die der Selbstvergewisserung angesichts von Emanzipation und Assimilationsdruck dienten, aber auch als Hinweis an die christliche Mehrheitsgesellschaft adressiert waren. Ein charakteristischer Ausdruck dessen war, die pejorativ gemeinte Beschreibung des Judentums als »orientalisch« positiv diskriminierend zu einem Ehrenmerkmal umzudeuten. Letztlich war hier das Ziel die Akzeptanz unter den Europäern.[66]

Wenn Juden sich selbst als eine kolonisierte Gruppe wahrnahmen, ist es zudem naheliegend, dass sie Sympathien für andere Objekte des Kolonialismus, insbesondere den Islam empfanden, zu dem sie eine gewisse Affinität sahen. Der Gegendiskurs äußerte sich hier, neben eigener Selbstbehauptung, in einer bisweilen anti-westlichen Rhetorik jüdischer Orientalisten, die nicht den Diskurs des europäischen Triumphalismus aufnahm. So kritisch die Autoren der Wissenschaft des Judentums gegenüber der jüdischen Orthodoxie eingestellt waren, so kritisch standen sie dem Christentum gegenüber, so auch dessen politischer und missionarischer Form einer europäischen *mission civilisatrice*.[67]

Abraham Geiger hat sich in seinem publizistischen Schaffen gegen solche nach außen wie nach innen gerichteten europäisch-christlichen Missionen gewandt. Zu seinen Zielen zählte, den Einfluss des rabbinischen Judentums auf die Entstehung von Christentum und Islam nachzuweisen. Ähnlich wie er sich in der Mitte des 19. Jahrhunderts gegen den dominanten Diskurs der Bibelwissenschaft wendete, den er mit Antijudaismen durchsetzt sah und als Ausdruck christlicher Aufhebung und Verdrängung anderer Weltsichten wertete, so hatte er zu Beginn seiner Karriere die Würdigung Mohammeds und des Islam gegen eine lange Tradition christlicher Autoren gestellt, die den Islam verunglimpfte.[68] Für die Fortsetzung einer solchen, von christlichen Vorurteilen freien, historischen Betrachtungsweise des Islam steht Ignaz (Ignác) Goldziher (1850–1921).[69] Akademisch ausgebildet in Budapest, Berlin, Leipzig und Leiden und tätig in Ungarn, steht Goldziher für die Begründung des Fachs Islamwissenschaft überhaupt. Als Historiograf der arabischen Welt vor und unter dem frühen Islam und Kenner der arabischen Philologie identifizierte er sich stärker, weitaus persönlicher mit dem Islam als Geiger und andere Vertreter der Wissenschaft des Judentums – zu der er ein distanziertes Verhältnis hatte. Wie er seinem »Tagebuch« anvertraute, sah er sich während seiner Orientreise 1873/74 selbst als Muslim.[70] Während seines Aufenthalts in Ägypten studierte er an der Al-Azhar-Universität Kairo und war somit der erste nicht-muslimische Student, dem dies gestattet wurde. Auch bei Goldziher findet sich die Doppelfigur von Kritik am Christentum, das einseitig allein die eigenen Schriften bewahre und die der anderen Religionen spitzfindig seziere, und der Achtung des Islam: Goldziher sah im Islam eine pure Essenz, eine lebendige Verkörperung prophetischen Judentums.[71] Letzteres schien ihm gegenüber dem Islam verblasst – so gelangte er aufgrund seiner Beschäftigung, ja Identifikation mit dem Islam zur Kritik der eigenen Religion; Goldziher bewunderte die Rationalität des Islams, im Gegensatz zur Irrationalität, die er dem Judentum seiner Zeit zuschrieb. Aufgrund seiner Erfahrungen in Ägypten äußerte er sich anti-imperialistisch, ohne dabei den Einfluss westlicher Ideen unter arabischen Intellektuellen abzulehnen, die sich verstärkt um politische und soziale Probleme kümmerten. Goldziher gelangte hier – womöglich mit den unüberbrückbar zerstrittenen Fraktionen der ungarischen Juden im Sinn – zu der Einschätzung, dass Tradition und Moderne parallel zu einander verliefen und nicht entgegengesetzt seien.[72]

Goldzihers Verdienste und Innovationen in der Untersuchung der arabischen Philologie und der Frühgeschichte des Islams zu würdigen, muss Experten dieser Fächer überlassen bleiben. Unmittelbar zugänglich für die hier interessierende Frage der Sensibilität jüdischer Autoren für euro-christliche Orientalismen (oder Okzidentalismen) sind Golzihers »Tagebuch«, die Edition seines Briefwechsels mit dem deutschen Islamwissenschaftler Martin Hartmann, die als bezeichnenden Titel das Goldziher-Zitat »Machen Sie doch unseren Islam nicht gar zu schlecht« trägt,[73] sowie die Publikation seiner Gedenkrede »Renan als Orientalist« – eine höchst subtile Auseinandersetzung mit dem Werk des französischen Semitisten und Bibelkritikers Ernest Renan, vorgeblich allein bezüglich dessen Schaffen als Orientalist.[74]

IV. Resümee

Die deutsch-jüdische Wissenschaftsgeschichte des 19. Jahrhunderts bietet, mit vielen über das umrissene Feld hinausgehenden Beispielen, den Anlass zur Öffnung des Feldes der »Orientalismus«-Kritik über ihr engeres Bezugsfeld hinaus – recht eigentlich zu einem genaueren Verständnis von Okzidentalismen. So ist es weniger anregend, mittels der vorgestellten Themen minutiös Mängel in Saids Darstellung aufzuzeigen, als bestimmten Einseitigkeiten und Unausgewogenheiten der modischen Welle der Orientalismus-Kritik entgegenzuwirken: In eben jenen Kontexten, in denen Juden in der Neuzeit »Europas eigene Orientalen« waren, betraf sie eine komplexe westliche diskursive Formation, die formal, zum Teil auch inhaltlich Parallelen zu jener gegenüber der arabischen, muslimischen Welt aufweist. Dass gerade jüdische Autoren sich gegen bestimmte christliche, europäische Polemiken gegenüber Islam und Orient verwandten, dürfte vielen Rezipienten des Orientalismus-Vorwurfs nicht vertraut sein. Dass, zu Kollektiven verallgemeinert, Juden und Muslime gegenüber den Herausforderungen der westlichen Moderne nicht in unvergleichbarer, aber doch deutlich geschiedener Weise reagierten, ist ein Befund, der den vorgenannten nicht außer Kraft setzt.[75]

Wenn in diesem Zusammenhang zudem von einem »inneren Kolonialismus« Europas gegenüber den Juden die Rede ist, so liegt es in der Tat nahe, entsprechende Ergebnisse der Forschung zur Geschichte der Juden mit solchen der postkolonialen Studien und Theorien zumindest zu juxtaposititionieren. Die englischsprachigen *Jewish Studies* scheinen bereits auch in dieser Hinsicht die Geschichte der Juden als allgemeine Geschichte anzubieten.

Ein bevorzugtes Thema ist hierbei die Positionierung der deutschen Geistes- und Bildungskultur gegenüber Juden und Judentum im 18. und 19. Jahrhundert.[76] Das Interesse an diesen Fragen geht hier fraglos mit ihrer Relevanz für soziale und politische Fragen jener Zeit, sei es der Emanzipation, der »Judenfrage« oder des Antisemitismus einher. Zugleich liegt aber mit den Beiträgen der deutschsprachigen Wissenschaft des Judentums sowie ihr verwandter, aber nicht unmittelbar zugehöriger Autoren ein Korpus von Äußerungen zu eben diesen Themen, darunter Theologie und Bibelwissenschaft, Altertums- sowie

Orientforschung, vor. Dass der deutsche, teils christliche, teils säkulare Diskurs Teil euro-christlicher Identifikationen mit der Antike und Distanzierungen gegenüber dem Orient, dem Judentum oder dem Islam war, zeigt beispielsweise der oben angeführte kunstgeschichtliche Blick in die neuzeitliche Geschichte der europäischen Bibelillustration, die sich hier aufgrund der langen Dauer und der Wiederkehr der okzidentalischen Hierarchie in ihren Motiven besonders anbietet.

Wenn dabei ein Ergebnis ist, dass Juden oft mit Arabern gleichgesetzt wurden, so lässt sich dieser zu einem weiteren, erweiterten Orientalismus ausdehnen: Zum einen haben sich Juden, in Protest oder als Selbstbehauptung gegen christliche Darstellungen des Islams und des Orients, oder in Einklang mit Wellen der Orientromantik mit dem Orient identifiziert oder geschmückt.[77] Aus der literarischen Welt sind hier die – zum Christentum konvertierten bzw. christlich getauften, aber an ihre jüdische Herkunft immer wieder erinnerten – Autoren Heinrich Heine und Benjamin Disraeli bedeutende Beispiele. Zum anderen war insbesondere im letzten Drittel des 19. Jahrhunderts in der Literatur insbesondere französischer, britischer und amerikanischer Autoren die Ansicht verbreitet, Juden und Araber seien, abgesehen von modernen Äußerlichkeiten, im Grunde ein und dasselbe. Wenn es bei Dsraeli im Roman »Tancred« (1847) hieß, die Araber der Wüste seien »Juden zu Pferde« und die Juden ihrerseits seien »mosaische Araber«,[78] so schrieb Mark Twain in »Innocents Abroad« (1869) in ein und demselben Satz wie selbstverständlich über »die Israeliten« und »diese anderen Araber, ihre direkten Nachkommen«.[79] Sowohl in jüdischen Selbstbeschreibungen wie in christlichen Fremdzuweisungen ist dieses Motiv also anzutreffen. Einzelne Hinweise verweisen darauf, dass jüdische Sympathiebezeugungen bis hin zu romantischen Identifizierungen mit der arabischen-muslimischen Welt euro-christlichen Anschauungen in die Hände spielten, die aufgrund eigener Vorgaben eine solche Sicht des Orients ihrerseits reklamierten.

Ein kolonialpolitisches Beispiel ist der Archäologe und Autor zahlreicher Bücher zum Alten wie zum zeitgenössischen Orient David George Hogarth, der, als Leiter des Arab Bureau im Ersten Weltkrieg und Mentor Lawrence von Arabiens, den arabischen Nationalismus und den Zionismus für vereinbar hielt, da es sich um ähnliche Völker handle. Hogarth war hier von dem »Narrative of a Year's Journey through Central and Eastern Arabia (1862–1863)«, einem Werk des schillernden Orientreisenden William Gifford Palgrave beeinflusst.[80] Zur Hälfte jüdischer Abstammung, anglikanisch getauft und – vorübergehend – zum katholischen Glauben konvertiert, hatte Palgrave, nach einer Arabienreise in Diensten der Jesuiten das Bild eines unter christlicher Führung vereinten Orients entworfen, in dem die nur nominell unterschiedlichen Religionen zu vernachlässigen waren und stattdessen die ethnische Identität aller Bewohner von Bedeutung sein würde.[81] Wie sehr jüdische Sympathien mit dem Orient und dem Islam aber zu Ende des 19. Jahrhunderts gegen jegliche ursprüngliche Intention seitens euro-christlicher Weltsichten verkehrt werden konnten, dafür steht exemplarisch die missionarisch motivierte Übersetzung von Abraham Geigers Studie über die jüdischen Wurzeln des Islam.

Anmerkungen

1 Friedrich Niewöhner, Von Muhammad zu Jesus. Abraham Geigers Schrift über den Koran, in: Abraham Geiger, Was hat Mohammed aus dem Judenthume aufgenommen?, hg. von Friedrich Niewöhner, Berlin 2005, S. 7–33, hier S. 29.

2 Oder drastischer: »Abraham Geiger war unter die christlichen Missionare gefallen, die sein Buch benutzten, um die Muslime wegen ihres ›Plagiats‹ der jüdischen Quellen lächerlich zu machen.« Ebd., S. 33. Näheres zur genannten Übersetzung ebd., S. 32f.; vgl. auch Moshe Pearlman, Prolegomenon, in: Abraham Geiger, Judaism and Islam, New York 1970, S. vii–xxiv, hier S. viii. Zum Wirken britischer Missionare in Indien vgl. die Biografie des Kolonialpolitikers, Missions- und Islamwissenschaftlers William Muir (1819–1905), in: Bautz, Biographisch-bibliographisches Kirchenlexikon, im Internet: http://www.bautz.de/bbkl/m/muir_w.shtml (Stand: 9. 1. 2006).

3 Siehe zum Beispiel Abraham Geiger, Urschrift und Übersetzung der Bibel in ihrer Abhängigkeit von der inneren Entwicklung des Judentums, Breslau 1857.

4 Ernest Renan, Vie de Jésus, Paris 1863. Das Buch erschien noch im gleichen Jahr auf Deutsch als, Das Leben Jesu.

5 Zu Renans Verehrung des Christentums sowie seiner Verachtung von Judentum und Islam siehe Niewöhner, Von Muhammad zu Jesus, S. 31, Anm. 62.

6 Ebd., S. 29.

7 Vgl. Geigers Kritik »scheinbarer Aufklärung«, »bloß das einer Religionsparthei Angehörige als einzig und allein vorzüglich zu betrachten« und »das Allgemeinmenschliche zum Christentum zu verengen«. Geiger, Was hat Mohammed aus dem Judenthume aufgenommen?, S. 32. Zum Fortwirken frühchristlicher Auffassungen von Geschichte als Heilsgeschichte in modernen Geschichtskonzeptionen vgl. Karl Löwith, Weltgeschichte und Heilsgeschehen. Die theologischen Voraussetzungen der Geschichtsphilosophie, Stuttgart und Weimar 2004 (engl. Originalfassung Chicago 1949).

8 Edward W. Said, Orientalism. Western Conceptions of the Orient, Taschenbuchausgabe/Neudruck mit neuem Nachwort, London 1995 (1. Aufl. 1978).

9 Ivan Davidson Kalmar und Derek J. Penslar (Hg.), Orientalism and the Jews, Hanover und London 2005.

10 Martin Kramer (Hg.), The Jewish Discovery of Islam. Studies in Honor of Bernard Lewis, Tel Aviv 1999.

11 Hayim Lapin und Dale B. Martin (Hg.), Jews, Antiquity, and the Nineteenth-Century Imagination, Bethesda, MD 2003.

12 James Pasto, Islam's »Strange Secret Sharer«. Orientalism, Judaism, and the Jewish Question, in: Comparative Studies in Society and History 40 (1998), S. 437–474, hier S. 439 und Anm. 3. Pasto verwendet diesen Begriff für die gegenwärtige europäische (inklusive der dominanten amerikanischen) Kultur, die nicht ohne den Einfluss christlicher Ideen und Religion zu verstehen sei. Daran ändere das Nachlassen des Christentums seit der Aufklärung nichts; vielmehr sei das Ausblenden christlicher Aspekte eine Art epistemologischer Trick und eine Form des Orientalismus, der die Rolle der Religion in der eigenen Kultur minimiere, um als »säkular« gelten, andere Kulturen aber als »religiös« bloßstellen zu können.

13 Susannah Heschel, Abraham Geiger and the Jewish Jesus, Chicago und London 1998.

14 Christian Wiese, Wissenschaft des Judentums und protestantische Theologie im wilhelminischen Deutschland. Ein Schrei ins Leere?, Tübingen 1999; Ders., Challenging Colonial Discourse. Jewish Studies and Protestant Theology in Wilhelmine Germany, Leiden und Boston 2005.

15 »It can be shown, on the basis of modern postcolonial theory, that there was an ›anticolonial‹ impulse inherent in the demand to recognize Judaism as a cultural force of at least the same value as the

Western Christian tradition [...] and in the endeavour to contest the anti-pluralist hegemony of Protestant culture in Prussian dominated Wilhelmine Germany.« Wiese, Challenging Colonial Discourse, S. 25.

16 Wiese belässt es bei der Bemerkung: »One must, of course, be aware that the concept of ›Postcolonialism‹ [...] includes a variety of complex and heterogeneous theoretical questions and has been the subject of considerable debate in recent decades.« Ebd.

17 Dies ist Wieses Erläuterung der Wahl des englischen Titels, ebd. S. 26.

18 Zur »counterhistory« siehe Heschel, Abraham Geiger and the Jewish Jesus, S. 14f. und die dort zitierte Literatur. Als christliche Gegengeschichte aufzufassen ist zum Beispiel das verbreitete Bild, die jüdische biblische Geschichte als bloße Vorbereitung der christlichen Ära und als Erklärung für den Aufstieg des Christentums – bei gleichzeitigem Verbleiben des postexilischen Judentums in einem degenerativen Stadium – darzustellen. Ebd., S. 14.

19 John M. Efron, From Mitteleuropa to the Middle East. Orientalism through a Jewish Lens, in: The Jewish Quarterly 94 (2004), S. 490–520, hier S. 491.

20 Heschel, Abraham Geiger and the Jewish Jesus, S. 51.

21 Martin Kramer, Introduction, in: Ders. (Hg.), The Jewish Discovery of Islam, S. 1–48, hier S. 2; Lawrence I. Conrad, Ignaz Goldziher on Ernest Renan. From Orientalist Philology to the Study of Islam, in: Kramer (Hg.), The Jewish Discovery of Islam, S. 137–180.

22 Heschel, Abraham Geiger and the Jewish Jesus, S. 19–22, hier S. 21. Entscheidend ist dabei, dass solche Kritiken nicht in der Sprache der Orientalismus-Kritik, die offenbar populären Reiz ausübt, vorlagen.

23 Ivan Davidson Kalmar und Derek J. Penslar, Orientalism and the Jews. An Introduction, in: Dies. (Hg.), Orientalism and the Jews, S. xiii–xl, hier S. xiv.

24 Said, Orientalism, S. 27.

25 Pasto, Islam's »Strange Secret Sharer«, S. 437ff.

26 Bryan S. Turner, Religion and Social Theory. A Materialist Perspective, London 1983, S. 29: Für beide »andere Religionen« existieren demnach relativ feste Darstellungsschemata (»accounting schemes«). Hinsichtlich der entsprechenden westlichen Tradition, die im 19. Jahrhundert in neuer Formulierung (aber nicht Substanz) auftrat, könne gelten: »Within Orientalism, there are two related discourses for Semites: the Islamic discourse of gaps and the Judaic discourse of contradictions.« Demnach wird die Natur islamischer Kultur durch Negation, durch die Figur »Abwesenheit von«, letztlich durch das Fehlen westlicher Errungenschaften zu kennzeichnen. Das Judentum werde diskursiv in Form widersprüchlicher Kombinationen codiert: wucherischem Verhalten stehe die traditionelle Wirtschaftsform gegenüber, dem universellen Gott die exklusive Pariah-Mitgliedschaft, dem rationalen anti-magischen Ethos eine Reihe von irrationale Praktiken.

27 Ivan Davidson Kalmar, Jesus Did Not Wear a Turban. Orientalism, the Jews, and Christian Art, in: Ders. und Penslar (Hg.), Orientalism and the Jews, S. 3–31, hier S. 4.

28 Ebd., S. 25f. Kalmar geht damit über die konventionelle Deutung hinaus, Veronese habe die Kleidungsmoden seiner Zeit abgebildet: auf der linken Seite die von venezianischen Repräsentanten, die vermeintlich einer orientalistischen Mode anhingen, auf der rechten Seite von Vertretern der italienischen Gesellschaft.

29 Ebd., S. 27–29.

30 Ebd., S. 23. Zur Malerei der französischen Schule der Orientalisten vgl. Marry Anne Stevens (Hg.), The Orientalists. From Delacroix to Matisse, London 1984. Kramer hingegen sieht die Darstellung von Juden durch die französischen Orientalisten – gemeint ist hier wohl deren Blick auf die zeitgenössischen Juden des Orients – äußerst positiv: »The romantic representations of Jews in the work of the French Orientalist painters were almost wholly sympathetic and admiring. The exhibition of such works [...] reminded Europeans of the placement of Jews in Islamic civilization, and the role of Mediterranean Jews as mediators between Europe and Islam«. Kramer, Introduction, S. 6.

31 Kalmar, Jesus Did Not Wear a Turban, S. 10–17, 20–22.

32 Instruktiv in diesem Kontext die Diskussion der Begriffe »Abendland« und »Europa« bei Eugen Rosenstock, Die europäischen Revolutionen. Volkscharaktere und Staatenbildung, Jena 1931.

33 Kalmar, Jesus Did Not Wear a Turban, S. 5.

34 Ebd., S. 23f.
35 Ebd., S. 29ff.
36 Ebd., S. 31.
37 Friedrich August Wolf, Darstellung der Altertumswissenschaft nach Begriff, Umfang und Zweck, Nachdruck Weinheim 1986, 16 (ursprüngl. erschienen in: Museum der Alterthums-Wissenschaft, Bd. 1, Berlin 1807); siehe auch Suzanne L. Marchand, Down From Olympus. Archaeology and Philhellenism in Germany, 1750–1970, Princeton, NJ 1996, S. 20f.
38 Wolf, Darstellung der Altertumswissenschaft, S. 18.
39 Anthony Grafton, Juden und Griechen bei Friedrich August Wolf, in: Reinhard Markner und Guiseppe Veltri (Hg.): Friedrich August Wolf. Studien, Texte und Bibliographie, Stuttgart 1999, S. 9–31, hier S. 12. 40 Jürgen Osterhammel, Die Entzauberung Asiens. Europa und die asiatischen Reiche im 18. Jahrhundert, München 1998, S. 12.
41 So stellte der radikale Aufklärer Volney in seinem Reisebericht Voyages den Orient unausgesprochen als eine Fläche dar, die einer Befreiung und Hebung durch europäisches – französisches – Einwirken verdiente. In seiner eigenwilligen religionshistorischen Betrachtung »Les ruines« (1791) erschien gerade aber der Orient, das alte Ägypten und Nubien am oberen Nil, als der Ursprungsort der Rationalität, die auf der Voraussagbarkeit von regelmäßig wiederkehrenden Naturereignissen beruhte: Beamte hatten einst ein System entworfen, die Flussstände in Zusammenhang mit den regelmäßig wiederkehrenden Sternenkonstellationen, die ihrerseits mit Namen aus der beobachtbaren Tierwelt parallelisiert wurden, vorherzusagen. Doch das Wissen um diesen rationalen Ursprung sei später verblasst, so dass die zunächst rein technisch gemeinten Bezeichnungen sich verselbständigt und religiöse Bedeutung angenommen hätten. Gerade einen neuen Orient stellte Volney als den Ort vor, an dem sich Vertreter aller Religionen versammeln und, des aufgezeigten Irrtums gewahr werdend, zu einer einzigen Vernunftreligion zusammenschließen würden. Hier ließe sich fragen, inwieweit Volneys zwar ausgesprochen christentumsfeindlichem Konzept nicht doch eine extrem säkularisierte heilsgeschichtliche Perspektive unterlag. Jedenfalls hatte der alte wie ein möglicher neuer Orient in dieser Konzeption den zentralen Platz. Siehe Constantin-François de Volney, Die Ruinen oder Betrachtungen über die Revolutionen der Reiche, hg. von Günther Mensching, Frankfurt am Main 1977 (1. Aufl. Berlin 1792).
42 Wolf, Darstellung der Altertums-Wissenschaft, S. 19.
43 Zitiert nach Grafton, Juden und Griechen bei Friedrich August Wolf, S. 28.
44 Grafton, Juden und Griechen bei Friedrich August Wolf, S. 25.
45 Vgl. Sabine Mangold, Eine »weltbürgerliche Wissenschaft«. Die deutsche Orientalistik im 19. Jahrhundert, Stuttgart 2004; Ludmilla Hanisch, Die Nachfolger der Exegeten. Deutschsprachige Erforschung des Vorderen Orients in der ersten Hälfte des 20. Jahrhunderts, Wiesbaden 2003.
46 Dan Diner, Editorial, in: Jahrbuch des Simon-Dubnow-Instituts, 3 (2004), S. 9–13.
47 Die Stärkung der eigenen Religion durch Wissenschaft betont Nils Roemer, Paradoxes of Historical Consciousness. German-Jewish Transformations from Wissenschaft into Faith, in: Jahrbuch des Simon-Dubnow-Instituts, 3 (2004), S. 31–47.
48 Dies ist in ähnlicher Form ein wiederkehrendes Argument bei Yaacov Shavit, Athens in Jerusalem. Classical Antiquity and Hellenism in the Making of the Modern Secular Jew, London und Portland, Oregon 1997. Vgl. zur Thematik in der deutschen Geistesgeschichte um 1800 Gerhard Kurz, Athen und Jerusalem. Die Konkurrenz zweier Kulturmodelle im 18. Jahrhundert, in: Wolfgang Braungart, Gotthard Fuchs und Manfred Koch (Hg.), Ästhetische und religiöse Erfahrungen der Jahrhundertwenden, Bd. 1: Um 1800, Paderborn u.a. 1997, S. 83–96.
49 Den Einfluss auf die Wissenschaft des Judentums betont Guiseppe Veltri, Altertumswissenschaft und Wissenschaft des Judentums. Leopold Zunz und seine Lehrer F. A. Wolf und A. Boeckh, in: Markner und Veltri (Hg.), Friedrich August Wolf, S. 32–47. Hier besteht eine Spannung zur These der »Unterdrückung der hebräischen Sprache und Philologie« durch Wolf, vertreten von Grafton, Juden und Griechen bei Friedrich August Wolf, S. 22.
50 Leopold Zunz, Geographische Literatur der Juden von den ältesten Zeiten bis zum Jahre 1841, in: Ders., Gesammelte Schriften, hg. vom Curatorium der Zunzstiftung, 3 Bde. in einem Bd., Berlin 1875/76, Nachdruck Hildesheim und New York 1976, Bd. 1, S. 146–216, hier S. 205.
51 Ebd.

52 Ebd., S. 206.
53 Ebd.
54 Ebd.
55 Leopold Zunz, Zur Palästinischen Geographie, aus jüdischen Quellen, in: Ders., Gesammelte Schriften, Bd. 2, S. 265–304, insb. S. 266.
56 Heinrich Graetz, Geschichte der Juden, Bd. 11, Leipzig 1870, S. 582.
57 Ebd., S. 581.
58 Ebd., S. 580.
59 Ebd.
60 Heinrich Ewald, Die Propheten des Alten Bundes, 2 Bde., Stuttgart 1840; Ders., Geschichte des Volkes Israel, 3 Bde., Göttingen 1843–1847.
61 Graetz, Geschichte der Juden, S. 580 und 581.
62 Heinrich Graetz, Geschichte der Juden, Bd. 1, Leipzig 1874, S. x.
63 Im 20. Jahrhundert sollte dies eine innerchristliche Parallele finden, als sich insbesondere amerikanische Bibelforscher und hier vor allem der biblische Archäologe William Foxwell Albright (1891–1971) gegen die deutsche Schule der höheren Kritik wandten. Albright positionierte sein Verständnis biblischer Archäologie explizit gegen die Interpretationen der Geschichte des alten Israels durch den deutschen Orientalisten und Historiker Julius Wellhausen, dem prominentesten Vertreter der historisch-kritischen Erforschung des Alten Testaments. Siehe Peter Douglas Feinman, William Foxwell Albright and the Origins of Biblical Archaeology, Berrien Springs, Mich. 2004.
64 Exemplarisch: Heinrich Graetz, Die allerneueste Bibelkritik. Wellhausen-Renan, in: Monatsschrift für Geschichte und Wissenschaft des Judentums 35 (1886), S. 193–204, 233–251.
65 Wolf, Darstellung der Altertumswissenschaft, S. 18f.
66 Stellvertretend für die umfangreiche Literatur zu diesem Thema hier Kramer, Introduction sowie Efron, From Mitteleuropa to the Middle East. Beide Autoren verweisen auf die Synagogen, die im 19. Jahrhundert von Reformgemeinden häufig im maurischen Stils gebaut wurden. Juden wollten nicht den neogotischen Stil der Zeit, der an das christliche Mittelalter angelehnt war, übernehmen. Weit eher wurde so ein Bezug zur islamischen Architektur zum Ausdruck gebracht und mittels dieser an das relative Wohlergehen der Juden unter arabischer Herrschaft, ganz im Gegensatz zum mittelalterlichen Abendland, erinnert.
67 Efron, From Mitteleuropa to the Middle East, insb. S. 491f. und 520; Heschel, Abraham Geiger and the Jewish Jesus. 68 Siehe z. B. die Übersicht bei Gustav Pfannmüller, Handbuch der Islam-Literatur, Berlin und Leipzig 1923. Ausführlich zu Geigers Islamstudien auch Jacob Lassner, Abraham Geiger. A Nineteenth-Century Jewish Reformer on the Origins of Islam, in: Kramer (Hg.), The Jewish Discovery of Islam, S. 77–93.
69 Zu Goldziher im Kontext jüdischer Islamforscher siehe Kramer, Introduction, insb. S. 13–17; siehe im gleichen Band die Detailstudie von Conrad, Ignaz Goldziher on Ernest Renan; Goldziher im Vergleich mit Geiger und Graetz wird behandelt von Efron, From Mitteleuropa to the Middle East, S. 508–519.
70 Ignaz Goldziher, Tagebuch, hg. von Alexander Scheiber, Leiden 1978, S. 65–74. Seinem Tagbuch vertraute er an: »Meinen Monotheismus nannte ich Islam und ich log nicht, wenn ich sagte, dass ich an die Prophetien Mohammeds glaube.« Ebd. S. 71. Ein anderer bedeutender, der arabischen Welt besonders gewogener jüdischer Orientalist des 20. Jahrhunderts hat Goldzihers Tagebuch besprochen und bezeichnenderweise gerade dessen Orienterfahrung hervorgehoben, siehe Shelomo Dov Goitein, Review Article, in: Jewish Social Studies, 41 (1979), S. 323–327.
71 Efron, From Mitteleuropa to the Middle East, S. 514.
72 Vgl. ebd., S. 519.
73 Ludmilla Hanisch (Hg.), »Machen Sie doch unseren Islam nicht gar zu schlecht«. Der Briefwechsel der Islamwissenschaftler Ignaz Goldziher und Martin Hartmann 1894–1914, Wiesbaden 2000. Siehe hierzu die Rezension von Friedrich Niewöhner in der Neuen Zürcher Zeitung vom 31. Juli 2001: Dem ungarischen Juden Goldziher stehe hier schreibend ein Kollege gegenüber, der »sich in seinen Briefen als arischer Rassist und Verächter der ›Seuche Islam‹« erweise – »eine erschreckende Lektüre«.
74 Ignaz Goldziher, Renan als Orientalist. Gedenkrede am 27. November 1893, aus dem Ungar übers.

von Peter Zalán, hg. von Friedrich Niewöhner, Zürich 2000. Siehe darin die Einleitung von Friedrich Niewöhner, S. 5–18; ausführlich Conrad, Ignaz Goldziher on Ernest Renan.

75 Vgl. Dan Diner, Versiegelte Zeit. Über den Stillstand in der islamischen Welt, Berlin 2005.

76 Neben den oben genannten Beiträgen siehe hierzu auch Jonathan M. Hess, Johann David Michaelis and the Colonial Imaginary. Orientalism and the Emergence of Racial Antisemitism in Eighteenth-Century Germany, in: Jewish Social Studies, New Series 6 (2000) Nr. 2, S. 56–101; James Pasto, W. M. L. de Wette and the Invention of Post-Exilic Judaism. Political Historiography and Christian Allegory in Nineteenth-Century German Biblical Scholarship, in: Lapin und Martin (Hg.), Jews, Antiquity, and the Nineteenth-Century Imagination, S. 33–52.

77 Vgl. Paul Mendes-Flohr, Fin-de-Siècle Orientalism, the Ostjuden and the Aesthetics of Jewish Self-Affirmation, in: Studies in Contemporay Judaism 1 (1984), S. 96–139.

78 Vgl., stellvertretend für die Literatur zu Heine und Disraeli in diesem Kontext die kurzen Hinweise bei Kramer, Introduction, S. 4–8.

79 Mark Twain, Reisen ums Mittelmeer. Vergnügliche Geschichten, Frankfurt am Main und Leipzig 1996, S. 159. Es handelt sich um übersetzte Auszüge aus Innocents Abroad.

80 William Gifford Palgrave, Narrative of a Year's Journey through Central and Eastern Arabia (1862–1863), 2 Bde., London 1866.

81 Benjamin Braude, ›Jew‹ and Jesuit at the Origins of Arabism: William Gifford Palgrave, in: Kramer (Hg.), The Jewish Discovery of Islam, S. 77–93. Über Konzepte für den neuen Nahen Osten unter britischen Orientpolitikern wie Hogarth schreibt Braude: »All this found their inspiration and justification in Palgrave's distinction between national and religious identities, and his combination of Jewish and Arab identities.« Ebd., S. 89.

Omar Kamil

»Sie leben in der Gegenwart und für die Zukunft – wir in einer glorreichen Vergangenheit«

Die arabischen Intellektuellen und die Wahrnehmung des »Jüdischen«

»Der Sieg, den die Zionisten erzielten, liegt nicht in der Überlegenheit eines Volkes über ein anderes, sondern vielmehr in der Überlegenheit eines Systems gegenüber dem anderen. Der Grund für diesen Sieg besteht darin, dass die Wurzeln des Zionismus in der westlichen Moderne verankert sind und er damit ein Bestandteil dieser Moderne ist, während wir immer noch weit von dieser Moderne entfernt sind und ihr zum großen Teil ablehnend gegenüber stehen. Sie leben in der Gegenwart und für die Zukunft, während wir weiter von einer glorreichen Vergangenheit träumen und uns selbst verdummen mit deren verstaubter Herrlichkeit.«

(C. K. Zurayk, Die Bedeutung der Nakba, Beirut 1948, S. 42)

Prolog

Im Jahre 1946 unternahm der bedeutende ägyptische Denker Taha Hussayn[1] (1889–1973) eine Reise, die ihn von seinem Heimatland Ägypten in den Libanon führte. Der in die moderne arabische Geistesgeschichte als »Säule der arabischen Literatur« eingegangene Hussayn fasste seine Reiseerlebnisse in einem Artikel für die von ihm in Kairo herausgegebene Zeitschrift »Al-Katib Al-Misri« [Der ägyptische Schreiber] zusammen.[2] In diesem Artikel berichtet der in seiner Kindheit erblindete Hussayn über seine Begegnungen auf der Fähre von Haifa nach Beirut, unter anderem mit jüdischen Flüchtlingen aus Europa, deren Zustand er so beschreibt:

»Schwache jüdische Einwanderer: Kinder und Knaben, die die Pubertät noch nicht erreicht hatten und Frauen, denen Schmerzen zugefügt worden waren. Einige von ihnen verloren alles und bewahrten nur noch eine leise Hoffnung, die sich in einem traurigen Lächeln auf ihren Lippen zeigte. Andere trugen in sich einen Lebenswillen, der in ihren unglücklichen Herzen Hoffnung und Hoffnungslosigkeit, Zufriedenheit und Verbitterung und Vergnügen und Schmerzen hervorrief […]. In Palästina suchen sie nach Sicherheit und Schutz.«[3]

Hussayn erkannte das Ausmaß der jüdischen Tragödie, ohne jedoch ihre potenzielle negative Konsequenz für die Bewohner Palästinas zu übersehen. So beschreibt er die Ankunft der jüdischen Flüchtlinge in Haifa und die Reaktion der arabischen Einheimischen wie folgt:

»Diese Elenden [Juden] stiegen diszipliniert aus dem Schiff aus, sangen Lieder mit ihren geschwächten leidenden Stimmen [...]. Reflektiert ihr Singen Freude und Glückseligkeit über einen Sieg? Oder spiegelt es ihren Kummer wider, ihre Not und die Niederlage der Vertriebenen? Oder bedeutet es beides gleichermaßen? Ich weiß es nicht! Ich weiß nur, dass ihr Singen die Seelen [der arabischen Bewohner Palästinas, O. K.] mit Wut, Zorn aber auch mit Barmherzigkeit und Erbarmen erfüllte.«[4]

Diese Gefühle der arabischen Bewohner Palästinas ergeben sich Hussayn zufolge daraus, dass »die Bewohner Palästinas weder gefragt noch darum gebeten wurden, diesen Elenden Asyl zu gewähren.«[5] Für Hussayn ist diese sich am Hafen von Haifa abspielende Szene der Beginn eines Konflikts, dessen Wirkung er als für die Region verheerend erachtet. Daher sieht er es als die Aufgabe der Siegermächte des Zweiten Weltkriegs an, das entstehende Dilemma zu lösen und fragt ratlos, ob »es nicht auf dieser Erde viele Orte gibt, die geeigneter als Palästina sind, diese [Juden] aufzunehmen?«[6]

Die Sicht Hussayns erlangt ihre Bedeutung für diesen Artikel nicht nur durch seinen Versuch, sowohl die jüdische als auch die palästinensische Seite des Geschehens zu begreifen, sondern vielmehr, weil sie ein Dokument darstellt, das uns als ein Ausgangspunkt für das Verstehen der Entwicklung der Wahrnehmung des »Jüdischen« bei den arabischen Intellektuellen dienen kann.

Der Beitrag Hussayns steht auch für das Ende des kosmopolitischen Ägyptens. In der zweiten Hälfte der 1940er Jahre begann in der ägyptischen Geistesgeschichte der Übergang von Liberalismus zu einem panarabisch geprägten Nationalismus. Das Aufkommen nationaler Gesinnungen und das Aufflammen nationalistischer Bewegungen waren, so der israelische Historiker Israel Gershoni, seit dem Ende der 1940er Jahre spürbar und die Gründe für diese Rückentwicklung von Liberalismus zu Nationalismus lokalisiert Gershoni vor allem in der Unfähigkeit Europas, das arabische Unabhängigkeitsstreben nach dem Zweiten Weltkrieg zu unterstützen.[7] In ihrem Kampf für die Entkolonialisierung des Nahen Ostens entschieden sich arabische Machthaber für einen Krieg gegen den jüngst ausgerufenen Staat Israel – ein Krieg, der mit verheerenden Konsequenzen verloren wurde. Im Zentrum der an diese Niederlage anschließenden neuen Diskurskultur arabischer Gesellschaften stand der Nationalismus und damit die Ablehnung der Kolonialisten und deren vermeintlicher »verlängerter Arm«, die Zionisten. Somit mündete die historisch akzentuierte Ablehnung des »Anderen« in der Formulierung einer in sich geschlossenen gegenwartsbezogenen Wahrnehmungsstruktur, in deren Rahmen die Wir-Gemeinschaft auf allen relevanten Identitätsebenen (palästinensisch, arabisch und islamisch) von der Verantwortung für ihr gegenwärtiges Handeln freigesprochen wurde. Der liberale Diskurs, für den Hussayn eintrat, wurde in den Hintergrund gedrängt.

Die Epoche des arabischen Nationalismus begann und sollte jahrzehntelang die arabische Diskurskultur prägen.

Im Jahr 1952 übernahm das Militär die Macht in Ägypten. Die neuen Machthaber, die sich als »Freie Offiziere« bezeichneten, begannen nach der Konsolidierung ihrer Machtansprüche, die Intelligenzia auf das neue Regime einzuschwören, so dass der im Gramscianischen Sinne »organische« Intellektuelle ganz im Dienste des politischen Systems stand.[8] Seine Aufgabe war es, die Bevölkerung auf der Grundlage des panarabischen Nationalismus zu erziehen und sie für den geistigen Kampf [Al-M'raka Al-Fikriyya] gegen den Imperialismus – und gegen Israel als dessen vermeintlicher Vorposten in der Region – vorzubereiten. In dieser Konstellation war ein positives Bild »der Juden« kaum vorstellbar.

Die Wahrnehmung »der Juden« in der postkolonialen arabischen Diskurskultur basierte auf zwei zentralen Argumentationssträngen: zum einen auf der Instrumentalisierung des Zionismus als dem zur ideologischen Vereinheitlichungsstrategie avancierten Identifikationsmerkmal der israelischen Gesellschaft, die so in der öffentlichen Wahrnehmung entmenschlicht und vom Agieren ihrer Subjekte entbunden wurde, zum anderen auf der durch Verschwörungstheorien inspirierten Verknüpfung eines nach Hegemonie strebenden Kolonialismus – und später des Westens im allgemeinen– mit dem israelischen Staat als dessen militärischer Vorposten im Nahen Osten. Obwohl die arabischen Intellektuellen sich bewusst von europäisch-christlichen antijüdischen Äußerungen distanzierten,[9] beruhte ihr Gedankensystem auf antisemitisch geprägten geistigen Fundamenten. Der Orientalist Bernard Lewis analysierte den Antisemitismus als eine europäische Erscheinung, die erst infolge des arabisch-israelischen Konflikts ihren Weg in die arabisch-islamischen Gesellschaften fand. Durch die Analyse antisemitischer Schriften einiger arabischer Intellektueller kam Lewis sogar zu der Schlussfolgerung, dass der arabische Antisemitismus mit dem Antisemitismus in Nazideutschland durchaus vergleichbar sei.[10] Beispielsweise schrieb Ahmad Ragab, ein populärer Kolumnist der zweitgrößten, staatlich kontrollierten ägyptischen Tageszeitung »Al Akhbar«, im Jahr 2001 über die gegenwärtigen Animositäten vieler Araber gegen »die Juden«:

»Hinsichtlich des Schwindels mit dem Holocaust haben viele französische Studien bewiesen, dass dies nichts als Fabrikation, Lüge und Betrug ist. Ich aber beschwere mich bei Hitler und erkläre ihm vom tiefsten Grund meines Herzens: ›Wenn du es nur getan hättest, mein Bruder‹, wenn es doch nur wirklich geschehen wäre, so dass die Welt ohne ihr [der Juden, O.K.] Übel und ihre Sünde erleichtert aufseufzen könnte.«[11]

Diese Aussage – welche einerseits den Holocaust leugnet und andererseits beklagt dass er nicht stattgefunden habe – steht exemplarisch für die in arabischen Gesellschaften herrschende Ansicht einer vermeintlichen »ewigen Bösartigkeit der Juden«.

Seit den 1940er Jahren wurden in den geistigen Hauptstädten des arabischen Raums – Kairo und Beirut – europäische antisemitische Werke ins Arabische übersetzt und arabische Intellektuelle beteiligten auch sich mit eignen Schriften an der Defamierung der Juden, die vor allem von einer Dämonisierung der Juden, der Leugnung oder Gutheißung des Holocaust und der Forderung nach der Zerstörung des Staates Israel gekennzeichnet sind.

Das Problem

Die arabischen Wahrnehmungen des »Jüdischen« in einem Aufsatz zu analysieren, verlangt eine Erklärung dessen, was »jüdisch« im arabischen Kontext bedeutet. Das Wort »jüdisch« (*Al-Yahudiyyat*) verwenden arabische Intellektuelle als Sammelbegriff für all dasjenige, was sie mit dem jüdischen Charakter des Staates Israel in Verbindung bringen. Dabei zeichnen sich drei Hauptthemen ab, die für die arabischen Intellektuellen den Kern des »Jüdischen« bilden: die jüdische Geschichte, der Holocaust und der Zionismus.

Verfolgt man die Wahrnehmung des »Jüdischen« in den Schriften arabischer Intellektueller, so kann jenseits oberflächlicher Einschätzungen der tagespolitischen Ereignisse bezüglich des Verhältnisses zwischen Israel und seinen Nachbarn, eine eingeschränkte Wahrnehmung, ja ein Wahrnehmungsdefizit im Hinblick auf das »Jüdische« festgestellt werden. Dieses Wahrnehmungsdefizit, so die in diesem Artikel vertretene These, ergibt sich aus dem im arabisch-islamischen Kulturraum etablierten »Juden-Bild«, wonach die Juden für eine widersprüchliche und insofern Verwirrung stiftende Metapher stehen. Zum einen repräsentieren sie im arabisch-islamisch geprägten historischen Bewusstsein eine machtlose Schutzbefohlenen-Gemeinschaft (*Dhimmis*), die weder in der Lage ist, sich selbst zu regieren, noch dazu befugt ist, Macht und Autorität über andere auszuüben. Anderseits erscheinen die Juden in einem Staat inmitten des arabischen Orients als Vorposten des Westens und Ausdruck seiner vermeintlichen Übermacht. In dieser Ambivalenz von historischer Schwäche und gegenwärtiger Stärke liegt das begründet, was in diesem Artikel im erinnerungs- und mentalitätshistorischen Sinne das Wahrnehmungsdefizit des »Jüdischen« im arabischen Raum genannt werden soll.

Um dieses Wahrnehmungsdefizit darzustellen, sollen Werke einiger arabischer Intellektueller analysiert werden, welche die jüdische Geschichte, den Holocaust und den Zionismus in den Mittelpunkt ihres Interesses rückten. Dabei wird dieses Wahrnehmungsdefizit als Folge einer Dialektik betrachtet, die auf die im Herzen des arabisch-islamischen Erfahrungsraumes angesiedelte Spannung zwischen der Wirkung einer imaginären glorreichen Vergangenheit, »in der wir führend waren«, und der Rezeption einer gegenwärtigen Realität, »in der wir die Schwachen darstellen«, zurückgeht. Um dieses dialektische Verhältnis zu erklären, bediene ich mich zweier Begriffe – zum einen des Begriffs der »Situation«, zum anderen des Begriffs des »Horizonts«. Die arabischen Intellektuellen, deren Werke hier diskutiert werden sollen, befinden sich in einer bestimmten Situation; von diesem Punkt aus sehen sie alles im Gesichtskreis eines weiten, aber begrenzten Horizonts, der all das umfasst, was geschichtliches Bewusstsein ausmacht. Indem arabische Intellektuelle einen historischen Horizont entwerfen, erfahren sie in der Spannung zum Gegenwartshorizont die Wirkung der Geschichte. Das heißt: Das Wahrnehmungsdefizit des »Jüdischen« im arabischen Raum beruht auf dem fundamentalen Verkennen der Tatsache, dass arabische Intellektuelle von der Geschichte affiziert werden und sich durch ihre Rezeption der Geschichte selbst affizieren.[12] Genau diese Verbindung zwischen dem historischen Handeln und einer rezipierten, von den arabischen Intellektuellen »gemachten« Vergangenheit, gewährleistet aber den Bestand der dialektischen Beziehung zwischen Erwartungshorizont und Erfahrungsraum.

Um die Mechanismen des Wahrnehmungsdefizits aufzuzeigen, widmen wir uns im Folgenden den Schriften arabischer Intellektueller zu drei zentralen Themen des »Jüdischen«: der Holocaust, der Zionismus und die jüdische Geschichte im allgemeinen. Hier verfolgen wir die Interpretations- und Deutungslinien arabischer Intellektueller, die als konkurrierende Diskurse zu jüdischen Erfahrungen erscheinen und das Ziel verfolgen, sich selbst wieder als Subjekte der Geschichte zu begreifen und damit in der Gegenwart Anerkennung zu erlangen.

Konkurrierende Erfahrungen: Holocaust und Kolonialismus

In den 1950er und 1960er Jahren wurde das Verhältnis zwischen Kolonialismus und Nazismus Gegenstand verschiedener Schriften. So bediente sich Aimé Césaire der Metapher »Hitler ist nicht tot«, um Kolonialismus und Nazismus miteinander gleichzusetzen.[13] Césaire sah das Verbrechen Hitlers darin, die Europäer gleichermaßen gedemütigt zu haben wie die Europäer die außereuropäischen Völker durch Kolonialismus und Sklaverei gedemütigt hatten.[14] Der Antikolonialist Frantz Fanon griff diese These in seinen Schriften auf und betrachtete Kolonialismus und Holocaust als zwei sich gleichende europäische Erscheinungen.[15] Der Holocaust sei eine Form des Kolonialismus, die allerdings nach innen, d.h. gegen Mitglieder der europäischen Gesellschaft gerichtet war. In »Die Verdammten dieser Erde« stellt Fanon Kolonialismus und Holocaust als zwei europäische Produkte dar, welche die Vernichtung von »Nichteuropäern« zum Ziel hatten und forderte die Intellektuellen kolonialisierter Länder dazu auf:

»Verlieren wir keine Zeit mit sterilen Litaneien oder ekelhafter Nachäfferei. Verlassen wir dieses Europa, das nicht aufhört, vom Menschen zu reden, und ihn dabei niedermetzelt, wo es ihn trifft, an allen Ecken seiner eigenen Straßen, an allen Ecken der Welt: Ganze

Jahrhunderte lang [...] hat es im Namen eines angeblichen geistigen Abenteuers fast die gesamte Menschheit erstickt.«[16]

Dieser Ansatz Fanons erreichte die arabische Welt in der zweiten Hälfte der 1950er und den frühen 1960er Jahre durch die Veröffentlichung seiner zahlreichen Artikel in der Zeitschrift »Al-Moujahid« der algerischen Nationalbewegung, für die Fanon seit 1956 arbeitete.[17] Darüber hinaus erschienen seine arabisch- oder französischsprachigen Artikel auch regelmäßig in anderen arabischen Zeitungen, darunter »Al-Nahar« in Beirut und »Al-Ahram« in Kairo. Durch seine Publikationen nahm Fanon prägenden Einfluss auf den antikolonialen Diskurs im arabischen Raum dieser Zeit,[18] was vor allem in den Schriften arabischer Intellektueller zu ihrer Auseinandersetzung mit dem Holocaust deutlich wird. Zwei Beispiele aus Ägypten und dem Libanon sollen hier zur Veranschaulichung dieser Problematik herangezogen werden.

Ein großes Interesse am Holocaust zeigen die Arbeiten des ägyptischen Literaturwissenschaftlers Abd Al-Wahab Al-Missiri,[19] der in seinem 1997 in Kairo veröffentlichten Buch, »Der Zionismus, der Nazismus und das Ende der Geschichte«, versuchte, den Holocaust im Kontext der modernen europäischen Geschichte zu verstehen. Al-Missiri differenziert sehr wohl zwischen der europäisch-christlichen und der arabisch-islamischen Kultur, deren Gegensätzlichkeit er auf die verschiedenen religiösen Traditionen und unterschiedlichen historischen Erfahrungen zurückführt. Al-Missiri geht jedoch über die Grenzen der Religion hinaus und präsentiert ein zivilisatorisches Projekt, das die gemeinsame Existenz von Menschen ganz unterschiedlicher religiöser und ethnischer Herkunft ermöglichen soll.[20] Dabei geht es Al-Missiri nicht um einen islamisch-missionarischen Ansatz, sondern vielmehr darum, das islamische Modell – auch mit seinen Makeln – als eine Antwort auf die europäische Moderne zu präsentieren.[21]

Zwar anerkennt Al-Missiri, dass diese europäische Moderne sowohl positive als auch negative Wirkungen zeitigte, doch konzentriert er sich vor allem auf ihre negativen Aspekte. In das Zentrum seiner Diskussion stellt er die europäische Säkularisierung und die Industrialisierung als den Beginn einer bis heute andauernden europäischen Hegemonie über die außereuropäischen Völker. Während das religiöse, vormoderne Europa bereits die Territorien, Resourcen und Arbeitskraft nichtchristlicher Völker beansprucht und ausgebeutet habe, habe das säkularisierte, moderne Europa mit der Industrialisierung jedoch Ideologien hervorgebracht, deren Ziel die Vernichtung des Anderen schlechthin gewesen sei. Dazu, so Al-Missiri, gehörten sowohl der Kolonialismus als auch der nationalsozialistische Massenmord an den europäischen Juden.[22] Letztendlich bleibt Al-Missiris Arbeit in kulturell-ideologischen Erklärungsmustern gefangen und scheitert an der Polemik, die er sowohl gegen die europäische Zivilisation, als auch gegen die zionistische Ideologie ins Feld führt. In seinem Buch »Der Zionismus, der Nazismus und das Ende der Geschichte« behandelte Al-Missiri die Stellung des Nazismus in der europäischen Zivilisation,[23] wobei er weder den Begriff »Holocaust« (griechisch »Brandopfer«) noch »Shoah« (hebräisch »Zerstörung«) verwendet. Beide Begriffe lehnte er bewusst ab und entscheidet sich für die Verwendung des Begriffes »Vernichtung« (*Ibada*).[24] Der Nazismus wird hier als »ein fundamentaler Bestandteil der westlichen Zivilisation« interpretiert.[25] Somit versucht Al-Missiri den Nazismus explizit dem europäischen Kolonialismus gleichsetzen, mit der Begründung, dass beide Ideologien auf dem Glauben an die Überlegenheit einer bestimmten Rasse basierten, denn, wie Al-Missiri argumentiert, »Diese Überlegenheit ist die Legitimation der Vernichtung der Unterlegenen«.[26] Diese Gleichsetzung von Kolonialismus und Nazismus führt Al-Missiri zu der Schlussfolgerung, dass »die Naziverbrechen die logische Folge der modernen westlichen Zivilisation und nicht deren Ausnahme« seien.[27] Neben Nazismus und Kolonialismus stellt der Al-Missiri den Zionismus, der, so die Konsequenz dieser Reihung, die Vernichtung ebenfalls als Mittel zum Zweck benutze. Das wesentliche und somit verbindende Eigenschaft aller drei Phänomene – Kolonialismus, Nazismus, Zionismus – ist nach Al-Missiri die »Rationalisierung der Maßnahmen und der Mittel«; die Ziele hingegen seien unterschiedlich.[28] Diese fundamentale Kritik der »westlichen« Rationalisierung ist nun bei Al-Missiri zum Instrument geworden, Nazismus mit dem Kolonialismus zu erklären, beide wiederum als den vermeintlichen Kern des Zionismus zu sehen und somit Nazideutschland und das zionistische Israel als verwandte politische Erscheinungen zu deuten.

Vor dem Hintergrund dieser radikalen und vereinfachenden Deutung gibt es viele Einwände gegen Al-Missiris Studie. Sie verdient sicher nicht wegen des Ergebnisses dieser vergleichenden Betrachtung unsere Aufmerksamkeit, sondern aus anderen, eher methodischen Gründen. Al-Missiri hatte nämlich die erste arabische Studie vorgelegt, die den Versuch wagte, die Vernichtung der Juden aus einem europäischen Kontext heraus zu erklären und somit den Holocaust in seinem europäischen Kulturraum zu betrachten, einem Raum, den Al-Missiri als »das Andere« zu verstehen versuchte. Zwar führten ihn die Schlussfolgerungen der Gleichsetzung von Nazismus und Zionismus dann zu den obigen Ergebnissen, doch der Ansatz der Studie offenbart – unabhängig davon, wie unterschiedlich die europäischen und die arabischen Wahrnehmungsräume sind – eine Differenz, die allem Anschein nach zu einem konstitutiven Defizit bei der Wahrnehmung des jeweils anderen kulturellen Raumes führt. Dieses Defizit, so könnte das Fazit der Betrachtung dieses Beispiels einer arabischen Interpretation des Holocaust lauten, manifestiert sich offensichtlich als eine grundlegende epistemische Blockade zwischen beiden Kulturräumen. Noch bedeutender ist die Tatsache, dass, wenn man den Diskurs Al-Missiris von seinen ideologisch-polemischen Inhalten zu befreien versucht, man den epistemologischen Gehalt seines Ansatzes aufdecken kann. Denn Al-Missiri betrachtet den Holocaust als eine jüdische Erfahrung mit einer europäischen Vernichtungsideologie, die den Erfahrungen anderer außereuropäischer Völker mit dem Kolonialismus gleiche: der Ausrottung der nordamerikanischen Indianer, der Erfahrung der Afrikaner mit der Sklaverei und der Araber mit dem Kolonialismus. In diesem Zusammenhang stellt Al-Missiri die Frage warum die Europäer zwar einerseits das historische Leiden der Juden anerkennen, doch andererseits das in der Gegenwart »andauernde« Leiden der Araber unter dem Kolonialismus und dessen postkoloniale Nachwirkungen verschwiegen. Für Al-Missiri ist die Anerkennung des Holocaust in erster Linie eine Versöhnung der Europäern mit den europäischen Juden – somit versöhne sich Europa zwar mit sich selbst, doch dem von den Europäern außerhalb Europas, im Orient und in Afrika verursachten Leiden sei keine Anerkennung vergönnt.[29]

Verfolgt man die Schnittpunkte zwischen jüdischer, europäischer und arabischer Geschichte in Schriften arabischer Intellektueller weiter, so begegnet man der Arbeit des libanesischen Publizisten Georges Corm, der, ähnlich wie Al-Missiri, eine Verbindung zwischen Holocaust und Kolonialismus konstruiert.[30] In seinem 2003 in Beirut erschienen Werk, »Orient und Okzident. Imaginäre Grenzen«, untersucht er die imaginäre Grenzziehung zwischen der europäischen und der arabisch-islamischen Zivilisation. Er folgt dem Ansatz Edward Saids indem er jene zivilisatorische Grenzziehung zwischen Orient und Okzident dekonstruiert und zu einem europäischen Konstrukt erklärt.[31] Neu ist jedoch die »jüdische Dimension« in Corms Ansatz. Nach Corm begreift das heutige Europa sich nicht als geographische Einheit, sondern, eher in zivilisatorischer Weise, als eine Wertegemeinschaft.[32] Dabei sei interessant, so Corm, die Entstehung des Zivilisationsprojekts Europa im Zusammenhang mit der Auseinandersetzung der Europäer mit anderen, für sie als nichteuropäisch geltenden Völkern, wie den »asiatischen« Juden, zu betrachten. Corm interpretiert den Holocaust und den Kolonialismus als zwei europäische Ideologien, die von der Überlegenheit des »Europäischen« gegenüber dem »Anderen« ausgingen.[33] Während der Holocaust auf das »Jüdische« als das »Andere« innerhalb Europas abgezielt habe, richte sich der Kolonialismus gegen das »Andere« außerhalb Europas, gegen die außereuropäischen Völker. Erst nach dem Zweiten Weltkrieg, so Corm, habe Europa begonnen »seine« jüdische Prägung zu entdecken. Die Anerkennung des Holocaust als ein völkerrechtswidriger Genozid bedeute dabei eine Art »Wiedergutmachung«, in der Europa das »Jüdische« nicht mehr als das »Andere«, sondern als das »Eigene« betrachte. So sehe sich das heutige Europa gern als eine auf der jüdisch-christlichen Tradition basierende Wertegemeinschaft.[34] Die Anerkennung einer Synonymie des »Jüdischen« mit dem »Europäischen«, so die Argumentation Corms, sei nicht die Konsequenz des Holocaust, sondern stehen am Ende eines langen Prozesses der »Europäisierung der Juden«. Somit sei die Anerkennung des »nach innen gerichteten Holocaust« eine Versöhnung Europas mit sich selbst, oder gewissermaßen, eine Anerkennung des eigenen Leids. Dagegen betrachtet Corm den »nach außen gerichteten Holocaust«, den Kolonialismus, als eine »offene Rechnung«, die Europa noch zu begleichen habe.[35]

Die Überlegungen Corms verdienen Beachtung, da sie sich in der Überschneidungszone des europäischen, jüdischen und arabisch-islamischen historischen Erfahrungsraumes bewegen. Dennoch büßt die Studie dort an epistemologischem Gehalt ein, wo der Autor epistemologische Kategorien in ideologische Instrumente des arabisch-israelischen Konflikts transformiert.[36] So reduziert Corm die Wirkung der Säkularisierung des »Jüdischen« im europäischen Kontext auf den Zionismus und verwechselt damit, bewusst oder unbewusst, die Säkularisierung als eine epistemologische Kategorie mit ihrer ideologischen Instrumentalisierung als politische Doktorin.[37]

Zionismus und Panarabismus: Ähnlichkeiten und Differenzen

Der libanesische Essayist und Mitbegründer der Tageszeitung »As-Safir« [Der Botschafter] Josef Samaha schrieb 1993 ein Essay mit dem Titel, »Ein Übergangsfrieden: Für eine arabische Lösung der jüdischen Frage«.[38] Der Ausgangspunkt Samahas ist die Selbstkritik arabischer Staaten und die Kritik an ihrem politischen Gegner, dem Staat Israel. So kritisiert er die zwischen Arabern und Israelis aufgenommenen Friedensverhandlungen und die daraus resultierenden Friedensverträge. Seine Kritik richtet sich sowohl gegen den Zionismus als auch gegen das bisherige Verhalten arabischer Staaten bezüglich der »Palästinafrage«. Für Samaha ist der Zionismus eine Ideologie, die sowohl historisch als auch zivilisatorisch dem arabisch-islamischen Kulturraum fremd bleibt.[39] Die Zionisten, eine Minderheit innerhalb der Juden, hätten sich dafür entschieden, den Kolonialmächten im Orient zu dienen. Die Kolonialmächte wiederum hätten für die Zionisten eine koloniale Aufgabe im arabisch-islamischen Orient gesehen. Daher sei Israel nicht nur ein »verlängerter Arm« des Kolonialismus, sondern in der Perspektive des Westens »sowohl eine koloniale Notwendigkeit als auch eine koloniale Investition in der Region.«[40] Samaha verschont auch die arabische Führung nicht mit seiner Kritik. Die arabische Führung sei unfähig gewesen, in der »Palästinafrage« klare Ziele zu formulieren und über die Grenzen des zionistisches Projekts hinauszuschauen, anstatt lediglich ablehnend auf dieses zu reagieren. Um den Konflikt zu lösen, sei es jedoch unerlässlich sich mit Europa auseinander zu setzen, wo die »jüdische Frage« und somit auch die »Palästinafrage« letztendlich entstanden sei. Samaha plädiert für die Anerkennung des jahrhundertealten jüdischen Leidens, aufseiten der Araber, denn so betont Samaha, »Die Verfolgung, der die Juden [Europas, O.K.] an verschiedenen Orten und Zeiten ausgesetzt waren, war ungeheuer, schrecklich und tragisch.«[41] Der Holocaust habe letztendlich gezeigt, dass weder das religiöse noch das aufgeklärte Europa fähig gewesen sei, die Juden in die europäische Gesellschaft zu integrieren. Insbesondere im religiös bestimmten Europa der Vormoderne habe die katholische Kirche eine zentrale und verheerende Rolle bei der Etablierung einer antijüdischen Volkskultur gespielt. Den ersten ernstzunehmenden Versuch, die Juden in die europäische Gesellschaft aufzunehmen, so Samaha, habe sich im Zuge der Französischen Revolution mit der Abschaffung antijüdischer Diskriminierungen, der Säkularisierung von Politik und Gesellschaft, der Einschränkung der Rolle von Kirche und Religion, der Formulierung von Bürgerrechten und der Proklamation von religiöser Toleranz ereignet. Dennoch habe das französische Integrationsmodell einen zweifachen Rückfall erlitten: die Dreyfus-Affäre und später die französische Kollaboration mit den Deutschen während des Zweiten Weltkrieges. Angesichts der Machtübernahme der Nationalsozialisten in Deutschland und des nationalsozialistischen Massenmords an den europäischen Juden habe Europa auf ganzer Linie versagt:

»Das wahnsinnige Nazi-Projekt wurde zur Endlösung der jüdischen Frage, die die vollständige physische Vernichtung [der Juden, O.K.] bedeutete. Diese stellt eines der größten Verbrechen der Menschheitsgeschichte dar, wenn nicht das allergrößte. Die Menschheit wird lange brauchen, bis sie versteht und begreift was [im Holocaust, O.K.] geschah. Wie war es dem geistig und technologisch vorgeschrittene Deutschland, dem Vorreiter Europas möglich, einen Teil seiner Bevölkerung zu Feinden zu erklären und eine Lösung für sie zu finden, die nicht weniger war als sie und ihre Spuren kalt und rigoros auszulöschen.«[42]

Der Holocaust habe, so Samaha, eine neue Grundlage für den Konflikt um Palästina geschaffen, weil das schlechte Gewissen Europas dem zionistischen Projekt moralische Deckung garantiert habe und die Zionisten somit in ihrem Projekt der Besiedlung Palästinas auf internationaler Ebene gestärkt worden seien. Damit habe Europa die zionistische Variante der Schaffung einer »Heimatstatt« für das jüdische Volk akzeptiert und das Problem aus seinem europäischen Kontext herausgelöst und in den arabisch-islamischen Orient verschoben. Für Samaha stellt sich im Hinblick auf diese Verschiebung eines europäischen Problems in den Nahen Osten die Frage, was im Gegenzug von den Arabern erwartet werde. Für ihn geht es im arabisch-israelischen Konflikt weder darum, die »palästinensische Frage« noch die »israelische Frage« zu lösen. Vielmehr gehe es um die Fähigkeit der Araber, eine Lösung für den Konflikt mit Israel anzubieten. Diese Lösung sei jedoch nur im Rahmen eines zivilisatorisch arabisch-islamischen Projektes realisierbar, denn erst wenn sich die arabisch-islamische Kultursphäre von einem religiös-islamisch definierten Raum zu einem säkularen wandele, könne die Integration der Juden als Teil einer orientalischen Kultursphäre verwirklicht werden: »Dieses Ziel scheint in weiter Ferne, utopisch und mythisch. Aber dies ist die größte Herausforderung, der sich die arabische Nation stellen muss.«[43] Samaha lehnt eine militärische Lösung des arabisch-israelischen Konflikts ab, da eine militärische Konfrontation mit der Atommacht Israel apokalyptische Dimensionen annehmen könnte.[44] Als Christ und somit Angehöriger einer Minderheit lehnt Samaha eine religiöse Lösung ab, da eine solche in einer religiös vielfältigen

Region wie dem arabischen Orient zugunsten der religiösen Mehrheit ausfallen würde. Die Suche Samahas nach einer Lösung des Nahostkonfliktes verliert im letzten Kapitel seiner Arbeit gänzlich an Originalität, da er sich nicht vom Panarabismus zu trennen vermag.[45] Samaha bedient sich hier einer panarabischen Rhetorik, die seinen Ansatz ideologisiert. So setzt er in seiner Argumentation einen säkularen arabisch-islamischen Kulturraum mit einer gewünschten »arabischen Einheit« [Al-wahda Al-'Arabbiya] gleich. Letztere wird von ihm als die »arabische Lösung« für den Nahostkonflikt angepriesen, bedeutet aber lediglich, dass Samaha von den Juden Israels verlangt, ihr Jüdisch-Sein aufzugeben – aufzuhören, als Juden zu existieren – und Bestandteil einer säkularen arabischen Kultursphäre zu werden.[46]

Ein weiterer arabischer Intellektueller, der sich mit dem Zionismus und dem arabischen Nationalismus beschäftigte, ist der ägyptische Schriftsteller und Journalist Amin Al-Mahdi.[47] Sein Ansatz ist im Kontext dieses Aufsatzes von Bedeutung, weil er sich gegen einige der im arabischen Raum vorherrschenden Ansichten über den Zionismus als »koloniale Bewegung« und die Zionisten als »verlängerten Arm« des europäischen Kolonialismus stellt. Al-Mahdi gehört zu jenen arabischen Intellektuellen, die sich aufgrund ihrer Ansichten an der Peripherie des arabischen Diskurses positionieren. Im Mittelpunkt seiner Schriften steht die Ablehnung der im arabischen Raum dominanten Ideologien des arabischen Nationalismus und des Islamismus. Für Al-Mahdi stellen beide Ideologien eine Form des Faschismus dar, der jegliche denkbare Form von einer arabischen Moderne bereits im Keim ersticke.[48] Erst wenn die Araber sich von den Fesseln dieser alten Ideologien befreien, seien sie imstande ihren Weg in die Moderne zu finden und ihre Version der Moderne zu formulieren.[49]

In verschiedenen Zeitungsartikeln, die Al-Mahdi in der in London erscheinenden arabischen Zeitung »Al-Hayat« veröffentlichte, versuchte er die arabische Position im israelisch-arabischen Konflikt neu zu interpretieren, denn Al-Mahdi war der Überzeugung, die Araber werden sich erst dann für die jüdische Geschichte und Gegenwart interessieren, wenn sie den arabisch-israelischen Konflikt neu begriffen. Um dem arabischen Leser seine Ansichten verständlicher zu machen, wagte er einen Vergleich zwischen Zionismus und Panarabismus, zwei Ideologien, die für ihn zwei ganz verschiedene nationale Projekte darstellen. Während aus dem Zionismus ein moderner Staat Israel hervorging, sei die Ideologie des Panarabismus auf ganzer Linie gescheitert. Das Ergebnis, so Al-Mahdi, seien »zivilisatorisch, gesellschaftlich, kulturell und humanistisch verfallene und beinahe verlorene arabische Gesellschaften.«[50] Nachfolgend interessieren ihn die Gründe, die zum Erfolg des Zionismus und zum Misserfolg des Panarabismus führten. Die Antwort auf diese Frage sucht er in der Entstehungsgeschichte beider Ideologien. Für Al-Mahdi gibt es mehrere Erklärungsmodelle für die Entstehung und den Erfolg des Zionismus. Der Zionismus, so Al-Mahdi, sei eine koloniale Ideologie, die einen Staat auf den Ruinen eines anderen Volkes gegründet habe. Diese Tatsache habe die arabische Wahrnehmung des Zionismus nachhaltig geprägt und habe die Araber daran gehindert, sich in die Lage der in Europa verfolgten Juden zu versetzen. In Al-Mahdis Augen seien die Araber nicht dazu bereit, die existenziellen Sorgen der jüdischen Israelis zu begreifen und sich mit dem Zionismus jenseits von dessen ideologischer Dimension zu befassen. Al-Mahdi versucht daher dem arabischen Leser den Zionismus verständlich zu machen: »Der Zionismus kam ins Land der Araber als eine für das [jüdische, O.K.] Volk erlösende Ideologie. Genau hier liegen seine humanistischen Beweggründe und Dimensionen ... der Zionismus verwirklichte sich durch einen säkularen, rationalen und auf Demokratie bauenden Weg.«[51] Seinen Erfolg führt Al-Mahdi auf die Untrennbarkeit des Zionismus von der europäischen Moderne zurück, was den Zionisten erleichtert habe, die Geschichte zu deuten und sich dementsprechend »korrekt« zu verhalten: »Der Zionismus prophezeit den Sieg des Westens und den Sieg des Kapitalismus. So entschied er sich gegen Chauvinismus, Nazismus, Faschismus und Stalinismus. Der Zionismus wettete auf die Sieger und feierte den Sieg mit.«[52] Die Araber dagegen würden dem Zionismus mit veralteten Vorstellungen einer glorreichen Geschichte begegnen und in traditionellen Weltanschauungen verhaftet und der Moderne ablehnend gegenüberstehend, seien sie zum Verlieren verdammt.

Zur Verdeutlichung von Al-Mahdis Ansichten kann ein weiterer Artikel mit dem Titel »Ursache und Wirkung: Wie half der arabische Faschismus dem Zionismus?« dienen, in welchem er den Panarabismus bezichtigt, durch die Vertreibung der Juden aus den arabischen Ländern dem Erfolg des Zionismus Beihilfe geleistet zu haben.[53] Als Beispiel führt er Ägypten an, wo das Militär nach einem Putsch 1952 die Macht ergriffen hatte und den Panarabismus als Staatsideologie adaptiert hatte.[54] Für Al-Mahdi transformierte sich der ägyptische Panarabismus in einem kurzen Prozess zu einer faschistischen Ideologie im Dienste einer Militärdiktatur unter der Führung des Präsidenten Gamal Abd Al-Nasir (1918–1970). »Der arabische Faschismus zielte darauf,« urteilte Al-Mahdi, »[die Massen der Araber, O.K.] an den Führer beziehungsweise den Erlöser zu assimilieren oder sich in ihm aufzulösen.«[55] Diese Erlösung sollte mit der Vereinheitlichung der Volksmassen auf der Grundlage der religiösen oder ethnischen Homogenität in einer Nation erfolgen. In diesem faschistischen Gemeinwesen mussten alle diejenigen, welche als Fremdkörper die Homogenität bedrohten, verschwinden. Aus diesem Grunde begann die »ethnische Säuberung« beziehungsweise der »Transfer« der Juden aus den arabischen Gesellschaften.[56] Jener Transfer diente, so Al-Mahdi, der Konsolidierung des neugegründeten zionistischen Staates.

Mit diesen Ansichten machte sich Al-Mahdi viele Gegner. Der palästinensische Journalist Bilal Al-Hassan sah Al-Mahdi und andere ähnlich argumentierende arabische Intellektuelle als Produkt einer Kapitulationskultur, die ihre Aufgabe darin sehe, amerikanische und israelische Ansätze in den arabischen Gesellschaften zu vermarkten.[57] Andere, wie beispielsweise der ägyptische Islamist

Fahmi Huwyidi bezeichneten Al-Mahdi und seinesgleichen als »Selbsthasser« und »Flagellanten«.[58]

Jenseits dieser Polemik steht Al-Mahdi jedoch für eine intellektuelle Strömung, die im arabischen Raum vorherrschende Ideologien, wie Panarabismus und Islamismus als unzeitgemäß erachtet und vehement ablehnt. Stattdessen plädieren Vertreter dieser Strömung für die Liberalisierung des arabischen Denkens. Dazu gehört es, sich mit dem Anderen auseinander zu setzen, was Al-Mahdi in seiner Sichtweise des arabisch-israelischen Konflikts versucht. Er gehört zu den wenigen arabischen Intellektuellen, die sich sehr intensiv um einen geistigen Austausch mit israelischen Intellektuellen bemühen. Dennoch scheitert sein Versuch, sich mit der jüdischen Erfahrung zu beschäftigen in zweifacher Hinsicht. Zum einen tendiert er zur Vereinfachung, manchmal zur Romantisierung der zionistischen Bewegung. So seien alle Persönlichkeiten der zionistischen Bewegung grundsätzlich am Frieden mit den Arabern interessiert gewesen, während sich alle arabischen Machthaber zum Ziel gesetzt hätten, »die Juden ins Meer zu werfen«. Solche Vereinfachungen der Geschichte erreichten den arabischen Leser kaum und stießen auf vehemente Ablehnung. Zum anderen forderte er seine Leser auf, sich bei der Betrachtung der jüdischen Geschichte vom arabisch-israelischen Konflikt zu lösen, ein Vorsatz, dem er selbst in seinen eigenen Schriften nicht gerecht wird.

Geschichtswahrnehmungen:
Jüdische Geschichte und arabische Aktualität

Verfolgt man die Beschäftigung arabischer Intellektueller mit der jüdischen Geschichte, so ist ein zunehmendes Interesse am europäischen Kontext dieser Geschichte festzustellen. Der saudische Literaturwissenschaftler Saad Al-Baz'i[59] versucht beispielsweise dem arabischen Leser zu erklären, wie die konstituierende Rolle der Juden bei der Gestaltung der europäischen Moderne zu verstehen sei.[60] Al-Baz'i ist sich der Schwierigkeit dieser Aufgabe bewusst und bemüht sich in einer längeren Vorrede, seine Leserschaft zu überzeugen, sich jenseits der Ressentiments und Hassgefühle, welche die Wahrnehmung des »Jüdischen« im arabischen Raum prägen, mit jüdischen Fragen zu beschäftigen. Seine Rechtfertigung basiert auf seiner Überzeugung, dass es, um die kritische Erkenntnis des »Anderen« gehe. Diese Erkenntnis könne nicht erlangt werden, wenn der Wissenschaftler sich von Antipathien oder Sympathien leiten ließe. Dies gelte auch für die Beschäftigung mit jüdischen Themen, bekräftigt Al-Baz'i und betont, dass die Araber ihr irrtümliches, nicht hinterfragtes Wissen über »die Juden« grundlegend neu überdenken müssten, um ein »moderates Wissen« zu erlangen.[61]

Nach dieser, im arabischen Kontext notwendigen, Einführung kommt Al-Baz'i zu seinem wissenschaftlichen Interesse an jüdischer Geschichte und formuliert einen pragmatischen Ansatz. Für ihn ist die westliche Zivilisation – ob die Araber dies einsehen oder nicht – die heutzutage führende in der Welt. Bei der Beschäftigung mit dem Zivilisationsprozess in Vergangenheit und Gegenwart begegne man wichtigen jüdischen Persönlichkeiten, die diesen Prozess mitgestalteten, die modernen Geistes- und Naturwissenschaften seien ohne die jüdischen Beiträge nicht vorstellbar. Die westliche Zivilisation, mit der die Araber heute konfrontiert sind, sei somit »jüdisch geprägt« und könne ohne ihre jüdische Prägung nicht begriffen werden. So gesehen, »gibt es keine Möglichkeit, die westliche Zivilisation zu begreifen, ohne uns mit den Juden zu beschäftigen.«[62]

In seiner Beschäftigung mit »den Juden« verzichtete Al-Baz'i bewusst auf die Behandlung von Zionismus und Orientalistik, um der Gefahr der Politisierung seiner Arbeit vorzubeugen. Beide Themenkomplexe seien, so die Argumentation Al-Baz'is, von arabischen Autoren stets als »Kampfmittel« gegen das »Jüdische« eingesetzt worden. So habe die arabische Beschäftigung mit dem Zionismus lediglich dazu gediehen, die jüdischen Israelis als Fremdkörper in der Region zu bezeichnen und die Legitimation des Staates Israel zu negieren. Jüdische Beiträge in der Orientalistik – wie die Werke von jüdischen Gelehrten wie Ignaz Goldziher oder Abraham Geiger – seien von arabischen Intellektuellen benutzt worden, die vermeintliche »Bösartigkeit der Juden« und eine gegen den Islam gerichtete »jüdischen Verschwörung« zu beweisen. Al-Baz'i beabsichtigt, den arabischen Lesern, Denkanstöße zu geben, sich ernsthaft mit der jüdischen Geschichte zu beschäftigen. Dies tut Al-Baz'i indem er nach der Begründung für die Vorreiterposition der Juden in der westlichen Zivilisation sucht und danach fragt, inwieweit die Werke von Spinoza, Mendelssohn, Marx, Freud, Kafka, Benjamin und George Steiner als »jüdisch« anzusehen seien. Die von Al-Baz'i gegebene Antwort, ist nicht neu, sondern steht in der Tradition von Isaac Deutscher, ohne jedoch auf diesen Bezug zu nehmen.[63] In der Diaspora, so Al-Baz'i, hätten die Juden an den Schnittstellen ihrer »Residenzgesellschaften« gelebt und vielfältige kulturelle Elemente absorbiert, welche die jüdische Kultur bereichert und sie zu den Vorreitern der Moderne gemacht hätten. Diese Sichtweise stellt kein Novum dar, im arabischen Kontext nimmt sie jedoch insoweit eine Pionierstellung ein, als dass sie sich von den in arabischen Ländern vorherrschenden, die Juden verunglimpfenden Verschwörungstheorien zu distanzieren und dem arabischen Leser neue Horizonte zu eröffnen versucht. Al-Baz'i dekonstruiert das in der arabischen Diskurskultur weit verbreitete negative Judenbild indem er die Frage nach der Bedeutung des »Jüdischen« und des »Jude-Seins« aufwirft und eine Thematik erörtert, die in der arabischen Welt bislang kaum über die Verschwörungsgedanken hinaus wahrgenommen wurde.[64] Allerdings büßt seine Studie dort an Qualität ein, wo er, vor allem in der Einleitung, mit ideologisch belasteten Begriffen argumentiert, um die Kritik seiner politischen Gegner zu umgehen. So spricht er beispielsweise von Juden als von »jüdischen Feinden« und von der »Notwendigkeit den Feind zu erforschen«. Zudem macht er aus Max Weber einen jüdischen

Gelehrten. Derartige Fehler ergeben sich aus dem jahrzehntelangen Tabu in der arabischen Gesellschaft, welches die Auseinandersetzung mit der jüdischen Geschichte jenseits des Ideologischen verhindert hatte.

Resümee

Das Ende des Kalten Krieges, die Friedensverhandlungen mit einem militärisch bislang unbesiegbaren Israel und vor allem die amerikanische Intervention im Irak 2003 machen eine Neugestaltung des arabischen Orients unvermeidbar. Der arabische Raum befindet sich in einem Parzellierungsprozess. So kristallisiert sich in den arabischen Gesellschaften eine Dichotomie heraus, die in ihrer Relationalität Zuversicht erweckt: Eine mehrheitlich reformorientierte Haltung steht einer rückwärtsgewandten konservativen Position in einem »Kulturkampf« gegenüber. Dabei gehen die Vielfältigkeit und Intensität der Streitfragen über die Grenzen des bisher Erlaubten hinaus. Ein Zustand, den die Araber in ihrer modernen Geschichte nicht kannten und der daher bei vielen zu Zweifeln, Verwirrung und Desorientierung führt. Dies zeigt zum Beispiel ein von dem libanesischen Dichter 'Aql Al-'Awit kurz vor der amerikanischen Intervention im Irak verfasster »Brief an Gott«.[65] In seinem Brief zweifelt Al-'Awit an der Existenz Gottes und verkündet das Scheitern seiner Sakralität und den Sieg des Profanen. Er beginnt seinen Brief folgendermaßen:

»Schau mir in die Augen [...] soll ich mich lächerlich machen über Dich, oh Allah, weil Du so alt, schwach und kraftlos wirkst. [...] Soll ich Dir eine Ohrfeige verpassen, damit Du begreifst, dass ich nicht mehr an Dich glaube? [...] Wo bleiben Deine Wunder und Deine Sakralität, die Du uns versprochen hast. Auf der Erde haben sie anscheinend keine Gültigkeit mehr.«[66]

Dieser Brief, der zu empörten Reaktionen, aber auch zu Solidarität mit Al-'Awit geführt hat, verdient eine ausführliche Auseinandersetzung. Für unsere Darstellung ist er ein Indiz für die Enttabuisierung, die der innerarabische »Kulturkampf« ermöglichte. Diese Enttabuisierung bedeutet unter anderem sich von den Fesseln des Ideologischen zu befreien. Genau vor diesem Hintergrund sollen die in diesem Artikel dargestellten Ansichten arabischer Intellektueller zum »Jüdischen« begriffen werden. Jahrzehntelang waren jüdische Themen als Teil des arabisch-israelischen Konflikts wahrgenommen worden und wurden daher politisiert dargestellt. Die gegenwärtige Neugestaltung des arabischen Orients erfordert auch neue Deutungsansätze in der Wahrnehmung des »Jüdischen«. In diesem Kontext sind die hier dargestellten Beiträge zu verstehen.

Die oben zitierten Ansätze sind Teil des Wandlungsprozesses, den viele arabische Gesellschaften heutzutage durchlaufen. Die hier diskutierten Autoren suchen für ihre eigenen Gesellschaften nach einer neuen Orientierung, was auch die Wahrnehmung des »Jüdischen« mit einschließt. Diese neue Wahrnehmung beinhaltet, wie bei jedem Orientierungsprozess, Defizite aber auch Neugier. Die verschiedenen Defizite können bei jedem der dargestellten Autoren mit Hilfe der eingangs diskutierten Begriffe Situation und Horizont sichtbar gemacht werden. Die oben referierten arabischen Intellektuellen bewegen sich in einer vom dialektischen Verhältnis zwischen Vergangenheit und Gegenwart determinierten diskursiven Überschneidungszone. Von dieser Überschneidungszone aus, entwerfen sie einen weiten, aber homogenen Horizont, der all das einschließt, was das geschichtliche und gegenwärtige Bewusstsein beinhaltet. In Bezug auf das »Jüdische« gehen alle hier referierten Autoren – so unterschiedlich ihre Interpretationslinien auch sein mögen – von einem arabisch-islamisch geprägten Horizont aus, in dem »der Jude«, als unerwünschter Eindringling erscheint, dessen Integration erst erfolgen kann, wenn er sich dem arabisch-islamischen Ganzen unterordnet. Genau in diesem einzigen arabisch-islamischen Horizont liegt das Defizit arabischer Intellektueller bei der Wahrnehmung des »Jüdischen« – ein Defizit, das erst überwunden werden kann, wenn sie in der Lage sein werden, sich von diesem einzigen Horizont zu lösen und sich anderen Horizonten zu öffnen, um die eigene Geschichte und Gegenwart begreifen zu können.[67] So ist keiner der oben diskutierten Autoren in der Lage, sich von seinem arabisch-islamischen Horizont zu entfernen und einen weiteren Horizont zu entwerfen, in deren Zentrum jüdische Erfahrungen stehen. Nur ein Wechsel zwischen den Horizonten wird das in der arabischen Welt als absolut empfundene stereotype und nicht kritisch hinterfragte Wissen über »die Juden« relativieren. So müssen arabische Intellektuelle einen Raum schaffen für den Gedanken eines möglichen Horizontwechsels und sich die Aufgabe stellen, die voreilige Angleichung der Vergangenheit an die eigenen Erwartungen zu hemmen.

Anmerkungen

1 Arabische Namen werden so transkribiert, wie die jeweiligen Personen sich selbst in Englisch schreiben.
2 Die von der aschkenasischen, in Ägypten ansässigen, Familie Harari gegründete Monatszeitschrift verstand sich als liberale Plattform. Für den Sorbonne-Absolventen Hussayn war »Al-Katib Al-Misri« eine Möglichkeit, der ägyptischen Öffentlichkeit sein Wissen von der europäischen Aufklärung zu vermitteln. In kurzer Zeit (1946–1948) wurde »Al-Katib Al-Misri« die größte Kulturzeitschrift Ägyptens. Mit dem Ausbruch des Krieges 1948 war Hussayn der Kritik ausgesetzt, eine von Zionisten finanzierte Zeitschrift herauszugeben. Hussayn setzte sich weiter für die Zeitschrift ein, die Harari-Familie sah sich jedoch gezwungen, ihre Herausgabe einzustellen. Mehr als 50 Jahre später würdigte die ägyptische Regierung die Rolle »Al-Katib Al-Misris« und subventionierte einen Nachdruck für die ägyptische Öffentlichkeit, der in kurzer Zeit vergriffen war. Zu »Al-Katib Al-Misri« vgl. Lewis Awad, Die Freiheit und die Kritik der Freiheit, Kairo 1971, S. 36–40 [Arabisch] und Joel Beinin, The Dispersion of Egyptian Jewry: Culture, Politics, and the Formation of the Modern Diaspora, University of California 1998, S. 257f.
3 Taha Hussayn, Von Kairo nach Beirut, in: Der ägyptische Schreiber, Bd. 3, Nr. 9, Juni 1946, S. 3–13, S. 10 [Arabisch].

4 Ebd.
5 Ebd.
6 Ebd.
7 Israel Gershoni, Rethinking the Formation of Arab Nationalism in the Middle East, 1920–1945, Old and New Narratives, in: Ders. und James Jankowski (Hg.), Rethinking Nationalism in the Arab Middle East, New York 1997, S. 3–25, bes. 8.
8 Antonio Gramsci, Gefängnishefte. Kritische Ausgabe, Bd. 5, Heft 8, Berlin 1999, S. 220.
9 In diesem Zusammenhang weist Bernard Lewis darauf hin, dass die in der christlich geprägten Welt jahrhundertelang theologisch legitimierte Brandmarkung der Juden als »Gottesmörder« bei den Muslimen befremdlich und absurd wirkt, denn nach der islamischen Tradition hat Gott Jesus zu sich genommen. Vgl. dazu Bernard Lewis, Die Juden in der islamischen Welt, München 2004 [Englisch 1987], S. 67ff.
10 Bernard Lewis, Semites and Anti-Semites. An Inquiry into Conflict and Prejudice, New York 1986, S. 256.
11 Ahmad Ragab, Danke an Hitler, in: Al-Akhbar, 20. 04. 2001, [Arabisch].
12 Hans-Georg Gadamer, Wahrheit und Methode, Tübingen 1960, S. 284ff.
13 Aimé Césaire, Über den Kolonialismus, Berlin 1968 (erstmals 1955 in Paris erschienen).
14 Ebd., S. 12.
15 Vgl. dazu, Frantz Fanon, Schwarze Haut, weiße Masken, Frankfurt am Main 1980, S. 60, 75f. (erste Auflage Paris 1952) und Ders., Die Verdammten dieser Erde, Frankfurt am Main 1981, S. 101 (erste Auflage Paris 1961).
16 Fanon, Die Verdammten dieser Erde, S. 263.
17 James D. Le Sueur, Uncivil War: Intellectuals and Identity Politics During the Decolonization of Algeria, Pennsylvania 2001, S. 183ff.
18 Zum Einfluss Césaire und Fanon auf die arabischen Intellektuellen, siehe Muhammad Al-Mily, Frantz Fanon und die algerische Revolution, Beirut 1980, S. 7ff. [Arabisch]. Vgl. dazu auch Stefen G. Meyer, The Experimental Arabic Novel: Postcolonial Literary Modernism in the Levant, New York 2000, S. 277.
19 Abd Al-Wahab Al-Missiri, Der Zionismus, der Nazismus und das Ende der Geschichte, Kairo 1997 [Arabisch]. Der in Kairo lebende Ägypter ist im arabischsprachigen Raum durch zahlreiche Veröffentlichungen zur jüdischen Geschichte bekannt. Seine Beschäftigung mit dem »Jüdischen« begann im Jahre 1972 mit einer Studie über »Das Ende der Geschichte: Eine Einführung zum Studium der zionistischen Denkstruktur«. Knapp zehn Jahre später, in den Jahren 1981–1982, veröffentlichte er ein zweibändiges Werk mit dem Titel »Die zionistische Ideologie: Eine Fallstudie für die Erkenntnissoziologie«. Durch eine in der modernen arabischen Geschichte erstmalig verfasste, siebenbändige Enzyklopädie zum Thema »Juden, Judentum und Zionismus: Ein neues Erklärungsmuster« (1997) wurde er über die ägyptischen Grenzen hinaus in der gesamten arabischen Welt bekannt. Im gleichen Jahr veröffentlichte Al-Missiri ein Buch mit dem Titel »Zionismus, Nazismus und das Ende der Geschichte«. Ein Jahr später erschien sein Buch »Die verborgene Hand: Eine Studie zur zerstörenden und geheimen jüdischen Bewegung«. Im Jahre 2003 veröffentlichte er eine Studie über »Die Protokolle der Weisen von Zion, das Judentum und den Zionismus«. Die Bedeutung Al-Missiris für die vorliegende Arbeit ergibt sich allerdings nicht nur aus der Tatsache, dass er sich mit dem »Jüdischen« beschäftigt, sondern vielmehr daraus, dass er die Beschäftigung mit dem »Jüdischen« im arabischen Kontext als ein »zivilisatorisches Projekt« betrachtet, das darauf abzielt, die westliche Zivilisation für den arabisch-muslimischen Leser zu deuten.
20 Al-Missiri, Der Zionismus, S. 17f.
21 Ebd., S. 21f.
22 Ebd., S. 13f.
23 Ebd., S. 21–66.
24 Ebd., S. 24.
25 Ebd.
26 Ebd., S. 25.
27 Ebd., S. 14.
28 Ebd.
29 Ebd., S. 16.

30 Der 1940 in Beirut geborene Libanese ist politischer Ökonom und im arabischen Raum durch seine zahlreichen Schriften zur Beziehung zwischen »Orient« zum »Okzident« bekannt. Für den vorliegenden Artikel beziehen wir uns auf Georges Corm, Orient und Okzident. Imaginäre Grenzen, Beirut 2003 [Arabisch].
31 Ebd., S. 12f.
32 Ebd., S. 89–92.
33 Ebd., S. 53f.
34 Ebd., S. 140f.
35 Ebd., S. 142.
36 Ebd., S. 143f.
37 Zur Unterscheidung zwischen Säkularisierung als epistemologische Kategorie und politische Doktorin, vgl. Talal Asad, Formations of the Secular – Christianity, Islam, Modernity, California 2003, S. 1–17.
38 Joseph Samaha, Ein Übergangsfrieden: Für eine arabische Lösung der jüdischen Frage, Beirut 1993 [Arabisch].
39 Ebd., S. 13–17.
40 Ebd., S. 15.
41 Ebd., S. 16.
42 Ebd., S. 26.
43 Ebd., S. 144.
44 Ebd., S. 127–138.
45 Ebd., S. 139–145.
46 Ebd., S. 144.
47 Der ägyptische Literat Amin Al-Mahdi stand lange Zeit der palästinensischen Fatah-Organisation nahe. Erst nach dem Friedensabkommen zwischen Israel und Ägypten kritisierte er zunehmend die palästinensische Führung und distanzierte sich von seinen Aktivitäten in der PLO. Er betrachtet sich selbst als einen ägyptischen »Friedensaktivist«. Vgl. dazu ein Porträt über Al-Mahdi in Ma'ariv, Juni 8, 2000.
48 Amin Al-Mahdi, Ursache und Wirkung: Wie half der arabische Faschismus dem Zionismus?, in: Al-Hayat, 27.11.1999 [Arabisch].
49 Amin Al-Mahdi, Der arabisch-israelische Konflikt: Der wahre Krieg der Araber gegen die Freiheit und die Moderne, in: Al-Hayat, 11.02.2000 [Arabisch].
50 Amin Al-Mahdi, Durch Rivalität und Faschismus verlorene Wetten: Es ist die Zeit gekommen, um die Palästinafrage ins Zentrum der arabischen Interesses zu rücken, in: Al-Hayat, 25.05.2005 [Arabisch].
51 Al-Mahdi, Der arabisch-israelische Konflikt.
52 Ebd.
53 Al-Mahdi, Ursache und Wirkung.
54 Mit der Bezeichnung »Putsch« distanziert sich Al-Mahdi von der offiziellen ägyptischen Version, die die Machtübernahme des Militärs 1952 als eine »Revolution« sieht.
55 Amin Al-Mahdi, Ursache und Wirkung.
56 Ebd.
57 Bilal Al-Hassan, Die Unterwerfungskultur, Beirut 2005 [Arabisch], S. 13.
58 Fahmi Howeidi, Selbstkritik oder Selbstkasteiung, in: Al-Sharq Al-Awsat, 13.05.2003 [Arabisch].
59 Der in den USA ausgebildete saudische Literaturwissenschaftler ist zur Zeit Professor für Anglistik an der König Abd Al-Aziz Al-Saud Universität in Riyadh. Vgl. Sa'd Al-Baz'i, Jüdische Bestandteile in der modernen Kultur, The Emirates Center for Strategic Studies and Research, Dubai 2003 [Arabisch].
60 Ebd., S. 3.
61 Ebd., S. 4.
62 Ebd., S. 5.
63 Isaac Deutscher, Der nichtjüdische Jude, Berlin 1977, S. 59–73.
64 Zu Verschwörungstheorien im arabischen Raum, vgl. Bassam Tibi, Die Verschwörung: Das Trauma arabischer Politik, Hamburg 1993.

65 'Aql Al-'Awit, Brief an Gott, in: Al-Nahar, 11.03.2003 [Arabisch].
66 Ebd.
67 Der Gedanke der verschiedenen Horizonte geht auf Nietzsches Überlegungen von der Notwendigkeit eines Hiatus zurück, der den Menschen helfen soll, sich in verschiedene Horizonte zu versetzen, um die Vergangenheit und die Gegenwart deuten zu können. Vgl. Friedrich Nietzsche, Unzeitgemäße Betrachtungen II, Vom Nutzen und Nachteil der Historie für das Leben, in: Werke, München 1966, Bd. I, S. 212ff.

Staat und Nation

Seyla Benhabib

The Boundaries of the *Demos* in a Post-Westphalian World*

I. Democratic Citizenship and the Crisis of Territoriality

Modern liberal democracies owe their stability and relative success to the coming together of two ideals which originate in distinct historical periods. The ideal of *self-governance* defines freedom as the rule of law among a community of equals who are citizens of the polis and who have the right to rule and to be ruled. This ideal emerges in fifth-century Athens and is revived throughout history in episodes such as the experience of self-governing city-states in the Renaissance, the Paris commune of 1871, the anarchist and socialist communes of the Russian Revolution and the Spanish civil war.

The ideal of the territorially circumscribed nation-state, by contrast, conceives of the citizen first and foremost as the subject of *state-administration*, or more positively, as *the subject of rights and entitlements*. Originating with the experience of the transition from feudalism to the absolutist state, this experiment with good governance in a self-regulating civil society has been the defining conception of the early liberal social contract in the works of Thomas Hobbes and John Locke.

Since the seventeenth century, democracy and the consolidation of the modern nation-state have marched together—at times contradicting and at times supplementing each other. The democratic struggles of propertyless males, artisans, farmers and workers to win the suffrage gave way in the course of the early twentieth century to the struggle of women, non-Christian and non-White colonial peoples to be included within the boundaries of the *demos*. Along with the formal expansion of citizenship rights, the enrichment of the scope of rights from civil to political and to social rights took place.[1] In this process, the ideal of self-governance was increasingly interpreted as the formal equality of the citizens of the *demos*, who now sought to realize the equal value of their liberty in terms of an equivalent schedule of rights and entitlements. The civic-republican ideal of self-governance, the exercise of freedom among equals in a public space, is connected—and, I would argue, inevitably and necessarily so—to the liberal ideal of citizenship as the practice and enjoyment of rights and benefits. Modern democracies seek to integrate these republican and liberal ideals into the practices of "public autonomy" and "private autonomy". While the private autonomy of citizens presupposes the exercise and enjoyment of liberty through a rights-framework which underwrites the equal value of their liberty, public autonomy is realized through the institutions of democratic self-governance in increasingly complex societies.

This relatively successful synthesis of republican and liberal-democratic ideals, or of public and private autonomy, is in crisis. The crisis is not the crisis of democracy in the first place, but rather the crisis of the territorially circumscribed nation-state formation.

The nation-state in the West, in the course of its development from the sixteenth to the nineteenth centuries, struggled to attain four goals: territorial dominion, administrative control, consolidation of collective cultural identity and the achievement of political legitimacy through increasing democratic participation. Yet contemporary developments, such as the rise of a global economy through the formation of free markets in capital, finance and labour; the increasing internationalization of armament, communication and information technologies; the emergence of international and transnational cultural networks and electronic spheres; and the growth of subnational and transnational political actors, herald the fragmentation of these state functions.

It has now become commonplace in normative political thought, as well as in the social sciences, to proclaim "the end of the nation-state" and "the demise of Westphalian conceptions of sovereignty". Yet contemporary developments are much more complicated than is suggested by these phrases, for even in the face of the collapse of traditional conceptions of state-sovereignty, monopoly over territory is exercised through immigration and citizenship policies. All pleas to develop "post-Westphalian" conceptions of sovereignty[2] are therefore empty if they do not also address the normative regulation of peoples' movement across territorial boundaries.

From a philosophical point of view, transnational migrations bring to the fore a constitutive dilemma at the heart of liberal democracies between sovereign self-determination claims on the one hand and adherence to universal human rights principles on the other. I will argue that practices of political membership may best be illuminated through an *internal reconstruction and critique* of these dual commitments.[3]

It is estimated that whereas in 1910 roughly 33 million individuals lived as migrants in countries other than their own, by the year 2000 that number had reached 175 million. During this same period (1910–2000), the population of the world is estimated to have grown threefold, from 1.6 to 5.3 billion. Migrations, by contrast, increased almost six-fold over the course of these ninety years. Strikingly, more than half of the increase of migrants occurred in the last three decades of the twentieth century, between 1965 and 2000. In this period 75 million people undertook cross-border movements in order to settle in countries other than those of their origins.[4]

While migratory movements in the latter half of the twentieth century have accelerated, the plight of refugees has also grown. There are almost 20 million refugees, asylum seekers and "internally displaced persons" in the world. The resource-rich countries of Europe and the northern hemisphere face growing numbers of migrants, but it is mostly nations in poorer parts of the world, such as Chad, Pakistan and Ingushetia, that are home to hundreds of thousands of refugees fleeing from wars in the neighbouring countries of the Central African Republic, Afghanistan and Chechnya.[5] As one thoughtful student of world immigration trends has observed,

> [o]ver the past one hundred years, international migration has often been at the centre stage of major events that reshaped the world. The twentieth century began with a decade where transatlantic migration reached unprecedented levels and it has closed with one in which migration from developing to developed countries and from Eastern bloc countries to the West has been at a high.[6]

Ascertaining such trends need not commit one to exaggerated claims about the end of the state system. The irony of current political developments is that while state sovereignty in economic, military, and technological domains has been greatly eroded, national borders, while more porous, are still designed to keep out aliens and intruders. The old political structures may have waned, but the new political forms of globalization are not yet in sight. We are like travellers navigating unknown terrain with the help of old maps, drawn at a different time to meet different needs. While the terrain we are travelling on—the world-society of states—has changed, our normative map has not. The growing normative incongruities between international human rights norms, particularly as they pertain to the rights of "others"—immigrants, refugees, and asylum seekers—and continuing assertions of territorial sovereignty are the novel features of this new landscape.[7]

Since the 1948 Universal Declaration of Human Rights an international human rights regime has emerged. By an "international human rights regime" I understand the development of interrelated and overlapping global and regional regimes that encompass human rights treaties as well as customary and international soft law. Yet the sovereign power of states to disregard treaties, to abide by them or not to implement them, goes unchecked.

The Universal Declaration of Human Rights recognizes a right to emigration, but not a right to immigration (Article 13). Article 14 asserts the right to enjoy asylum under certain circumstances, while Article 15 of the Declaration proclaims that everyone has "the right to a nationality". The second half of Article 15 stipulates that "[n]o one shall be arbitrarily deprived of his nationality nor denied the right to change his nationality".

The Universal Declaration is silent on states' *obligations* to grant entry to immigrants, to uphold the right of asylum and to grant citizenship to alien residents and denizens. The rights enumerated in the Declaration have no specific addressees nor do they appear to frame *specific* obligations of second and third parties to comply with them. Despite the cross-border character of these rights, the Declaration upholds the sovereignty of individual states. Thus a series of internal contradictions between universal human rights and territorial sovereignty are built right into the logic of the most comprehensive international law document in our world.

The 1951 Geneva Convention Relating to the Status of Refugees, together with its Protocol added in 1967, is the second most important international legal document governing cross-border movements. Nevertheless, neither the existence of this document nor the creation of the office of the United Nations High Commissioner for Refugees has altered the fact that the Convention and its Protocol are binding on signatory states alone and can be brazenly disregarded by non-signatories, and occasionally even by signatory states themselves.

Some lament the fact that as international human rights norms are increasingly invoked in immigration, refugee, and asylum disputes, territorially delimited nations are challenged not only in their claims to control their borders, but also in their prerogative to define the "boundaries of the national community".[8] Others criticize the Universal Declaration for not endorsing "institutional cosmopolitanism", and for upholding an "interstatal" rather than a truly cosmopolitan international order.[9] Yet one thing is clear: the treatment of citizens and residents within national boundaries is no longer an unchecked prerogative of states. One of the cornerstones of Westphalian sovereignty, namely that states enjoy ultimate authority over all objects and subjects within their circumscribed territory, has been delegitimised through international law. How can the project of democracy be sustained in view of the obsolescence of Westphalian models of sovereignty? How can the boundaries of the *demos* be redefined in an increasingly interdependent world?

In contemporary political philosophy two lines of thinking have emerged in response to these questions: the "law of peoples" model defended by John Rawls[10] and the model of cosmopolitan citizenship centred around a new law of nations, as suggested by Jürgen Habermas.[11] Whereas the Rawlsian law of peoples makes allowance for regimes with different understandings of the moral and religious good and compromises universal human rights claims for the sake of achieving international stability, Habermas envisages the expansion of such universalistic claims in ever-widening networks of solidarity. Rawls takes the nation-state framework for granted;[12] Habermas seeks to transcend it along the model of the constitutionalisation of international law. Both, however, have said relatively little about the dilemmas of democratic citizenship in a post-Westphalian world. Yet one of the most pressing questions concerning democratic citizenship is access to citizenship rights, or the attainment of political membership rights by non-members.

The crises of the nation-state, along with globalization and the rise of multicultural movements, have shifted the lines between citizens and residents, nationals and foreigners. Citizenship rights today must be resituated in a transnational context. How can private and public autonomy be reconfigured? How can we do justice both to the republican ideals of self-governance and the liberal ideal of the equal value of liberty?

There is not only a tension, but often an outright contradiction between human rights declarations and states' sovereign claims to control their borders, monitoring the quality and quantity of admittees. There are no easy solutions to the dilemmas posed by these dual commitments. I will not call for the end of the state system or for world citizenship. Rather, following the Kantian tradition of cosmopolitan federalism,[13] I will underscore the significance of membership within bounded communities and defend the need for "democratic attachments" that need not be directed towards existing nation-state structures alone. Quite to the contrary, as the institution of citizenship is disaggregated and state sovereignty comes under increasing stress, sub-national as well as supra-national spaces for democratic attachments and agency are emerging in the contemporary world and need to be advanced with, rather than in lieu of, existing polities. It is important to respect the claims of diverse democratic communities, including their distinctive cultural, legal and constitutional self-understandings, while strengthening their commitments to emerging norms of cosmopolitical justice.[14]

In Part II of this essay I document transformations in the institutions of citizenship, arguing that the reconfiguration of private and public autonomy must be situated in this new institutional context. I describe these developments as "the disaggregation of citizenship", or the "unbundling of citizenship rights". The enjoyment of political rights is increasingly dissociated from that of social and civil rights, but nationality and democratic voice are still coupled in problematic ways.

Is disaggregated citizenship compatible with the project of democracy? I will develop a model of "democratic iterations", or complex processes of cultural, political and legal discourse and argumentation through which the values of private and public autonomy can be rearticulated. Democratic iterations are complex ways of mediating the will and opinion formation of democratic majorities with cosmopolitan norms (III).

In conclusion, I return to the topic of realizing democratic justice in a post-Westphalian world (IV and V).

II. Disaggregation of Citizenship within the European Union

The concept of citizenship in the modern state can be divided analytically into three components: a collective identity based on shared language, religion, ethnicity, common history and memories; the privileges of political membership in the sense of access to the rights of public autonomy; and the entitlement to social rights and privileges. We are witnessing today an "unbundling" of these components. One can have political membership rights without sharing the common identity of the majority; one can have access to social rights and benefits without participating in self-governance and without being a national.

Within the European Union, where this disaggregation has proceeded most intensively,[15] the privileges of political membership now accrue to all citizens of member countries of the Union who may be residing in EU territories other than that of their nationality. It is no longer nationality of origin but EU citizenship which entitles one to political rights. Citizens of one EU nation can now vote and stand for office in local elections in any other EU nation in which they are residents, and can also participate in elections to the European Parliament. If they are long-term residents in their respective foreign countries, on the whole they are also entitled to an equivalent package of social rights and benefits.

The condition of the EU's third-country nationals, whose countries of origin do not belong to the EU, is of course different. While European Union citizenship makes it possible for all EU citizens to vote, run for and hold office in local as well as Union-wide elections, this is not the case for third-country nationals. Their entitlement to political rights remains attached to their national and cultural origins. Yet also in this respect changes are visible throughout the EU: in Denmark, Sweden, Finland and the Netherlands third-country nationals can participate in local and regional elections, while in Ireland these rights are granted at the local but not the regional level. In the United Kingdom, Commonwealth citizens can even vote in national elections. In Spain and Portugal, reciprocity rights to vote in local elections are granted to certain third-country nationals, mainly from South America.

The most important conclusion to be drawn from these developments is that the entitlement to rights is no longer dependent upon the status of citizenship; legal resident aliens have been incorporated into civil and social rights regimes, as well as being protected by supra-national and sub-national legislations. The condition of undocumented aliens, as well as of refugees and asylum seekers, however, remains in the murky domain between legality and illegality. Until their applications have been approved, refugees and asylum seekers are not entitled to choose freely their domicile or to accept employment. A resolution to permit those whose application is still in process to work after three months of residency has been approved by the EU Council of Ministers. In some cases, children of refugees and asylum seekers can attend school; on the whole, asylum seekers and refugees are entitled to certain forms of medical care. Undocumented migrants, by contrast, are cut off from rights and benefits and mostly live and work in secret. The conflict between *sovereignty* and *hospitality* has weakened in intensity but has by no means been eliminated. The EU is caught among contradictory currents which move it towards norms of cosmopolitan justice in the treatment of all those who are *within* its boundaries, while leading it to act in accordance with outmoded Westphalian conceptions of unbridled sovereignty towards those who are on the *outside*. The negotiation between insider and outsider status has become tense and almost warlike.

The decline of the unitary model of citizenship should not suggest that its hold upon our political imagination or its normative force in guiding our institutions has grown obsolete. It does mean that we must be ready to imagine forms of political agency and subjectivity which anticipate new modalities of political citizenship. In the era of cosmopolitan norms, new forms of political agency have emerged that challenge the distinctions between citizens and long-term residents, insiders and outsiders. Using the concepts of "jurisgenerative politics" and "democratic iterations", I would like to propose an analytical grid for thinking about the interrelationship of cosmopolitan norms and democratic politics.

III. Democratic Iterations

The term "Iteration" was introduced into the philosophy of language through Jacques Derrida's work.[16] In the process of repeating a term or a concept, we never simply produce a replica of the original usage and its intended meaning; rather, every repetition is a form of variation. Every iteration transforms meaning, adds to it, enriches it in ever-so-subtle ways. In fact, there really is no "originary" source of meaning, or an "original" to which all subsequent forms must conform. It is obvious in the case of language that an act of original meaning-giving makes no sense, since, as Wittgenstein famously reminded us, to recognize an act of meaning-giving as precisely this act, we would need to possess language itself.[17] A patently circular notion!

Nevertheless, even if the concept of "original meaning" makes no sense when applied to language as such, it may not be so ill placed in conjunction with documents such as laws and other institutional norms. Thus every act of iteration might be assumed to refer to an antecedent which is taken to be authoritative. The iteration and interpretation of norms, and of every aspect of the universe of values, however, is never merely an act of repetition. Every iteration involves making sense of an authoritative original in a new and different context. The antecedent is thereby posited and signified anew in subsequent usages and references. Meaning is enhanced and transformed; conversely, when the creative appropriation of that authoritative original ceases or stops making sense, then the original loses its authority for us as well. Iteration is at the same time both the reappropriation of the "origin" and its dissolution as the original and preservation through continuous redeployment.

Democratic iterations are linguistic, legal, cultural and political repetitions-in-transformation, invocations which are also revocations. They not only change established understandings, but also transform what passes as the valid or established view of an authoritative precedent. Robert Cover, and, following him, Frank Michelman, have made these observations fruitful in the domain of legal interpretation by developing the concepts of "jurisgenesis" and "jurisgenerative". In his '*Nomos* and Narrative', Robert Cover writes that

> there is a radical dichotomy between the social organization of law as power and the organization of law as meaning. This dichotomy, manifest in folk and underground cultures in even the most authoritarian societies, is particularly open to view in a liberal society that disclaims control over narrative. *The uncontrolled character of meaning exercises a destabilizing influence upon power. Precepts must "have meaning," but they necessarily borrow it from materials created by social activity that is not subject to the strictures of provenance that characterize what we call formal lawmaking.* Even when authoritative institutions try to create meaning for the precepts they articulate, they act, in that respect, in an unprivileged fashion.[18] [Emphasis added.]

"Jurisgenesis" occurs through iterative or destabilizing acts through which a democratic people, who considers itself bound by certain guiding norms and principles, reappropriates and reinterprets them, thus showing itself to be not only the *subject* but also the *author of the laws* (Frank Michelman). Whereas natural right doctrines assume that the principles underlying democratic politics are impervious to transformative acts of popular collective will, and whereas legal positivism identifies democratic legitimacy with the correctly generated legal norms of a sovereign legislature, jurisgenerative politics signals a space of interpretation and intervention between universal norms and the will of democratic majorities. One the one hand, the rights claims framing democratic politics must be viewed as transcending the concrete enactments of democratic majorities taking place under specific time and space constraints; on the other hand, such democratic majorities *reiterate* these principles incorporating them into democratic will-formation processes through argument, contestation, revision and rejection.

Since they are dependent on contingent processes of democratic will-formation, not all jurisgenerative politics yields desirable results. Thus one should not make the *validity of cosmopolitan* norms dependent upon jurisgenerative and democratic iterations. This validity must be based on independent normative grounds. But productive or creative jurisgenerative politics results in *the augmentation of the meaning of rights claims* and *in the growth of the political authorship of political actors*, who make these rights their own by democratically deploying them.

Sterile, legalistic or populistic jurisgenerative processes are also conceivable. In some cases, no normative learning may take place at all, but only a strategic bargaining among the parties; in other cases, the political process may simply run into the sandbanks of legalism, or the majority of the *demos* may trample upon the rights of the minority in the name of some totalising discourse of fear and war.

To illustrate a process of "democratic iterations" at work, I will focus on a German Federal Constitutional Court decision from the early 1990s concerning the rights of long-term resident aliens to vote. I choose this case because it illustrates the imperatives of sovereignty as well as the realities of an interdependent world in which the line between aliens and citizens is increasingly erased. One of the first challenges to the restrictive German understanding of citizenship, which had been based upon *jus sanguinis* until its reform in January 2000, came as a request from the city-state of Hamburg and the province of Schleswig-Holstein to permit noncitizen, long-term resident foreigners to vote in municipal and district-wide elections. The German Federal Constitutional Court rejected their request through a resounding declaration on the role of the nation and national belonging in a democracy. Although the Maastricht Treaty (1993) eventually superseded this decision by granting all nationals of EU member states who are residents of Germany the right to vote in and run for municipal elections, the earlier decision remains one of the most philosophically interesting, even if conceptually troubling, interpretations of democratic sovereignty and the identity of the *demos*.

IV. Who Can Be a German Citizen? Redefining the Nation

On 31 October 1990 the German Constitutional Court ruled against a law passed by the provincial assembly of Schleswig-Holstein on 21 February 1989 that changed the qualifications for participating in local municipal (*Bezirk*) and district-wide (*Kreis*) elections.[19] According to Schleswig-Holstein's election laws in effect since 31 May 1985, all those who were defined as German in accordance with Article 116 of the Basic Law (*Grundgesetz*), who had reached the age of eighteen and who had resided in the electoral district for at least three months were eligible to vote. The law of 21 February 1989 proposed to amend this as follows: all foreigners residing in Schleswig-Holstein for at least five years, who possessed a valid permit of residency or who were in no need of one and who were citizens of Denmark, Ireland, the Netherlands, Norway, Sweden or Switzerland, would be able to vote in local and district-wide elections. The choice of these six countries was made on the grounds of reciprocity. Since these countries permitted their foreign residents to vote in local, and in some cases regional, elections, the German provincial legislators saw it appropriate to reciprocate.

The claim that the new election law was unconstitutional was brought by 224 members of the German Parliament, all of them members of the conservative CDU/CSU (Christian Democratic and Christian Social Union) parties, and was supported by the Federal Government of Germany. The Court justified its decision with the argument that the proposed change of the electoral law contradicted "the principle of democracy" as laid out in Articles 20 and 28 of Germany's Basic Law, according to which "[a]ll state power [*Staatsgewalt*] proceeds from the people".[20] Furthermore,

> [t]he people [*das Volk*] which the Basic Law of the Federal Republic of Germany recognizes to be the bearer of the authority [*Gewalt*] from which issues the constitution, as well as the people which is the subject of the legitimation and creation of the state, is the German people. Foreigners do not belong to it. Membership in the community of the state [*Staatsverband*] is defined through the right of citizenship. ... Citizenship in the state [*Staatsangehörigkeit*] constitutes a fundamentally indissoluble personal right between the citizen and the state. The vision [or image—*Bild*] of the people of the state [*Staatsvolkes*] that underlies this right of belonging to the state is the political community of fate [*die politische Schicksalsgemeinschaft*], to which individual citizens are bound. Their solidarity with and their embeddedness in [*Verstrickung*] the fate of their home country, which they cannot escape, are also the justification for restricting the vote to citizens of the state. They must bear the consequences of their decisions. By contrast, foreigners, regardless of however long they may have resided in the territory of the state, can always return to their homeland.[21]

This resounding statement by the Court can be analyzed into three components: a disquisition on the meaning of *popular sovereignty* (all power proceeds from the people); a *procedural* definition of how we are to understand *membership* in the state; and a philosophical explication of the nature of the bond between the state and the individual, based on the vision of a *"political community of fate"*.

In the first part of its statement, Court argues that according to the principle of popular sovereignty, there needs to be a "congruence" among the principle of democracy, the concept of the people and the main guidelines for voting rights at all levels of state power, namely, federal, provincial, district and communal. Differing conceptions of popular sovereignty thus cannot be employed at different levels of the state. Permitting long-term resident foreigners to vote would imply that popular sovereignty could be defined differently at the district-wide and communal levels than at the provincial and federal levels. In an almost direct repudiation of the Habermasian discursive democracy principle, the Court declares that Article 20 of Germany's Basic Law does not imply that "the decisions of state organs must be legitimized through those whose interests are affected [*Betroffenen*] in each case; rather their authority must proceed from the people as a group bound to each other as a unity [*das Volk als eine zur Einheit verbundene Gruppe von Menschen*]".[22]

The provincial parliament of Schleswig-Holstein challenged the Court's understanding, arguing that neither the principle of democracy nor that of the people precludes the rights of foreigners to participate in elections: "The model underlying the Basic Law is the construction of a democracy of human beings, and not that of the collective of the nation. This basic principle does not permit that one distinguish in the long-run between the people of the state [*Staatsvolk*] and an association of subservients [*Untertanenverband*]".[23]

The German Constitutional Court eventually resolved this controversy about the meaning of popular sovereignty by upholding a unitary and functionally undifferentiated version of it, but it did concede that the sovereign people, through its representatives, could change the definition of citizenship. Procedurally, as the court clarifies in the second part of its statement, "the people" simply means all those who have the requisite state membership. If one is a citizen, one has the right to vote; if not, not.

> So the Basic Law ... leaves it up to the legislator to determine more precisely the rules for the acquisition and loss of citizenship and thereby also the criteria of belonging to the people. The law of citizenship is thus the site at which the legislator can do justice to the transformations in the composition of the population of the Federal Republic of Germany.[24]

This can be accomplished by expediting the acquisition of citizenship by all those foreigners who are long-term permanent residents of Germany.

The Court here explicitly addresses "the paradox of democratic legitimacy", namely that those whose rights to inclusion or exclusion from the *demos* are being decided upon will not themselves be party to the decision.[25] The democratic *demos* can change its self-definition by altering the criteria for admission to citizenship. The Court still holds on to the classical model of citizenship, according to which democratic participation rights and nationality are strictly bundled together; yet by signalling the procedural legitimacy of changing Germany's naturalization laws, the Court also acknowledges the power of the democratic sovereign to alter its self-definition such as to accommodate the changing composition of the population. The line separating citizens and foreigners can be renegotiated by the citizens themselves.

Yet the procedural democratic openness signalled by the Court stands in great contrast to the conception of the democratic people adumbrated by the Court in the third part of the its statement, according to which the people is viewed as "a political community of fate", held together by bonds of solidarity in which individuals are embedded (*verstrickt*). Here the democratic people is viewed as an *ethnos*, as a community held together by the power of shared fate, memories, solidarity and belonging. Such a community does not permit free entry and exit. Perhaps marriage with members of such a community may produce some integration over generations; but by and large, membership in an *ethnos* is something that one is born into, although as an adult one may renounce this heritage, leaving or seeking to alter the community. To what extent should one view liberal democratic polities as *ethnoi* communities? Despite its emphatic evocation of the nation as "a community of fate", the Court also emphasizes that the democratic legislator has the prerogative to transform the meaning of citizenship and the rules of democratic belonging. Such a transformation of citizenship may be necessary to do justice to the changed nature of the population. The *demos* and the *ethnos* do not simply overlap.

Written in 1990, in retrospect this decision of the German Constitutional Court appears as a swan song to a vanishing ideology of nationhood. In 1993 the Treaty of Maastricht, or The Treaty on the European Union, established European citizenship, which granted citizens of the fifteen signatory states the right to vote and run for office in the EU country of their residence. Of the six countries to whose citizens Schleswig-Holstein wanted to grant reciprocal voting rights—Denmark, Ireland, the Netherlands, Norway, Sweden and Switzerland—only Norway and Switzerland did not benefit from the Maastricht Treaty, since they were not EU members.

In the years following, an intense process of democratic iteration unfolded in the now-unified Germany, during which the challenge posed by the German Constitutional Court to the democratic legislator, namely, that of bringing the definition of citizenship into line with the composition of the population, was taken up, rearticulated and reappropriated. The city-state of Hamburg, in its parallel plea to alter its local election laws, stated this very clearly:

> The Federal Republic of Germany has in fact become in the last decades a country of immigration. Those who are affected by the law which is being attacked here are thus not strangers but cohabitants [*Inländer*], who only lack German citizenship. This is especially the case for those foreigners of the second and third generation born in Germany.[26]

The *demos* is not an *ethnos*; moreover, those living in our midst who do not belong to the *ethnos* are not strangers, but "cohabitants", or as later political expressions would have it, "our co-citizens of foreign origin" [*ausländische Mitbürger*]. Even these terms suggest the transformations of German public consciousness in the 1990s. This intense and soul-searching public debate finally led to an acknowledgment of the *fact*, as well as the *desirability*, of immigration. The need to naturalize second and third generation children of immigrants was formally recognized when a new German citizenship law was passed in January 2000. Ten years after the German Constitutional Court turned down the election law reforms of Schleswig-Holstein and the city-state of Hamburg on the grounds that resident foreigners were not citizens, and were thus ineligible to vote, Germany's membership in the European Union led to the disaggregation of citizenship rights. Resident members of EU states can now vote in local, as well as EU-wide, elections; furthermore, Germany now accepts that it is a country of immigration: children of immigrants become German citizens according to *jus soli* and keep dual nationality until the age of 24, at which point they must choose either German citizenship or that of their country of origin. Long-term residents who are third-country nationals can naturalize if they wish to do so. Alien suffrage for third-country nationals of non-EU states is still not permitted.

V. A Dialectic of Rights and Identities

Democratic iterations attest to a dialectic of rights and identities. In such processes, both the identities involved and the very meaning of rights claims are reappropriated, resignified, and imbued with new and different meaning. Political agents, caught in such public battles, very often enter the foray with an established understanding of who they are and what they stand for; but the process itself frequently alters these self-understandings. Outsiders are not only at the borders of the polity, but also within. In fact, the very binarism between nationals and foreigners, citizens and migrants, is sociologically inadequate. Indeed, the reality is much more fluid, since many citizens are of migrant origin, and many nationals themselves are foreign-born. The practices of immigration and multiculturalism in contemporary democracies flow into one another.[27]

The German Constitutional Court's decision shows that there may often be an incongruity between those who possess the formal privilege of democratic citizenship (the *demos*) and others who are members of the population without formally belonging to the *demos*. In this case the challenge posed by the German Court to the democratic legislature of adjusting the formal definition of German citizenship such as to reflect the changing realities of the population was taken up and the citizenship law was reformed. The democratic people can reconstitute itself through acts of democratic iteration so as to enable the extension of the democratic voice. Aliens can become residents, and residents can become citizens. Democracies require porous borders.

The constitution of "we, the people" is a far more fluid, contentious, contested and dynamic process than either Rawlsian liberals or decline-of-citizenship theorists would have us believe. The Rawlsian vision of peoples as self-enclosed moral universes is not only empirically but also normatively flawed.[28] This vision cannot do justice to the dual identity of a people as an *ethnos*, as a community of shared fate, memories and moral sympathies on the one hand, and as the *demos*, as the democratically enfranchised totality of all citizens, who may or may not belong to the same *ethnos*, on the other. All liberal democracies which are modern nation-states exhibit these two dimensions. The politics of peoplehood consists in their negotiation. The people is not a self-enclosed and self-sufficient entity. The presence of so many *Gastarbeiter* in Germany is a reflection of the economic realities of Germany since World War II. Some would even argue that without their presence, the post-World War II German miracle would not have been conceivable.[29] Peoplehood is dynamic and not a static reality.

Decline-of-citizenship theorists, such as Michael Walzer and David Jacobson,[30] are just as wrong as Rawlsian liberals in conflating the *ethnos* and the *demos*. The presence of others who do not share the dominant culture's memories and morals poses a challenge to the democratic legislatures to rearticulate the meaning of democratic universalism. Far from leading to the disintegration of the culture of democracy, such challenges reveal the depth and the breadth of the culture of democracy. Only polities with strong democracies are capable of such universalist rearticulation through which they refashion the meaning of their own peoplehood. Rather than the decline of citizenship, we may see here the reconfiguration of citizenship through processes of democratic iterations.

VI. Democratic Citizenship in a post-Westphalian World

Democratic sovereignty is based on three regulative ideals: public autonomy, that is, that the people are the author as well as the subject of the laws; the ideal of a unified *demos*; and a self-enclosed and autochthonous territory over which the *demos* governs. While territorial and economic self-sufficiency have been challenged by general developments in the world society of states, through processes referred to as globalization, the ideal of the unified *demos* has become fractured through the increasing multiculturalism and transnationalism of national societies. The unity of the *demos* ought to be understood not as if it were a harmonious given, but rather as a process of self-constitution through more or less conscious struggles of inclusion and exclusion.

The core of democratic self-governance is the ideal of *public autonomy*. How can democratic voice and public autonomy be reconfigured? Can democratic representation be organized along lines going beyond the nation-state configuration? The new reconfigurations of national democracies are giving rise to subnational as well as transnational modes of citizenship. Within the European Union in particular, there is a return to citizenship in the city as well as the transnational institutions of the EU. "Flexible citizenship", particularly in the case of Central American and South Asian countries, is another such attempt to multiply voice and the sites for the exercise of democratic citizenship.[31] What all these models have in common, though, is that they retain the principle of territorial membership for undergirding representation. Whether it is residency in cities such as Amsterdam, London or Frankfurt, or dual citizenship between countries such as Mexico, El Salvador, the Dominican Republic and the USA, the model of democratic representation is dependent upon access to, residency in and eventual membership within a circumscribed territory.

Non-territorially based models of representation are certainly possible: one can be represented by some individual or a body of individuals in virtue of one's linguistic identity, ethnic heritage (as was proposed by Otto Bauer for the nationalities of middle and central Europe after World War I), religious affiliation or professional activities. Representation can run along many lines besides territorial residency. Yet there is a crucial link between democratic self-governance and territorial closure. Precisely because democracies enact laws that are supposed to bind those who legitimately authorize them, the scope of democratic legitimacy cannot extend beyond the *demos* which has circumscribed itself as a people upon a given territory. Democratic laws require closure precisely because democratic representation must be accountable to a specific people. Imperial legislation, by contrast, was issued from a centre and was binding as far as the power of that centre to control its periphery extended. Empires have frontiers; democracies have boundaries. I see no way to cut this Gordian knot linking territoriality, representation and democratic voice.

Certainly, representative institutions based on other principles exist and they ought to proliferate. In a well-functioning democracy there will be a contentious dialogue, a series of contested iterations, between the *demos* and such representative bodies about their jurisdictional limits and authority. While no one instance within the separation of powers can claim ultimate authority for itself, all democracies need to recognize some instances which have the final say. But, as in the case of the German Constitutional Court's decision, finality does not mean irreversibility or infallibility. The dialogue between the democratically elected representatives of the people, the judicial instances and other civil and politic actors is a never-ending one of complex and contentious iterations. Within such dialogues, the *demos* can reconstitute itself by enfranchising groups without voice or by providing amnesty for illegal migrants. While the scope of the authority of the law can be reflexively altered, it is inconceivable that democratic legitimacy can be sustained without some clear demarcation of those in the *name* of whom the laws have been enacted from those upon whom the laws are *binding* insofar as they reside upon its territory only.

Why did Kant claim that a world-government would be a "universal monarchy" and a "soulless despotism"?[32] Montesquieu's model of political rule may have played a role here. Montesquieu argued that empires were compatible with vast territories, while republics required countries of moderate size.[33] In empires only one was free, while the rest obeyed; in republics all would be free. The more extensive the territory, the more frayed interconnections among individuals would become, the more indifferent they would grow to each other's lot. In contemporary language, interest in democratic voice as well as solidarity with others would disappear in empires.

The intuition that there may be a fine link between territorial size and form of government is old in the history of Western political thought, and it is one that I accept. Unlike communitarians and liberal nationalists, however, who view this link primarily as being based upon a cultural bond of identity, I am concerned with the logic of democratic representation, which requires closure for the sake of maintaining democratic legitimacy. Certainly, identification and solidarity are important, but they need to be leavened through democratic attachments and constitutional norms. In the spirit of Kant, I plead for moral universalism and cosmopolitan federalism. I do not advocate *open*, but rather *porous* borders;

I plead for first admittance rights for refugees and asylum seekers, but accept the prerogative of democracies to regulate the transition from first admission to full membership. Viewed from the perspective of the international legal system, laws governing naturalization and citizenship ought to be subject to human rights norms and international norms. State sovereignty should not be construed as an unchecked prerogative that can bar naturalization and the eventual citizenship of aliens in our midst. The new democratic politics in the post-Westphalian era is about negotiating this complex relationship between the rights of full membership, democratic voice and territorial residence.

Notes

* The relationship between territoriality, state-formation, the nation and the force of law has been a guiding thread of Dan Diner's life work, from his early study of *Israel im Palästina* to his most recent reflections on the Gulf War and Europe, Islam and international law, patterns of memory and nation-formation in the Jewish tradition. I dedicate this essay to one from whom I have learned extensively about these topics over the course of a twenty-five-year-old friendship.

1 Thomas Humphrey Marshall, *Citizenship and Social Class and Other Essays*, London 1950.

2 Allan Buchanan, 'Rawls's Law of Peoples: Rules for a Vanished Westphalian World,' in *Ethics*, vol. CX, no. 4 (July 2000), pp. 697–721; and idem, 'From Nuremberg to Kosovo: The Morality of Illegal International Reform,' in *Ethics*, vol. CXI, no. 4 (July 2001), pp. 673–705.

3 I have developed these arguments more extensively in Seyla Benhabib, *The Rights of Others: Aliens, Residents and Citizens*, Cambridge and New York 2004.

4 UN International Migration Report 2002.

5 David Rieff, 'Displaced Places,' in *New York Times Sunday Magazine*, 21 September 2003, section 6, pp. 36–41.

6 Hania Zlotnik, 'Past Trends in International Migration and their Implications for Future Prospects,' in Muhammed Abu B. Siddique (ed.), *International Migration into the 21st Century: Essays in Honor of Reginald Appleyard*, Boston 2001, pp. 227–262, esp. 257.

7 For a masterful reconstruction of transformations in the structure and normativity of the modern European state in the earlier half of the twentieth century through the phenomenon of imperialism, see Dan Diner, 'Imperialismus und Universalismus. Versuch einer Begriffsgeschichte,' in idem, *Weltordnungen. Über Geschichte und Wirkung von Recht und Macht*, Frankfurt am Main 1993, pp. 17–61.

8 David Jacobson, *Rights Across Borders: Immigration and the Decline of Citizenship*, Baltimore and London 1997, p. 5.

9 Onora O'Neill, *Bounds of Justice*, Cambridge 2000, p. 180.

10 John Rawls, *The Law of Peoples*, Cambridge, MA, 1999.

11 Jürgen Habermas, 'The European Nation-State: On the Past and Future of Sovereignty and Citizenship,' in Ciaran Cronin and Pablo De Greiff (eds.), *The Inclusion of the Other: Studies in Political Theory*, Cambridge, MA, 1998; and most recently, Jürgen Habermas, *Der Gespaltene Westen. Kleine politische Schriften*, Frankfurt 2004.

12 See Rawls's astonishing comment that "a democratic society, like any political society, is to be viewed as *a complete and closed social system*. It is complete in that it is self-sufficient and has a place for all the main purposes of life. It is also closed ... in that entry into it is only by birth and exit from it is only by death... Thus, we are not seen as joining society at the age of reason, as we might join an association, but as being born into a society where we will lead a complete life"; John Rawls, *Political Liberalism*, New York 1993, p. 41 (my emphasis). Even if Rawls uses the model of a "complete and closed social system" as a *counterfactual* step in a thought experiment, designed to justify the principles of political liberalism, this initial step of abstraction has significant consequences for the rest of his

argumentation. I have discussed this more extensively in Benhabib, *Rights of Others*, chap. 3 ('The Law of Peoples, Distributive Justice, and Migrations').

13 See ibid., chap. 1 ('On Hospitality: Rereading Kant's Cosmopolitan Right'); for an earlier discussion, see idem, *Transformations of Citizenship: Dilemmas of the Nation-State in the Era of Globalization*, Amsterdam 2001.

14 See Dan Diner on the paradoxical aspects of imperialism and cosmopolitanism: "Insofern ist die Abstraktion 'Weltmarkt' das wirkliche Subjekt der Weltgesellschaft"; in idem, 'Imperialismus und Universalismus,' p. 23.

15 See Seyla Benhabib, *The Claims of Culture: Equality and Diversity in the Global Era*, Princeton 2002, chap. 6; idem, *Rights of Others*, chap. 4; idem, 'Transformations of Citizenship: The Case of Contemporary Europe', in *Government and Opposition*, vol. XXXVII, no.4 (October 2002), pp. 439–465.

16 Jacques Derrida, 'Signature, Event, Context' [1971], in idem, *Limited Inc*, Evanston 1988, pp. 90ff. I am indebted to the insights of Judith Butler and Bonnie Honig in highlighting the significance of iterative practices for democratic politics. See Judith Butler, *Excitable Speech: Politics of the Performative*, New York and London 1997; Bonnie Honig, *Democracy and the Foreigner*, Princeton 2001; and idem, 'Declarations of Independence: Arendt and Derrida on the Problem of Founding a Republic,' in *American Political Science Review*, vol. 85, no. 1 (March 1991), pp. 97–113.

17 Ludwig Wittgenstein, *Philosophical Investigations*, transl. by G. E. M. Anscombe, Oxford 1953.

18 Robert M. Cover, '*Nomos* and Narrative,' in *Harvard Law Review*, vol. 97, no. 1 (1983), pp. 4–68, esp. 18; Frank Michelman, 'Law's Republic,' in *Yale Law Journal*, vol. 97, no. 8 (July 1988), pp. 1493–1537.

19 *Entscheidungen des Bundesverfassungsgerichts*, Tübingen 1991, vol. LXXXIII, [case beginning on] p. 37 (hereafter BverfGE 83, 37). (All translations from the German are mine.) A similar change in local election laws was undertaken by the free state of Hamburg such as to enable those of its foreign residents of at least eighteen years of age to participate in the election of local municipal assemblies (*Bezirkversammlungen*). Since Hamburg is not a federal province (Land), but a free city-state with its own constitution, some of the technical aspects of this decision are not parallel to those in the case of Schleswig-Holstein. I chose to focus on the latter case alone. It is nonetheless important to note that the Federal Government, which had opposed Schleswig-Holstein's electoral reforms, supported those of Hamburg. See BVerfGE 83, 60, pp. 60–81.

20 BVerfGE 83, 37, p. 39.

21 Ibid., pp. 39–40.

22 Ibid., p. 51.

23 Ibid., p. 42.

24 Ibid., p. 52.

25 For further elucidation, see Benhabib, *Rights of Others*, chap. 1.

26 BVerfGE 83, 60, p. 68.

27 See Benhabib, *Claims of Culture*, pp. 165–177.

28 See John Rawls, *The Law of Peoples*, pp. 23–35; and my critique in Benhabib, *Rights of Others*, chap. 3.

29 James F. Hollifield, *Immigrants, Markets, and States: The Political Economy of Postwar Europe*, Cambridge and London 1992.

30 Michael Walzer, *Spheres of Justice: A Defense of Pluralism and Equality*, New York 1983; Jacobson, *Rights Across Borders*.

31 Aihwa Ong, *Flexible Citizenship: The Cultural Logic of Transnationality*, Durham, NC, 1999.

32 Immanuel Kant, 'Zum ewigen Frieden. Ein philosophischer Entwurf' [1795], in A. Buchenau, E. Cassirer and B. Kellermann (eds.), *Immanuel Kants Werke*, Berlin 1923, p. 453; for an English translation see Immanuel Kant 'Perpetual Peace: A Philosophical Sketch', transl. by H.B. Nisbet, in Hans Reiss (ed.), *Kant: Political Writings*, Cambridge, 1994. See also Immanuel Kant, *Critique of Practical Reason and Other Writings in Moral Philosophy*, transl. and ed. by Lewis White Beck, Chicago 1949, p. 328.

33 Baron de Montesquieu, *The Spirit of the Laws* [1748], 2 vols., transl. by Thomas Nugent, New York 1965, vol. I, pp. 19–28; vol. II, pp. 10–11.

Yfaat Weiss

Ethnic Cleansing, Memory and Property—Europe, Israel/Palestine, 1944–1948

> Repetition and recollection are the same movement, only in opposite directions; for what is recollected has been, is repeated backwards, whereas repetition properly so called is recollected forwards.
> (Søren Kierkegaard[1])

Historiography and Bridging

Through a number of articles that Ilan Pappé has published in the last years, this Israeli academic has instigated a sweeping argument about key research questions relating to the events of 1948: the Israeli War of Independence and the Palestinian "Nakba".[2] Pappé's goal is to effect a paradigmatic change in research into the events of 1948 by shifting the emphasis from war to "ethnic cleansing".[3] Pappé's argument for a paradigm shift first appeared as part of his response to the scandal that erupted in 2000 around the so-called "Tantura case". In an article on this controversy, Pappé defended Teddy Katz, a student at Haifa University, for his reliance on oral testimony in a chapter of his master's thesis that claimed to describe a massacre carried out by Israeli forces in May of 1948 in the Palestinian village of Tantura. The academic debate that Pappé triggered has revolved first and foremost around the practical and technical significance of his proposition, that is, the transition from hard documentation in the form of military papers to oral documentation, acknowledged as being of an altogether different nature. In an attempt to place the legitimacy of oral testimony within a scientific research project on solid footing, Pappé chose, of all things, the "holy of holies"—the testimonies of Holocaust survivors. Drawing on the supporting position of historian Omer Bartov, Pappé argued in favour of the vital nature of oral testimony "as a legitimate tool for reconstructing past traumas".[4] In a rhetorically dubious gesture, Pappé made a tactical move by choosing as a historical parallel to the "ethnic cleansing" of Palestine an element that is incontestably present in Israelis' perception of themselves—the testimony of Holocaust survivors. A careful reading of Bartov's argument, however, fails to bear out Pappé's reading: Bartov distinguishes between hard information, which should be "better left to the historians", and the personal testimony that conveys "the infinity of pain and suffering that makes the memory of those years into a burden whose weight stretches far beyond the ephemeral human existence, a presence that clings to the mind and inhabits the deep recesses of consciousness long after it should have been cleansed and washed away".[5]

It is clear that the wrath of those who condemned Pappé's position in the margins of the Tantura affair surfaced over the quintessentially methodological question of hard or soft documentation because of the obvious fact that the issue touched on the deepest levels of consciousness and their immediate associations with the question of the legitimacy of the Zionist enterprise.[6] "From the historiographic point of view", Pappé argues in regard to the events of 1948, "we are talking about actions undertaken under the auspices of an administration's domestic or internal policy in respect of civilians. What we are talking about here is not a battlefield, but an aggressive operation undertaken by a new administration in civilian population centers".[7] In this context, ethnic cleansing comprises a range of elements, ranging from the normative methods of eviction and expulsion to the moral margin culminating in massacre.[8] On a fundamental level, Pappé makes a distinction between genocide and ethnic cleansing, yet by choosing Holocaust survivors' accounts as justification for oral testimony as a historical source, he blurs that very distinction.

The concept of "ethnic cleansing" has long aroused profound opposition on the grounds that in the best of cases it is not accurate, and that in the worst it camouflages and conceals the genocidal nature of the events that it is supposed to describe.[9] Consequently, it is of the utmost importance to make a clear-cut distinction between ethnic cleansing and genocide.[10] Genocide is defined officially in the United Nations Convention on the Prevention and Punishment of the Crime of Genocide of 9 December 1948 as "an act that is committed with intent to destroy, in whole or in part, a national, ethnical, racial or religious group". Ethnic cleansing is not included in this definition, despite the fundamental intention of the man who was responsible for the initiative that gave rise to this convention and who worked indefatigably to get it signed—Raphael Lemkin. Without wishing to make light of the suffering of those millions who have been the victims of ethnic-cleansing operations in the course of the twentieth century, the term "ethnic cleansing" refers to the "cleansing" of territory, largely by expelling "foreign elements", and not by exterminating them. In this context, Norman Naimark refers to the paramount importance of the difference of intent in these terms. As opposed to genocide, where there is an absolute intention to exterminate parts of an ethnic, religious or national group, in instances of ethnic cleansing the absolute intention is to cleanse territory.[11] This distinction, as Naimark rightly points out, can be blurry, since a degree of force must often be applied in order to compel people to abandon their homes. Pappé fully expects major opposition to his new conceptual framework that "distinguishes between acts of massacre and ethnic cleansing, but also at the same time identifies interactions between these actions".[12] At the same time, Pappé presents his longed-for change of paradigm—the Israeli application of the concept of ethnic cleansing to the debate concerning the events of 1948—as a "bridging" step, "a historiographic bridging between Israelis and Palestinians".[13] This concept, from the field of social psychology, is used by Pappé in order to refer to the political derivatives of the academic agenda that he is trying to draw up:

Such bridging requires a number of preliminary conditions in order to come to fruition and succeed. It can only be undertaken in a politically conciliatory atmosphere that nurtures critical historical evidence side by side with the strong factor of the equation of the conflict, and it can only come to fruition in a multi-voice historiographic atmosphere.[14]

Aside from its stylistic shortcomings and normative aspirations, this passage raises the question of whether the "bridging" of the gap between the historical narratives will come to fruition in the wake of the political conciliation, or whether a "multi-voice historiographic atmosphere" will be a precondition for political conciliation. It is this question that underlies my writing.[15]

This paper does not constitute an attempt to have the last word on the key historical issues that the events of 1948 have raised and continue to raise for researchers. It does not purport to resolve questions relating to the historiography of the 1948 war, particularly those questions that address motives, constraints and results, or in other words the relationship between the Israeli leadership's intentions and the cumulative results of the fighting. Nevertheless, in light of the demographic change that occurred in the State of Israel's population as a result of the war, that is, the far-reaching ethnic homogenisation of the territory that in those very days became the State of Israel, it may be stated with certainty that the establishment of the Jewish nation-state in Israel was accompanied by a process of ethnic cleansing. This fact constitutes a basis for comparison between the State of Israel and other territories in which ethnic homogenisation took place in the course of the establishment of nation-states in the same period. This article examines these territories out of an awareness of the differences in the local processes that occurred in every single case. Of course by their very nature, all historical comparisons are misleading insofar as they favour the synchronic perspective over a careful diachronic development of individual historical cases. This article compares the cases of Israel, Poland and Czechoslovakia. Each of these countries underwent ethnic homogenisation in the second half of the 1940s, years that formed a "window of opportunity" between the end of World War II and the outbreak of the Cold War. The international conditions ushered in by the end of the Cold War are now forcing each of these countries to return to the issues surrounding its birth. This paper therefore concentrates primarily on the historiography of the 1990s, which grapples with the national past of ethnic homogenisation. I will address the role of this historiography in the political processes of reconciliation in Central Europe in order to suggest a proper understanding of the relationship between reconciliation and historiography and the significance of this relationship for Israelis and Palestinians.

Ethnic Cleansing and Expropriation

The introduction of ethnic cleansing as a dominant paradigm in Pappé's writing is neither arbitrary nor surprising, and must be understood in its broader historical context. The expression first surfaced in Serbo Croat (as etnicko ciscenje) in the course of the 1992 war in the Balkans, where it was apparently used by the Yugoslav army as a technical term describing the expulsion of Croats and Muslims from Serbia and Montenegro, territories that were perceived as belonging to the remnants of Greater Yugoslavia. In fact, the Serbs also used this expression to describe their own displacement by Albanians in Kosovo as early as the early 1980s. Use of the expression increased in the 1990s, coming to be utilised in press coverage, as well as by the various international organisations involved in the Balkans.[16] It has mainly become part of the lexicon describing Serbian aggressions in former Yugoslavia, and over time has been broadened to describe similar attacks by Croats on Muslims.[17] The belated appearance of the concept does not, of course, indicate a prior absence of the phenomenon itself. Indeed, one may argue that the twentieth century can be characterised as the century of "ethnic cleansing". In this sense, the recently coined expression would describe the aggregate of phenomena that have been variously defined throughout the twentieth century as, for example, population transfers, expulsion, repatriation and deportation.[18] Ethno-nationalism, calling for a homogeneous nation-state, constitutes the basis for ethnic-cleansing operations. It is ethno-nationalism which, inter alia, made the twentieth century the century of refugees. The present article does not address the urgent topic of refugees, but focusses rather on the territory they left behind and its redistribution in the framework of nation-building in the new states.[19]

Jennifer Jackson Preece's argument that the real goal of ethnic cleansing has less to do with transferring people than with securing ethnically defined territory is absolutely correct.[20] Widespread use was made of this practice in Central and Eastern Europe, both during and after World War II. It was Nazi Germany that, at the same time it was exterminating the Jews, also murdered millions of members of other nations and interfered by means of population transfers and "resettlement" in the composition of every single Central and Eastern European state, thereby undermining the political arrangements that had been internationally accepted in the interwar period. It is in this context that the geopolitical results of World War II—Poland's westward shift and Czechoslovakia's "cleansing" of Germans—must be understood. On a practical level, the redrawing of the borders led, between 1944 and 1948, to the forced migration, exile and expulsion of millions of people. Preece argues that the year 1948 marks a turning point in this context. Prior to 1948, ethnic cleansing was perceived as a legitimate practice derived from the logic of the right to self-determination. From 1948 onwards, however—in effect with the onset of the Cold War—international conventions rejected practices of this nature as abhorrent to the international community.

The period from 1944 to 1948 is thus situated at a unique juncture in history, in which the continuation of the ethnic cleansing undertaken by Nazi Germany (as well as the Soviet Union) coincided with Allied planning of Europe's future shape following Germany's defeat. In contrast, the year 1948 not only inaugurates the Cold War, but also strips the practice of ethnic cleansing of all legitimacy in the European space. The events of 1948 in the Israeli-Palestinian space thus took place at the very point where World War II and the Holocaust met the Cold War, that is, in the same narrow "window of opportunity" during which ethnic cleansing was still internationally perceived as a legitimate method or necessary evil.

Ethnic cleansing operations in Central and Eastern Europe in the years in question were a direct outcome of agreements reached by the Allies at the 1945 Potsdam Conference[21] concerning population exchanges. These exchanges were meant to empty Central Europe of its German minority, which was perceived as a fifth column that had welcomed and supported the Nazi conquest. In fact, the Polish and Czech governments in exile took steps to foster such arrangements from 1941 onwards.[22] Ethnic cleansing operations, it must be remembered, were discussed at the initiative of exile governments of liberal and democratic nature and, with the support of democratic states—mainly Britain and the United States—were implemented in the early post-war years in Poland and Czechoslovakia under the leadership of democratic parties.[23] Ethnic cleansing operations thus should not be ascribed exclusively to the totalitarian tradition, even if the Nazi conquest and Soviet control accelerated such projects.

Ethnic cleansing operations were not, however, the only possible historical response to the events of the 1938–1945 period and, after World War II, they followed a blueprint both more extreme and more comprehensive than the plans worked out by the Polish and Czech governments in exile during the war. Over the years, the Czech government in exile had considered a variety of solutions to the problem of the German minority in the post-war Czechoslovak state. Possible options included border amendments, ceding certain areas to Germany to reduce the numbers of Germans in what would be Czechoslovakia, as well as comprehensive cooperation with German Social Democratic and other democratic German elements within the confines of Czechoslovak territory. The protracted German occupation and the wave of Nazi terror in the autumn of 1941 and the summer of 1942, culminating with the Lidice massacre, ultimately helped radicalise the Czech position, increasing the tendency to support ethnic cleansing as a solution to the German minority problem in the future state.

There can be no doubt that the ethnic cleansing operations in the years following the World War II were not carried out in accordance with international points of agreement. While the Allies anticipated the transfer of three to six million Germans, the actual number of Germans expelled eventually reached some 14 million. Moreover, while the Allies had agreed to the expulsion of Germans from Czechoslovakia, Poland and Hungary, other countries, such as Yugoslavia and Romania, hastily expelled part of the Germany minority from their territory as well. Furthermore, while the Allies had agreed to an "orderly and humane" transfer, in practice the expulsion of the Germans began many months ahead of schedule, was implemented without any international supervision whatsoever, and hence took place in an arbitrary, violent and undisciplined fashion.[24] Apart from the millions of German deportees, 1,517,983 Poles from the Ukraine, Byelorussia (Belarus), Lithuania and Siberia were expelled to Poland, while 482,111 Ukrainians were expelled from Poland to the Ukrainian territories in the Soviet Union. These expulsion operations were the direct continuation of the Soviet population policies that were imposed through repatriation agreements.

Such "population exchanges" took place in inhumane conditions, in the freezing cold, with expellees suffering starvation and long marches along roads in terrible condition, accompanied by rape, the loss of property, massacres and especially death due to sickness.[25] Moreover, the "exchanges" left a lasting stamp on the demographic fabric and political culture of expelling state and intake country alike. At the same time, the traumatic events remained present in the memory of the expellees, sometimes for generations. In recent years researchers have begun to scrutinise the formative processes of the new countries in Central Europe as linked to these forced migrations, and have begun to identify a clear-cut connection between the expulsions and the new regimes' starting points. Although, as previously indicated, they had not initiated the expulsions, the Communist parties required next to no time to grasp the manifest advantages of these practices when it came to putting their own administrations on a solid footing.

On the level of principle, ethnic cleansing operations enabled the Communist parties in both Czechoslovakia and Poland to establish a link between the national and the social revolution. Although the "historic right" to the German eastern territories was not part of its standard repertoire, the Polish workers party quickly adopted the rhetoric of the national democratic political camp in the shape of Roman Dumowski, so as to confer renewed legitimacy on the geopolitical developments in the area.[26] The westward movement and concomitant ethnic cleansing, that is, the annexation of what had been German territories prior to World War II, for a while constituted a power base for Communism, which was establishing its position in post-war Poland. As early as the spring of 1945, Wladislaw Gomulka, the secretary general of the Polish workers movement and vice-president in the new government, who by the end of the year would hold the post of minister for recovered territories, identified the possibilities inherent in these processes when he asserted at the party's convention that "the western territories are one of the reasons the government has the support of the people. This neutralises various elements and brings people together. Westward expansion and agricultural reform will bind the nation with the state. Any retreat would weaken our domestic position."[27] In the case of Poland, the process was especially slow, since the conspicuous presence of the Red Army in its western territories made it difficult to arouse sympathy for the regime among the new settlers, particularly in light of the fact that many of them had come from the eastern parts of Poland and had been exposed to Soviet control from 1939 to 1941.[28]

There is no doubt that the areas that fell into the hands of the new governments in Central Europe in the wake of its westward shift strengthened Communism's hold over those countries. The legal status of these areas and of the "ownerless" property—the equivalent of "absentees' property" in Israel—allowed them to be redistributed by the new regimes as part of energetic reforms, thus winning broad-based popular sympathy.

In the case of Czechoslovakia, such "absentees' property" gave the Communist Party the edge over its Socialist partner.[29] There, the state acquired 1,620,000 hectares of agricultural land, 1,300,000 hectares of forest, 55,000 factories or production plants, 575,000 residential buildings, over a million apartments (complete with contents) and 120,000 vehicles, in addition to hotels, guest houses, schools, hospitals etc.[30] The significance of the expellees' property and of the Soviet Union's support for the consolidation of the Communist party was far reaching for the governing authority. Above and beyond the redistribution of and direct benefits derived from expropriated property, these considerable reserves of land and other resources constituted a convenient basis, as well as a laboratory, for hands-on Socialism.[31]

These new territories were not incorporated in one fell swoop. Instead, a range of practices was used to this end, some immediate, and some lasting years. For example, the Polish administration continued to wage an active struggle against German "infiltrators"—those people who illegally tried to return to their farms and smallholdings in Eastern Prussia.[32] A meticulous bureaucratic policy of registration and economic discrimination enabled Poland to induce Germans to migrate to the West. In areas where there had been a pronounced linguistic and cultural mix before 1939, such as Upper Silesia, the Polish government adopted rigid measures concerning the German language: the use of German incurred harsh sanctions affecting both civil and property rights. These measures were tightened further after most Germans migrated to the West, and were primarily intended to eradicate the German language from the private sphere.[33] In the public sphere, the "nationalisation" of annexed areas throughout Upper Silesia was carried out by swift name changes: street names were switched from German to Polish, and German-language inscriptions were removed from public buildings.[34]

In this geographical space the processes of expulsion and the intake of immigrants occurred simultaneously, generating tensions between established inhabitants and new arrivals. Poles from Eastern Galicia, having been forced to move from areas that had been proclaimed to be Ukrainian to formerly German areas that had been ceded to Poland, found that they had been cheated when the Polish authorities were unable to keep their promises to compensate them with property equal in value to that which they had left behind.[35] In addition to the insecurity caused by the unclear legal status of the property they had received and to their sense of having been cheated, the new Polish settlers also had to contend with the hostility of the autochthonous population, which treated the new arrivals from the East with the same mistrust with which it treated the remaining Germans.[36] In this context, Poland developed a culture of favouritism, in which the established population received benefits at the expense of the new settlers.[37]

In Czechoslovakia, too, the processes of expulsion and incorporation took place simultaneously.[38] The idea of population transfer apparently began to surface in circles close to the Czechoslovak prime minister in exile, Eduard Beneš, as early as 1939,[39] while Beneš himself voiced ideas of this kind in his meetings with Communist representatives in Moscow in December 1943.[40] At that time, Beneš wanted to combine the expulsion of Germans from the Sudetenland at the end of the war with the settlement of border areas in Bohemia and Moravia with Czechs and Slovaks. This plan received practical backing at the Potsdam Conference and was implemented from 1945 to 1947 in a long series of laws governing incorporation, confiscation and nationalisation.[41] Within the framework of these measures, the administration appointed government officials whose job was to run the factories or farms that had been nationalised. As early as the end of September 1945, not a single factory in Bohemia remained in German hands. The basis of these confiscation operations was provided by the nationalisation decree that Beneš issued on 15 October 1945, under the name, 'Decree concerning the confiscation of enemy property and the establishment of a national renewal fund' (Dekret o konfiskaci nepřátelského majetku a Fondech národní obnovy). The confiscation and nationalisation decrees were published separately, but simultaneously, in the Czech Republic and Slovakia, and were implemented by means of cancellation and other changes to land registry entries. In practice, the shift from confiscation to nationalisation abolished the principle of compensation, to which we will return below.[42]

A considerable proportion of the property confiscated remained in the hands of the state, contrary to the demands for privatisation made by the democratic parties.[43] In the course of nationalisation, ambiguity developed over the legal status of property, leading to unrestrained nationalisation carried out by local elements. The nationalisation process was accompanied by internal colonisation which took place under the supervision of the interior minister through the "resettlement" bureaus. The task of these bureaus was to distribute jobs and property left vacant by expelled Germans and Magyars to the Czechs and Slovaks being settled in their place. Expulsion and resettlement was undertaken in two waves. A first wave took place spontaneously in the winter of 1945, with the arrival of many of the Czechs who had been expelled or had fled from lands under Nazi occupation. The second large-scale wave, this time planned by the authorities, saw the arrival of new Czech and Slovak settlers, most of whom had been sent to far-flung or peripheral areas after having been evacuated from the central regions. All of these new settlers suffered acutely from a lack of accommodations, frequently being housed in temporary structures or communally in what had been the homes of Germans. This wretched state of affairs led some of the new settlers to take independent steps in the search for housing, such as taking possession of empty accommodations on their own initiative, and sometimes even moving from one residence to another, collecting transportable abandoned property as they went.[44] Although looting was widespread, information about such activities was silenced at the time by the upper political echelons.[45] This phenomenon of independent appropriation of abandoned property led to enhanced supervision of abandoned assets and to the introduction of favouritism in redistribution, which generally benefited members of the Communist Party. The Party's success in enacting legislation governing the ultimate redistribution of confiscated property helped increase its popularity prior to the 1947 elections. Notwithstanding the considerable opposition of the democratic parties at the end of the 1940s to nationalizing confiscated property,[46] this treatment of the border areas undoubtedly helped the Communist Party win power.

In order to define those who were earmarked for dispossession, it was important to establish clear-cut categories.[47] Affiliation with the German or Magyar minority was defined by membership in parties or groupings that either were recognised as such or displayed such markers as using the German or Hungarian language in professional contexts. Dispossession did not affect those Germans or Hungarians who were able to demonstrate loyalty to the Czechoslovak Republic, who had never harmed the Czech or Slovak people and had played an active part in the struggle to liberate Czechoslovakia, or who had been hurt as a result of Nazi terror. The patently evil nature of these laws becomes apparent above all when they are examined from the perspective of the confiscation of German and Hungarian Jews' property in Czechoslovakia. These Jews undoubtedly met the criterion of having been harmed by Nazism, but the Decree of 13 September 1946 ruled that in order for their property not to be confiscated, these Jews had to prove that they had not harmed the Czech or Slovak people in the past by active involvement in Germanisation or Magyarisation.[48] Thus, Jews who had promoted German or Magyar culture by establishing schools and other cultural institutions and had encouraged Czechs or Slovaks to send their children to such institutions, or had supported the political parties of the German or Magyar minority, or had given preference to employing individuals from these minorities, were stripped of their property.

Beneš's basic intention was to treat the confiscated property as part of the financial compensation that Germany would owe Czechoslovakia, compensation that, in his estimation, should have been incomparably greater than the value of the expropriated assets.[49] According to his plan, the Czechoslovak state would compensate the victims of Nazism with the confiscated property, while issuing certificates to the expelled German with which they could claim compensation from the German government for their confiscated property. However, Czechoslovakia backed down from this initial plan. According to the compensation agreement signed in Paris in January 1946, the property of Germans who were Czech citizens at the time of Germany's 1938 occupation of Czech territories was not to be included in the compensation to Czechoslovakia. As a result, Czechoslovakia claimed only the property of Reichsdeutsche (Germans from the Reich) for purposes of compensation. In so doing, it essentially acknowledged that the property it had confiscated from the Sudeten Germans de facto constituted the end of its claims to compensation.

It should be noted that the Czech decrees governing the confiscation of property relate to the categories of "Germans" and "Magyars" as categories of national affiliation, and not as strict categories of citizenship. In order to overcome the obstacle posed by pre-war legislation, according to which the loss of citizenship was tied to individual legal action, Beneš issued a presidential decree in August 1945 retroactively revoking the Czech citizenship of Hungarians and Germans from the date of their German or Hungarian naturalisation, that is, from October 1938 for Germans and March 1939 for Hungarians. Then, a week after those who had collectively received German or Hungarian citizenship had been stripped of their Czech citizenship, a further decree revoked the Czech citizenship of German Jews from Protectorate areas.[50] The measure revoking citizenship thus came to be applied to the Protectorate areas as a whole, despite the fact that this entailed counting the Jews as Germans. Even those individuals who had explicitly declared Jewish nationality in the 1930 population census were included in the 1945 decrees revoking Czech citizenship. The official justification for this counterintuitive step was that declaring oneself Jewish did not preclude harming the Czech or Slovak people through active involvement in Germanisation.

In contrast to the international agreement that existed over the expulsion of the Sudetens, Czechoslovakia enjoyed no such international approval and backing in the case of the Hungarian minority. Beneš's stubbornness over the Hungarian minority was the upshot of domestic considerations, namely his belief that this attitude would strengthen his shaky position among the Slovaks.[51] In the absence of international approval, Czechoslovakia was forced to deal with matters by means of a direct bilateral arrangement with Hungary under which the Hungarian government agreed to a population exchange of Slovak Hungarians for Hungarian Slovaks. In material terms, Czechoslovakia probably made a bad deal in this case, since the value of the property of those leaving was several times greater than that of the roughly 100,000 Slovaks coming to Czechoslovakia. While the former needed six railroad cars per average family to transport their belongings, the latter needed just one and a half. Furthermore, Czechoslovakia was forced to look for alternative solutions for "transferring" the remaining Hungarian minority—around half a million. The state opted for two strategies: internal colonisation, and "re-Slovakisation". In order to implement the first strategy, 44,000 Hungarians were sent as agricultural labourers to the Bohemian lands in the autumn of 1945; around half of them returned to Slovakia within four years. The second strategy was even less successful. In June 1946 the commissioner for internal affairs in Slovakia approached the Hungarian minority and offered them the option of declaring themselves "Slovak Hungarians". In fact, 410,000 Hungarians did so, in the hope that such a declaration would protect them from expulsion and preserve their property and citizenship rights. The population census of 1950, however, shows that most, if not all, of the new "Slovak Hungarians" soon openly returned to their Hungarian identity.

Compensation and Memory

At the beginning of this paper I made the point that the notion of "ethnic cleansing" is relatively new, and that since the 1990s it has described phenomena that took place under other names throughout the entire twentieth century. Willingness to adopt the notion of "ethnic cleansing" in the debate involving Central and Eastern Europe testifies in and of itself to a profound change in European consciousness. In the European countries discussed here, it was customary to utilise concepts that were in common use in the Soviet Union, such as "repatriation", "transfer" or, alternatively, the neutral term "resettlement", in order to describe the various expulsions of populations that took place from 1944 to 1948.[52] The adoption of the concept of "ethnic cleansing" in the rekindled public and academic debate concerning the millions of expellees from this period results from and reflects a growing post-Cold War European moral sensitivity.

The beginnings of this debate can be found among dissident circles from Eastern Europe from the 1970s onwards.[53] Czech dissidents began to contest the conventional story about the need to expel some three million Sudeten Germans, challenging the moral justification for these measures. These circles countered the traditional explanation about the Sudeten Germans' treachery and the Czechs' warranted mistrust of their loyalty to the Czech state with an argument to the effect that the sweeping collective charge levelled at the Sudetens was intended to mask the Czech-Slovak feeling of guilt at remaining aloof throughout all the years of the Nazi occupation.[54] However, dissident circles did not merely express moral criticism about what had taken place: at the same time they began to question the actual advantages that had accrued to Czechoslovakia as a result of this step. By expelling the Sudetens, Czechoslovakia lost around one quarter of its population. According to the dissidents, Czechoslovakia failed to make up this demographic loss over the following thirty years. The shortfall could not be measured in quantitative terms alone, but was a qualitative loss as well, so the dissidents argued, since the Germans were the professional elite of Czech society, and the transfer of ethnic Czechs from a peasant background to Sudeten industrial regions was not a satisfactory substitute.

The dissidents' arguments were not limited to demography and socio-economic statistics alone. Turning their attention to the question of property, the dissidents asserted that Czechoslovakia had dug its own grave by expelling the Sudetens. As they were leaving, Sudeten expellees were allowed to take with them only a tiny proportion of their property. In 1945, for example, the deportees were allowed baggage weighing from 30 to 50 kilograms, food for three to ten days and a maximum of 100 to 300 Reichsmark;[55] the remaining property was confiscated, nationalised and redistributed. In fact, this confiscated property was intended as an economic basis for Czechoslovakia's recovery; according to the dissidents, however, the cumulative amount that fell to state was incomparably smaller than had been anticipated. The gap between the estimated value of the confiscated property and its actual value led the dissidents to argue that great amounts of property had been looted and stolen, and that the expulsion of the Sudetens was thus accompanied by state greed on the one hand and the loss of civil respect for private property on the other.[56] The dissidents argued that it was the expulsion that constituted the nucleus of the economy's destruction, and not the Soviet mentality. In particular, the dissidents stressed the fundamental consequences of abrogating property rights: in the absence of the sanctity of private property, that is, in the absence of the right of ownership, civil society cannot be maintained.[57] This was most probably the most important insight of the dissidents, and it is equally applicable to all countries that carried out expulsions.

The dissidents' early insights must, of course, be viewed in a completely different context in later years, in particular during the period between the collapse of Eastern European Communism and the expansion of the European Union. Dan Diner has written recently about the epistemological, political and moral significance of the delicate archaeology of exposing the ownership of property.[58] While the Cold War operated as a mechanism that neutralised memories, he argues that the collapse of Communism and the reversal of the nationalisation of property effected in the "people's republics" in the second half of the 1940s are bringing to the surface the neutralised collective memories relating to past traumas. According to Diner's argument, not only the memory bound up with legal rights to private property, inextricably linked to pure objects, but also the memory of times past—times that were bound up with the "longe-durée pre-war as well as short-durée traumatic war events"—come to the surface following the restoration of property rights. Diner describes the reinstating of property rights after 1989 as a kind of "lever for memory, geared to reappropriate the past".

The land register turns out increasingly to become an arsenal of a memory-complex extending further back, beyond the post-war socialisations, as these layers are pealed off to reveal so called Aryanisations of property executed only few years earlier, lying right beneath. Such an archaeology of legal claims reflects the layer by layer succession of violence and political coercion applied in the past. Again: Anthropologically property and memory are in a manner of relation that is indeed epistemic.

It may be that Diner's argument is too sweeping in the legal context, and this is undoubtedly the case in the physical or material context.[59] True, fascinating interactions can be discerned, in particular between the eastward expansion of the European Union and the willingness on the part of new members in the Union to recognise injustices committed in the past. Joint historical commissions—German-Polish and German-Czech—have in recent years arrived at wide-ranging points of agreement on expulsion and dispossession in the years 1944–1948.[60] Nonetheless, the wording of all joint declarations, such as the 'German-Czech Declarations on Mutual Relations' in 1992 and 1997, as well as more recent declarations, makes clear that the Czech Republic has no intention of imposing the past on the present or future by considering restitutions for property lost by Sudeten Germans.[61] Demands such as those by expellees' organisations that the Czech Republic reverse the expropriation orders enacted by Beneš are perceived by the Czechs as a challenge to the legality of the Czech legislative process and to the very legitimacy of the Czech state. Nonetheless, one may assume that in the framework of European expansion, symbolic expressions will be required of the Czech Republic that will go beyond the limits of a moral apology, such as that made by Václav Havel in his first diplomatic act as president. Moreover, expansion of the European Union has made it possible for German citizens to acquire property in the Czech Republic as private individuals. For better or for worse (depending on one's point of view), the Sudetenland might well became a kind of Czech Tuscany for Sudetens.

An initial glimpse into the psychological significance of these processes can be gained from the recent sociological research on the German-Czech border area undertaken by a joint German-Czech research group.[62] This research documented a Czech reaction to Sudeten demands that, considering the general Czech interest in the German language and the predominantly positive Czech attitude towards the German neighbours across the border, appears remarkable by reason of its complexity.[63] Roughly a fourth of respondents considered the expulsion justified beyond a doubt, around two-thirds of respondents viewed the expulsion as a legal step and approximately ten percent refused to consider the subject. Just ten percent of those interviewed saw the expulsion as cruel and unjustified, while, not surprisingly, fewer than four percent justified and even welcomed a

Sudeten "right of return". It is doubtful, of course, whether the issue of the right of return will maintain its significance in the context of a unified Europe and a free real-estate market.

Population Exchanges and Nation Engineering

The European debates about Sudeten Germans' "right of return" are linked to both the Jewish and the Israeli histories. In the Jewish context, the Soviet nationalisation operations were a direct continuation of Nazi "Aryanisation". Among other things, the reinstating of property rights in Central and Eastern Europe today is revealing the identities of the Jewish owners dispossessed by both the Nazi and Communist dictatorships. In this essay, I will examine the Israeli context germane to the issue of ethnic cleansing. Official apologies as historic gestures, joint committees of historians and discussions of return or compensation are elements manifestly relevant to the relationships of Israelis with the Palestinians specifically and the Arabs generally. As Dan Diner puts it, the rekindled discussion of the Palestinians' rights must be understood as an amplifying "sound board" of the European debate on memory and restitution.[64] In this context, the time will likely come for similar discussions concerning the processes of decolonisation, during which many of the Jews from Arab countries were dispossessed.

In the framework of discussions in recent years on the question of compensation in any future peace arrangement, one often hears the argument that, in political terms, one must differentiate between the Israeli-Palestinian conflict and the issue of Jewish property in Arab countries. Any blurring of this distinction, so the argument goes, is likely to sabotage the search for a bilateral compromise between Israel and Palestine and to strew the road to peace with unnecessary obstacles. At a workshop at Canada's McGill University in 1999 on compensation as part of a comprehensive solution to the Palestinian refugee problem, academics from both camps tried to hammer out preliminary guidelines for dealing with practical and decisive questions of compensation as part of a peace agreement. While the participants emphasised that a distinction must be made between Palestinians' claims and the claims of the Jews from Arab countries, they came to agree that, in contradistinction to the tendency to see Jews from Arab countries and Palestinians as competing groups, both sides have experienced a common fate of expulsion and dispossession which can act as a basis for cooperation instead of competition.[65]

Despite the *Realpolitik* logic that this conclusion reflects, it is difficult to ignore the glaring contradiction within it. While, tactically speaking, it is desirable to distinguish the claims of the Palestinian refugees towards Israel from the claims of the Jewish expellees towards their Arab countries of origin, psychologically it would have been a good idea for both sides to gain a more profound awareness of the similarities of the their common experience of expulsion and dispossession. The basic challenge that underlies this dilemma is how to bring about a cognitive connection between events that are genuinely related in historical terms, without enabling each side to paralyze the political process and force a stalemate in the diplomatic process. The nature of the contemporary European discussion, and especially the growing awareness of the historical role of ethnic homogenisation in nation-building processes, may well result in the fashioning of new standards for the debate. The question is whether, in light of this historical awareness, any straightening of the diplomatic account that ignores the desire for compensation on the part of the injured individuals, as has been heatedly debated in Central Europe and is the practice in the Middle East, will be considered adequate.[66]

The current discussion about compensation is an offshoot of the present general historical judgement of ethnic cleansing. Today, politics and research alike tend to judge ethnic cleansing as a negative practice. Throughout the entire first half of the twentieth century, however, ethnic cleansing operations were an inseparable part of solving minority problems. In September 1913, Turkey and Bulgaria brought the Second Balkan War to an end with the Treaty of Constantinople, which redrew the common border and was followed in November by a population exchange agreement: the Convention of Adrianople. Greece and Turkey signed a similar agreement, the Convention of Lausanne, in January 1923.[67] In their time, these were considered successful agreements. Naimark points out that they constituted part of the pool of successful examples from which Churchill and Roosevelt drew their ideas about shaping the post-war Central European states.[68] It was Britain's Foreign Office that took the initiative in December 1943 in setting up a subcommittee of various governmental departments to examine historical precedents as part of preparing a transfer of the Germans. In light of the Greek-Turkish precedent, the committee advised that, given the necessity of a transfer, a short, quick operation would be the least disruptive from the point of view of the expellees.[69] In terms of the international law of the period, these were in all respects legitimate steps and, furthermore, were considered acceptable as a preventive measure for defusing international conflicts.[70] This historical European thinking has also influenced the understanding of the conflict in the Middle East.

One of many examples of the transfer of ideas concerning the legitimacy of ethnic cleansing from the European to the Middle Eastern context can be reconstructed around the intellectual activities of Joseph B. Schechtman. Born in Odessa, Schechtman was elected president of the Revisionist Movement in Warsaw in 1936, where he sided with Jabotinsky in leading the struggle for the plan to evacuate Polish Jewry. After his office was closed down in 1939, Schechtman remained in Poland, where he continued to act on behalf of the evacuation plan in the countries of Eastern Europe. With the outbreak of the war, Schechtman managed to flee to France with his family, escaping to the USA after the French capitulation. There he was responsible for the establishment of the Research Bureau on Population Movements in 1941. As a result of his familiarity with European contexts, in 1944–1945 he was appointed as a consultant to the United States Office of Strategic Services in Washington. In 1945 he settled down in New York, where he worked on his book, *European Population Transfers*. Published in 1946, this was the first work to look at ethnic cleansing from a comparative perspective.[71] "The Author believes", declared Schechtman,

> that many important conclusions can and must be drawn from past transfers and that the idea underlying any transfer scheme is basically a preventive one. If a country, or two countries, or an international body is faced with a minority problem which manifestly cannot be solved within the existing territorial framework and which, if perpetuated, will obviously lead to international complications and possibly to war, recourse should be taken at once to the preventive device of transfer.[72]

In his book, Schechtman was extremely adamant that minority agreements had no chance of success, and he dismissed the underlying assumptions of post-World War I minority agreements as misguided and erroneous. While acknowledging the inability of a peace agreement to draw a European map that would demarcate ethnically uniform geo-political entities, Schechtman goes along with a position that was increasingly becoming publicly accepted, namely that in a number of at-risk areas the only possible solution is "ethnic shifting of the minorities".[73] Schechtman certainly did not consider ethnic cleansing a universal solution to minority problems. On the contrary, he argued that, in certain cases, all that is needed is a fair attitude towards the minority on the part of the state, under the auspices of international covenants; in other instances, reciprocal bilateral agreements may provide a solution; and in yet other situations, an international supervisory mechanism through the League of Nations may prove adequate.[74] Nor did he reject out of hand the Soviet solutions to minority problems. Any chance of a solution that does not involve transfer must, he felt, be given consideration as a top priority. "The transfer of populations", Schechtman asserted, "should be decided on only in the last instance, not as an ideal solution, but as a necessary evil".[75]

Schechtman's book is not a private essay, but a document of its time. Although it is impossible to ignore the understandable historical motives of post-war Czechoslovakia and Poland for pursuing measures against their German minorities, the homogenisation policy pursued after 1945 reflected the general belief in the advantages of homogenised ethnic states for state control, legitimacy and stability.[76] In practice, the perception of nationalism that came to dominate Europe in the wake of World War II was very different from the mechanisms for protecting minorities suggested by President Wilson after World War I: while the latter focused on the minorities, the former focused completely and exclusively on the needs and goals of the national majority. Schechtman's view is important for our concerns not only because his book was the first of its kind and has basically retained its unique research status to this very day, but also because his outlook understood population policies in post-war Europe and Palestine as interrelated phenomena. Thus it comes as no surprise that Schechtman, who in 1945 was invited by the Czechoslovak government to investigate the Sudeten problem, quoted Beneš's assertion concerning "the diabolic need for transfer" in justifying population transfer as the only possible solution to the crucial problem of the Palestinian minority in the new state of Israel.[77]

Schechtman tried to convince the Zionist movement's institutions of the crucial nature of a population exchange between Israel and Iraq. His plan was to establish a link between transferring the Palestinian population in Israel/Palestine to Arab countries, especially Iraq, and transferring the Jews living in Arab countries to Israel. In any case, Schechtman believed, a reciprocal process of population exchange was preferable to bilateral ethnic cleansing because it assured more successful protection for minorities.[78] On the basis of the Greek-Turkish experience of 1923, Schechtman believed that mutual interests in the framework of population exchanges help minimise the danger of discrimination against the "cleansed" minority. Furthermore, Schechtman believed that population exchanges do in fact make property exchanges possible, a solution preferable in all respects to any other compensation formula. Even in cases where no numerical equality exists between the minorities involved in a population exchange, and even if seamless job exchanges between the groups involved prove impossible, Schechtman still believed that, generally speaking, population exchanges are more likely to succeed than processes involving the one-sided cleansing of any given population.

While it is indeed true that population exchanges are of a different nature than ethnic cleansing, it is doubtful whether they constitute a panacea for minority problems. The population exchanges between Ukraine and Poland that took place in 1945–1946 illustrated the shortcomings of the method of population exchange. After Poland, in the framework of Soviet population policies, had expelled close to half a million Ukrainians from its eastern areas to Ukrainian territory, it took steps to "deal with" the 200,000 individuals still on its territory whom it could not force to migrate. The Ukrainian underground's assassination of the Polish national hero and deputy minister of defence, General Karol Swierczewski, gave Poland the excuse it needed to disperse the remaining Ukrainian population, concentrated in the east, throughout its western territories, thereby minimizing its demographic significance. "From the Polish point of view", notes historian Orest Subtelny, "these events marked a historic transition of Poland from a multiethnic to an essentially ethnically homogeneous society".[79] The separation of Poles and Ukrainians after centuries of neighbourliness and conflict led to a situation in which "the basis for ethnic conflict disappeared". The price, Subtelny reminds the reader, was a high one, principally for the Ukrainians who suffered trauma and expulsion and were never compensated, neither in the Ukraine nor in Poland. The price paid by the Ukrainians as a whole was also high, since traditionally Poland had been their bridge to the West. The separation severed this bridge and "pushed" the Ukrainians eastward. However, unlike the Polish military historian, Marek Jasiak, who sees these events as "one of the darker chapters in Polish history",[80] Subtelny offers an opposing view: "It seems", he concludes, "that the separation of the two people was a necessary precondition for the development of a mutually beneficial relationship between them. Apparently the old adage that 'good fences make for good neighbors' has been proven true once more".[81]

Many researchers, as can be seen from recent studies, differ as to the extent to which ethnic cleansing operations in their own countries were worthwhile in historical terms. Yet anyone who might be inclined to derive from this historical scrutiny practical guidelines for the future would perhaps do well to heed the words of Ana Siljak, who, after presenting all the aspects of the debate and showing the inability of separation to solve crises, warns "those who would once again undertake social engineering on an international scale" that

> [i]t is one thing merely to imagine that ethnically pure communities will solve ethnic conflict. It is quite another thing actually to create such communities. Before any future separation of ethnic groups is contemplated, a sober assessment of the means must be undertaken.[82]

In my view, it is precisely in the tension caused by the gap between past legitimacy and present illegitimacy, between past actions that undoubtedly took place and the desire to overcome their negative implications in the present, that the key question about the similarities and differences between the Central European and Israeli experiences lies. I would argue that this gap is of enormous significance in the process of historical reconciliation today.

Memory and Amnesia

It will be remembered that Jennifer Preece considers 1948 a turning point, before which ethnic cleansing enjoyed essentially positive international recognition and after which ethnic cleansing came on the whole to be severely censured. From this point of view, research dealing with the 1944–1948 period falls into the no man's land between former legitimacy and present illegitimacy. If 1948 is genuinely a turning point for the permissibility of ethnic cleansing, then the birth of Israel closes the chapter of legitimacy and opens the chapter of illegitimacy.[83] Such an understanding of events in Israel should enable a reconsidered historical reading of 1948 in terms of the parallel European context. True, any historical comparison is subject to criticism, since by its very nature it emphasises dissimilarities as well as similarities;[84] and indeed, the comparison of the parallel occurrences of ethnic cleansings in Central Europe and the 1948 war would appear to do great injustice to the diachronic development of each case in its own right. In the present context, however, rather than claiming that there is any similarity between the historical circumstances that led to ethnic homogenisation in Palestine/Israel and in the Central European space—such an argument would be utterly anti-historical—I merely argue that the scope and historical moment of the process in the Israeli space make it parallel to the Central European process. The Palestinians who fled and were expelled in 1948 left behind, in addition to around 1.5 million acres of land, a total of 94,000 residential rooms, 9,700 stores and around 1,200 offices.[85] The absorption of this property, its nationalisation and redistribution, involved phenomena similar to those known from the Central European context. Such phenomena included looting, conflicts of interest and competition between established immigrants and new arrivals, and the misuse of abandoned property by politicians to reward close associates and garner political favours for the future.[86]

Admittedly, Israel in 1948 did not import its ideas exclusively from Central Europe. For instance, Zalman Lifschitz, who would become Ben-Gurion's adviser on land matters, strove in 1948 to achieve a combination of population transfer and population exchanges, proposing the population exchanges in the Balkans and refugee rehabilitation in countries such as Greece and Bulgaria as case studies from which lessons could be drawn concerning a solution to the Arab refugee problem.[87] In a complex matter such as "absentees' property" the State of Israel studied and partially copied the Indian-Pakistani model, which reflected a post-colonial situation similar to that in Israel.[88] My argument, however, focusses primarily on the question of the historical legitimacy of the political and military course taken in Israel in 1948, both at the time and on subsequent examination. In this context, it is the common thread of the tension between the original legitimacy of events falling in the "window of opportunity" and their illegitimacy in retrospect, after the international community had reversed its position on ethnic cleansing, that links Israel to Central Europe.

Contemporary European research may be useful for the understanding of the significance of civil processes, and in particular of the close connection between ethnic cleansing and nation-state formation. A superficial examination indicates many structural similarities between the establishment of Czechoslovakia and Poland after World War II and Israel's establishment in 1948, such as expulsion of established residents and absorption of new arrivals, tensions between old and new inhabitants, and use of "absentees' property" to consolidate state-level Socialism by harnessing various sectors together in a governmental culture of favouritism.

But to look at the past is also to look at the future, as this discussion takes us back to the possibility of historiography as bridging, with which we began this essay. For this purpose, we will dwell on Breslau as a piece of live testimony to the ethnic cleansing process that took place in Central and Eastern Europe during and after World War II.[89]

In an autobiographical book entitled *A Visit to Hades*, Günther Anders, a German-Jewish writer born in Breslau in 1902, describes his visit in 1966 to the city of his birth, which he had left in 1915.[90] Anders walks around the streets of Wroclaw, describing a path between that which is still there and that which has vanished.

> But the fact that these houses are still standing, that there is even something resembling a coherent piece of street, even an entire street practically, is unfathomable. The frightening thing is not what is no longer there, not the gaps, but, on the contrary, what happens to still be in the void that had actually been expected.[91]

Throughout his entire visit, Anders examines his feelings about that which is present and that which is not. "Time and time again", he writes,

> I ask myself as I stroll the streets whether it really doesn't bother me, whether I'm not upset, somewhere in some hidden corner of my soul, that this city is now a Polish city, that it's not only called Wroclaw, but really is Wroclaw. ... Here I am, wandering around the place... and here of all places I cannot say a single word nor understand one. And despite this I still don't feel offended?
> No. Not in the slightest. At most, full of pain. Full of pain that I'm not offended and that it doesn't make me suffer. ... Indignation at the de-Germanisation? No, no longer even pain. Rather, just hope that this city, which is here arising all over again, and its present-day and future inhabitants will forever be spared anything similar.[92]

Anders lists the reasons for the mental aloofness that he feels over the fact that the German city of his birth, Breslau, has been turned into the Polish city of Wroclaw. He blames Breslau's final de-Germanisation on the ideological world introduced with the Nazis' rise to power, as well as on the house-to-house war that the Nazis waged in the city's streets even in the face of certain defeat.

However, Anders is not satisfied merely to make an emotional report; confronted with modern-day Breslau, he apparently feels the need to sum up his basic outlook regarding nativeness and legitimacy, doing so in a rather unexpected fashion:

> But this was a *German* city.
> Certainly. There was many a thing. But is every thing that "was" the justification of an "is"? On what basis does a status quo have the right to be aprioritised and regarded as legally binding? After how many years, then, does power usurped by force begin to become transformed into a sacred common law? Was Breslau by any chance German before Friedrich plundered Silesia? Did the city feel itself at the time to be the sister city of Berlin? Indeed, it is not hard to imagine the indignation of those Breslauers who were suddenly supposed to be Prussians. Could Austria today perhaps invoke Maria Theresia's deed of ownership? If so, then the Czechs could also come with equal right because Breslau likewise once belonged to Bohemia.[93]

No, in *that* manner legitimations are indefensible. There are no "natives" who, under all circumstances and once and for all, might have an "inalienable right" to place "A" because they were born there. It is also possible to forfeit a right, and only he who hasn't forfeited it has a right to his right. —Of course, that also applies to the legal title that the Poles now possess. This title is not based on the fact (which they have stressed too frequently and too much in terms of blood-and-soil) that a thousand years ago Silesia, including Breslau, was Slavic or even Polish—that proves just as little as the fact that Silesia was once Bohemian or once Austrian or once German. Rather, the Poles' present-day right to this territory is based exclusively, but absolutely indisputably, on the boundless wrong that was done to them: on the fact that the German army of aggression, not to mention the SS, from September 1939 onwards devastated almost every Polish city and liquidated one out of every four Poles. It is this monstrous wrong that was done to them that is the basis of the right of those Poles who survived. And this, their right to "make themselves at home" in the houses—that is, in the "houses", or rather their ruins—of the defeated conqueror, is just as great as the wrong that was done to them, and thus, boundless.

Figuratively speaking, why shouldn't the abased and impoverished family of a man who has been murdered by a neighbour be allowed to claim a right to the house of the defeated murderer, once he has been defeated? Conversely, why should the murderer, who, moreover, had laid waste to his own house with his own hands, now be allowed to move into this house after it has—no thanks to him—been rebuilt?

No, I would not advise those former Silesians who cite the fact of their birth in Silesia to base their legal claim on that fact. Quite apart from the fact that the former refugees don't really want to go back, but rather are only making protestations to that effect—the number of the Germans that were born way over there in Breslau is declining from day to day, while the number of Poles entering the world in Wroclaw is growing from day to day. In the hotel I saw a two-year-old girl, the daughter of an employee. Since this woman was born in Wroclaw eighteen years ago, her daughter represents already the second Polish generation. This fact can no longer simply be discussed away.[94]

Anders' testimony, his inability to feel affronted in the slightest by the Polishizing of the city, definitely did not represent the Breslau expellees as a group. "I know", he writes, "that some of my German friends will be upset with me for this when I return home".[95]

Far more representative than Anders' testimony are the accounts collected in the early 1950s on behalf of and with funding by the German Ministry for Expellees, Refugees and War Victims (*Ministerium für Vertriebene, Flüchtlinge und Kriegsgeschädigte*) in an ambitious project undertaken among German expellees from the East by historian Theodor Schieder. Explaining one of the motivations behind the project, Schieder noted that "[t]he victims of this catastrophe drew up no official reports and had no way of going through official channels. They would remain mute for posterity, were they not offered an opportunity to write their experiences down from memory or commit them to record".[96] In order to address the problem of the credibility of unconventional sources, the project supervisors developed a process of cross-checking testimony, by means of which they ruled out accounts that were shown to be unreliable or inclined to exaggerate. The editors of the volume made a point of emphasizing that they were driven not by political motivation, but by purely scientific considerations: the desire for peace in Europe, so they claimed, was what motivated them, and in its name they rejected all desire for vengeance. This, however, was the early 1950s, and Germany, in particular the ministry that financed the project, was far from recognizing the results of the war. Recognition came later with the "Eastern treaties" (*Ostverträge*) in 1970, and with the final recognition of the German-Polish border after the unification of Germany in 1990. In the early 1950s, when these accounts were collected, the project was a transparently political undertaking, and the introduction to the volume contained a certain degree of sham innocence, not to say sanctimoniousness.

European reconciliation processes came about—and could only come about—in a post-conflict situation. Throughout the process of unification, Germany, under the leadership of Chancellor Helmut Kohl, refrained from holding an international peace conference. With the support of the United States, in 1990 Germany managed, under what came to be known as the Two Plus Four Agreement (*Zwei-plus-Vier-Vertrag*), to avoid potential claims by some 60 countries of whom Germany had been an adversary in World War II, thus sparing itself a Pandora's box of demands for reparations.[97] On its own initiative, Germany sought compensation agreements, expanding existing agreements with countries of the West to include to Poland, the Russian Federation, the Ukraine and Belarus. While some may hold that "historical justice" was not done in respect of reparations, the positive outcome of these agreements appears unquestionable, insofar as this approach enabled the partial maintenance of the equilibrium that had been achieved by the Cold War, and rendered possible, just fifty years after the fact, a historical process of reconciliation. In the German-Polish case, the absence of territorial claims in the reconciliation process laid the foundation for the expansion of the European Union that we have recently witnessed.

The Czech-German case differs somewhat from its Polish-German counterpart.[98] The fact that Czech-German reconciliation coincided with the break-up of Czechoslovakia into the Czech Republic and Slovakia made things difficult for the Czech Republic. At the same time, the accession to the European Union of Austria, whose "Freedom Party" (*Freiheitliche Partei Österreichs*) under Jörg Haider enthusiastically supported its Sudeten claims, appeared to threaten the status of the new Czech republic in a revitalised Europe.[99] Even if, in the German-Czech context, there could be no talk of restoring territory (other than by particularly strident voices coming from Sudeten German expellees' organisations), renewed compensation demands by Sudeten Germans, combined with the German government's constitutional difficulty in officially dropping such claims, generated parallel Czech demands for compensation for damages inflicted by the Nazi occupation.[100] Subsequently, the Sudetens instigated a legal debate about the admissibility of the "Beneš Decrees", thereby threatening for a while the Czech Republic's accession to the European Union. Although the European Court of

Justice later ruled that the admissibility of the "Beneš Decrees" had no bearing on the Czech Republic's accession to the European Union, the dark shadow of the past still hovers over the process of normalizing relations between the Czech Republic and Germany, and from time to time discordances can still be heard.

In an attempt to neutralise the political sting of the "Beneš Decrees", demographer Rainer Münz recently argued that the current reality would not have been markedly different in the absence of the decrees. Even without the expulsion of the German minority from Czechoslovakia, he asserted, it was highly doubtful whether a substantial German minority would have remained in today's Czech Republic.[101] A considerable proportion of the Sudeten Germans, he argues, would have assimilated with Czechs, while many others would have chosen to migrate to West Germany, as did most of the German minority in Romania, Russia and Poland during recent decades. However, this conjecture is no more than an interesting attempt at counter-factual history, which is likely to become relevant only if and when such history should be required as a basis for an attempt to determine the appropriate level of compensation for past dispossession.[102]

More important than Münz's account is historian Jan Pauer's attempt to deal with the ever widening gap between "legal justifications" and "moral judgements" in the Czech position on the expulsion of the Sudetens. In his nuanced writings, Pauer navigates a narrow path between legitimate historical assertions and unreasonable and destructive political claims.[103] Pauer identifies the tendency on the part of Czech intellectuals and politicians to get carried away when defending the "legitimacy" and "legality" of the "Beneš Decrees" out of their justified desire to reject the unjustified Sudeten claims for re-evaluation of property questions. The Beneš Decrees, he argues, were legal because they were based on the law, and they were "legitimate" because they were passed by the Czechoslovak legislature of the time, yet it is doubtful whether these facts confer moral legitimacy upon them. Hence Pauer proposes the following approach:

> Would it not be more appropriate to acknowledge the legally binding character of the decrees and at the same time morally distance ourselves from them and clearly state that, from the perspective of today's legal standards, the decrees are not—despite the clauses with exceptions for German anti-fascists—compatible with the human rights guaranteed in the Czech constitution?[104]

Pauer's distinction between justice and law contains much that is valid for the Israeli case.

Israel today is in an entirely different situation from its Central European contemporaries. In the absence of a political solution, and given the basic lack of any agreement over territorial questions, historiography is unable to serve a bridging function; in fact, the odds are particularly high that historiography is more capable of igniting conflicts than putting them out.[105] When Ilan Pappé asserts that "Israeli research on the 'Nakba' must be part of a public campaign based on clear-cut, unambiguous positions about the conflict and its solution", and when he goes on to define these positions as committed to "financial compensation to the Palestinians, the Palestinian right of return and Israeli moral responsibility", he is putting the cart before the horse.[106] "To seek a path between vengeance and forgiveness is also to seek a route between too much memory and too much forgetting", writes Marta Minow in her book on coming to terms with genocide.[107] Minow's writings possess a general validity that goes well beyond the Israeli-Palestinian context, yet in the Middle Eastern context her work has particularly grave implications. At this stage, one must most probably make do with an acknowledgment that truth, justice and peace do not tend to coexist, and that at certain historical moments, perhaps on a temporary basis, it is necessary to establish a hierarchy of priorities.

Notes

1 Søren Kierkegaard, *Repetition*, trans. by Walter Lowrie, New York 1964, p. 33.

2 Ilan Pappé, 'The Tantura Case in Israel: The Katz Research and Trial,' in *Journal of Palestine Studies*, vol. XXX, no. 3 (Spring 2001), pp. 19–39.

3 Pappé, pp. 29–30.

4 Pappé, p. 20.

5 Omer Bartov, 'An Infinity of Suffering,' in *Times Literary Supplement*, 15 December 2000, p. 6; cited in Pappé, pp. 20–21.

6 On historiography, Zionism and the legitimacy discourse, see Dan Diner, 'Historische Anthropologie nationaler Geschichtsschreibung,' in David N. Myers and Michael Brenner (eds.), *Jüdische Geschichtsschreibung heute. Themen Positionen Kontroversen*, Munich 2002, pp. 205–216.

7 Pappé, 'The Katz and the Tantura Affairs: History, Historiography, the Court and the Israeli Academia,' in *Theory and Criticism* 20 (2000), pp. 191–218 [Heb. version of Pappé, "The Tantura Case"], p. 200.

8 Ibid.

9 See Norman M. Naimark, *Fires of Hatred: Ethnic Cleansing in Twentieth-Century Europe*, Cambridge, MA, 2001, pp. 2–3; Keith Doubt, *Sociology after Bosnia and Kosovo: Recovering Justice*, Boston 2000, pp. 15–24.

10 Eric D. Weitz, *A Century of Genocide: Utopias of Race and Nation*, Princeton 2003, p. 10.

11 Naimark, p. 4.

12 Pappé, 'The Katz and the Tantura Affairs', p. 203.

13 Ibid.

14 Ibid., p. 204.

15 On the relation between historical truth and reconciliation, see Michael Ignatieff, *The Warrior's Honor: Ethnic War and the Modern Conscience*, New York 1997, pp. 164–190, esp. 176–178.

16 For the U.N.'s broad definition of ethnic cleansing, see *Final Report of the Commission of Experts Established Pursuant to Security Council Resolution 780 (1992)*, 27 May 1994, par. 129.

17 Naimark, pp. 2–3.

18 Alfred Rieber opposes using the term 'ethnic cleansing', which he considers to be an imprecise term that is easily misused for propaganda purposes. See Alfred J. Rieber, 'Repressive Population Transfers in Central, Eastern and South-eastern Europe: A Historical Overview', in *The Journal of Communist Studies and Transition Politics*, vol. XVI, no. 1/2 (2000) (*Special Issue: Forced Migration in Central and Eastern Europe, 1939–1950*), pp. 1–27, p. 3.

19 On the differences in expulsion practices between the twentieth and preceding centuries, see Rieber, p. 4.

20 Jennifer Jackson Preece, 'Ethnic Cleansing and the Normative Transformation of International Society,' paper presented to the Conference Globalization and the Failed State, Florence, Italy, 7–10 April 2000; idem, 'Ethnic Cleansing as an Instrument of Nation-State Creation: Changing State Practices and Evolving Norms,' in *Human Rights Quarterly*, vol. XX, no. 4 (Nov. 1998), pp. 817–842.

21 Eugene M. Kulischer, *Europe on the Move: War and Population Changes, 1917–47*, New York 1948, pp. 282–294; Naimark, pp. 108–111.

22 Detlef Brandes, 'Beneš, Jaksch und die Vertreibung/Aussiedlung der Deutschen,' in Detlef Brandes, Edita Ivaničková and Jiří Pešek (eds.), *Erzwungene Trennung. Vertreibungen und Aussiedlungen in und aus der Tschechoslowakei 1938–1947 im Vergleich mit Polen, Ungarn und Jugoslawien*, Essen 1999, pp. 101–110; Naimark, 112–114.

23 Claudia Kraft, 'Der Platz der Vertreibung der Deutschen im historischen Gedächtnis Polens und der Tschechoslowakei/Tschechiens,' in Christoph Cornelißen, Roman Holec and Jiří Pešek (eds.), *Diktatur—Krieg—Vertreibung. Erinnerungskulturen in Tschechien, der Slowakei und Deutschland seit 1945*, Essen 2005, pp. 329–353. See also Istvan Deák, 'The Crime of the Century,' in *The New York Review of Books*, vol. XLIX, no. 14 (26 September 2002), pp 48–51.

24 Eagle Glassheim, 'National Mythologies and Ethnic Cleansing: The Expulsion of Czechoslovak Germans in 1945,' in *Central European History*, vol. XXXIII, no. 4 (2000), pp. 463–486, p. 463.

25 Naimark, pp. 117–120

26 Kraft.

27 Krystyna Kersten, 'Forced Migration and the Transformation of Polish Society in the Postwar Period,' in Philipp Ther and Ana Siljak (eds.), *Redrawing Nations: Ethnic Cleansing in East-Central Europe, 1944–1948*, Oxford 2001, pp. 75–86, p. 80.

28 Kraft.

29 Zdeněk Radvanovský, 'The Social and Economic Consequences of Resettling Czechs into Northwestern Bohemia, 1945–1947,' in Ther and Siljak, pp. 241–260, esp. 248–251.

30 Helmut Slapnicka, 'Die rechtlichen Grundlagen für die Behandlung der Deutschen und der Magyaren in der Tschechoslowakei 1945–1948', in Richard G. Plaschka et al. (eds.), *Nationale Frage und Vertreibung in der Tschechoslowakei und Ungarn 1938–1948*, Vienna 1997, pp. 153–192, esp. 159–160.

31 Philipp Ther, 'A Century of Forced Migration: The Origins and Consequences of "Ethnic Cleansing",' in Ther and Siljak, pp. 43–72, p. 59.

32 Claudia Kraft, 'Who Is a Pole, and Who Is a German? The Province of Olsztyn in 1945,' in Ther and Siljak, pp. 107–120, p. 112.

33 Naimark, pp. 133–136.

34 Bernard Linek, '"De-Germanization" and "Re-Polanization" in Upper Silesia, 1945–1950,' in Ther and Siljak, pp. 121–134, esp. 129–130.

35 Jerzy Kochanowski, 'Gathering Poles into Poland: Forced Migration from Poland's Former Eastern Territories,' in Ther and Siljak, pp. 135–154, esp. 146–147.

36 Kraft, 'Who Is a Pole,' p. 117; Naimark, p. 135.

37 Kochanowski, pp. 147–148.

38 For a general description, see Detlef Brandes, *Der Weg zur Vertreibung 1938–1945. Pläne und Entscheidungen zum 'Transfer' der Deutschen aus der Tschechoslowakei und aus Polen*, Munich 2001, pp. 377–428.

39 Glassheim, p. 471–472. The fact that such programmes became components of the Czech political agenda at such an early stage leads Glassheim to assume that the ethnic cleansing cannot be understood solely as a reaction to and reflection of the German precedent, but that one must also examine the earlier visions of the state, and especially the way in which specific circles in Czechoslovakia rejected the multi-ethnic reality that was created there starting in 1919 following the minority treaties. Ibid., pp. 483–484.

40 Radvanovský, pp. 241–260, esp. 242.

41 Slapnicka, pp. 153–192, esp. 157ff.

42 Slapnicka, p. 159.

43 Radvanovský, p. 243.

44 Ibid., p. 245.
45 Ibid., pp. 246–247.
46 Ibid., p. 250.
47 Slapnicka, p. 161f.
48 Ibid., pp. 162–163.
49 Brandes, *Der Weg zur Vertreibung*, p. 425; Slapnicka, p. 163.
50 Slapnicka, p. 167.
51 G.P. Murashko, 'The Fate of Hungarian Minorities in Slovakia after the Second World War: Resettlement and Re-Slovakization: Moscow's Position,' in *The Journal of Communist Studies and Transition Politics*, vol. XVI, no. 1/2 (2000) (*Special Issue: Forced Migration in Central and Eastern Europe, 1939–1950*), pp. 83–95, p. 85.
52 Eagle Glassheim, 'The Mechanics of Ethnic Cleansing: The Expulsion of Germans from Czechoslovakia, 1945–1947,' in Ther and Siljak, pp. 197–219, esp. 205, 211–214.
53 Bradley F. Abrams, 'Morality, Wisdom and Revision: The Czech Opposition of the 1970s and the Expulsion of the Sudeten Germans,' in *East European Politics and Societies*, vol. IX, no. 2 (1995), pp. 234–255. See also Kraft, 'Der Platz der Vertreibung'.
54 For an opposing argument, see Václav Kural, 'Tschechen, Deutsch und die sudetendeutsche Frage während des Zweiten Weltkrieg,' in Brandes, Ivaničková and Pešek, pp. 73–98, esp. 74ff. In his book Naimark emphasises the differences between the Polish and the Czech cases, pointing out that the suffering of the Czechs under the Nazi occupation was miniscule compared to Polish suffering. Indeed, the Czech economy survived almost unscathed, loss of life was limited and social and community life was scarcely affected by the Nazi occupation. Naimark, pp. 122–123.
55 Tomáš Stanĕk, '1945—Das Jahr der Verfolgung. Zur Problematik der außergerichtlichen Nachkriegsverfolgungen in den böhmischen Ländern,' in Brandes, Ivaničková and Pešek, pp.123–152, p. 132.
56 See also Stanĕk, pp. 141–142.
57 On the development of the concept of 'civil society' in the context of Central European countries under Communist rule, see Jürgen Kocka, 'Zivilgesellschaft als historisches Problem und Versprechen,' in Manfred Hildemeier, Jürgen Kocka and Christoph Conrad (eds.), *Europäische Zivilgesellschaft in Ost und West. Begriff, Geschichte, Chancen*, Frankfurt am Main 2000, p. 13ff.
58 Dan Diner, 'Gedächtnis und Restitution,' in Norbert Frei and Volkhard Knigge (eds.), *Verbrechen Erinnern. Die Auseinandersetzung mit Holocaust und Völkermord*, München 2002, pp. 299–305.
59 See Yfaat Weiss, 'Rückerstattung und Heimkehr,' in *Aus Politik und Zeitgeschichte* 15 (11 April 2005), pp. 31–37, esp. 32.
60 Stanĕk, pp. 125–126; see also Helmut Dubiel, *Niemand ist frei von der Geschichte. Die nationalsozialistische Herrschaft in den Debatten des Deutschen Bundestages*, Munich 1999, pp. 262–267.
61 See Karel Vodička, 'Tschechisch-deutsche Beziehungen und die Versöhnungserklärung,' in *Osteuropa*, vol. XLVII, no. 10/11 (1997), pp. 975–986.
62 Václav Houžvička, 'Die sozialen Folgen des Austausches der Bevölkerung in den tschechischen Grenzgebieten,' in Plaschka, pp. 193–197. On the special difficulties of the Czech case, see Kraft, 'Der Platz der Vertreibung'.
63 Houžvička, pp. 196–197.
64 Diner, 'Gedächtnis und Restitution'. For a preliminary discussion of a possible link between the reparation agreements reached by Israel and Germany and the potential agreements with the Palestinians, see Ronald W. Zweig, 'Restitution of Property and Refugee Rehabilitation: Two Case Studies,' in *Journal of Refugee Studies*, vol. VI, no. 1 (1993), pp. 56–64.
65 See for example 'Workshop Report', from the Workshop on Compensation as Part of a Comprehensive Solution to the Palestinian Refugee Problem, Ottawa, 14–15 July 1999.
66 For an initial discussion, see Yehouda Shenhav, 'What Do Palestinians and Jews from Arab Lands Have in Common? Nationalism and Ethnicity Examined Through the Compensation Question,' *Hagar: International Social Science Review*, vol. I, no. 1 (2000), pp. 71–110. For a general discussion of historical injustice and reparations, see Elazar Barkan, *The Guilt of Nations: Restitution and Negotiating Historical Injustices*, New York and London 2000; John Torpey, '"Making Whole What Has Been

Smashed": Reflections on Reparations,' in *The Journal of Modern History*, vol. LXXIII, no. 2 (June 2001), pp. 333–358; idem, 'Introduction,' in idem (ed.) *Politics and the Past: On Repairing Historical Injustices*, Lanhamm, Maryland, 2003.

67 Joseph B. Schechtman, *European Population Transfers* 1939–1945, New York 1946, pp. 12, 16–22, respectively; Kulischer, p. 150; see also Naimark, pp. 52–56.

68 Naimark, p. 110; Brandes, *Der Weg zur Vertreibung*, p. 424f.

69 Ibid., p. 252f.

70 Rainer Münz, 'Die Vertreibung der Sudetendeutschen aus heutiger Sicht,' in *Die Neue Gesellschaft. Frankfurter Hefte* 12 (2002), pp. 720–724, esp. 723.

71 See fn. 67.

72 Joseph B. Schechtman, *Population Transfers in Asia*, New York 1949, chap. 3 ('The Case for Arab-Jewish Exchange of Population'), pp. 84–141, p. 84.

73 Schechtman, *European Population Transfers*, p. 454.

74 Ibid., p. 468.

75 Ibid.

76 Naimark, pp. 136–137.

77 Schechtman, *Population Transfers in Asia*, p. 86.

78 Schechtman, *European Population Transfers*, pp. 472–473.

79 Orest Subtelny, 'Expulsion, Resettlement, Civil Strife: The Fate of Poland's Ukrainians, 1944–1947,' in Ther and Siljak, pp. 155–172, p. 168.

80 Marek Jasiak, 'Overcoming Ukrainian Resistance: The Deportation of Ukrainians within Poland in 1947,' in Ther and Siljak, pp. 173–194, p. 190.

81 Subtelny, p. 169.

82 Ana Siljak, 'Conclusion,' in Ther and Siljak, pp. 327–336, p. 334.

83 In this sense, Tony Judt's claim that Israel, as an ethnic state, is a historical anachronism is only partly correct. See Tony Judt, 'Israel: The Alternative,' in *The New York Review of Books*, vol. L, no. 16 (23 October 2003).

84 George M. Fredrickson, 'From Exceptionalism to Variability: Recent Developments in Cross-National Comparative History,' in *The Journal of American History*, vol. LXXXII, no. 2 (September 1995), pp. 587–604; Hartmut Kaelble, *Der historische Vergleich. Eine Einführung zum 19. und 20. Jahrhundert*, Frankfurt am Main 1999; Michael Werner and Bénédicte Zimmermann, 'Vergleich, Transfer, Verflechtung. Der Ansatz der Histoire croisée und die Herausforderung des Transnationalen,' in *Geschichte und Gesellschaft*, vol. XXVIII, no. 4 (2002), pp. 607–636, p. 618.

85 Arnon Golan, *Wartime Spatial Changes; Former Arab Territories within the State of Israel, 1948–1950* [Heb.], Beer Sheva 2001, p. 12.

86 Ibid., pp. 39, 41–42, 46.

87 Ibid., p. 16.

88 Alexander (Sandy) Kedar, 'The Legal Transformation of Ethnic Geography: Israeli Law and the Palestinian Landholder 1948–1967,' in *New York University Journal of International Law and Politics*, vol. XXXIII, no. 4 (2001), pp. 923–1000, esp. 944–945. See also Golan, pp. 16–17.

89 For one example of mediating history, see Anna Maria Sawko von Massow, *Breslau. Geschichte und Geschichten einer Stadt in der Flucht- und Vertreibungsliteratur nach 1945*, Berlin 2001.

90 Elke Schubert, *Günther Anders*, Hamburg 1992; Konrad Paul Liessmann, *Günther Anders. Philosophieren im Zeitalter der technologischen Revolutionen*, Munich 2002.

91 Günther Anders, *Besuch im Hades: Auschwitz und Breslau 1966. Nach "Holocaust" 1979*, Munich 1996, p. 53.

92 Anders, p. 124.

93 On conflicting "ownership" claims in Silesia see Tomasz Kamusella, 'Nations and their Borders: Changing Identities in Upper Silesia in the Modern Age,' in *German History*, vol. XIX, no. 3 (2001), pp. 400–407.

94 Anders, pp. 110–112.

95 Ibid., p. 124.

96 Theodor Schieder (ed.), *Dokumentation der Vertreibung der Deutschen aus Ost-Mitteleuropa*, 5 vols.,

Bonn 1963, vol. I, part 1 (*Die Vertreibung der deutschen Bevölkerung aus den Gebieten östlich der Oder-Neisse*), p. I.

97 Hans Günter Hockerts, 'Wiedergutmachung in Deutschland. Eine historische Bilanz 1945–2000,' in *Vierteljahrshefte für Zeitgeschichte*, vol. XLIX, no. 2 (2001), pp. 167–214, esp. 210–211.

98 On the difference between German-Polish and Czech-Polish relations, see Jan Pauer, 'Tschechische Republik und das tschechoslowakische Erbe,' in Leonid Luks and Donal O'Sullivan (eds.), *Die Rückkehr der Geschichte. Osteuropa auf der Suche nach Kontinuität*, Cologne 1999, pp. 9–29, esp. 23; idem, 'Moral Political Dissent in German-Czech Relations,' in *Czech Sociological Review*, vol. VI, no. 2 (1998), pp. 173–186, p. 175; for the full version of this article, see idem, 'Moralisch-politischer Dissens in den deutsch-tschechischen Beziehungen,' in *WeltTrends. Zeitschrift für internationale Politik und vergleichende Studien*, vol. VI, no. 19 (1998), pp. 67–82. See likewise Naimark, pp. 137–138; Martin Schulze Wessel, 'Zeitgeschichtsschreibung in Tschechien. Institutionen, Methoden, Debatten,' in Alexander Nützenadel and Wolfgang Schieder (eds.), *Zeitgeschichte als Problem. Nationale Traditionen und Perspektiven der Forschung in Europa*, Göttingen 2004 (Geschichte und Gesellschaft, Sonderheft 20), pp. 307–328.

99 After a while West Germany recognised the German citizenship of the Sudetens that had been expelled to Germany. Austria, however, refused to recognise the Austrian citizenship of Sudeten expellees on its territory, classifying them instead as "stateless". On an individual basis it was possible for the Sudetens to apply for Czech citizenship, provided that they could prove having been continuously loyal to the Czechoslovak state.

100 See Jan Pauer, 'Der Streit um die Beneš-Dekrete,' in *Blätter für deutsche und internationale Politik* 8 (2002), pp. 917–919.

101 Münz, p. 724.

102 See the fascinating article by Jeremy Waldron, 'Superseding Historic Injustice,' in *Ethics*, vol. CIII, no. 1 (October 1992), pp. 4–28.

103 Pauer, 'Moralisch-politischer Dissens,' pp. 179–180.

104 Ibid., p. 179.

105 See Ignatieff, pp. 164–190.

106 Pappé, 'The Katz and the Tantura Affairs' [Heb.], p. 215.

107 Cited in Robert G. Moeller, 'What has "Coming to Terms with the Past" meant in Post-World War II Germany? From History to Memory to the "History of Memory", *Central European History*, vol. XXXV, no. 2 (2002), pp. 223–256, p. 252.

Geschichte und Gerechtigkeit

Moishe Postone

Reflections on Jewish History as General History

Hannah Arendt's *Eichmann in Jerusalem*[1]

The trial of Adolf Eichmann in 1961 highlighted the beginnings of a larger shift in the importance accorded to the Nazi attempt to exterminate the Jews.[2] That crime had played a subordinate role in considerations of National Socialism and World War II in the first post-war decade (for example, in the 1947 Nuremberg trials); it was regarded as particular, an unfortunate but not essential dimension of the war unleashed by Nazi Germany. With the shift marked by the Eichmann trial, however, what has since become known as the *Shoah*, or the Holocaust, became placed near the centre of such considerations. This shift itself can be seen retrospectively as part of a larger cultural shift in the capitalist/industrialized world away from an abstract form of universalism and toward a focus on subjectivity and identity. (Elaborating this larger shift would, however, extend far beyond the limits of this essay.)

Hannah Arendt's *Eichmann in Jerusalem* (1963) can be viewed against this background as an attempt to mediate general history and Jewish history in ways that overcome the opposition between a general account of National Socialism that marginalizes the attempted extermination of the Jews, and a particularistic focus on the Holocaust that underemphasizes its universal significance. Yet this attempt has generated considerable, at times bitter, disputes. Four decades after its publication, *Eichmann in Jerusalem* remains Arendt's most deeply controversial book. Many critics focus on Arendt's provocative assertions and judgements— most notably her treatment of the *Judenräte* (Jewish Councils) and her statements regarding the trial itself. Few, however, have sought to grasp those assertions and judgements with reference to the book's overarching argumentative structure. Consequently, *Eichmann in Jerusalem* often has been condemned on the basis of statements torn out of context.[3] Conversely, although many of Arendt's defenders agree that some of her assertions were ill-considered or ill-founded, and that her tone was regrettable and, at times, deeply offensive, they also have not examined the relation of those aspects of the book to its larger arguments.[4] Instead, they tend to treat those negative aspects as epiphenomenal, as essentially extrinsic to the book's arguments, which generally are treated affirmatively.[5]

In this essay, I shall critically interrogate the argumentative structure of *Eichmann in Jerusalem*. My primary concern is neither to clarify, once again, Arendt's frequently misunderstood thesis of the banality of evil, nor to discuss at length her treatment of the *Judenräte*, nor even to focus on the large number of harsh and, at times, questionable, comments she made regarding Zionism and the State of Israel's mounting of the trial. Rather, I shall attempt to analyse her underlying argument, and uncover some of its internal tensions. In doing so, I will suggest that problematic aspects of the book as well as some of its more questionable judgements are related to these tensions.

By exploring these tensions, I also hope to shed some light on an aspect of the debates on the book that generated considerable heat—the charge that Arendt lacked sympathy with Nazism's victims.[6] This accusation may appear puzzling when *Eichmann in Jerusalem* is read closely. To the degree Arendt criticizes the behaviour of Jews in the face of the Nazis and their genocidal programme, she restricts her criticisms to the Jewish *leadership* (however justified or problematic those criticisms may be). Arendt expresses sympathy and solidarity with the masses of Jews against what she regards as their betrayal by their leadership, and unequivocally rejects the notion that Jews could or should have engaged in mass resistance.[7] Nevertheless, by delineating the internal tensions of Arendt's arguments, I hope to indicate that those charges, while incorrect as formulated, are responding to a problematic aspect of Arendt's overarching framework.

Eichmann in Jerusalem is composed of two parts—opening and closing chapters describing the trial, and a lengthy middle section outlining Eichmann's biography and Nazi policy toward the Jews. The book begins with an introductory chapter in which Arendt opposes the requirements of justice and the juridical form of a trial to what she characterizes as the "show trial" that the State of Israel sought to stage.[8] She then quickly sketches Eichmann's biography in chapters 2 and 3, describes the stages of Nazi policy toward the Jews in four subsequent chapters and, in chapter 8, discusses the question of Eichmann's conscience and his relation to the law. Arendt then surveys Nazi deportation policies (and local responses) throughout Europe in chapters 9-12 and, in chapter 13, turns to "The Killing Centres in the East." The last two chapters return to a consideration of the trial and the subsequent judgement. The book concludes with an Epilogue and Postscript in which Arendt discusses some of the basic issues raised by the trial and takes note of the furious reactions generated by her report.

In spite of appearances, however, Arendt's book is neither primarily a report on the Eichmann trial, nor a historical analysis of the Holocaust. Rather, it should be read as an extension and elaboration of her investigation of totalitarianism, which she regarded as the central problem of the twentieth century.[9] In *Eichmann in Jerusalem*, Arendt seeks to elucidate the historical specificity of crimes committed by totalitarian regimes by focussing on the new relation constituted between crime and perpetrator and by insisting on the analytic and political importance of distinguishing war crimes (including mass murder) from crimes against humanity (genocide).[10] On this basis, she then considers the question of an adequate historical, political and juridical response to totalitarianism and its crimes. *Eichmann in Jerusalem* is structured as a case study of totalitarianism on an individual level and is concerned with the adequacy of Eichmann's trial as a response to his crimes and to the system that generated them.

In her reflections on the trial of Eichmann, then, Arendt embeds consideration of the Holocaust within the conceptual framework of an analysis of totalitarianism. As I shall elaborate, one of the problematic aspects of the book is that an underlying tension exists between Arendt's insistence on the historical newness, the qualitative determinateness, of the Holocaust and the totalitarian system that produced it, on the one hand, and, on the other hand, the abstractly general terms with which she conceptualises each, terms that do not adequately grasp that very qualitative determinateness.

A similar tension exists in Arendt's discussion of the trial itself. On the one hand, she emphasizes the need for a juridical form that could adequately respond to the historical rupture effected by totalitarianism and its most radical crime, thereby effecting a kind of historical intervention. On the other hand, in critically discussing Eichmann's trial, Arendt does so on the basis of a traditional understanding of the trial form that contravenes her call for a new kind of juridical form.

These tensions underlying Arendt's treatment of the Eichmann trial are not rooted in the attempt as such to draw general lessons from the Holocaust and make sense of it with reference to more general historical developments.[11] Rather, they indicate the problematic nature of Arendt's understanding of the general. As I will attempt to show, both tensions I have outlined have in common an abstract understanding of the general, one incapable of grasping the qualitative specificity Arendt emphasizes. Her focus on bureaucratic structures in dealing with totalitarianism is too one-sided and abstractly general to grasp the determinate qualities of that political form. Relatedly, as I will elaborate, Arendt's conception of the trial as a juridical form is temporally abstract and contravenes the notion of confronting history juridically. Consequently, Arendt's approach does not really succeed in mediating the general and particular but, rather, essentially subsumes the latter under the former. In that sense, her analysis reproduces the classic dichotomy of abstract universalism and particularity in ways that are especially problematic in considering the Holocaust.

By engaging the tensions in Arendt's approach, this essay seeks to point toward an understanding of the Holocaust and totalitarianism that more successfully addresses the classical dichotomy between an abstract understanding of universality that negates difference, and a focus on qualitative determinateness that remains particularistic.

I

Interpreting *Eichmann in Jerusalem* as an attempt by Arendt to elucidate further the problem of totalitarianism she had begun to analyse in *The Origins of Totalitarianism* and to consider the adequacy of the trial as a historical/juridical response to that problem helps explain her position regarding the trial in the first chapter, and illuminates the argumentative thrust of the subsequent chapters. Totalitarianism, for Arendt, entails a historically new, bureaucratically-mediated, form of crime, one in which (as the court noted) no correlation exists between a criminal's degree of responsibility and the degree of their proximity to the actual killer of the victim.[12] Nevertheless, she suggests, trials can be important historical responses to totalitarianism. For Arendt, therefore, it is of critical historical and juridical importance that the new, bureaucratically-mediated, form of crime associated with totalitarianism be specified.

For this reason, Arendt is very critical of two aspects of the trial. She is impatient with the prosecution's attempt to prove that Eichmann killed directly or gave orders to kill, and that he was essentially a monster who was driven by fanatical hatred.[13] She also rejects the larger framework within which the prosecution interpreted the Holocaust—that it was a terrible repetition of an age-old pattern of anti-Semitic pogroms and persecutions.[14] For Arendt, the attempt to personalize what she regards as a new form of systemic evil, as well as an understanding of the Holocaust as qualitatively continuous with anti-Semitic outbursts in the past, obfuscate the specific character of this historically new form of crime and, hence, of totalitarianism as a historically new danger. Such attempts and understandings are anachronistic and deeply misleading in a situation in which it is crucial that people adequately comprehend this new danger and develop means of combating it.

Because Arendt wishes to emphasize the newness of this form of crime, she goes out of her way to describe Eichmann as very normal and ordinary,[15] the déclassé son of a solid middle-class family who joined the NSDAP more or less contingently in 1932.[16] With this description, Arendt implicitly argues that personal sadism cannot explain Eichmann's criminal actions. Unlike her argument in *The Origins of Totalitarianism*,[17] Arendt now implicitly discounts the importance of ideology. Instead, setting the stage for her analysis of bureaucratic murder, Arendt focusses on a subjective absence, a lack, in Eichmann's character. Her description emphasizes his fundamental lack of empathy, his inflated self-presentation, and his propensity to mouth contradictory, essentially empty clichés. These personal qualities, for Arendt, are associated with considerable self-deception; they suggest a hollow personal core, an incapacity to tell right from wrong.[18] Arendt takes Eichmann's basic hollowness to be representative of a historical development. She claims that his self-deceptions and mendacity were typical; they had characterized German society for years, including the post-war period.[19] Extending a theme developed in *The Origins of Totalitarianism*, Arendt asserts that German—and, indeed, European—society as a whole had suffered a moral collapse; it had become pathological.[20] This historical-moral development had rendered it almost impossible for a person like Eichmann to know or feel that they were doing wrong.[21]

Arendt elaborates the theme of social pathology and moral collapse in the subsequent chapters, which are organized with reference to the stages of Nazi policy toward the Jews (expulsion, concentration, killing). Arendt's goal in these chapters is not to provide a general historical sketch, but to trace the development of Eichmann's position against the background of shifts in Nazi policy toward the Jews.[22] Her main concern in so doing is to illuminate the subjective conditions of bureaucratic mass murder. She emphasizes that Eichmann had not always been in favour of killing Jews as a "solution" to the so-called "Jewish problem," but had been committed to the strategy of expelling the Jews until 1941. Then, in a four-month period following Nazi Germany's invasion of the Soviet Union, he changed his position and embraced the policy of genocide.[23]

This fairly rapid change in Eichmann's position suggests that his actions cannot be explained in terms of an abiding, deep-rooted, murderous rage against Jews, according to Arendt. Hence, when she seeks to uncover the processes that allowed and impelled an ordinary bureaucrat to become a bureaucratic murderer, Arendt downplays the importance of anti-Semitism.[24] (It could be argued that she does so in order to formulate an approach to totalitarianism not restricted to Nazism and, perhaps, as a reaction to the prosecution's exclusive emphasis on anti-Semitism. Whatever the reason, Arendt here conflates ideology—a general framework of meaning—and individual motivation and intentionality.[25]) Rather than focussing on antisemitism, she outlines various rhetorical modes—such as euphemistic codes and historical tropes of heroic self-pity—that would allow such a shift to be made (as she emphasizes) in "good conscience."[26]

In treating Eichmann's subjectivity as an expression of larger social pathological processes, Arendt emphasizes what she characterizes as the moral collapse of respectable society. Describing the Wannsee conference, she asserts that any inner doubts Eichmann may have had regarding the programme of genocide were dispelled by hearing people who represented the upper echelons of the civil service as well as the Nazi party—the "prominent people" of the Third Reich—actively express their willingness to cooperate in that programme.[27] Arendt contends that this moral collapse was general; she reinforces her contention by noting the absence of organized opposition to Hitler, as well as the nationalist and anti-Semitic tendencies of the anti-Hitler conspirators of July 1944.[28]

This theme of general moral collapse is the discursive context within which Arendt discusses the *Judenräte* and the cooperation of Zionists with the Nazis in the 1930s. For her, they offer "the most striking insight into the totality of the moral collapse the Nazis caused in respectable European society."[29] In other words, even the Jewish leadership, for Arendt, was caught up in the general collapse of respectable society that was a central aspect of the rise of totalitarianism. I shall leave aside at this point consideration of the various fundamental criticisms many have made of Arendt's treatment of the *Judenräte*, and of her treatment of the Zionists in the 1930s.[30] I simply wish to note here that Arendt's treatment of the Zionist establishment and the Jewish Councils is part of her story of totalitarianism. She refers to them to emphasize just how widespread the general moral collapse of European society had become—that it had even extended to Jewish organizations. As I shall elaborate below, precisely because Arendt's brief treatment of the Jewish Councils and the Zionist establishment is embedded in her story of totalitarianism and general moral collapse, revealing the problematic character of her treatment of those institutions also reveals problematic aspects of her understanding of totalitarianism.

Arendt concludes her discussion of Eichmann's subjective orientation and its framing conditions by claiming that obedience to the law was a powerful motivating force for Eichmann. And, in Nazi Germany, the highest law was Hitler's word. Hence, she argues, Eichmann's behaviour in 1944, when he organized the rapid deportation of 400,000 Hungarian Jews to their deaths while trying to sabotage Himmler's attempts to end the Holocaust, was not based on fanaticism, on a boundless hatred of Jews. Rather, it was, perversely, his conscience—his loyalty to the law, to Hitler's commands—that prompted Eichmann to adopt his uncompromising attitude.[31] It was a law, then, (not an order) that turned people like Eichmann into criminals, according to Arendt. And precisely this problem— that what was involved was the legal action of a criminal state—defines what for Arendt is the central moral, legal, and political dilemma of our century.[32]

Having characterized Eichmann's (totalitarian) crime as bureaucratic and impersonal, Arendt's account now seeks to justify a trial as a response to such crimes. Her discussion in chapters 9–12 of the deportation of Jews from various countries seeks to show that choices are possible even under totalitarianism. She describes the broad range of reactions to Nazi policies toward the Jews—from the overt, political, anti-totalitarian stance of the Danes, through the covert, non-totalitarian, rejection of Nazi policies in Italy and Bulgaria, to the extremely brutal murder of Jews in Rumania.[33] She also presents stories of individuals (such as the *Feldwebel* Anton Schmidt) who saved Jews. The political lesson of such stories, according to Arendt, is that "under conditions of terror most people will comply, but *some people will not*, just as the lesson of the countries to which the Final Solution was proposed is that 'it could happen' in most places, but *it did not happen everywhere*."[34] Arendt's narrative, then, seeks to rehabilitate the concept of individual and group responsibility. In so doing, it justifies the trial form as a possible response to totalitarian crime.

At this point, however, there is an important break in the book's narrative structure. Following the chapters on the deportations, chapter 13 is titled "The Killing Centres in the East." Yet, in spite of its title, the chapter does not focus on the actual crime, on the Holocaust itself.³⁵ Or, more precisely, it does so only with reference to the question of Eichmann's direct responsibility for the systematic murder of Jews in Poland and the Soviet Union. Arendt argues, once again, that, because the prosecution could not understand a mass murderer who had never killed, and was constantly trying to prove individual murder, it failed to grasp the new historical character of the crime.

The position regarding Eichmann that Arendt expresses in this chapter is similar to that which she expresses at various points in the book. What is remarkable, however, is the absence of any discussion of the actual process of genocide in a chapter on the killing centres.³⁶ It is the case that she briefly describes the process of attempted extermination earlier, at the beginning of chapter 6. Nevertheless, it is noteworthy that in a book dealing, on one level, with the question of an adequate juridical/political response to genocide, Arendt's narrative focusses only on the perpetrator and not on the crime when it reaches the Holocaust itself.

It may be that Arendt is presupposing knowledge of the crime itself and has chosen to focus on Eichmann's role. Nevertheless, the absence at the heart of chapter 13 draws attention to the circumstance that many of her most provocative assertions—for example, those dealing with the behaviour of the *Judenräte*—deal largely with situations of expropriation and deportation (for example, Vienna after 1938) rather than with the Holocaust itself. That is, Arendt's treatment of the Jewish leadership in Europe and the Zionist establishment implicitly does not distinguish between the 1930s and the 1940s—between the problem of getting some Jews out of Germany and Austria, and the later problem of physical survival in the face of genocide.³⁷ By conflating the 1930s and 1940s, however, Arendt's narrative is in basic tension with her own insistence on the fundamental historical break effected by the Nazi genocide, on the chasm separating crimes like mass murder from the crimes against humanity committed by the Nazis during the war.

Perhaps by deflecting her narrative away from a description of the crime Arendt is trying, again, to emphasize those aspects of Nazism that most easily fit her general theory of totalitarianism. If this is the case, however, it actually serves to blur precisely what she insists on—the specificity of the crime—and, consequently, suggests a weakness in that general theory.

Finally, by focusing her chapter, "The Killing Centres of the East," on the perpetrator(s) alone, Arendt tacitly brackets consideration of the victims. This choice of focus is directly related to the question of an adequate juridical response to the Holocaust. I shall argue below that Arendt's focus expresses a traditional juridical perspective that ultimately cannot deal with the very issue she raises of an adequate juridical response to a profound historical crime, and that such a response must involve a historical contestation. It is by focussing on the victims as well as the perpetrators that the juridical form can serve not only to try and judge the latter, but also to contest and undermine their historical hegemony, and thus respond to the crime as well as the criminal.³⁸

The problems that are beginning to emerge from the examination of the narrative structure of Arendt's argument, then, are not simply problems with Arendt's evaluations (for example, of the role of the *Judenräte*). Rather they begin to suggest the existence of a deep tension between Arendt's insistence on the unique character of the Holocaust and the totalitarian system that produced it, and important aspects of her argument that contravene precisely this insight. And, as I hope to elaborate, these tensions suggest that Arendt's conception of totalitarianism and of a possible juridical response to that historical phenomenon are one-sided, abstractly general and, ultimately, inadequate.

II

Having characterized Eichmann as a mass murderer who had never killed, and having shown that the concept of responsibility is still historically viable in spite of the new, bureaucratic, "lawful," form of crime, Arendt returns to consider the trial and the judgment.[39] She does not present a sweeping condemnation of the trial, but both justifies it against many objections and, yet, also criticizes it as ultimately inadequate. She defends the trial against common criticisms, such as those against retroactive law. More generally, she defends it as being similar to the Successor trials which followed the Nuremberg trials. Arendt argues that, once the Jews had a territory of their own, they had as much right to sit in judgment on the crimes committed against their people as did the Poles, since there was no doubt that the Jews had been killed as Jews, regardless of their nationalities at the time.

However, she also criticizes the trial in Jerusalem as being *no more* than the last of the Successor trials. As such, she argues, it did not set an adequate precedent for possible future attempts to deal juridically with the new form of crime that the Nazis introduced into the world.[40] The Nuremberg trials had focussed on aggression as the supreme international crime and, therefore, were unable to distinguish "war crimes," "inhuman acts," and the "crime against humanity."[41] Unlike those trials, according to Arendt, the one in Jerusalem was able to draw those important distinctions precisely because it was centred on the crime against the Jewish people. Yet, despite drawing these crucially important distinctions, the Eichmann trial did not fully recognize the specific character of the unprecedented crime of genocide.

In elaborating this contention, Arendt criticizes two legal arguments that played a role in Jerusalem—the idea that criminal proceedings are initiated by the government in the name of the victims, and the argument that crimes against humanity are similar to the old crime of piracy. The first obscures the "essence" of laws, as Arendt puts it—that a crime is committed not only against the victim, but against the community whose law is violated. (I will suggest below that this very traditional conception is in tension with Arendt's intention of pointing toward an adequate juridical response to a historical crime, a crime against humanity.) The second does not confront a fundamental problem posed by crimes against humanity—that they are committed under a criminal *law* and by a criminal *state*.[42] This latter circumstance, according to Arendt, makes it almost impossible for the new, terrible and terrifyingly normal, criminals like Eichmann to know or feel they are doing wrong when they commit their crimes.[43]

Arendt's driving concern is a general historical one. She maintains that once a crime like genocide appears in the world it remains a possibility. And this means that no people can be sure of its continued existence without the protection of international law.[44] It would have been extremely important, then, for the Eichmann trial to have provided a powerful precedent for trying and judging crimes against humanity.

The trial, however, failed to adequately provide such a precedent. This would have required a clear understanding of the unprecedented character of the Nazi genocide and, relatedly, of the new criminal who committed this crime. However, according to Arendt, the radical newness of the Holocaust was not grasped by the court. She does note approvingly the court's judgement that "the extent to which any one of the many criminals was close to or remote from the actual killer of the victim means nothing, as far as the measure of his responsibility is concerned."[45] For Arendt, this judgment indicates that the court attempted to deal juridically with the specific bureaucratic nature of the crimes committed. Nevertheless, according to Arendt, the catastrophe was interpreted as the latest version of the oldest crime the Jewish people knew, as a murderous pogrom. This interpretation blurred the fundamental difference between mass murder and genocide and, hence, obscured the newness of the crime. Besides, it was too particularistic; the Holocaust was not understood as a crime against the human status, perpetrated upon the body of the Jewish people.[46]

Trying to address these two—universal and particular—moments of the crime, Arendt contends that, insofar as the victims of this crime were Jews, it was right that a Jewish court should sit in judgment; but insofar as the crime was against humanity, an international tribunal would have been required to do justice to it.[47] This contention indicates that Arendt ultimately regards the particular and the universal as necessarily opposed. Although she attempts to address both dimensions of that dichotomy, she is unable to mediate them. The idea that a Jewish court could render a judgement with universal significance is bracketed by her formulation. This implies that her notion of the general is empty of all qualitative specificity and, in that sense, is abstract. Relatedly, she views the particular as necessarily particularistic.

This opposition of abstract general and concrete particular informs Arendt's views on the trial and on totalitarianism. She had come to see trials for crimes against humanity to be important political responses to totalitarianism. A central characteristic of totalitarian government, according to Arendt, is that it transforms people into mere cogs in the administrative machinery. In a court of law, however, all such cogs are held responsible; that is, they are transformed back into perpetrators and, thus, into human beings.[48]

Yet there are also problems with the juridical form. If, as Arendt maintains, crimes against humanity are committed under a criminal law and a criminal state, by what standard can they be judged? She earlier had described the crime as exploding the limits of the law,[49] and now explicitly states that the prevailing legal system and juridical concepts are inadequate to deal with the facts of what she calls "administrative massacres organized by state apparatuses."[50] But she also rejects the Israeli court's contention that the criminal order is "manifestly unlawful" and that a sense of justice is ontologically grounded within each person.[51] In criticizing the adequacy of prevailing legal juridical concepts, on the one hand, while rejecting any turn to an ontologically-grounded conception of justice, on the other, Arendt's position implicitly points toward the necessity that new juridical concepts be politically and legally constituted.

Recall that, for Arendt, a crime is committed not only against the victims, but also against the community. Given her description of the Holocaust as a crime against humanity perpetrated on the body of the Jewish people, as well as her analysis, when discussing the Successor trials, of the concept of territory as a constructed political and legal concept, rather than as a mere geographic one,[52] it seems clear that "humanity" for Arendt is not a quasi-natural, pre-given category, but a constructed, political one. Yet, as she knows very well, humanity as a determination of political community does not yet exist.

I would suggest that Arendt views the Eichmann trial as an opportunity to begin the political/legal construction of a new universal category of humanity, thereby transforming prevailing legal systems and juridical concepts.[53] For this reason she insists that Eichmann be judged according to criteria historically adequate to the new, radical crime of genocide.

Yet, Arendt's treatment of this issue is fundamentally contradictory. It is the case that she hopes the Eichmann trial will develop universal criteria for judging crimes against humanity and, in the process, help constitute that universal political community. It is also the case, however, that she does not consistently treat this as a project, as a possibility, however remote. Rather than consistently discussing the dilemmas of law and the difficulties of creating new juridical forms in the face of a radically new kind of crime, at important junctures in the text Arendt conflates her hope for the future, for the construction of legal and political institutions that would help constitute a new category of humanity, with existing legal norms. She overcomes the dilemma of law in the face of totalitarian crime rhetorically, as it were, by conflating what *could* and/or *should be* with what *is*.

As a result, *Eichmann in Jerusalem* is marked by a number of deeply contradictory positions regarding the relation of the juridical form to Eichmann's crimes. Arendt sometimes criticizes existing, abstractly universal, legal forms as inadequate to the new form of crime; at other times, she presents them as if they already embody her political/legal concept of "humanity," and then sharply faults the prosecution and the court on the basis of that conflation. This conflation is rendered possible because Arendt's conception of humanity, which serves as the implicit standpoint of her critique of the trial, is itself abstract and essentially formal. As such, however, it has the same qualities as precisely those legal forms Arendt regards as inadequate to deal with crimes against humanity. The standpoint of Arendt's critique is essentially an international—that is, spatial—extension of the same abstract legal forms. (I shall discuss below the conditions for a different, more historical-temporal, conception of humanity, one that is more adequate to Arendt's intentions while contravening the narrow juridical understanding on the basis of which she criticizes the trial.)

This conflation is paralleled by Arendt's treatment of totalitarianism in *Eichmann in Jerusalem*. As I shall indicate, in her desire to draw a general lesson from the experience of totalitarianism in order to counteract such regimes in the future, Arendt has recourse to a kind of abstract universalism that subsumes the specificity of the Holocaust and the Jewish experience. That specificity, of which she is very aware, now becomes coded as particular. These two sets of problems are mutually reinforcing and lead to positions and statements that do not generalize from the specificity of the catastrophe of European Jewry in order to conceptualise a larger framework. Rather, they subsume the catastrophe under a framework that is abstractly universal.

The first problem—the conflation of universalising project and actually existing legal (that is, abstractly universal) form—becomes apparent in Arendt's treatment of the juridical form of the trial. As we have seen, Arendt explicitly argues that the prevailing legal system and juridical concepts are inadequate to deal with genocide. She criticizes the legal arguments presented in the trial that try to characterize Eichmann's crime as direct murder or as obeying an illegal order, that is, in terms of traditional legal categories. Yet, as noted, Arendt frequently criticizes the Eichmann trial (especially the prosecution) *as if* the prevailing legal system and juridical concepts were indeed adequate. This is most dramatically the case in the first chapter, when Arendt charges the State of Israel and the prosecution with wanting to stage a "show trial."[54]

What does this term mean? At first glance it seems to refer to the prosecution's attempt to "paint a larger picture" and, in so doing, to introduce a great deal of material extraneous to a normal criminal trial. Arendt is almost contemptuous of this position in the first chapter. Yet we have seen that, as the book progresses, she herself has recourse to a "larger picture," adding more material (notably the discussion of the *Judenräte*) than did the prosecution. This mode of proceeding is actually consistent with Arendt's understanding of totalitarianism as entailing a new relation between crime and criminal that renders older juridical concepts outmoded and makes recourse to the "larger picture" not simply permissible, but necessary. For, inasmuch as the perpetrator is not directly involved in the killing, the crime itself could only be known by painting a larger picture.

Yet the larger picture Arendt presents differs fundamentally from that provided by the prosecutor. Arendt faults the specific nature of the larger picture he painted as too particularistic and as blurring the distinction between mass murder and genocide. Nevertheless, she does not do so from the standpoint of a larger historical framework with a similar focus, one purportedly more adequate to Nazism's crime. Instead, the contextualising framework she provides has a very different focus than that provided by Hausner, the Israeli prosecutor. Whereas he expanded the boundaries of the trial to include the victims of Nazism, the background Arendt provides in *Eichmann in Jerusalem* is focussed on the criminal(s) and the issue of responsibility.

The term "show trial," then, is unstable. On the one hand, it expresses a position that rejects the relevance of any historical material to a criminal trial. As such, it is contravened by Arendt's own practices in *Eichmann in Jerusalem*. On the other hand, it also seems to express a more specific criticism—one of introducing a historical framework that focusses on the victims. The latter criticism, however, highlights the tensions internal to Arendt's critique of the Eichmann trial. As we have seen, the essence of law for Arendt is that a crime is committed not only against the victim, but against the community. For Arendt, this apparently means that the law must focus exclusively on the criminals and their actions. Such a position, however, implicitly presupposes an existing legal community. In other words, it expresses the standpoint of the prevailing legal system.

Arendt's narrow juridical understanding, however, brackets the very question that, for her, is raised by totalitarian crimes against humanity—how a larger juridical community could be constituted above and beyond the legal community that committed a historical crime. Instead, Arendt's charge that the trial is a show trial conflates the prevailing legal system with what she hopes will be constituted juridically. It thereby undermines her own insight into the unprecedented character of the crime being tried.

The question, raised by Arendt's critique of the Eichmann trial, of the constitution of a larger community, of "humanity," is one that cannot be addressed adequately on the abstract formal juridical level she implicitly posits. It is precisely that traditional juridical understanding, walled off from considerations of society and history, which gives rise to the various aporias of her critique.

Arendt's criticism of the prosecutor, by basing itself on prevailing juridical forms, not only is in tension with her notion of the trial as a response to a historically new form of crime; it also exacerbates a serious flaw in her approach. Arendt's treatment of the trial form as an adequate response to totalitarianism and its crimes excludes any consideration of the Holocaust as a historical trauma.[55] This conceptual exclusion is even more strongly the case when Arendt adopts the position of prevailing criminal law as the standpoint of her critique of the trial. Exclusion of such crucially important historical considerations, however, also excludes important aspects of the qualitative specificity of the crime as historically new. It thereby not only brackets consideration of the degree to which a traditional juridical form could adequately respond to such a shattering historical event, but also contravenes precisely that which Arendt implicitly sought from the Eichmann trial—the constitution of a larger human community.

Ironically, precisely an aspect of the Eichmann trial criticized by Arendt—its focus on the victims—tacitly addressed the question of the constitution of such a community, opposed to totalitarian society, and indicated that the question is a practical, fundamentally historical, one. In her analysis of Arendt and the Eichmann trial, Shoshana Felman argues that, because the trial allowed the previously excluded voices of the historical victims to be heard within the space and in the language of a trial, it undermined what had been the hegemony of the perpetrators.[56] Rather than contravening the legal form, the articulation of the victims' narrative expanded and deepened that form. It allowed the "whole insidious framework of legal persecution…[to be] dismantled legally."[57] Consequently, it constituted an "unprecedented act of historic (and not just of legal) justice. By the mere existence of the trial, genocide is vanquished…"[58] In other words, giving voice to the victims within the framework of a trial freed the present from the ongoing shadow of the past; it provided a counter narrative that undermined the domination of history by the perpetrators.

In that sense the trial was consistent with Walter Benjamin's emphasis on the necessity to contest historical hegemony. In his "Theses on the Philosophy of History," Benjamin wrote that "[t]o articulate the past historically…means to seize hold of a memory as it flashes up at a moment of danger…Only that historian will have the gift of fanning the spark of hope in the past who is firmly convinced that *even the dead* will not be safe from the enemy if he wins. And this enemy has not ceased to be victorious."[59] By encouraging the victims to find their voices, the Eichmann trial took a step in protecting the dead from the "enemy," denying him that victory. It incorporated the victims of (hegemonic) history into history, thereby transforming it.

Incorporating the victims into the "larger picture" does not, in and of itself, necessarily obviate all of Arendt's criticisms of the prosecution. It still would allow for a critique of the prosecutor's interpretive framework as too particularistic and as blurring the distinction between mass murder and genocide. These aspects of that framework are, however, separable from the crucially important fact that the victims were given voice. The counter narrative thereby articulated was anti-hegemonic. It was this qualitative, historical dimension of the trial that rendered it a response to the crime and not only the criminal. Moreover, by undermining what had been a hegemonic history, it transformed history by including its victims, thereby contributing to the constitution of a new category of "humanity" that affirms, rather than abstractly negates, qualitative specificity. Arendt's narrow juridical view is incapable of pointing toward the constitution of such a category. It is ironic that precisely that which should have been excluded from the trial, according to Arendt, provided the key to the problem she emphasizes, of dealing with a crime committed by a legally constituted community.

Arendt's critique of the trial, then, does not effectively counteract and overcome the particularistic picture presented by the prosecutor. Instead, it counterpoises an abstract, decontextualised and decontextualising, form of universalism to that particularism. It thereby reproduces after the Holocaust a classical nineteenth- and twentieth-century pre-Holocaust antinomy of European Jewish discourse between assimilationist universalist positions and political and/or religious particularistic positions, neither of which is adequate to the problem Arendt raises.[60]

III

There is, however, another, more disturbing, dimension to Arendt's use of the term "show trial." I suggested that the term refers to a trial that makes reference to history and context usually considered extraneous to a criminal trial. But the term obviously also connotes Stalinist show trials. And what characterized those trials was precisely not that they had recourse to larger historical considerations, but that they substituted paranoid fantasy for history. Indeed, the Stalinist show trials can be understood as attempts to vanquish real history in the name of a purportedly higher truth, whereby real history now becomes agentified and coded as conspiracy, and higher truth, also agentified, is understood as the truth of the party, the repository of will against history.

Arendt insinuates that something similar was in play in the prosecutor's presentation. In most of the book, she treats the widespread Jewish view of the Holocaust as the latest of a series of mass murders and persecutions, rather than as a radical new crime, as an understandable misrecognition—even though this view of history may have contributed to the mistakes made by many Jews and Jewish leaders when confronted by the Nazis. Nevertheless, at the end of the first chapter, she implicitly treats this widespread understanding as a paranoid fantasy and refers to the "philosophy of history expounded by the prosecutor" as one that "had put History in the place usually reserved for the Elders of Zion."[61] Arendt, in other words, suggests that the negative role played by "History" in the prosecutor's worldview (and, by implication, in the Zionist and, perhaps, Jewish imaginary) is parallel to that played by the "Elders of Zion" in the anti-Semitic imaginary.

Arendt has completely lost her balance here. I shall not, in this paper, attempt to elucidate the basis for this fundamentally insupportable analogy. Suffice to say, her analogy—like her description in the first edition of *Eichmann in Jerusalem* of Leo Baeck, the influential rabbi and Jewish leader in Berlin, as having been the "Jewish Führer" in the eyes of both Jews and Gentiles[62]—blurs the line Arendt draws elsewhere between victims and perpetrators, and cannot be dismissed easily.

It would, of course, be possible to point to such analogies and characterizations as sufficient justification for many sharp criticisms of Arendt's book.[63] Nevertheless, although such an approach would highlight some very problematic aspects of Arendt's complex relation to Zionism and, perhaps, of her own self-understanding, it would leave untouched the question of her larger analysis of the trial and totalitarianism.

IV

Rather than focus on Arendt's very problematic assertions and characterizations, then, I shall proceed from her ill-considered analogy to raise the issue of anti-Semitism and its relation to totalitarianism against the background of the characterization of Stalinist show trials briefly outlined above. We have seen that, in her attempt to draw universal lessons from the Holocaust, Arendt focusses on the bureaucratic apparatus of the Nazi state to the practical exclusion of the issue of anti-Semitism.[64] Although she does note that the "Jewish question" became increasingly important in the course of the war for ideological reasons, she does not adequately analyse ideology as a social phenomenon.[65] Instead, she presents Hitler as the "sole, lonely plotter of the Final Solution,"[66] who was able to effect his will because of the nature of the totalitarian apparatus: "never had a conspiracy...needed fewer conspirators and more executors."[67]

It may be that by implicitly attributing exterminatory anti-Semitism to one person and focussing on the apparatus of "executors," Arendt believes she is highlighting those aspects of totalitarianism that are not unique to Nazism, and which must be emphasized if the legal, moral, and political dilemmas raised by totalitarian regimes are to be effectively confronted. Nevertheless, this strategy is effected at a price: It tends to dissolve the specificity of the Holocaust and, implicitly, is based on a completely inadequate interpretation of anti-Semitic ideology. Relatedly, it conflates totalitarianism with the problem of modern bureaucracy.

Arendt's abstractly general treatment of the Holocaust is also evident in her contention that only the choice of victims, but not the nature of the crime could be derived from the history of anti-Semitism.[68] The crime introduced into the world by the Holocaust, according to Arendt, is that of administrative massacres organized by the state apparatus.[69] The choice of victims was purely circumstantial; they could in the future be anyone.[70]

This understanding *appears* to generalize from the experience of the Holocaust, but actually misrecognises its specificity in ways that are in tension with important aspects of Arendt's own analysis. An important motif in this book is Arendt's repeated insistence that mass murder and genocide are fundamentally different.[71] Yet her generalizing description of the Holocaust as an administrative massacre blurs this very distinction, as does her contention that the victim of genocide could now be any group.

In elaborating this contention, Arendt states that the coincidence of the population explosion with devices for automating labour will make large portions of the population "superfluous" even in terms of labour and, hence, vulnerable in terms of their very existence.[72] This contention, I would argue, is not only highly questionable, but also obscures the specificity of the Nazi genocide. While the form of "superfluousness" to which Arendt refers could conceivably result in programmes of neglect, mass starvation, and other forms of mass murder, the expendability of people is *not* a condition for a programme of total extermination. The latter implies a far more compelling consideration than that of mere "superfluousness." It makes most sense as a response to a perceived deadly threat.

Within the modern anti-Semitic imaginary, the Jews posed such a threat. One of the problems with Arendt's treatment of modern anti-Semitism—also in *The Origins of Totalitarianism*—is that it does not adequately grasp its central element: the Jews as world-historical threat. Instead, she analyses the emergence of that ideology with reference to the category of superfluousness. According to Arendt, the Jews became increasingly superfluous to the European Concert of Nations in the course of the nineteenth century.[73] Note, however, that the notion of superfluousness here is not the same as that Arendt employs when claiming that large portions of the subaltern population are being rendered increasingly expendable. Rather, it parallels the well-known theory regarding the French aristocracy on the eve of the Revolution—that their status and privileges became increasingly unacceptable as their real power waned.[74] This analogy to the aristocracy points up a weakness in Arendt's understanding of anti-Semitism: the decline of the aristocracy's power did not result in an organized programme of extermination. Indeed, neither form of superfluousness—whether that of subaltern classes or the aristocracy—can explain such a programme.

The notion of historical superfluousness, however, raises issues of power and history in ways that illuminate indirectly one aspect of anti-Semitism. The decline of the aristocracy's power was, arguably, related to the historical emergence of a variety of programmes aimed at fundamentally transforming the social and political order. Modern anti-Semitism also aims at basic historical transformation; yet it differs fundamentally from anti-aristocratic programmes. Contrary to Arendt's contention, modern anti-Semitism is not directed against a group whose power is on the wane. Rather, it is directed against the Jews as the perceived real force "behind" the existing order, that is, against a group whose power purportedly has grown since the early nineteenth century. Moreover, it is based on an essentially paranoid understanding of contemporary history.

I have argued elsewhere that modern anti-Semitism should be understood as a powerful, fetishised form of anti-capitalism that attributes the tremendous transformations of social, cultural, and political life in the industrialized world to a destructive world conspiracy—that of the "Elders of Zion." Modern anti-Semitism, then, is a revolt against history as constituted by capital misrecognised as a Jewish conspiracy. That conspiracy (and, hence, that history) must be destroyed if the world is to be saved.[75] This suggests that, contrary to Arendt's assertion, it is precisely the nature of the crime of extermination, and not only the choice of victim, that can be derived from the history of modern anti-Semitism.

This approach, which understands extermination with reference to an ideology rather than with reference to technology, would help explain the programme of genocide and its intrinsic ties to the perverse "idealistic" revolutionary self-understanding of the Nazis. Nazi anti-Semitism understood as a fetishised attempt to conquer history also opens up the possibility of grasping Nazism and Stalinism as different modes of attempting to overcome history by means of the will (that is the party). This approach could help mediate what remains in tension in Arendt's work—the specificity of the Holocaust and the general problem of twentieth-century totalitarianism—thereby laying the groundwork for a more adequate theory of the latter.

This emphasis on the specificity of the Holocaust does not, then, preclude drawing more general conclusions regarding totalitarianism. Nevertheless, the nature of those conclusions would be quite different from the ones Arendt draws in *Eichmann in Jerusalem*, which focusses almost entirely on the bureaucratic character of totalitarianism. From the perspective of the analysis of anti-Semitism I have just outlined, her focus on bureaucracy, however illuminating, is ultimately one-sided. Indeed, from this perspective, Arendt's analysis in *Eichmann in Jerusalem*—her one-sided emphasis on the bureaucratic nature of the crime to the exclusion of considerations of ideology, her reference to administrative measures whose victims could be anyone, her reliance on the category of superfluousness—is one that grasps the issues essentially in technological terms.[76]

An understanding of the world in terms of technology, rather than with reference to social forms in terms of which one can understand forms of technology as well as of ideology,[77] is, however, ill-suited for Arendt's project. A critical understanding of the modern world with reference to technology obscures important social, political, and cultural issues and easily can serve an apologetic function. This was notoriously the case with Heidegger.[78] Arendt's intentions, of course, have nothing in common with Heidegger's attempted apologetics. Nevertheless, by adopting an understanding of the modern world in technological (rather than social/cultural) terms she has adopted a framework that is essentially uncritical, although it appears to be profoundly critical.

Such a framework necessarily is unable to adequately grasp and frame the problematic Arendt addresses—the nature of the Nazi genocide and its relation to the more general problem of totalitarianism. It implicitly conflates totalitarianism and modernity, thereby blurring the qualitative specificity of the former. Relatedly, it blurs the important distinction Arendt herself draws between mass murder and genocide, and thereby negates the specificity of the Holocaust.

I am suggesting, then, that Arendt's conceptual apparatus is not fully adequate to her intentions, and that her desire to derive general lessons on the basis of abstractly universal conceptions and, relatedly, her one-sided emphasis on bureaucracy and technology, cause her to blur her own distinction between mass murder and extermination, obscuring the specificity of the latter. This is not to deny that administrative massacres and mass murders are very serious problems, but the crime of extermination has a different root and poses a different problematic.

Arendt criticizes the Jewish self-understanding of history as not recognizing the new character of the Holocaust. Ironically, she fares no better. Instead of trying to develop a form of universalism on the basis of the real specificity of the Holocaust, Arendt has recourse to a conception of a universal that is beyond specificity. As a result, she reproduces the traditional irreconcilable opposition of the abstract universal and the concrete particular in a way that renders her positions self-contradictory.

V

Eichmann in Jerusalem, then, is riven by internal tensions. Arendt insists on the historical newness of the crime of genocide and of the totalitarian system that effected that crime, yet her theoretical framework contravenes her own insights. She conflates the Holocaust (i.e. a programme of extermination) and administrative massacres, and treats totalitarianism essentially as a problem of modern bureaucratic state structures. In both cases, she does not elucidate the specificity of her conceptual object, but subsumes that specificity under an abstract general concept that tends to veil, rather than elucidate that specificity.

This internal tension is echoed in her treatment of the trial itself. Arendt faults the prosecution for failing to recognize the historical newness of totalitarian crime and for presenting an interpretive framework that is too particularistic to grasp a crime against humanity. Yet her own abstractly universal juridical approach is itself in tension with the goal of an adequate juridical response to the criminal acts of a legal community.

Arendt, ultimately, does not mediate the general and the particular but opposes the one-sided particularism of the prosecution with a one-sided abstractly general set of conceptions—of the Holocaust, of totalitarianism, and of an antitotalitarian trial. In reproducing the classic modern/capitalist dichotomy of abstract general and particularity, Arendt essentially subsumes the latter under the former; the abstract universality she posits provides a frame within which the particular is dissolved.

Earlier, I referred to the charge that Hannah Arendt lacked sympathy with Nazism's victims, and noted that this charge, which usually has been grounded in Arendt's tone and in some of her ill-considered assertions, does not hold up to a close reading of the text. There is a fundamental problem, however, which is located at a deeper theoretical level and is separable from any questions of Arendt's intentions or sympathies. I have argued that, in attempting to conceptualise some general implications of the Holocaust, Arendt has recourse to an abstract conception of universality that, consonant with an understanding of the world in technological terms, does not get beyond the classical antinomy of the abstractly general and the particular. Rather, by subsuming the specific under the abstractly universal, she reproduces that antinomy. Dissolving the particular into the general, regardless of intention, is, however, a form of non-recognition.

This issue was particularly fraught in the case of the Eichmann trial. One of the features of that trial, as noted above, was that the victims were encouraged to find their voices. Arendt's critique of the trial as a "show trial" essentially declared such voicing to be juridically inappropriate. Her position not only failed to recognize the importance of such counter-hegemonic discourse for an adequate response to totalitarian crime, but also implicitly condemned the practices by which the victims of that crime began to reconstitute themselves as historical actors.

The tragedy of *Eichmann in Jerusalem* is that, attempting to draw attention to the specificity of totalitarianism and its crimes against humanity, Arendt did so on the basis of a theoretical framework that ultimately undermined her intentions. It neither allowed her to grasp the specificity she emphasized nor to recognize the process by which the victims broke the ban of the history that had victimized them (however much they may have misrecognised that history). In that context, the theoretical limitations of her position allowed it to be regarded by many as one of fundamental non-recognition.

Notes

1 I would like to thank Bert Cohler, Nicole Deqtvaal, Mark Loeffler, Eric Santner, William Sewell and Richard Strier for their very helpful critical comments. This essay is based, in part, on an earlier piece, 'Hannah Arendts *Eichmann in Jerusalem*: Die unaufgelöste Antinomie von Universalität und Besonderem,' which appeared in Gary Smith (ed.), *Hannah Arendt Revisited: "Eichmann in Jerusalem" und die Folgen*, Frankfurt 2000.

2 The very late 1950s and the first part of the 1960s also saw, for example, the Auschwitz trials in Frankfurt (1963-1965), the publication of André Schwarz-Bart's *The Last of the Just* (1959) and Jean-François Steiner's *Treblinka* (1966), and the staging of Rolf Hochhuth's play, *The Deputy* (1963).

3 See, for example, Michael Musmanno, 'Man with an Unspotted Conscience: Adolf Eichmann's Role in the Nazi Mania Is Weighed in Hannah Arendt's New Book,' in *New York Times Book Review*, May 19, 1963, pp. 1, 40-41; Marie Syrkin, 'Miss Arendt Surveys the Holocaust,' in *Jewish Frontier*, May 1963, pp. 7-13; and Jacob Robinson, *The Crooked Shall Be Made Straight*, New York 1965.

4 See, for example, Seyla Benhabib, 'Identity, Perspective, and Narrative in Hannah Arendt's *Eichmann in Jerusalem*,' in *History and Memory*, vol. 8, no. 2, pp. 35-41; idem, *The Reluctant Modernism of Hannah Arendt*, Thousand Oaks, London and New Delhi 1996, pp. 172-185; Richard J. Bernstein, *Hannah Arendt and the Jewish Question*, Cambridge, MA 1996, p. 159; Elisabeth Young-Bruehl, *Hannah Arendt: For Love of the World*, New Haven and London 1982, pp. 338-347, 363.

5 According to Tony Judt, for example, although Arendt made many little errors, she was right about "the big things." (Tony Judt, 'At Home in this Century,' in *New York Review of Books*, April 6, 1995, p. 14.) Gulie Ne'eman Arad, in her introduction to the special issue of *History and Memory* devoted to *Eichmann in Jerusalem*, praises Arendt for addressing the most salient issues of the post-Auschwitz world and attributes the negative reactions toward Arendt to her attempt to understand the Holocaust in "scientific" terms without taking into account the sensibilities of the survivors and the wider Jewish collective (Gulie Ne'eman Arad, 'Editor's Note,' in *History and Memory*, vol.8, no. 2, Fall/Winter 1996, pp. 6-7). Similar positions were expressed by Seyla Benhabib and Richard Bernstein (see Benhabib, 'Identity, Perspective, and Narrative,' p. 41; Bernstein, p. 159). As opposed to such positions, I shall critically examine Arendt's "scientific" understanding of the "big things," in this case, the fundamental arguments that structure *Eichmann in Jerusalem*.

6 This charge was expressed most starkly by Arendt's former friend, Gershom Scholem, who accused her of lacking *Ahavat Israel*—love for the Jewish people. See Gershom Scholem, 'Brief an Hannah Arendt,' (June 23, 1963) in *Die Kontroverse: Hannah Arendt, Eichmann, und die Juden*, ed. by F.A. Krummacher, Munich 1964, p. 208.

7 Hannah Arendt, *Eichmann in Jerusalem*, revised edition, Harmondsworth 1994, pp. 11, 61, 117, 125, 134.

8 Ibid., pp. 4-5.

9 Michael Marrus has argued similarly. See Michael R. Marrus, '*Eichmann in Jerusalem*: Justice and History,' in Steven E. Aschheim (ed.), *Hannah Arendt in Jerusalem*, Berkeley, Los Angeles, and London 2001, pp. 205-213.

10 Arendt, p. 275.

11 Ibid., pp. 4-5.

12 Ibid., p. 247.

13 Ibid., p. 21.

14 Ibid., p. 267.

15 Some commentators, such as Götz Aly, have claimed that Arendt's evaluation was based phenomenologically on the sorry figure Eichmann cut at the trial and that she underestimated how he acted in the world as a Nazi official. Although I agree with this description of Arendt's phenomenological, essentially class-based perception, it does not necessarily undermine her thesis—that the system was not constituted by a group of murderers, but that, on the contrary, the totalitarian system made the murderers. See Götz Aly, 'Hannah Arendt's Eichmann und die historischen Fakten,' paper presented at the conference "Zur Historiographie des Holocaust am Beispiel von Hannah Arendts *Eichmann and Jerusalem*," Einstein Forum, Potsdam, June 21, 1997.

16 Arendt, *Eichmann*, pp. 29 ff.

17 See Hannah Arendt, *The Origins of Totalitarianism*, San Diego, New York, London: Harcourt, Brace, Jovanovich, 1958, pp. 3–120.

18 Arendt, *Eichmann*, pp. 52–55.

19 Ibid., pp. 26, 52–54. Arendt describes Germany and Germans during the postwar period, as well as during the Nazi period, in unremittingly contemptuous terms. (See, for example, Arendt, *Eichmann*, pp. 15, 52, 58, 69, 159.) This renders questionable Richard Wolin's thesis that the ambivalences in

Arendt's book reflect her desire to deflect critique from Germany in order to leave intact her identity as an assimilated German Jew (see Richard Wolin, 'The Ambivalences of German-Jewish Identity: Hannah Arendt in Jerusalem,' *History and Theory*, vol. 8, no. 2, pp. 26 ff.).

20 Arendt, *Eichmann*, p. 125. Also see *The Origins of Totalitarianism*, pp. 106–117, 305–340. This theme of moral collapse, while dramatic, is one of the more questionable sweeping assertions in Arendt's analysis of totalitarianism. It can be understood in *The Origins of Totalitarianism* as a conservative culture-critical moment in a more complex explanatory schema which draws on a range of theoretical traditions, including Marxism. *Eichmann in Jerusalem*, as I shall suggest below, is more consistent in its overarching framework—grasping the modern world by means of a critique of technology—and weaker analytically. This understanding of a shift from *The Origins of Totalitarianism* to *Eichmann in Jerusalem* is only indirectly related to the discussion of whether Arendt's discourse of "radical evil" in the former and "the banality of evil" in the latter represents a fundamental shift (see Richard Bernstein, pp. 137–153).

21 Arendt, *Eichmann*, p. 276.

22 Ibid., pp. 56–112.

23 Ibid., pp. 92–95.

24 Ibid., p. 93.

25 Dominick LaCapra has also criticized this common conflation. See Dominick LaCapra, *Representing the Holocaust: History, Theory, Trauma*, Ithaca, NY 1994, p. 200. Ironically, the conflation of ideology and motivation also underlies Daniel Goldhagen's diametrically opposed approach, which attributes the Holocaust to a uniquely German form of anti-Semitism. See Daniel J. Goldhagen, *Hitler's Willing Executioners: Ordinary Germans and the Holocaust*, New York 1997.

26 Arendt, *Eichmann*, pp. 112–117, 125–131, 135–146.

27 Ibid., pp. 112–114.

28 Ibid., pp. 97–102.

29 Ibid., p. 125.

30 For some early critical responses, see Walter Laqueur, 'Footnotes to the Holocaust,' in *New York Review of Books*, Nov. 11, 1965, pp. 20–22; and Lionel Abel, 'Eichmann and the Jews,' in *Partisan Review*, Summer 1963, pp. 211–230. For more recent work on the *Judenräte*, see Isaiah Trunk, *Judenrat: The Jewish Councils in Eastern Europe Under Nazi Occupation*, New York 1972; and Leni Yahil, *The Holocaust: The Fate of European Jewry*, 1932–1945, trans. by Ina Friedman and Haya Galai, New York 1990.

31 Arendt, *Eichmann*, pp. 135–146. It is noteworthy that Arendt does not question that the "*Führerprinzip*" should be regarded as law.

32 Ibid., pp. 148–149.

33 Ibid., pp. 162–205.

34 Ibid., p. 233.

35 Ibid., pp. 212–218.

36 A similar observation has been made by Gabriel Motzkin in 'Hannah Arendt: From Ethnic Minority to Universal Humanity,' presented at the conference, "Zur Historiographie des Holocaust am Beispiel von Hannah Arendts *Eichmann in Jerusalem*," Einstein Forum, Potsdam, June 21, 1997.

37 This is also the case of her implicit suggestion that most Zionists, having considered Hitler's rise to power a defeat for assimilationists, had a relatively benign view of the Nazis and regarded Britain as the chief enemy. This not only identifies right-wing Zionism with Zionism *per se*, but also conflates the 1930s and 1940s (see Arendt, *Eichmann*, pp. 56–61).

38 Shoshana Felman has brilliantly argued the significance of the Eichmann trial in giving voice to the victims in 'Theaters of Justice: Arendt in Jerusalem, the Eichmann Trial, and the Redefinition of Legal Meaning in the Wake of the Holocaust,' *Critical Inquiry* 27, Winter 2001, pp. 201–238. Arendt, *Eichmann*, p. 231.

39 Ibid.

40 Ibid., pp. 263, 272.

41 Ibid., p. 275.

42 Ibid., pp. 260–262.

43 Ibid., p. 276.
44 Ibid., pp. 272–273.
45 Ibid., pp. 246–247.
46 Ibid., p. 267.
47 Ibid., p. 269.
48 Ibid., p. 289.
49 Hannah Arendt, Letter to Karl Jaspers, August 17, 1946, in Lotte Kohler and Hans Saner (eds.), *Hannah Arendt and Karl Jaspers, Correspondence, 1926–1969*, trans. by Robert and Rita Kimber, New York 1992, p. 54.
50 Arendt, *Eichmann*, p. 294.
51 Ibid., pp. 292–293.
52 Ibid., p. 262.
53 This interpretation both overlaps with and differs from Leora Bilsky's attempt to address the problem of judgement in the absence of pre-existing rules by elaborating Arendt's concept of reflective judgement elaborated later in her *Lectures on Kant's Political Philosophy* (see Leora Y. Bilsky, 'When Actor and Spectator Meet in the Courtroom: Reflections on Hannah Arendt's Concept of Judgment,' in *History and Memory*, vol. 8, no. 2, pp. 137–173).
54 Arendt, *Eichmann*, p. 4.
55 This point was also made by Annette Wievorka in 'Eichmann's Trial and the Advent of the Witness,' presented at the conference "Zur Historiographie des Holocaust am Beispiel von Hannah Arendts *Eichmann and Jerusalem*," Einstein Forum, Potsdam, June 20, 1997.
56 Felman, p. 219, fn. 33.
57 Ibid., p. 221.
58 Ibid., p. 213.
59 Walter Benjamin, 'Theses on the Philosophy of History,' in *Illuminations*, ed. by Hannah Arendt, trans. by Harry Zohn, New York, p.274.
60 It may very well be that the oppositions and contradictions of *Eichmann in Jerusalem* express the ambivalences and contradictions of Arendt's own self-understanding. This is a theme, however, that I shall not pursue here.
61 Arendt, *Eichmann*, pp. 19–20.
62 Arendt, *Eichmann in Jerusalem*, New York 1963, p. 105.
63 Scholem, for example, drew attention to those analogies and characterizations. See Gershom Scholem, pp. 207–212.
64 Richard Wolin makes a similar point (see 'The Ambivalences of German-Jewish Identity,' in op. cit., pp. 26–28). However, Wolin maintains that by avoiding the issue of anti-Semitism, Arendt intended to deflect criticism from Germany. Yet, this conflates two problematics: an analysis of anti-Semitism alone, even as a necessary condition of the Holocaust, is not identical to an analysis of specific German responsibility or of the German historical development that facilitated Hitler's rise to power and the legitimacy he enjoyed (see Moishe Postone, 'The Holocaust and the Trajectory of the Twentieth Century,' in idem and Eric Santner (eds.), *Catastrophe and Meaning: The Holocaust and the Twentieth Century*, Chicago and London 2003, pp. 81–114). Daniel Goldhagen's treatment of modern exterminatory anti-Semitism as quasi-ontologically German (until 1945) is based on precisely such a conflation and is very questionable (see Goldhagen, *Hitler's Willing Executioners*).
65 Arendt, *Eichmann*, revised edition, pp. 70,71.
66 Ibid., p. 153.
67 Ibid.
68 Ibid., p. 246.
69 Ibid., p. 294.
70 Ibid., p. 288.
71 Ibid., pp. 267–269, 275–277.
72 Ibid., p. 273.
73 See Arendt, *The Origins of Totalitarianism*, pp. 11–28, 50–53, 97–99.
74 The classic formulation of this thesis is, of course, that of Alexis de Tocqueville (see *The Old*

Regime and the French Revolution, trans. by Stuart Gilbert, Garden City, NY 1955, pp. 14–19, 22–32). An analogous recent argument may be found in François Furet, *Interpreting the French Revolution*, trans. by Elborg Forster, Cambridge and New York 1981.

75 See Postone, 'The Holocaust and the Trajectory of the Twentieth Century'.

76 The same could be said of Zygmunt Baumann's *Modernity and the Holocaust* (Ithaca, NY 1989), which also focusses on technological and bureaucratic patterns of action and does not grasp modern anti-Semitism adequately.

77 For different attempts to embed technology socially and culturally, see Moishe Postone, *Time, Labor, and Social Domination*, Cambridge and New York 1993; and Andrew Feenberg, *Critical Theory of Technology*, New York and Oxford 1991.

78 The apologetic character of Heidegger's analysis of the twentieth century in terms of technology is most evident in the following sentence from the unpublished version of 'The Question concerning Technology' (1953): "Agriculture is now motorized food industry—in essence the same as the manufacture of corpses in gas chambers and extermination camps, the same as blockading and starving of nations, the same as the manufacture of hydrogen bombs." (cited in Bernstein, p. 169). Unlike Richard Bernstein, who interprets this as a critique of people who cannot distinguish between extermination and motorized food industry (ibid. pp. 169–170), I would argue that it is clearly Heidegger himself who is equating those terms. Moreover, he not only is apologetically dissolving the specificity of Nazi crimes against humanity into a purportedly more "universal" category, but is making a more explicit equation: Nazi actions (extermination camps) are no different essentially from those of the British (blockades) and the Americans and the Soviets (hydrogen bombs). The full ignominious character of Heidegger's apologetic comparison becomes clear, however, when it is recalled that, beginning with Heinrich von Treitschke, one charge against the Jews made by German anti-Semites is that they were behind the modernization of agriculture (and, hence, the destruction of German peasant communities and German soil—in later Nazi terms, *Blut und Boden*). Heidegger, then, is claiming that Nazi war crimes are no different from the crimes of Germany's enemies, that those enemies were the British, the Americans, the Soviets—and the Jews, and that, moreover, all of those crimes are due to the dominance of technology, a problem of modernity.

Raphael Gross

Zum Fortwirken der NS-Moral

Adolf Eichmann und die deutsche Gesellschaft

I.

Ludwig Wittgenstein hat in seinen »Philosophischen Untersuchungen« eine längere Passage einer Kippfigur gewidmet.[1] Es handelt sich um eine Zeichnung, die man als Hasenkopf oder als Entenkopf sehen kann. Man kann die Zeichnung, welche Wittgenstein den »H-E-Kopf« nennt, so oder so sehen. Das Interessante daran ist, dass man immer entweder den einen oder den anderen Kopf sieht und obwohl der Hasenkopf mit dem Entenkopf nicht die leiseste Ähnlichkeit hat, sind sie kongruent.[2]

Seit der bis heute anhaltenden Kontroverse um Hannah Arendts Buch über Adolf Eichmann scheint sich das Bild des im Glaskasten sitzenden Massenmörders ähnlich einer Kippfigur ständig hin- und her zu bewegen.[3] Einmal sehen wir einen eher subalternen Beamten und beflissenen Karrieristen vor uns, der zwar skrupellos Anweisungen befolgt und auch eigenen beruflichen Ehrgeiz entwickelt, aber ohne irgendwelche ideologischen Motive seines Handelns zu offenbaren. In dieser Sichtweise wird die »Banalität« erkenntnisleitend, welche im Untertitel des Buches von Hannah Arendt sprichwörtlich geworden ist und dann eine solch vehemente Kritik fand.[4] Dann wieder erkennen wir in der im Glaskasten sitzenden Gestalt einen überzeugten nationalsozialistischen Antisemiten, der von seinem durch die NS-Ideologie legitimierten Hass geleitet wird, das Ziel seiner Tätigkeit – die organisatorischen Voraussetzungen für die Deportation Hunderttausender von Juden in den Tod – als Mission begreift und mit Fanatismus und aus Überzeugung durchführt. In diesem Bild steht eher die Formulierung vom »Bösen« im Vordergrund unserer Perspektive auf den Täter, eine Formulierung, die ja im Titel von Arendts Essay ebenfalls enthalten ist, wenn sie auch von der Vokabel »Banalität« überdeckt zu sein scheint. Tatsächlich nannte etwa der israelische Generalstaatsanwalt Gideon Hausner Eichmann die »Verkörperung des satanischen Prinzips.«[5]

Das Bild Eichmanns changiert nicht bloß, sondern es kippt vollständig um. Einmal sehen wir den zufällig in eine bürokratische Struktur oder einen Ereignisprozess hineingeratenen, »farblosen« Verwaltungsfachmann vor uns, einmal den fanatischen Parteiideologen mit konsequenter NS-Überzeugung. Diese beiden Bilder kann man analog zu Wittgensteins »H-E-Kopf« abwechselnd erkennen, und doch schließen sie sich gegenseitig aus. Die so häufig kommentierte Kontroverse um Inhalt und Titel ihres Gerichtsreports berührt ohne Zweifel zahlreiche ganz heterogene Schichten und hat dementsprechend ganz unterschiedliche Ursachen. Der intensiv geführte Streit und seine anhaltende Dauer wird ja gerade dadurch bedingt, dass er nicht nur ein einziges Thema, ein alleinstehendes Problem und eine einzelne Frage verhandelt hat.[6]

Sogar bei Hannah Arendt, die in ihrem Eichmann-Buch vor allem das Bild des banalen bürokratischen Schreibtischtäters fixiert, kippt am Ende ihrer Ausführungen dieses Bild. Am Anfang ihres Berichts bescheinigt sie, dass Eichmann außer einer »ungewöhnlichen Beflissenheit«, alles zu tun, was seiner Karriere helfen konnte, »überhaupt keine Motive« besessen habe.[7] Sie beschreibt Eichmann als einen banalen Menschen, einen Menschen, bei dem sich »keine teuflisch-dämonische Tiefe« finden lasse und der dennoch nicht alltäglich sei.[8] Dass Eichmanns unglaubliche »Realitätsferne und Gedankenlosigkeit« mehr Unheil anrichten konnten als »alle die dem Menschen vielleicht innewohnenden bösen Triebe zusammengenommen«, bezeichnet Hannah Arendt als den zentralen Aspekt der Lehre, die man aus dem Jerusalemer Prozess habe ziehen können, »eine Lektion«, die allerdings weder mit einer Erklärung des Phänomens noch mit einer Theorie darüber verwechselt werden dürfe.[9]

Am Ende ihres Buches scheint diese bloße, motivationslose Beflissenheit plötzlich doch einen ganz anderen Sinn zu tragen. Auch wenn man unterstelle, dass es reines Missgeschick gewesen sei, so heißt es in ihrem Bericht in einer Ansprache an den Angeklagten, »das aus Ihnen ein willfähriges Werkzeug in der Organisation des Massenmordes gemacht hat«, so bleibe doch die Tatsache bestehen, »daß Sie mithalfen, die Politik des Massenmordes auszuführen und also diese Politik aktiv unterstützt« haben.[10] Und noch deutlicher: »Denn wenn Sie sich auf Gehorsam berufen, so möchten wir Ihnen vorhalten, daß die Politik ja nicht in der Kinderstube vor sich geht und daß im politischen Bereich der Erwachsenen das Wort Gehorsam nur ein anderes Wort ist für Zustimmung und Unterstützung.«[11] Es bleibe festzuhalten, weiter direkt an Eichmann gewandt, dass »Sie eine Politik gefördert und mitverwirklicht haben, in der sich der Wille kundtat, die Erde nicht mit dem jüdischen Volk und einer Reihe anderer Volksgruppen zu teilen, als ob Sie und Ihre Vorgesetzten das Recht gehabt hätten, zu entscheiden, wer die Erde bewohnen soll und wer nicht.«[12]

Hannah Arendt war nicht entgangen, dass der Begriff »Gehorsam«, der in allen NS-Prozessen eine so bedeutsame Rolle gespielt hat, eine Zweideutigkeit enthält. Von der Verteidigung wurde er vorgebracht, um die Schuld der Angeklagten einzugrenzen bzw. zu verneinen. In der Ideologie des Nationalsozialismus war »Gehorsam« zuvor aber auch eine zentrale Tugend gewesen, die insbesondere die Elite der SS-Männer auszeichnen sollte. Vor diesem Hintergrund ist Arendts Kritik an dem Gehorsamsbezug nach wie vor überzeugend geblieben. Was sie nicht explizit machte, war, dass mit dem Rückgriff auf die Doppelbedeutung des moralischen Werts der »Gehorsamkeit« das von ihr gezeichnete Bild vom motivationslosen Eichmann in der oben beschriebenen Art »kippte«: Wenn sein »Gehorsam«, wie sie schrieb, tatsächlich eine Form von »Zustimmung und Unterstützung« für die Politik des Nationalsozialismus bedeutet hatte – und das scheint eine zutreffende Beurteilung – dann war Eichmann in dem damit verknüpften Wertemuster eben kein bloßer Bürokrat. Wenn er den Willen aufbrachte, einen Völkermord zu begehen, um »die Erde« in seinem Sinne »zu säubern«, dann war er ein Weltanschauungskrieger, ein für seine Tat verantwortlicher Mörder, aber kein banaler Vollzugsbeamter, den lediglich ein seltsamer Mangel an Vorstellungskraft charakterisierte.[13]

Es ist in Arendts Analyse nicht angelegt, den Begriff des »Bürokraten« im Sinne einer Erklärung für Völkermord zu hypostasieren. Denn tatsächlich hat bei ihr das Phänomen der Bürokratie und vor allem der Begriff der »bürokratischen Herrschaft« eine weit über unseren alltäglichen Sprachgebrauch hinausgehende Bedeutung. In ihrem vor subtilen Analysen und überraschenden Perspektiven überreichen Buch, »Elemente und Ursprünge totalitärer Herrschaft«[14], entwickelt sie den Typus der bürokratischen Herrschaft, den sie in Kontrast zum bürgerlichen Gesetzesstaat sah. Dieser Kontrast zwischen bürokratischer und gesetzesstaatlicher Herrschaft war ähnlich begründet wie Ernst Fraenkels Unterscheidung zwischen »Maßnahmen-« und »Normenstaat«, also einem Herrschaftstyp, der durch Willkürakte funktioniert auf der einen Seite, respektive einem Typus von Herrschaft, der auf formaler Gesetzmäßigkeit basiert, auf der anderen Seite.[15] In diesem Sinn kann man »bürokratische Herrschaft« im Sinne Arendts durchaus als einen Typus verstehen, der auch die Naziherrschaft umschließt. Dennoch gibt es eine sehr radikale Entwicklung von Arendts erstem großen Buch über den Totalitarismus zu ihrem Eichmann-Buch, auf die sie selber hingewiesen hat: Eichmann sei, so schreibt sie in einem Brief an Mary MacCarthy vom 20. September 1963, »viel weniger von Ideologie beeinflußt […], als ich in dem Buch über den Totalitarismus angenommen hatte.«[16]

II.

David Cesarani hat in seiner Eichmann-Biografie im Gegenteil argumentiert, dass Arendt ihr Porträt von Eichmann der eigenen Totalitarismustheorie angepasst habe.[17] Er geht davon aus, dass sie versucht habe, in Jerusalem »jene Art von Mensch« zu finden, »die ein totalitäres System ihrer Ansicht nach brauchte, um seine unmenschliche Politik zu verwirklichen.«[18] Durch die Verknüpfung ihres Totalitarismus-Buches mit der Gerichtsreportage über den Jerusalemer Eichmann-Prozess habe sie zudem, so Cesarani, eine bereits vorhandene Holocaust-Deutung, nämlich den Ansatz Raul Hilbergs, übernommen und durch die öffentliche Diskussion um ihr Buch in eine breitere Öffentlichkeit übertragen.[19] Diese Popularisierung hätte eine solch prägende Kraft entwickelt, dass sie »Generationen von Historikern und anderen Gelehrten« die – aus Cesaranis Sicht problematischen – Begriffe geliefert habe, um das »Dritte Reich« begrifflich zu erfassen.[20]

Tatsächlich aber war dieses Begriffsarsenal – anders als Cesarani annimmt – in Deutschland schon weit verbreitet, und das lange bevor Arendts Eichmann-Buch erschienen war. Der für die Verfolgung von NS-Verbrechen in Deutschland zuständige Leiter der Zentralen Stelle der Landesjustizverwaltung in Ludwigsburg, Oberstaatsanwalt Erwin Schüle, brachte diese zeitgenössische Sicht in einer Veranstaltung des Jahres 1961 wie folgt auf den Punkt, als er sagte, Eichmann sei nicht »der Großinquisitor der Endlösung« gewesen, vor dem »sogar Himmler« gezittert habe, sondern »der leitende Ingenieur eines Großbetriebes, der den Betrieb nach den Plänen seiner Vorgesetzten in Gang brachte und der dafür sorgte, daß ihm immer neue Opfer als Material zugeführt wurden.«[21] David Cesarani hat dagegen mit einigem Erfolg versucht, ein komplexes und klischeefreies Eichmann-Bild zu zeichnen, welches verschiedene neuere historische Erklärungsansätze zusammenführt und Leben und Karriere Eichmanns von der Kindheit in Deutschland und Österreich bis zur Hinrichtung in Jerusalem breit dokumentiert und reflektiert darstellt. Doch auch in seinem Buch »kippt« das Bild mehrfach hin und her. Auch er kann weder auf das Bild des Bürokraten noch auf die Vorstellung des ideologischen Überzeugungstäters verzichten und seine Synthesearbeit, die scheinbar gegen das von Arendt geschaffene Bild ankämpft, reproduziert das Kippbild nur noch in weiteren Variationen.[22]

Susan Neimann hat in ihrem Buch über die Geschichte des Bösen Arendts Eichmann-Bild aus einer philosophiehistorischen Sicht heraus bestärkt.[23] Auch sie sieht dabei Eichmann nur als ein hervorstechendes Mitglied der Nazi-Elite, deren Ziele »zunächst nichts mit Massenmord und sehr viel mit kleinbürgerlichem Karrierismus zu tun hatten.«[24] Auf jeder Ebene hätten die Nazis »mehr Böses mit weniger Bösartigkeit« erzeugt, als die Zivilisation es je gesehen habe. Dieses vermeintliche Fehlen von Bösartigkeit oder Vorsatz war für Neimann so irritierend, dass sie als Konsequenz sogar forderte, man müsse nach Auschwitz den neuzeitlichen Begriff von »Absicht« neu begründen.[25] In ihrer Lesart habe Arendts Buch deshalb den wichtigsten philosophischen Beitrag zum Problem des Bösen im 20. Jahrhundert überhaupt geleistet.[26] Die argumentative Nähe, die von Neimann hier zwischen ihrer eigenen Analyse und derjenigen Arendts hergestellt wird, kann nicht darüber hinwegtäuschen, dass Neimann hier die Arendtsche »Lücke« in der Erklärung nur noch einmal reformuliert. Tatsächlich antwortet sie nur scheinbar auf die Debatte um die moralische Verantwortung im »Dritten Reich« und auf die Frage nach der ideologischen Motivation der Täter. Stattdessen hat sie sich die Frage gestellt, wie man sich überhaupt ein menschliches Handeln vorstellen kann, welches objektiv Verbrechen begeht, ohne dabei von bösen Absichten geleitet worden zu sein – das Problem in der Erklärung scheint endgültig zur Erklärung des Problems geworden zu sein.[27]

Nun hat die historische Forschung, wie nicht zuletzt das Eichmann-Buch von David Cesarani zeigt, die empirische Grundlage für die von Neimann erneut beschworene vermeintliche »Absichtslosigkeit« massiv in Frage gestellt. Yaacov Lozowick hat zum Beispiel vor einigen Jahren in seinem Buch über die »willigen Bürokraten« die absichtsvolle Energie hinter dem Handeln von Eichmann und seinen unmittelbaren Kollegen betont: »Mit ganzem Herzen« seien diese Menschen von ihrer Mission erfüllt gewesen, Juden wo immer sie aufzugreifen waren, zu ermorden.[28] Doch auch der Ansatz von Lozowicks Buch konnte die Widersprüchlichkeit des Eichmann-Bildes nicht auflösen. Er hat zwar erneut und zurecht in Erinnerung gerufen, dass man nicht auf die spezielle Verteidigungsstrategie Eichmanns in Jerusalem hereinfallen dürfe, wenn man seine Motive und seine Motivation als sekundär betrachtet. Von einer »Banalität des Bösen« zu sprechen, wie dies Hannah Arendt getan habe, habe dagegen mit den uns zugänglichen empirischen Daten und Fakten nichts zu tun: Weder war Eichmann einfach nur »dienstbeflissen«, noch habe er sich »niemals vorgestellt, was er eigentlich anstellte« und aus purer Fantasielosigkeit und Borniertheit nicht gewusst, was er faktisch tat und politisch bewirkte.[29]

Lozowicks besonders eindringlich gerichteter Fokus auf Eichmanns persönliche »Böswilligkeit« kann also in vielerlei Hinsicht als Ergänzung und Korrektur zu einer langen und auf Hannah Arendt zurückgehenden Tradition von Deutungen bezeichnet werden. Doch auch seine Darstellung hebt Eichmann in gewisser Hinsicht aus seinem historischen Kontext. Dies ist insofern der Fall, als seine »Bosheit« oder »Böswilligkeit« nicht mit der Erklärung verwechselt werden darf, sondern das Zu-Erklärende darstellt. Das Problem wird auch in der Darstellung Lozowicks nicht entschlüsselt. Es scheint für alle Ansätze zu gelten, die bei diesem Thema eine grundsätzliche Entscheidung erzwingen, ganz gleich in welche Richtung: versucht man Motive zu erhellen, findet man sie auch bei Eichmann – ob sie nun »Karrierismus« oder »Gehorsam« oder »Hass« heißen; sucht man hingegen seine konkrete Rolle im Rahmen seiner Aufgaben im nationalsozialistischen System zum Ausgangspunkt einer Deutung zu machen, findet man immer einen Bürokraten.

Dieser herkömmlichen Dichotomie möchte ich deshalb meine eigene Argumentation entziehen. Meine These lautet, dass Eichmann sowohl während der NS-Zeit als auch danach – und zwar bis in die Zeit seines Prozesses in Jerusalem hinein – mit zahlreichen anderen Deutschen erstens mehr und zweitens Spezifischeres geteilt hat als eine besonders ausgeprägte »Böswilligkeit«. Er teilte mit vielen seiner Kollegen und Mitbürger ein ganzes Ensemble von moralischen Gefühlen, Haltungen und Einstellungen, die ihm erst ermöglichten, das umzusetzen, wofür er in Jerusalem vor Gericht stand.[30] Erst wenn man aber auf dieser Ebene Eichmann im Kontext der geteilten moralischen Gefühle seiner Zeit untersucht, kann man den Grund für das ständige Kippen des Eichmann-Bildes genauer verstehen.

III.

Um diesen historischen Hintergrund in Bezug auf die Frage nach geteilten moralischen Werten aufzuzeigen, bedarf es eines umfangreichen interdisziplinären Forschungsprojektes. Ausgangspunkt ist die These, dass sich der NS-Staat mittels kollektiv geteilter Moralvorstellungen eine Legitimationsgrundlage zu schaffen versuchte. Diese »volksgemeinschaftlichen« Moralvorstellungen sind nach der Zerschlagung des »Dritten Reiches« natürlich nicht einfach über Nacht verschwunden, sondern sie haben sich langsam und in Auseinandersetzung mit anderen Kriterien für moralisches Handeln transformiert und in verschiedene Richtungen weiterentwickelt.[31] Hier werde ich lediglich versuchen, das herkömmliche Bild von Eichmann im Glaskasten und seine dort gewählte Verteidigungsstrategie mit der moralischen und moralphilosophischen Diskussion über den Jerusalemer Prozess in Deutschland zu verknüpfen. Es geht dabei gerade nicht darum, erneut in den Streit um Arendts Buch einzutreten. Stattdessen wird vielmehr einem von Dan Diner in seinem Text »Hannah Arendt Reconsidered – Über das Banale und das Böse in ihrer Holocaust-Erzählung«[32] gelegten Argument nachgegangen. Dan Diner hat dort die Perspektivenwahl historischer Geschichtsnarrative untersucht und in diesem Zusammenhang ausgeführt, dass Arendts »Konzept der Banalität, das in der jüdischen Öffentlichkeit von geradezu hysterischen Ausbrüchen begleitet« worden sei, eine Perspektive der Wahrnehmung aufzeige, »die durchaus dem deutschen kollektiven Erleben« nahe komme.[33] Ich möchte die von ihm in diesem Aufsatz gegebene Spur noch einmal aufnehmen und in eine andere Richtung weiterführen. Dabei scheint es zunächst wichtig, noch einmal im Anschluss an Diner zu betonen, dass Arendt seinerzeit den begeisterten deutschen »Umarmungsversuchen« – die sich in den neunziger Jahren schon bis hin zur Benennung eines ICE-Zuges nach Hannah Arendt niedergeschlagen hatten – durchaus mit kritischem Geist und sensiblem Gespür für die argumentative Entstellung und Veränderung ihrer Auffassungen entgegengetreten ist.[34] So etwa in der Auseinandersetzung im »Merkur« mit Hans Magnus Enzensberger, dessen angeblich auf ihre Banalitätsthese zurückgehender Satz, »Faschismus ist nicht entsetzlich, weil ihn die Deutschen praktiziert haben, sondern weil er überall möglich ist«, Arendt entsetzte und dem sie Folgendes entgegnete:

»Wenn jeder schuldig ist, dann ist niemand schuldig. Wieder geht das Einzelne im Durcheinander des Allgemeinen verloren. Es ist bei weitem noch problematischer, wenn es von einem Deutschen vorgebracht wird. Dann heißt es: Nicht unsere Eltern, sondern die Menschheit hat diese Katastrophe verursacht. Das ist einfach nicht wahr.«[35]

In einem nicht veröffentlichten Brief an den Herausgeber des »Merkurs« wurde sie sogar noch schärfer: »Ich habe Ihnen [gemeint ist Enzensberger] ja nicht vorgeworfen, daß sie leugnen, daß die Deutschen an Auschwitz schuld sind, sondern daß Sie sich dafür noch eine Feder an den Hut stecken.« Und dann fügte sie sogar noch hinzu: »Oh, Felix Culpa!«[36]

Der Quellenbestand, der am besten dazu geeignet scheint, einen Einblick in die moralische Diskussion in der deutschen Gesellschaft zur Zeit des Eichmann-Prozesses zu gewähren, findet sich im Nachlass von Robert Servatius im Koblenzer Bundesarchiv. Er enthält die Briefe, Dokumente, Zeitungsausschnitte und Gutachten, die Eichmanns Verteidiger gesammelt hat. Des weiteren sind auch die Quellen aus dem Bundespresseamt (BPA) hilfreich, derjenigen Institution, die sich sowohl um die deutsche öffentliche Meinung als auch um das Image Deutschlands im Ausland kümmerte, sowie des Justizministeriums.[37] Die Bedeutung der an Servatius gerichteten Briefe hatte bereits Léon Poliakov erkannt und versucht, sie für die Frage nach den weltweiten Reaktionen auf den Eichmann-Prozess auszuwerten. In einem Brief vom 17. August 1961 schrieb er deshalb an Robert Servatius: »Ich glaube, daß diese Briefe eines der besten Zeugnisse bilden für die mannigfaltigen Auswirkungen des Prozesses in den verschiedenen Ländern, Gesellschaftsschichten, usw.«[38] Wie jedoch aus einem weiteren Brief vom 30. August hervorgeht, hatte Servatius schließlich Poliakov diesen Einblick in die Briefe mit dem Hinweis auf das Berufsgeheimnis des Anwalts verwehrt und ihm noch nicht einmal die Anzahl, Absender und den Charakter der Briefe genannt.[39] Doch auch er hat die ihm zugegangenen Briefe als »für einen Historiker sehr aufschlußreich« bezeichnet.[40]

Die Person von Robert Servatius bleibt in den Briefen und Antwortentwürfen, die sich in seinem Nachlass finden, relativ blass – vielleicht ist diese Konturlosigkeit in den Akten einer der Gründe dafür, warum es bisher zu ihm kaum Darstellungen in der Forschungsliteratur gibt, schon gar keine Biografie, und das, obwohl er eine zentrale Rolle im Eichmann-Prozess inne hatte.[41] Servatius, geboren am 31. Oktober 1894 in Köln, war im Ersten Weltkrieg Artillerieoffizier gewesen und hatte am Ende des Zweiten Weltkrieges den Rang eines Majors erreicht. Da er nie der NSDAP angehört hatte oder von den Alliierten in irgendeiner Weise mit NS-Verbrechen in direkten Zusammenhang gebracht worden war, wurde er in Nürnberg als Strafverteidiger zugelassen. Er hatte sich einen Namen als Strafverteidiger von NS-Hauptkriegsverbrechern gemacht, so u.a. als Verteidiger von Fritz Sauckel in Nürnberg und später im sogenannten »Ärzteprozess« von Professor Karl Brandt.[42] Bevor Servatius als Verteidiger von Eichmann zugelassen wurde, hat der Mossad ihn noch einmal auf seine NS-Vergangenheit überprüft, dabei aber offenbar ebenfalls nichts Belastendes gefunden.[43]

Was aus heutiger Sicht an dem recht umfangreichen Nachlass von Servatius besonders auffällt, ist nicht nur die Menge der gewechselten Schreiben – es handelt sich immerhin um tausende von Zusendungen –, sondern vor allem die Verschiedenartigkeit seiner Korrespondenzpartner. Das Spektrum reicht von dem Philosophen Max Horkheimer, dem Nürnberger Ankläger Robert W. Kempner, bis zu dem französischen Holocaust-Leugner Paul Rassinier. Servatius bedankte sich für unendlich viele der ihm ungefragt zugesendeten Briefe während der gesamten Phase des Prozesses und blieb dabei stets gleichbleibend höflich und distanziert.[44] Nur selten legt er, wie manche handschriftliche Vermerke auf Briefen zeigen, diese in einen speziellen Ordner für außergewöhnliche Zusendungen ab. Normalerweise nahm er alle Anfragen und Gesprächsangebote gleichbleibend ernst und man kann heute wenige besonders aussagekräftige oder impulsive Bemerkungen aus seiner Feder finden, die einen Einblick in seine eigene Meinung geben würden. Zwar war Servatius in der damaligen Öffentlichkeit für seine konservativ-nationale Einstellung bekannt – und so schätzten ihn auch die israelischen Behörden ein –, in seiner Korrespondenz wird dies aber nur selten expliziert, hier bleiben seine Äußerungen im Unbestimmten und Unpersönlichen. Vielleicht ist gerade das der Grund, warum er sich besonders gut als Adressat für Kommentare zum Fall Eichmann anzubieten schien.

IV.

Dass Servatius als Verteidiger von Eichmann zugelassen worden war, war ein Ereignis, dem längere komplizierte Untersuchungen vorangingen und in dessen Verlauf diverse andere Verteidiger ausgeschlossen worden waren. Die Aufmerksamkeit, die er in seiner Rolle erhielt, war danach nicht eben gering, und er wurde auch sogleich mit Zuschriften überhäuft. Darunter waren zahlreiche Briefe von Kollegen, wie beispielsweise von Dr. Kurt Mirwo aus Düsseldorf, einem ehemaligen Verteidigerkollegen aus den Nürnberger Prozessen, in deren Verlauf sich beide allerdings zerstritten hatten. Nun meldete er sich wieder und bot seine kollegiale Hilfe an, denn »der Fall« würde ihm »innerlich nahe« gehen, allerdings »nicht im Interesse des Beschuldigten, sondern als mitfühlender Kollege bei Ihrer schweren Aufgabe.«[45] Ein weiterer Kollege, Otto Ebenau, Rechtsanwalt und Notar in Frankfurt am Main, bietet Sevatius an, »auf einschlägige Fragen und Gegenantworten zu antworten«.[46] Seine hauptsächliche Unterstützung besteht darin, Servatius nahe zu legen, dass der Krieg Hitler von den Juden aufgenötigt worden sei: »Das internationale Judentum hat den zweiten Weltkrieg angestiftet«. Daher könne man seiner Ansicht nach von Hitler nicht verlangen, »dass er die Juden als Kriegsanstifter leben ließ, wenn er fast jeden Morgen die Toten gemeldet bekam, die der ohne Zweifel völkerrechtswidrige, von den Eng-ländern begonnene [...] Bombenterror gegen die Zivilbevölkerung gefordert hatte.«⁴⁷

Solche ungebrochen nationalsozialistischen Argumentationsweisen, die aus heutiger Sicht zum Kernbestand des Revisionismus gehören, waren seinerzeit noch weit verbreitet. Eine noch radikalere »Verteidigungsstrategie« schlägt Dr. von Schönberg, Rechtsanwalt aus Karlsruhe, vor. Er bemühte einen Rassismus, um die »deutsche Ehre« zu retten, indem er sogar den Holocaust auf »jüdisches Blut« zurückführte:

»Sie werden betonen können, daß die maßgeblichen Persönlichkeiten, Hitler, Heydrich und Frank, wohl auch Eichmann selbst (das müssen Sie positiven Falles unter allen Umständen betonen), jüdisches Blut hatten und daß es dieses Blut und nicht das deutsche war, das die Greueltaten verursacht hat.«

Dies sei die letzte Gelegenheit, »die deutsche Ehre zu retten, die zu Unrecht in den Schmutz gezogen« worden sei: »Hitler geht das deutsche Volk nichts an. Die Deutschen können roh sein, aber sie sind weder fanatisch noch nachtragend.«⁴⁸ Obwohl in großer Eile – der Brief erreicht Servatius mitten in der Vorbereitung seines Schlussplädoyers –, beantwortet Servatius auch diesen Brief in gewohnter Weise prompt. Zum einen weist er darauf hin, dass ein Gerichtsverfahren »schlecht geeignet« sei, »um historische und politische Vorgänge aufzuklären«.⁴⁹ Dann aber setzt er nach: »Im übrigen habe ich versucht, Gutachten von Historikern über dieses Thema zu erhalten. Mein Versuch hatte keinen Erfolg. Falls Sie jedoch in der Lage sein sollten, von maßgebenden Professoren Gutachten zu beschaffen, so wäre ich Ihnen sehr verbunden.«⁵⁰ Es ist nicht auszuschließen, dass Servatius Antwort auf die oben zitierten unglaublichen Behauptungen seines Kollegen ironisch zu verstehen ist. So mag offen bleiben, ob sein Bedauern, dass er nicht in der Lage war, ähnliche Argumente durch Gutachten zu untermauern, wörtlich zu verstehen ist oder nicht. Immerhin schrieb er ohne weitere Doppelbedeutung: »Ich hätte mich gefreut, wenn von irgendeiner Seite mir während des Verfahrens in meiner Verteidigungsarbeit Unterstützung zugekommen wäre. Dies ist leider nicht geschehen.«⁵¹ Wie immer seine eigene Meinung zu diesem Schreiben auch gelautet haben mag – er hat das Schreiben in gleicher Weise und ohne kommentierende Zusätze beantwortet und abgelegt. Im besten Sinne könnte man dies in der Form interpretieren, dass er vielleicht auch einfach nur darüber ernüchtert war, dass es zwar im Laufe des Prozesses an »volksgemeinschaftlichen« Ratschlägen nicht mangelte, diese vielen wohlmeinenden Schreiber ihm aber am Ende kein prozessrelevantes Material liefern konnten.

In den Briefen dieser nicht ganz so hilfreichen Unterstützer kann man teilweise noch Passagen finden, die eine ungebrochene korporative »NS-Gesinnung« kundtun. Per Einschreiben erreicht Servatius etwa ein Brief von einem Herrn Hermann Pieper, der nach dem Prozessende die an Servatius geschickten Antisemitika zurückfordert.⁵² Offensichtlich handelt es sich bei diesem Herrn um einen ehemaligen SS-Kameraden von Eichmann, dem er als solcher Grüße ausrichten hatte lassen. Hier lesen wir:

»Der Kampf gegen das Judentum ist selbstverständlich mit der Aburteilung Adolf Eichmanns keineswegs zu Ende, und auch die noch nachfolgenden vielen Prozesse gegen uns als Nationalsozialisten werden daran nichts ändern. Die Lösung der Judenfrage bleibt ein Weltproblem und wird eines Tages international gelöst werden, auch, wenn noch 20 oder 50 Jahre vergehen müssen.«[53]

Ob Servatius angesichts solch ungebrochener Äußerungen daran glauben mochte, dass Eichmann in Jerusalem seine »wahre Einstellung« vertrat, scheint mir unwahrscheinlich.[54] Lag doch schon am Anfang des Prozesses ein auf Umwegen zustande gekommenes Interview in »Time-Life« von Eichmann vor, welches – obgleich Eichmann nachträglich seine Authentizität bestritt – Klartext zu sprechen schien:

»Ich werde mich nicht selbst erniedrigen oder in irgendeiner Weise bereuen. Ich könnte das im heutigen Meinungsklima zu billig tun. Es wäre zu einfach vorzugeben, daß ich mich plötzlich vom Saulus zum Paulus gewandelt hätte. Nein, ich muß wahrheitsgemäß erklären: Hätten wir alle ursprünglich 1933 von Himmlers Statistikern erfaßten zehn Millionen Juden getötet, so würde ich sagen: ›Gut, wir haben einen Feind vernichtet.‹ Aber ich meine damit nicht, sie vollkommen auszulöschen. Das wäre nicht anständig gewesen – und wir führten einen anständigen Krieg.«[55]

Die Authentizität dieser Äußerung wurde zwar nach ihrem Bekanntwerden von Servatius mit Hinblick auf den Schaden, den sie in dem Prozess anrichten konnte, in Frage gestellt; doch selbst wenn sie heute aus Gründen der Quellenkritik keinen Originalton von Eichmann zu dokumentieren vermag, so scheint sie doch zumindest etwa die Haltung von Willem Sassen wiederzugeben, dem ehemaligen SS-Offizier, auf den das Interview zurückging und der es auch zur Publikation überarbeitet hatte.[56] Wie der oben zitierte SS-Kamerad Hermann Pieper war Eichmann noch Jahre nach dem Untergang des »Dritten Reiches« bis zu seiner Gefangennahme überzeugter Nationalsozialist, der die Ermordung von Millionen Juden keineswegs als Widerspruch zur Anständigkeit der SS und der Wehrmacht sehen wollte.

Die explizit theologischen Stellungnahmen, die sich bei Servatius in großer Anzahl einfanden, hörten sich anders an als die aufmunternd gemeinten Hilfsangebote ehemaliger SS-Kameraden. Offensichtlich waren Gefangennahme, Prozess und »Schuld« Eichmanns in diesem Milieu ein besonders provozierendes Thema. Ein Priester etwa bat Servatius darum, ob er nicht Kontakt zu Eichmann erhalten dürfe. Als ehemaliger Freund könne er ihn vielleicht dazu bringen, ein »klares und offenes Schuldbekenntnis abzulegen und die Bereitschaft zu bekunden, jede Sühne auf sich zu nehmen.«[57] Der Absender befürchtete nämlich, dass Eichmann vielleicht am Gedanken »Nibelungentreue« festhalten könne und ihm so der Sinn für die »einzig mögliche Haltung« geraubt werde.[58]

Eine längere Korrespondenz führt Servatius mit Hermann Schlingensiepen (1896–1980), einem bereits emeritierten Professor der Praktischen Theologie und evangelischen Universitätsprediger in Bonn, von dem sich auch im BPA ein Artikel mit dem Titel »Eichmann und wir« findet.[59] Die dort erhaltene Kopie des Textes enthält die Widmung: »Herrn Adolf Eichmann – durch die Güte seines Anwalts – vom Verfasser«.[60] In dem Text wird auf Arendt Bezug genommen, und zwar bemerkenswerter Weise schon vor der Publikation der Buchfassung ihres später so umstrittenen »Berichtes« aus Jerusalem. Diesen Text also konnte Schlingensiepen nicht kennen, er zitiert aber einen ursprünglich 1944 verfassten Text von Arendt, der kurz nach dem Ende des Krieges in der Jasper-Zeitschrift »Die Wandlung« nachgedruckt worden war. In diesem Text stand das »Schuld«-Thema im Zentrum, aber Schlingensiepen bezog sich auf ihn allein deshalb, um auf die universelle Dimension von Eichmanns Verbrechen hinzuweisen: »Sie sprach davon«, so zitierte er sie anerkennend, »wie ihr seit Jahren Deutsche begegnet seien, die ihr gesagt hätten, sie schämten sich, Deutsche zu sein. Sie selbst sei dann versucht gewesen zu antworten, sie schäme sich, ein Mensch zu sein.«[61] Ähnlich wie in der oben zitierten linken Variante von Hans Magnus Enzensbergers »Merkur«-Artikel, wird hier Arendts Universalismus eingesetzt, um der spezifischen Schuld durch eine Flucht ins »Durcheinander des Allgemeinen« zu entgehen; wenn auch diesmal weniger politisch als vielmehr theologisch-anthropologisch akzentuiert: »Wer erschrickt nicht angesichts einer Gestalt wie Eichmann im innersten Herzen über die abgründigen Möglichkeiten, die in uns Menschen liegen?«[62] Schlingensiepen unternimmt dann auch in einem eigenen Brief an Eichmann den Versuch, diesen zum Beten zu animieren und ihm generell seine seelische Unterstützung zukommen zu lassen: »Sie sollen jedenfalls wissen«, so sprach er ihn direkt an, »daß Sie in diesen vielleicht schwersten Tagen und Wochen Ihres Lebens nicht allein sind, sondern daß viele wie ich bis in einsame wache Stunden der Nacht hinein immer wieder an Sie denken werden.«[63] Theologische Interpretationen des Holocaust finden sich im Deutschland Adenauers selbst in der Argumentation von nüchternen Beamten. So schreibt etwa der deutsche Botschafter in Kopenhagen nach Bonn: In der unmenschlichen Behandlung der Juden sei »allerdings etwas Satanisches zum Ausbruch gekommen, das der, der an keinen Gott glaubt«, kaum zu verstehen vermöge.[64] Offensichtlich, so ließe sich aus solchen Äußerungen schließen, eignete sich die Rhetorik des Theologischen besonders gut dafür, ein universalisiertes Verständnis für die Deutschen zu reklamieren, ohne die bedrängende Nähe der Nachkriegsdeutschen zum Ereignis zuzulassen oder gar konkrete Verantwortung den Opfern gegenüber anzuerkennen.

Von besonderem Interesse sind die zahlreichen Gutachten und Strategiepapiere der Verteidigung, die im Zusammenhang mit dem Eichmann-Prozess produziert worden sind. Sie sind oftmals auf einer interessanten Schnittmenge zwischen Jurisprudenz, Psychologie und Historiografie angesiedelt und bieten einen weiteren wichtigen Einblick in die Art und Weise, wie in den sechziger Jahren die moralische Dimension des Falles Eichmann und damit des Nationalsozialismus behandelt wurde. Im Nachlass Servatius findet sich auch ein Gutachten, welches den Holocaust in »Völker- und Gruppen-Morde« der Neueren Geschichte einbettet.[65] Ein schon für einen früheren Kriegsverbrecherprozess angefertigtes kriminalpsychologisches Gutachten von Prof. Undeutsch vom Psychologischen Institut der Universität Köln-Lindenthal stellte den Einfluss der nationalsozialistischen »Weltanschauung« auf die Schuldfähigkeit eines Mandanten fest. Obwohl der hier begutachtete Wilhelm Korf als »sowohl charakterlich als auch in seinen Handlungen noch völlig im Bereich der Durchschnittsnorm menschlichen Daseins« bezeichnet wird, kommt der Professor zu einem Ergebnis, das er in folgender – für die frühen sechziger Jahre nachgerade sentenzenhafter Formulierung – zusammenfasste: »Man wird daher bei einer objektiven und gerechten Würdigung seines persönlichen Schuldanteiles die Tatsache einer Übermacht einseitig akkumulierter Umstände schicksalshafter Art gebührend in Rechnung zu stellen haben«.[66]

Ein über siebzigseitiges zeitgeschichtliches Gutachten legte Hans-Günther Seraphim, Wirtschaftshistoriker und Lehrbeauftragter an der Universität Göttingen, vor. Auch seine Darlegungen sind sowohl für das von ihm vorgetragene Thema als auch für das sich darin aussprechende Selbstbild von gleichrangigem Interesse. Er versuchte zu zeigen, dass die SS-Männer einer eigenen Moral folgten: »Hier sind die Himmlerschen Gedankengänge bis zum Exzess überspitzt – und doch gerade in dieser Übertreibung wird klar, was man mit ihnen ›moralisch‹ begründen konnte: den Mord an einem ganzen Volk ... Hier liegt der Schlüssel für das Geschehen bei den Vernichtungsaktionen.«[67] Wie bei den an Servatius oder an Eichmann direkt gerichteten Briefen finden sich hier neben sachlich gehaltenen Beiträgen auch bizarr anmutende Stücke – so etwa ein Gutachten aus dem Jahre 1957, welches folgender Frage nachging: »Predigt die noch heute in den Synagogen und Schulen gelehrte Religion Rache, Völkerhass und Blutdurst gegenüber Nichtjuden, sowie Enteignung und wirtschaftliche Entmachtung aller nichtjüdischen Völker?«[68] Ein weiteres, sechzigseitiges Gutachten versuchte die Verteidigungslinie zu unterstützen, die behauptete, für Eichmann seien die von ihm ausgeführten Befehle nicht »offensichtlich verbrecherisch« gewesen.[69] Dieses Schriftstück behandelte das Problem, was die jüngst vergangene »Identifizierung von Staat und Moral« heute rechtsphilosophisch bedeute und wie seinerzeit zwischen »Befehl und ethisch Richtigem« hätte unterschieden werden können; thematisiert wurde sodann die Frage nach der Bedeutung des Befehls in der deutschen Geschichte allgemein, damit wiederum waren grundsätzlich gehaltene Auslassungen über die »individualpsychologischen Voraussetzungen für die persönlichen Maßstäbe von Recht und Unrecht« verknüpft; zuletzt ging es schließlich um die »Faktoren«, die im »Dritten Reich« einen »unkritischen Deutschen« davon hatten überzeugen können, »dass die Endlösung keinen verbrecherischen

Charakter« gehabt habe.⁷⁰ Gerade dieses Gutachten, das in seiner Beweisführung so ausladend erscheint, in seinem Grundimpetus aber ein recht schlichtes Interesse offenbarte, nämlich aufzuzeigen, dass die Verbrechen lediglich von einer ganz kleinen Clique von wenigen Bösewichtern begangen worden seien, stützt sich auf eine lange Reihe von bekannter Namen. Gleich am Anfang wird die »fraglose Unterordnung unter die Autorität in der deutschen Tradition« mit Bezug auf »die jüdische Literatur von Heinrich Heine bis zu Kurt Tucholsky« zu beweisen versucht. Es folgen Zitate von dem »jüdischen amerikanischen Historiker Hans Kohn«, dem »emigrierten jüdisch-amerikanischen Professor der politischen Wissenschaften William Ebenstein«, bis hin zu dem Gefängnispsychologen G.M. Gilbert.⁷¹ Auch die hier dargelegte Argumentation mündete zuletzt darin, dass »vielen an der Endlösung Beteiligten nicht nur jedes Gefühl dafür fehlte, dass sie ein Verbrechen begingen, sondern dass sie im Gegenteil voll davon überzeugt waren, ihrer nationalsozialistischen Idee und ihrem Volk heroisch und mehr zu dienen, als irgendjemand anderes in anderer Funktion.«⁷²

Die Reihe dieser historisch-rechtsphilosophisch-psychologischen Stellungnahmen ließe sich weiter fortsetzen. Sie hatte im Grundduktus zwar einen »anderen Ton« als die oben zitierten Hitler-Apologien der »aufrecht« gebliebenen Nationalsozialisten. Trotzdem gibt es zwischen diesen Gutachten und den Zuschriften, die den Völkermord auf Hitlers angeblich jüdisches Blut zurückführen, einen merkwürdigen Zusammenhang. Die radikalen Antisemiten begründeten ihren Hass zwar mit jeweils unterschiedlichen Argumenten, gemeinsam war bei ihnen aber, dass sie bei »den Juden« kollektive negative moralische Eigenschaften festzustellen glaubten. Umgekehrt galt dann jeweils Entsprechendes in positiver Wendung für die »arische Volksgemeinschaft«. Moral und moralisch gutes Handeln, wird direkt von der Herkunft abgeleitet. Die Juden handeln nach gleichsam festgelegten Motiven und diese Motive wiederum waren in diesem Weltbild nicht anders zu beschreiben, denn eben als »jüdisch«. Genau diese Tautologie in den postnationalsozialistischen und antisemitischen Beschuldigungsszenarien findet sich als analoge Denkfigur auch in den sprachlich zurückhaltender formulierten und im Ganzen sachlich gehaltenen Gutachten und Briefen an Servatius wieder. In diesen Texten erscheinen sie jedoch umgedreht und oftmals gerade auf jüdische Autoritäten gestützt: Die Deutschen hätten so gehandelt, weil sie eben Deutsche waren. In dieser gleichfalls intellektuell schlichten Tautologie erschöpften sich die meisten dieser Gutachten und Strategiepapiere der Verteidigung. Sie zeigen niemals so etwas wie einen moralischen Entscheidungsfreiraum; nie wird auch nur der Versuch gemacht, moralische Handlungen inhaltlich – und das heißt nicht zuletzt auch moralisch – zu begründen. Sowohl in den historischen, als auch in den psychologischen und juristischen Gutachten und auch in den Zuschriften der Theologen läuft es immer und immer wieder auf die folgende Figur heraus: Was geschehen ist, war zwar schrecklich, aber irgendwie auch unvermeidbar. Die daran Beteiligten wissen im Grunde selbst nicht, wie sie Teil des Ereignisablaufs werden konnten. Verantwortung habe es nur bei Hitler gegeben – und der habe sie missachtet und die Mehrheit der Deutschen getäuscht. Eichmann jedenfalls konnten all diese Gutachter nicht die Kompetenz unterstellen, dass er sich moralisch anders hätte verhalten können. Darin liegt in der Perspektive der Gutachter das eigentliche Skandalon.

Solche Wertungen gewinnen ihre Überzeugungskraft auch daraus, dass Eichmann ja tatsächlich kein autonom Handelnder gewesen war. Wenn man ihn im Kontext seiner SS-Kameraden und der Wehrmacht sieht, ist es tatsächlich nicht ganz einfach, bei ihm eine spezifische Schuld festzumachen. Und zwar nicht in dem Sinn, dass er keine objektiven Verbrechen begangen hätte – das stand eigentlich für fast alle Gutachter außer Frage. Aber insofern, als die von ihm begangenen Verbrechen so sehr auf gemeinschaftlich geteilten moralischen Werten und Zielen basierten, dass man ihm nur schwer eine spezifische persönliche Schuld zuordnen konnte.

Das Gegenstück zu diesem Befund findet sich kaum zufällig in den Akten des Presse- und Informationsamtes der Bundesregierung: Es handelt sich dabei um ein im Mai 1961 hastig verfasstes Gutachten von Hans Buchheim aus dem Institut für Zeitgeschichte in München. Darin wird auf knappen drei Seiten die Frage zu beantworten gesucht: »Was hat das deutsche Volk über die Verfolgung und Ausrottung der Juden gewußt?«[73] Denn gerade weil die Gutachter der Verteidigung sein Selbstbild so überzeugend in eine Argumentationsstrategie überführt hatte – Eichmann in dieser Perspektive also als Individuum »schuldlos« war –, musste man im Hinblick auf das Ausland dem Eindruck entgegentreten, dass nicht nur Eichmann und seinen Komplizen, sondern eine große Zahl von Deutschen in den Holocaust verwickelt gewesen wären. Dass man dort und vor allem auch im Bundesaußenministerium überhaupt mit großer Nervosität auf den Prozess reagierte, zeigen schnell einberufene Abwehrkommissionen (»Arbeitsgruppe Eichmann«) genauso wie relativ aufwendige PR-Maßnahmen, neben traditionellen Pressemappen und Communiques war sogar ein Filmportrait über Israel im Gespräch. Vielversprechend scheint aus heutiger Sicht das dort intern stark propagierte deutsche Filmprojekt mit dem Titel »Paradies und Feuerofen« kaum.[74]

Mit Hilfe solcher Aktivitäten ging es einerseits darum, sich vor der DDR-Propaganda zu schützen, die ja gerade das Bild zu zeichnen versuchte, dass Eichmann ein typischer Vertreter des westdeutschen Faschismus sei; auf der anderen Seite wollte man auch einer weiteren Verschlechterung des Deutschlandbildes in Israel entgegenzuarbeiten. Wie bei jeder Propaganda ging es hier nicht nur um eine Außendarstellung, sondern natürlich auch um das Selbstbild der Deutschen. Bei den Gutachtern von Servatius verschwindet Eichmann in der unendlichen Gesamtschuld des deutschen Volkes als Detail. Bei den Mitarbeitern im Bundespresseamt wird er dagegen zum Dämonen, der mit seinen Komplizen hinter dem Rücken der unwissenden deutschen Bevölkerung Böses trieb, beziehungsweise (in dem Gutachten von Buchheim) hinter dem Rücken einer Bevölkerung, der, obwohl sie »keine Feindschaft gegen die Juden hegte«, die Hände gebunden waren durch Ahnungslosigkeit oder Angst.[75]

V.

Eichmann teilte bis in die sechziger Jahre hinein mit vielen seiner Kollegen und Mitbürger eine bestimmte partikulare »Moral«, die in unmittelbarem Zusammenhang mit seinen Verbrechen stand. Hilft diese Erkenntnis uns, das H-E-Kopf Problem zu lösen?

Dan Diner hat in einem Artikel über »Schulddiskurse und andere Narrative« in Bezug auf die unterschiedlichen funktionalistischen und intentionalistischen Erklärungsansätze in der Erforschung des NS und des Holocaust von unterschiedlich gelagerten »gerichtsförmig gehaltenen Narrativen« gesprochen – wobei er in Bezug auf den Funktionalismus den Begriff einer Art »schuldlosen Schuld« geprägt hat.[76] Die Briefe und Gutachten im Nachlass des Eichmann-Verteidigers kreisen um einen der denkbar größtmöglich »schuldlos Schuldigen«. »Schuldig« war er in dieser Sicht, weil er dem Geschehen nachweisbar qua beruflicher Tätigkeit »nahe« gekommen war; »schuldlos« war er jedoch als Individuum, weil er ja dargelegt hatte, dass er selbst keine eigenen Motive für eine solche Tat hatte. Zwar war Eichmann nicht gezwungen gewesen, an die NS-Ideologie zu glauben, sondern hatte sich aktiv für sie und die NSDAP entschieden. Nicht dieser Entschluss mitzumachen, aber die Zugehörigkeit zu einer Gruppe von Menschen, die an den NS glaubten, wird Eichmann in den Augen der Gutachter und in vielen der Zuschriften als entlastend angerechnet. Wenn wir daher für einen Augenblick selber annehmen, er hätte sich tatsächlich nicht aktiv für den Nationalsozialismus entschieden, sondern sei rein »zufällig« Teil der Funktionselite geworden, was würde dies eigentlich bedeuten? Immerhin konnte er im Moment seines Beitritts in die Partei noch nicht wissen, welche Verbrechen sie – und in ihr er selbst – zu späterer Zeit noch begehen würden. Betrachten wir ihn also einmal aus der Perspektive seiner Gutachter und Verteidiger, nach der er keine andere Wahl gehabt hatte, als mitzumachen: Würden wir ihnen dann auch in der Hinsicht folgen, dass im Nachhinein seine Handlungen zwar als verbrecherisch erkannt werden können, er selbst aber damals nicht unmoralisch gehandelt hätte? Müssen wir dann der These von der »schuldlosen Schuldigkeit« folgen?

Bei den Gutachtern wird aber auch dieser Teil des Problems nicht genau analysiert: vielmehr verschwindet bei ihnen, wie wir gesehen haben, die erste Person, das handelnde moralische Subjekt in einer soziologischen Analyse, die keine moralisch handelnden Individuen kennt. Die vielfach selber in der NS-Zeit ausgebildeten Gutachter sicherten diese Analysen häufig dadurch ab, dass sie sich auf die Autorität jüdischer Wissenschaftler stützen. Auch darin liegt ein Teil der Popularität von Hannah Arendts »Banalitäts«-Argument begründet; trotz ihres negativen Urteils über den deutschen Widerstand war ihrem Eichmann-Buch lange Zeit auch in der weiteren deutschen Öffentlichkeit so etwas wie ein »besonderer Wert« zugesprochen gewesen, ganz allein deshalb, weil es von ihr kam. Zudem teilen sie eine auch in vielen zeitgenössischen Stellungnahmen zu verspürende Unsicherheit darüber, ob nun in Jerusalem Eichmann oder die deutsche Gesellschaft angeklagt worden war. Das führt dazu, dass nicht eigentlich Eichmann, sondern in ihm das kollektive »Deutschland« verteidigt wird. Dadurch und in ihrem Bestreben, möglichst die erste Person, das moralische Subjekt, aus ihren Texten herauszufiltern, zementieren die Gutachter ein Bild, in dem Eichmann und die deutsche Gesellschaft insgesamt mehr und mehr identisch werden. Dass der Massenmörder Adolf Eichmann dabei in die derart fortgesetzte »Volksgemeinschaft« heimgeholt wird, ist nur ein Nebeneffekt dieser Argumentation. Wichtiger ist, dass die gesamte Konstruktion der »schuldlosen Schuld« moralischen Handelns auf den unterschiedlichsten Ebenen negiert wird. Wenn wir aus der ersten Person heraus fragen – was die Gutachter gerade nicht tun –, ob die Schuld Eichmanns dadurch geringer sei, dass er nicht zufällig ein Verbrecher wurde, sondern nur daher, dass er als Teil einer Gruppe und aus einem geteilten Weltbild heraus seine Verbrechen begonnen hat, dann würden wir dies wohl verneinen. Im Gegenteil ist das gemeinsam erwünschte, geplante und durchgeführte Verbrechen moralisch nicht dadurch kleiner, dass es nicht das Werk eines einzelnen war. Der von den Gutachtern vorgebrachte weltanschauliche Zusammenhang mildert die moralische Dimension des Verbrechens in keiner Weise. Wenn Eichmann schon seit seiner Jugend einer Ideologie, einer Art Wahnglauben anhängte, der ihn schließlich in die Situation versetzte, die Verbrechen zu begehen, die er begonnen hat, dann ist dadurch seine moralische Handlungsfähigkeit noch nicht aufgehoben.

Der Blick in den Nachlass von Servatius und die weiteren Akten zum Eichmann-Prozess im Bundesarchiv Koblenz ist aufschlussreich, auch wenn das zu Beginn der Ausführungen gewählte Bild von der »Kippfigur« Wittgensteins für unsere Vorstellungen von Eichmann damit noch nicht aufgehoben wird. Es gewinnt aufgrund des neuen Materials jedoch eine neue Dimension. Nicht seine Auflösung, sondern die verschiedenen Hintergründe, die von den Betrachtern Eichmanns mitgebracht werden, gewinnen an Deutlichkeit. Wir lernen bei der Beschreibung dieser Bilder mehr über die Welt von Eichmanns Betrachtern, als über ihn selbst. In den Erklärungs- wie in den Verteidigungsbemühungen finden sich bis weit über die sechziger Jahre hinaus Elemente derjenigen geteilten partikularen Moral, die gerade für die deutsche Gesellschaft im Nationalsozialismus charakteristisch gewesen waren. Diese fortwirkenden Elemente einer ehemals geteilten, wie man sagen kann »nationalsozialistischen Moral« verstellen die Möglichkeit, Eichmann als Individuum mit einem eigenen moralischen Handlungsspielraum zu beurteilen. Die beiden Bilder, welche von Eichmann vorrangig wahrgenommen werden – sei es dasjenige des Bürokraten oder das des Ideologen –, erklären wenig über die Person Eichmanns, auch nicht über seinen Anteil am Verbrechen oder seine Motive für die Identifikation mit dem NS-System; dafür erhellt es einiges über diejenigen, die aus welchen Gründen auch immer um eine schlüssige Interpretation seines Bildes gerungen haben. Anders ausgedrückt: Die Eichmann-Bilder, welche in den sechziger Jahren in Deutschland Konjunktur hatten, geben einen Einblick in die Weise, wie in der Gesellschaft der frühen Bundesrepublik die »NS-Moral« fortwirkte – und zwar besonders deutlich und sichtbar gerade in der Auseinandersetzung mit derjenigen Vergangenheit, in der sie entstanden war.

Anmerkungen

1 Ludwig Wittgenstein, Philosophical Investigations. The German Text, with a revised English translation, 4th edition, Oxford 2005, S. 165–168, 175–176. Für die Idee, diesem Bild nachzugehen, möchte ich Werner Konitzer, für die Idee, in diesem Kontext den Nachlass von Robert Servatius anzuschauen, Norbert Frei danken.

2 Ebd. S. 167.

3 Das trifft auf die gesamte Literatur zu Eichmann seit Mitte der sechziger Jahre zu, auch auf viele der hervorragenden Artikel, die in den Sammelbänden von Steven E. Aschheim und Gary Smith versammelt sind, vgl. Steven E. Aschheim (Hg.), Hannah Arendt in Jerusalem, Berkeley, Los Angeles, London 2001; Gary Smith (Hg.), Hannah Arendt Revisited: »Eichmann in Jerusalem« und die Folgen, Frankfurt am Main 2000; beide Bände können als beste und aktuellste Einführung in die Gesamtproblematik dienen, vgl. außerdem aus der jüngeren Literatur zum Thema die Monografien von Irmtrud Wojak, Yaacov Lozowick und David Cesarani.

4 Hannah Arendt, Eichmann in Jerusalem. Ein Bericht von der Banalität des Bösen. Aus dem Amerikanischen von Brigitte Granzow, Mit einem einleitenden Essay von Hans Mommsen, 6. Aufl., München, Zürich1987 [dt. Übers. zuerst 1963]; den Untertitel »A Report from the Banality of Evil« hatte auch schon das englische Original, allerdings erst in der Buchfassung, nicht dagegen im Erstdruck der in drei Teilen publizierten Essayserie in der Zeitschrift »New Yorker«.

5 Gideon Hausner, Die Vernichtung der Juden, München 1979, S. 10.

6 Einen knappen und hilfreichen Überblick über die Kontroverse gibt: Annette Vowinckel, Hannah Arendt. Zwischen deutscher Philosophie und jüdischer Politik, Berlin 2004, S. 85–101.

7 Arendt, Eichmann, S. 16.

8 Ebd.

9 Ebd.

10 Ebd., S. 329.

11 Ebd.

12 Ebd.

13 Eichmann habe sich, schreibt Arendt, »niemals vorgestellt, was er eigentlich anstellte.« Vor allen Dingen habe ihn sein »mangelndes Vorstellungsvermögen« und seine »schiere Gedankenlosigkeit ausgezeichnet – etwas, was mit Dummheit keineswegs identisch« sei (Arendt, Eichmann, S. 16). Dagegen spricht, was Arendt von Eichmann selber in ihrem Buch zitiert: »Das war für mich auch ungeheuerlich. Ich bin keine so robuste Natur, die [...] ohne irgendwelche Reagenz irgend etwas über sich in dieser Art [...] ergehen lassen kann. [...]. Ich weiß es auch jetzt noch, wie ich mir darunter sofort die Sache bildlich darstellte, und daß ich irgendwie auch unsicher in meinem Gehabe wurde. Als ob ich irgendeine aufregende, eine aufregende Sache hinter mir hätte, wie das eben schon mal so vorkommt, daß man nachher wie ein leises inneres Zittern, oder so ähnlich möchte ich es ausdrücken, hat.« (Arendt, Eichmann, S. 120f.) Eichmann war also in der Lage, sich ein Bild zu machen, an Vorstellungskraft mangelte

es ihm nicht. Auf diesen Widerspruch verweist auch Vowinckel, Geschichtsbegriff und Historisches Denken bei Hannah Arendt, Köln 2001, S. 234f.

14 Hannah Arendt, Elemente und Ursprünge totaler Herrschaft, Frankfurt am Main 1955.

15 Zu Arendts Begriff der Bürokratie vgl. insbesondere: dies., Elemente und Ursprünge, S. 515–529. Zur Gegenüberstellung von »Maßnahmen-« und »Normenstaat« vgl. Ernst Fraenkel, Der Doppelstaat. Recht und Justiz im »Dritten Reich«, Frankfurt am Main 1984, S. 26–86 (Maßnahmenstaat) und S. 96–134 (Normenstaat).

16 Hannah Arendt, Brief an Mary McCarthy, 20. 9. 1963, zit. nach: Nicolas Berg, Der Holocaust und die westdeutschen Historiker. Erforschung und Erinnerung, Göttingen 2003, S. 496.

17 David Cesarani, Adolf Eichmann. Bürokrat und Massenmörder, Berlin 2004.

18 Ebd., S. 11.

19 Diese These stammt von Raul Hilberg selbst, der in seinen Lebenserinnerungen von Hannah Arendt ein äußerst kritisches Bild gezeichnet hat, vgl. Hilberg, Unerbetene Erinnerungen. Der Weg eines Holocaust-Forschers, Frankfurt am Main 1994; zur speziellen Rezeption Hilbergs in Deutschland, die wiederum ihre eigenen »Blindstellen« hatte, vgl.: Nicolas Berg, Lesarten des Judenmord, in: Ulrich Herbert (Hg.), Wandlungsprozesse in Westdeutschland. Belastung, Integration, Liberalisierung 1945–1980, Göttingen 2002, S. 91–139.

20 Cesarani, Adolf Eichmann, S. 12.

21 Zitiert nach: Walter Fredericia, Wert und Unwert politischer Strafjustiz, in: Deutsche Zeitung, 21. November 1961, S. 6.

22 Schon der Untertitel der deutschsprachigen Fassung seines Buches zeigt beides an: »Bürokrat und Massenmörder« [Hervorh. von R. G.].

23 Susan Neimann, Das Böse denken. Eine andere Geschichte der Philosophie, Frankfurt am Main 2004.

24 Ebd., S. 396.

25 Ebd., S. 397: »Das offensichtliche Fehlen von Bösartigkeit oder Vorsatz stellte sich als so verwirrend heraus, daß viele Beobachter lieber behaupteten, sie seien subkutan durchaus vorhanden gewesen [...]. Eine altertümliche Vorstellung des Bösen als etwas, das unvermeidlich mit bösen Absichten verknüpft ist, ist tröstlicher als die Alternative. [...] Auschwitz verkörpert einen Begriff des Bösen, der zwei Jahrhunderte neuzeitlicher Annahmen darüber umstößt, was Absicht bedeutet.«

26 Neimann, Das Böse denken, S. 397.

27 Ebd., S. 396f. Darum verurteilt sie auch Goldhagens Ansatz als historisch wenig genau und philosophisch naiv.

28 Yaacov Lozowick, Hitlers Bürokraten. Eichmann, seine willigen Vollstrecker und die Banalität des Bösen, Zürich, München 2000, S. 337.

29 Arendt, Eichmann, S. 15f.

30 Für den deutschen Kontext insbesondere: Peter Krause, Eichmann und die Deutschen. »Vergangenheitsbewältigung« in West und Ost am Beispiel der Presse zum Jerusalemer Eichmann-Prozeß, in: Deutschlandarchiv 38 (2005), Heft 2, S. 266–273. Über die westdeutsche Justiz allgemein: Marc von Miquel, Ahnden oder amnestieren? Westdeutsche Justiz und Vergangenheitspolitik in den sechziger Jahren, Göttingen 2004.

31 Einige Aspekte habe ich in den letzten Jahren zusammen mit dem Philosophen Werner Konitzer untersucht. Erschienen sind bisher: Werner Konitzer, Antisemitismus und Moral. Einige Überlegungen, in: Mittelweg 36, 14. Jg., 2005, Heft 2, S. 24–35. Werner Konitzer, Kameradschaft und Intimität, in: Hartmut Schröder und Matthias Rothe (Hg.), Körpertabus und sprachliche Umgehungsstrategien, Berlin 2005. Werner Konitzer, Die mosaische Unterscheidung. Zwei Erzählungen zur Erklärung antisemitischer Affekte, in: Mittelweg 36, 13. Jg., 2004, Heft 5, S. 49–60. Raphael Gross und Werner Konitzer, Geschichte und Ethik. Zum Fortwirken der nationalsozialistischen Moral, in: Mittelweg 36, 8. Jg., 1999, Heft 4, S. 44–67. Raphael Gross und Werner Konitzer, Geschichte und Gericht. Überlegungen zur Institutionalisierung einer unabhängigen Gerichtsbarkeit in der Schweiz, in: Völkermord und Verdrängung, Arbeitskreis Armenien (Hg.), Zürich 1998, S. 157–163. Raphael Gross, »Der Führer als Betrüger: Moral und Antipositivismus in Deutschland 1945–1946 am Beispiel Fritz von Hippels«, in: Anne Klein (Hg.), NS-Unrecht vor Kölner Gerichten nach 1945, Köln 2003, S. 23–35.

32 Dan Diner, Hannah Arendt Reconsidered: Über das Banale und das Böse in ihrer Holocaust-Erzählung, in: Babylon. Beiträge zur jüdischen Gegenwart 16/17 (1996), S. 94–107; wieder in: Smith (Hg.), Hannah Arendt Revisited, S. 120–135.

33 Ebd., S. 120–135, hier S. 126.

34 Wie viel Grund Arendt im Deutschland der sechziger Jahre für ihr Misstrauen hatte, zeigt anschaulich die von Michael Wildt rekonstruierte Konstellation Hans Rößner – Hannah Arendt. Das ehemalige RSHA-Mitglied Hans Rößner war im Piper Verlag als Lektor ausgerechnet damit beauftragt gewesen, die deutschsprachigen Schriften von Arendt zu betreuen. Sowohl das Varnhagen- als auch das Eichmann-Buch wurden in Deutschland, ohne dass Arendt dies gewusst hätte, von einem ehemaligen SD-Referenten des Reichssicherheitshauptamtes editorisch bearbeitet. Aus der ziemlich umfangreichen Korrespondenz zwischen Arendt und Rößner geht dabei deutlich hervor, wie Rößner auch in seiner neuen Rolle als Lektor nicht wenigen seiner früheren antisemitischen Ressentiments treu geblieben war. Vgl. Michael Wildt, Generation des Unbedingten. Das Führungskorps des Reichssicherheitshauptamtes, Hamburg 2003, S. 797–813.

35 Merkur, April 1965, S. 380–385, zit. nach Diner, Hannah Arendt Reconsidered, S. 134.

36 Zit. nach: Gerd Koenen, Das rote Jahrzehnt. Unsere kleine deutsche Kulturrevolution 1967–1977, Köln 2001, S. 99. Koenen sieht in dem Konflikt mit Enzensberger vor allem den Aspekt der Aneignung von Auschwitz als negativem Mythos der antifaschistischen deutschen Linken. Er interpretiert dabei auch den bekannten im Januar 1965 erschienenen Aufsatztitel »Unser Auschwitz« von Martin Walser als einen Anspruch: »Auschwitz gehört uns!« Arendt scheint meiner Meinung nach beides im Auge zu haben, sowohl den Aspekt der narzisstischen Schuldbegeisterung als auch den Aspekt der generationellen Negierung eines Schuldzusammenhangs durch die absolute Universalisierung.

37 Im Bundesarchiv Koblenz finden sich die Unterlagen von Servatius aus dem Eichmann-Prozess unter All. Proz. 6. Weitere Akten zum Eichmann-Prozess finden sich in den Akten des Bundesministeriums des Inneren, B 106, des Bundeskanzleramts, B 136, des Bundesministeriums der Justiz, B 141 und schließlich des Bundespresse- und Informationsamtes B 145.

38 Bundesarchiv: All. Proz. 6 (Eichmann-Prozeß, Unterlagen Servatius), Aktenbestand Nr. 259.

39 All. Proz. 6, Aktenbestand Nr. 259.

40 28. August 1961, Servatius an Poliakov, All. Proz 6, Aktenbestand Nr. 259. Zwar war, wie Peter Krause zeigt, das Echo auf den Prozess in der bundesrepublikanischen Presse äußerst umfangreich, aber die im Nachlass neben den Zeitungsartikeln versammelten privaten Äußerungen und Gutachten versprechen doch noch einen direkteren, ungetrübteren Einblick. Vgl. Peter Krause, Der Eichmann-Prozeß in der deutschen Presse, Frankfurt am Main 2002.

41 Einige wenige Angaben zur Biografie finden sich in: Hanna Yablonka, The State of Israel vs. Adolf Eichmann. Translated from the Hebrew by Ora Cummings with David Herman, New York 2004, insbes. S. 124–126; darauf basierend: Cesarani, Adolf Eichmann, S. 346–349. Außerdem: Internat. Biograph. Archiv (Munzinger-Archiv), 8. 4. 1961, Lieferung 14–61, S. 9467. Munzinger Archiv (vgl. FN 37):

42 Vgl. die Angaben in: Internat. Biograph. Archiv (Munzinger-Archiv), 8. 4. 1961, Lieferung 14–61, S. 9467.

43 Yablonka, The State of Israel vs. Adolf Eichmann, S. 125.

44 Vgl. Brief von Rudolf Servatius an Max Horkheimer (26. Oktober 1960), resp. Max Horkheimer an Servatius (14. November 1960), in All. Proz. 6, Aktenbestand Nr. 258. Ein sehr kollegial freundschaftlicher Brief von Robert Kempner an Rudolf Servatius (9. September 1961) findet sich in All. Proz. 6, Aktenbestand Nr. 256.

45 All. Proz. 6, Aktenbestand Nr. 257, Dr. Kurt Mirow, 22. September 1960, an Dr. Servatius, Köln.

46 All. Proz. 6, Aktenbestand Nr. 211, Brief vom 25. Mai 1961 von Otto Ebenau, Rechtsanwalt und Notar, Frankfurt am Main, an Robert Servatius, Köln.

47 Ebd.

48 All. Proz. 6. Aktenbestand Nr. 243, Dr. von Schönberg (Karlsruhe) an Servatius (Köln), 29. November 1961.

49 All. Proz. 6, Aktenbestand Nr. 243, Servatius an Dr. von Schönberg, 20. November 1961.

50 Ebd.

51 Ebd.
52 Darunter das »Handbuch der Judenfrage« von Theodor Fritsch; »Die Geheimnisse der Weisen von Zion«; »Der Talmud-Jude« von August Rohling etc. (All. Proz. 6, Aktenbestand Nr. 257).
53 All. Proz. 6, Aktenbestand Nr. 257, Hermann Pieper, Mellendorf-Han. 18. Juli 1962, an Servatius.
54 So aber Servatius in seiner Einlassung zu den »Sassen-Memoiren«, S. 6, Jerusalem 9. Juni 1961 in All. Proz. 6 Aktenbestand Nr. 257 hier, zitiert nach Wojak, Eichmanns Memoiren, S. 48.
55 Ich zitiere hier aus der im BPA erhaltenen deutschen Transkription (B 141, Aktenbestand Nr. 1295). Der Text ist in zwei Teilen erschienen, vgl.: Eichmann tells his own damning story, Part I: »To transported them ... to the Butcher«, in: Life International 30 (1961), Nr. 1 vom 9. Januar, S. 9–19; Part II: »To sum it all up, I regret nothing«, in: Life International 30 (1961), Nr. 3 vom 13. Februar, S. 76–82. Über das Zustandekommen dieses Interviews ausführlich: Wojak, Eichmanns Memoiren, S. 48–66.
56 Zu Sassen: Wojak, Eichmanns Memoiren, S. 22–26.
57 All. Proz. 6, Aktenbestand Nr. 257, Bernhard Mayer O. Praem. Prior, Prämonstratenserkloster St. Johann, Abtei Hamborn (Duisburg-Hamborn), 6. Februar 1961, Duisburg – Hamborn. Dort auch weitere Briefe von Mayer am 8. und 15. April 1961.
58 All. Proz. 6, Aktenbestand Nr. 257, Bernhard Mayer O. Praem. Prior, Prämonstratenserkloster St. Johann, Abtei Hamborn (Duisburg-Hamborn), 6. Februar 1961, Duisburg – Hamborn.
59 Hermann Schlingensiepen, Adolf Eichmann und wir. Erinnerungen und Fragen vor dem Bildschirm, in: Politisch-Soziale Korrespondenz, Bonn 1962, in: B-141 Nr. des Aktenbandes Nr. 12965 (2).
60 Ebd.
61 Ebd.
62 Ebd.
63 All. Proz. 6, Aktenbestand Nr. 257, Professor D. H. Schlingensiepen, 20. März 1962 an Adolf Eichmann, Jerusalem. Man könnte sicher eine eigene Abhandlung nur über die theologischen Reaktionen auf den Eichmann-Prozess schreiben, im Bundesarchiv Koblenz fände sich dazu hinreichendes Material. Ein Beispiel ist etwa Hans Baum, Die christliche Endlösung der Judenfrage, Nürnberg 1961 (Selbstverlag) (B 122, Aktenbestand Nr. 4938.) Dieser Text lässt jeden Versuch, moralisches und unmoralisches Handeln zu unterscheiden, hinter einer Dämonologie zurücktreten. Zuletzt ist Eichmann kein Täter mehr, sondern nur noch eine willenlose vom Dämon zum Instrument gemachte Maschine.
64 B 145, Aktenbestand Nr. 1127, Botschaft der Bundesrepublik Deutschland, Kopenhagen, den 21. Februar 1961, an das Auswärtige Amt in Bonn (gez. Berger).
65 All. Proz. 6, Aktenbestand Nr. 258 (9 Seiten).
66 Ebd., S. 9.
67 All. Proz. 6, Aktenbestand Nr. 258: Zeitgeschichtliches Gutachten, Zum Problem der Gehorsamspflicht der Schutzstaffel und der Polizei gegenüber Vernichtungsbefehlen, Hans–Günther Seraphim, 1961, hier S. 36.
68 All. Proz. 6, Aktenbestand Nr. 243, Gutachten in der Strafsache gegen Rechtsanwalt Wilhelm Prothmann aus Berlin, verfasst von Univ. Prof. Dr. phil. Hermann Wirth Roeper Bosch, Kustos i.R. und Vorsitzender der Europäischen Sammlung für Urreligionsgeschichte e.V. in Marburg-Lahn.
69 All. Proz. 6, Aktenbestand Nr. 243. Leider ist es mir bisher nicht möglich gewesen, zu eruieren, wer der Autor dieses Papieres ist. Es sieht so aus, als ob es von Servatius' Assistent Dieter Wechtenbruch verfasst worden wäre. Dagegen spricht allerdings, dass es schwer vorstellbar scheint, im Verlaufe der kurzen Prozessvorbereitungen noch ein solch ausführliches Gutachten verfassen zu können.
70 Ebd., S. 1.
71 Ebd., S. 1–5.
72 Ebd., S. 60.
73 B 141, Aktenbestand Nr. 34227.
74 B145, 1132, Brief Rolf Vogel an Günther Diehl, 30. August 1960, Bonn.
75 B 141, Aktenbestand Nr. 34227, Gutachten Buchheim, S. 1–3.
76 Dan Diner, Gedächtniszeiten. Über jüdische und andere Geschichten, München 2003, S. 180–200.

Antisemitismus und Holocaust

Steven E. Aschheim

The Bonfires of Berlin

Historical and Contemporary Reflections on the Nazi Book Burnings[1]

The Berlin book burnings took place at the symbolic site of what had always been regarded as Germany's humanist, cultured, and cosmopolitan heart—in the large quadrangle of the famed Humboldt University on Unter den Linden, directly opposite the National Library and the Grand Opera House. On that night over 20,000 books—containing purportedly "un-German" works by Marxist, Jewish, and avant-garde authors—were consumed in the flames.[2] The list of the proscribed authors reads like a who's who of the German progressive intelligentsia, and included non-Jews as well as Jews: a very cursory listing would have to include Bertolt Brecht, Heinrich Mann, Arnold and Stefan Zweig, Erich Maria Remarque, Karl Kautsky, Robert Musil, Karl Marx, Lion Feuchtwanger, Kurt Tucholsky, Erich Kästner, Carl von Ossietzky, Thomas Mann, and, of course, Albert Einstein and Sigmund Freud. While this was the central event, it is important to note that on the same night—10 May 1933—book burnings took place at 30 universities throughout Nazi Germany: on the Römerberg in Frankfurt, the Schlossplatz in Breslau, the Königsplatz in Munich, in Bonn, Dresden, Göttingen, Hamburg, Heidelberg, Mannheim, Nuremberg, Würzburg.[3] (Danzig, Dillingen, Freiburg, Regensburg and Tübingen do not appear on this list.[4] A study of the circumstances behind the *non-participation* of these institutions could be instructive. Perhaps, in some cases, this was due to the relative weakness of local Nazi student organizations. But there are instances that provide less reassurance. In Freiburg, for instance, the book burning was put off three times—because of rain! Eventually a symbolic ceremony was held on 17 June 1933. Symptomatically, the famous German historian Gerhard Ritter was simply unable to recall anything to do with book burnings in that university town![5])

These carefully choreographed events have become an iconic part of our memory of the Third Reich. There are few of us, I imagine, who have not seen the surrealistic pictures or films comprising images of smoke and fire, torchlight parades, books hurled onto the pyre, brown SA uniforms, students in boots and throngs of onlookers beholding the spectacle.[6] They have, to be sure, become dwarfed by the later indelible images of the camps and their unspeakable atrocities, but they seem somehow to be an integral part of a continuum, a symbol at least and, perhaps more profoundly, a symptom of the modern descent into an unimaginably base and murderous barbarism.

At the Berlin bonfire the Reich's Propaganda Minister Joseph Goebbels famously declared that the age of ultra-sophistic Jewish intellectualism had come to an end.[7] The most striking aspect of the burnings of 10 May 1933, however, was not this support from the top political level but, rather, the fact that they were explicitly academic affairs. They were initiated by students[8]—indeed, between the vying National-Socialist student organizations, the *Deutsche Studentenschaft* and the Nationalsozialistische *Deutsche Studentenbund*, there was fierce competition—and spearheaded by professors, the putative guardians of cultivated Bildung, of civilized values, and the scholarly culture of the book. Who could blame the isolated Dresden Jewish academic Victor Klemperer for noting in his diary three years later: "If one day the situation were reversed and the fate of the vanquished lay in my hands, then I would let all the ordinary folk go and even some of the leaders... But I would have all the intellectuals strung up, and the professors three feet higher than the rest".[9]

This was, certainly, a stunning betrayal by the intellectuals.[10] Yet, we should be aware that book burnings—and the mind-set that produces them—have a depressingly long and continuing clerical and secular history, not only in Germany but also in other parts of Europe and elsewhere, and that they all too often have been inspired, conducted and justified by the educated classes themselves.[11] The temptation to expunge, root out, dangerous, alien and contaminating ideas—by religious orthodoxies and dissidents and reformers, ruling classes *and* revolutionaries, fanatic inquisitors *and* modern avant-garde activist radicals alike—appears to be a perennial one.[12]

Certainly the Nazi thinkers and academicians who formulated the theory and ideological rationales behind the 1933 "Biblioclasm"[13]—Hans Naumann, Eugen Lüthgens, Alfred Bäumler—did not regard their actions as betrayal. On the contrary, they located their desire to root out Jewish, Marxist, pacifist and other such "un-German" ideas within what they took to be a venerable religious and nationalist tradition. They approvingly cited the book burnings, also carried out by German student fraternities, during the anniversary celebration of the victory over Napoleon at Leipzig. On 17 October 1817 the students convened in the historic Wartburg Castle, where three hundred years earlier Luther had translated the Bible into German. Emulating Luther's own 1520 public burning of the papal bull, these early, self-proclaimed "progressive" nationalists descried Prussian feudalism and absolutist particularism, as well as "foreigners", disloyal "cosmopolitans" and "Jews",[14] and consigned such "unmanly" works (including the French civil code) to the flames.[15]

How are we to understand the Nazi (and, for that matter, other) book burnings?[16] Their symbolism is rather obvious. These are dialectically structured public rituals. They destroy and expiate but at the same time function as purported acts of cleansing. By identifying and extinguishing subversive knowledge, they clear the path towards self-liberation. The National-Socialist book burnings set the political, ethnic, and epistemological lines, gave communal expression as to who and what belonged and who and what was to be excluded; they defined the "healthy" and the normal, the corrupt and the "abnormal", the "respectable" and the "degenerate". Nothing better illustrates the unity of this concern with Jews, "respectability" and "degeneration" than the fact that, together with the files and books ransacked from his Institute of Sexual Research, a bronze bust of the homosexual Jewish sexologist, Magnus Hirschfeld, was tossed into the flames: the only instance where an image was burned along with the books.[17]

These rites herald not only a simulated casting away of racial and cognitive impurities from one's midst, but at the same time are taken to be performative acts of purification and regeneration, reaffirmations of one's own organic, homogenous whole. The manifold, universal symbolism of fire and flames is uniquely placed to effect this. As Gaston Bachelard has shown, fire stands for both birth and death, good and evil, light and darkness, it shines in heaven and burns in hell, it is a protective as well as a punishing god—it bridges the contradictions, creates the dialectically desired moment of destruction and rebirth.[18]

Few would question these ritualistic aspects. Indeed, there were those who—both at the time and later—very much downplayed the significance of these events and regarded them as wholly symbolic. The burnings, they point out, were simply political theatre, spectacles that were irrelevant to the actual disposition of Nazi power and policy.[19] Golo Mann later recalled: "The thing could not have been very impressive. Otherwise I would have noted it in my diary. The matter was not very popular. And the German Press did not make much of it. Overseas, yes, because of its symbolic character. In Germany itself there was neither enthusiasm nor indignation".[20] Outside observers like Raymond Aron, who also witnessed the event, came to a similar conclusion. Interestingly, he did not even mention it in a report he wrote at the time for a French magazine and in his memoirs, written years after, he dismissed the affair as a "banality" and wrote that there were no "enthusiastic masses, just a hundred or so Nazis in uniform…".[21] Because we have the advantage of hindsight, we should put Sigmund Freud's contemporary ironic response to, and hopelessly mistaken long-term assessment of, these happenings into proper perspective: "Only our books? In earlier times they would have burned us with them".[22]

But even those who lived to see later developments still regard the event as relatively insignificant. The important German-Jewish literary critic, Hans Meyer, put it thus:

We should ask ourselves if we do not make too much of the book burning of 10 May 1933. In comparison with the fire magic of the burning books the history of the Third Reich marks a far more horrible descent into the barbaric… It was, then, theatre—and a clear lack of seriousness was unmistakable. The way in which books by Heinrich Mann and Ludwig Renn, Jakob Wassermann and Erich Kästner, Remarque or Karl Marx or Sigmund Freud were flung onto the piles of wood worked as spectacle: it was "spectacular"… but it was an auto-da-fé without practical effect. One 'only' burnt the books, not the authors. One was not apprehended. On the contrary, Erich Kästner [and, I would add, Arnold Zweig] reported how he stood in the crowd and watched as the author Erich Kästner was thrown into the flames. He remained alive...[23]

To be sure, these were designed as spectacular public rites, as a form of symbolic political theatre. It is also true that, although the higher echelons of the Nazi Propaganda Ministry went along with what the student and academic organizations initiated, this was not policy as decided and dictated from above. Indeed, like much else with the National-Socialist administration, there was an uncoordinated air to early cultural and literary policies. As Leonidas Hill tells us,

> not all the books burned on 10 May 1933 were actually banned. In fact, until 1935 the Prussian police had not banned any of the volumes named at the burnings... The regime did not have a master plan... For some years Nazi bannings and seizures of books in the fifteen German states were uncoordinated and carried out by many agencies at different levels of government.[24]

What are we to make of all of this? This is not the place to rehearse the intricate debates between historians—intentionalists and functionalists—as to how the Third Reich's policies were decided upon and then implemented. Suffice it to say that, especially with regard to Jews and despised outsiders, and despite the lack of coordination, one finds various groups sensing and working their way to what was either explicitly agreed upon or, at least, tacitly desired or understood.[25]

The May 1933 book burnings thus seem to me to be not just a symbol but rather more of a symptom, a seismometer of what the regime and its agents represented and as to where—uncoordinated though they may have been—their increasingly radical sentiments and actions pointed. Unlike Golo Mann and Raymond Aron, there were many contemporaries who, early on, saw the real—not merely symbolic—dangers and significance of the burnings. The great Austrian novelist, Joseph Roth—who had spent the years 1920–1933 in Berlin—dubbed them "the auto-da-fé of the mind" and, writing from Paris shortly after these events, declared:

> Very few observers anywhere in the world seem to have understood what the Third Reich's burning of books, the expulsion of Jewish writers and all its other crazy assaults on the intellect actually mean. Let me say it loud and clear: The European mind is capitulating. It is capitulating out of weakness, out of sloth, out of apathy, out of lack of imagination...[26]

Confiding quietly to his diary, the theatre personality Erich Ebermeyer noted soon after the fires had settled: "We have experienced something grave, final: the inviolability of the free human spirit has been quashed. The book burning has created something irreparable. It is shame and misery. It is capitulation and liquidation. It is the separation of Germany from the moral world".[27]

As the years of Nazi rule went on, the relationship between Nazi actions and atrocities and the early book burnings was noted by many irate observers. In 1942 an angry exiled Alfred Kantorowicz declared that the world had not understood the significance of the May 1933 book burnings. This obtuseness, he wrote, would become part of the tragic guilt of the old Europe. Had they comprehended the real meaning of those events they would have been able to foresee the invasions of Holland, France and Belgium of May 1940.[28] In the same year, the writer Oskar Maria Graf bitterly castigated those people who throughout the world had quite mistakenly waved away the book burnings as "laughable rather than horrible… [E]ven in fascist Italy one shook one's head ironically over Nazi obsessiveness".[29]

It was Graf, the left-leaning writer, who, upon discovering in 1933 that he was *not* on the list of proscribed writers, wrote an ironic protest demanding immediately that his works be burned.[30] Indeed, it occasioned Bertolt Brecht's famous poem entitled "The Burning of the Books":

When the Regime commanded that books with harmful knowledge
Should be publicly burned and on all sides
Oxen were forced to drag cartloads of books
To the bonfires, a banished
Writer, one of the best, scanning the list of the
Burned, was shocked to find that his
Books had been passed over. He rushed to his desk
On wings of wrath, and wrote a letter to those in power
Burn me! he wrote with flying pen, burn me! Haven't my books
Always reported the truth? And here you are
Treating me like a liar! I command you:
Burn me![31]

But satire was only an internal consolation, not one that could affect the gross reality. In the context of the book burnings as a symptom of something basic to Nazi ontology, it is high time to invoke what, no doubt, has been the most conspicuous omission of this essay—that deservedly ubiquitous quote from Heinrich Heine. "Wherever they burn books", he famously wrote in 1820, "they will also, in the end, burn human beings". This has become the motto of virtually every salon conversation, academic discussion and public commemoration of the 1933 book burnings. It also adorns the Israeli artist Micha Ullmann's remarkable monumentalisation of this event in the Berlin quadrangle where they took place: it consists of a transparent, underground space consisting of empty bookshelves, sufficient for the over 20,000 volumes that went up in smoke.

Heine's words appeared in his verse tragedy *Almansor*, a parable set in the sixteenth-century Christianization of Spain, where the Moors were tortured into becoming Christians and the Koran publicly burned in the marketplace of Granada. But they were not, we should remember, intended so much as a prophecy as they were a comment on the infamous Wartburg book burnings that had taken place three years earlier. Still, there is something uncannily prescient in his words. They capture Nazism's savage radicalism, the inherent logic of an incremental destructiveness intent on destroying all older taboos, transgressing all previous limits. This was indeed the symptomatology of National Socialism.

In his *Areopagitica* of 1644, John Milton proclaimed that to destroy a book was to slay "an immortality rather than a life".[32] Less than two centuries later, Heine understood that the attack on the spirit was not so simply contained; it could all too easily become an assault on the physical body, on life itself. And here, as current research is overwhelmingly demonstrating, we need to note that, again, it was precisely the intellectuals and academics trained in the humanities (rather than the natural sciences) who not only initiated the book burnings but stood at the forefront of Nazi racial policies. It was the PhDs in literature, philosophy, law and history who planned and directed the annihilation of Europe's Jews.[33] The transition from "Bibliocaust"—as *Time Magazine* fittingly labelled the bonfires a few days after they took place[34]—to Holocaust was almost seamless.

I have been asked to address the contemporary relevance of these book burnings. I suppose this constitutes an inbuilt instruction to conclude, if not inspirationally, then certainly didactically. And indeed, what could be better than the 1943 words of Franklin Delano Roosevelt?

> We all know that books burn—yet we have the greater knowledge that books cannot be killed by fire. People die, but books never die. No man and no force can abolish memory. No man and no force can put thought in a concentration camp forever. No man and no force take from the world the books that embody man's eternal fight against tyranny of every kind. In this war, we know, books are weapons. And it is part of dedication to make them weapons for man's freedom.[35]

But the kind of memory that Roosevelt advocated—and the humanising narratives that should always accompany it—may be more fragile and manipulable than we would like to believe. Of course we have not reached the point depicted by Ray Bradbury's *Fahrenheit 451*. There, in a twenty-fourth century totalitarian and almost completely culturally levelled society, all books have been burned and banned. Bradbury's persecuted protagonists form a kind of "hobo camp of intellectual outlaws"[36] and begin to commit the cultural treasures and tradition contained in these vanishing volumes to memory. Heine's dystopian dictum is here fully and ultimately realized, for in such a world it is the people themselves who *become* the books—the desire to extinguish the ideas they contain thus becomes equivalent to burning their physical carriers.

We are, to be sure, far from this envisaged world. But the forces of religious and political exclusion, homogenization and constriction remain powerful. *All* political camps, we should remember, are prone to the temptations of social, intellectual and physical control. That is why Erich Kästner's 1958 condemnation of the Nazi book burnings while at the same time depicting the Wartburg actions of 1817 as somehow "progressive" leaves an extremely dubious taste.[37] The Nazis, it is true, remain the paradigmatic brutalisers and murderers of the soul and the body. But it is becoming increasingly clear that in our highly polarized emerging world-order the impulses to forge and enforce old-new categories of insiders and outsiders, faith and heresy, pure and impure, good and evil, remain and may very well become greater and greater. We are all aware of, and aghast at, the Islamic fatwa issued against Salman Rashdie for his purportedly blasphemous writings. And though hardly of fatwa proportions, but much closer to our own Jewish home, as recently reported in the *New York Times*, a book presenting Torah sages, past and famous rabbis, as flesh-and-blood human beings rather than as idealised creatures has been publicly declared as "forbidden to be brought into the community of Hashem". This banning has caused some embarrassment, as evidenced by the remarks of Rabbi Tzvi Hersh Weinreb, executive vice-president of the American Union of Orthodox Jewish Congregations: "Jews should have learned long ago that there are dangers to us in suppressing books. When we start suppressing books, people will start suppressing our books".[38] It is clear that with the limited means at their disposal it will be the task of liberal humanists everywhere to resist these tides.

But I remain uncomfortable. My own conclusion rings a little too easy, too smug. The absurdities and transgressions of the Nazi case are so clear-cut, so unworthy of debate, that it is easy to feel self-righteous. But what are we to say about the permissive framework that allowed Nazism to triumph in the first place? As Victor Klemperer put it in his *LTI*:

The [Weimar] Republic, almost suicidally, lifted all controls on freedom of expression: the National Socialists used to claim scornfully that they were only taking advantage of the rights granted them by the constitution when in their books and newspapers they mercilessly attacked the state and all its institutions and guiding principles...[39]

And, as Bertolt Brecht wrote in a 1947 poem depicting the ironies of German post-war reconstruction, the question even applied to the Nazis *after* their defeat: "...behold the former/ Editors of Streicher's Stuermer/ All set to protest unless/ We get Freedom of the Press".[40] The question of the limits of political expression, indeed, remains a perplexing one.

But today we are confronted by issues that are even more complex and tangled and which relate less to matters of racial and ethnic provenance but, rather, go to the heart of the Western scientific and intellectual project itself. To be sure, the plight of forbidden knowledge is hardly new: from our expulsion from the Garden through Goethe's Faust and Thomas Mann's *Dr. Faustus*, we have wrestled with it.[41] But with the experience of twentieth-century nuclear physics behind us (no one has more brilliantly satirised the insanities of the dilemmas it poses than Friedrich Dürrenmatt in his 1962 play, *The Physicists*) and given the accomplishments and anticipated leaps of the bio-technology of the twenty-first century, the problem has become more acute and, indeed, species-threatening. We know that certain kinds of knowledge—as the eminent scientist Freeman Dyson has put it—may well "bring... death... [and present] grave dangers to human society and to the ecology of the planet".[42] Liberals and humanists must confront a world in which censorship, or, at least, self-censorship cannot simply be dismissed as pernicious or evil.

We are thus in the midst of a serious and legitimate ongoing debate as to whether such knowledge should be repressed, controlled or, with all its dangers, allowed to develop unimpeded. In this thorny dilemma my own sentiments incline less towards a "precautionary-repressive" than a "responsible-permissive" approach.[43] I do so, however tentatively, for reasons that John Milton long ago wisely articulated when addressing the question of banning books: "Suppose we could expel sin by this means; look how much we thus expel of sin, so much we expel of virtue: for the matter of them both is the same: remove that, and ye remove them both alike". We have all taken a bite of the apple. We simply are impelled to continue our physical and spiritual munching—but let us at least attempt always to do so responsibly and in as self-consciously humanising a way as we can.

Notes

1 This essay was first delivered as a lecture at the opening event of the New Center for Arts and Culture Festival, 'Words on Fire,' at the Boston Public Library, 13 March 2003, on the Seventieth Anniversary of the Book Burnings in Berlin.

2 For a good graphic account, see Amos Elon, *The Pity of It All: A History of Jews in Germany, 1743–1933*, New York 2002, pp. 395–397.

3 See the overview by Leonidas E. Hill, 'The Nazi Attack on "Un-German" Literature, 1933–1945,' in Jonathan Rose (ed.), *The Holocaust and the Book: Destruction and Preservation*, Amherst 2001, pp. 9–46.

4 Hill, p. 16.

5 On Freiburg and Ritter, see Nicolas Berg, *Der Holocaust und die westdeutschen Historiker. Erforschung und Erinnerung*, Göttingen 2003, pp. 113–144, esp. note 22.

6 There are numerous treatments of these events in German. See for instance Horst Denkler and Eberhard Lämmert (eds.), *"Das war ein Vorspiel nur..."*, Berlin 1985. Many appeared on the fiftieth anniversary of the burnings. See, for instance, Thomas Friedrich (ed.), *Das Vorspiel: Die Bücherverbrennung am 10. Mai 1933*, Berlin 1983; Joachim-Felix Leonhard (ed.), *Bücherverbrennung. Zensur, Verbot, Vernichtung unter dem Nationalsozialismus in Heidelberg*, Heidelberg 1983; anon., *Nie Wieder Faschismus und Krieg. Die Mahnung der faschistischen Bücherverbrennung am 10. Mai 1933*, Berlin 1983. We do not have exact figures, but the estimates as to attendance at the Berlin event was about 5,000 students, 40,000 onlookers around the pyre and another 40,000 spectators who lined the streets for the eight-kilometer torchlight parade to the site of the book burning. See Thomas Lischeid, *Symbolische Politik. Das Ereignis der NS-Bücherverbrennung 1933 im Kontext seiner Diskursgeschichte*, Heidelberg 2001, p. 118. This is the most comprehensive study of the book burnings and the rhetoric that informed them. Much of the material used here is culled from this work.

7 Friedrich, pp. 32–36; quote on p. 32: "Die Zeitalter eines überspitzten jüdischen Intellektualismus ist nun zu Ende, und der Durchbruch der deutschen Revolution hat auch dem deutschen Wesen wieder die Gasse freigemacht."

8 The association of youth and students with radical and extreme nationalist causes is well known, as is a certain predisposition to the spectacular and the violent. For a not sufficiently known French example, see the anti-Dreyfusard student penchant for violence against the Jews in Pierre Birnbaum's fascinating study, *The Anti-Semitic Moment: A Tour of France in 1898*, transl. by Jane Marie Todd, New York 2003, esp. chapter 1.

9 Victor Klemperer, *I Shall Bear Witness: The Diaries of Victor Klemperer, 1933–41*, abridged and transl. by Martin Chalmers, London 1999, pp. 176–177: entry for 16 August 1936.

10 See George L. Mosse, 'Bookburning and the Betrayal by the Intellectuals,' in idem, *Confronting the Nation: Jewish and Western Nationalism*, Hanover and London 1993, pp. 106–117.

11 This is not as surprising as it may at first appear. The educated elites constitute the literate sector and, perhaps unlike other parts of the population, were those most likely to take ideas and their effects seriously.

12 This symbolic temptation applies—even in liberal, pluralist societies—especially during periods of war and intense crisis. To name but one example relating to the contemporary Iraqi-American conflict, corporate interests controlling chains of radio stations organized a putatively popular rally in Louisiana after Natalie Maines, lead singer of the Dixie Chicks, criticized President Bush, in which a 33,000 pound tractor smashed a collection of the group's CDs, tapes and other paraphernalia. See Paul Krugman, 'Channels of Influence', in *New York Times*, Op-Ed, 25 March 2003, p. A19.

13 Marc Drogin, *Biblioclasm: The Mythical Origins, Magic Powers, and Perishability of the Written Word*, Savage 1989.

14 Thus they burned Saul Ascher's pamphlet against the "Teutomaniacs" and proclaimed: "Woe to the Jews who hold on to their Jewishness while mocking and reviling our own national character, our Germanness"; see Elon, p. 119.

15 This is how they described their activity: "Wir wollten verbrennen und haben verbrannt...: die Gründsätze und Irrlehren der Zwingherrschaft, Knechtschaft, Unfreiheit und Ungerechtigkeit, Unmännlichkeit und Unjugendlichkeit, Geheimkrämerei und Blindschleicherei, des Kastengeistes und der Drillerei (Leibes und der Seele), die Machwerke des Schergen-, Hof-, Zopf-, Schneur- und Perückenteufels, die Unschönheit und Untugend—alle Schmach des Lebens und des Vaterlandes"; quoted in Lischeid, pp. 53–54. For other examples, see p. 100.

16 For an insightful view, see Stephen J. Whitfield, 'Where they Burn Books,' in *Modern Judaism*, vol. XXII, no. 3 (October 2002), pp. 213–233.

17 Mosse, p. 107.

18 Gaston Bachelard, *The Psychoanalysis of Fire*, transl. by Alan C.M. Ross, Boston 1964.

19 There were, of course, many other literal burnings during the course of the Third Reich. With the destruction of synagogues on *Kristallnacht* on 9–10 November 1938, thousands of books, Torah scrolls and manuscripts were destroyed. This was the precursor to many similar actions and desecrations throughout the war. I owe this point to Jean Lettofsky, who kindly showed me her unpublished paper on 'The Nazi Book Burnings and their Aftermath'. For an excellent overview of these and related matters see Rose.

20 Quoted in Lischeid, p. 180.

21 Elon, pp. 396–397.

22 Quoted in Hill, p. 17.

23 Quoted in Lischeid, p. 199.

24 Hill, p. 13.

25 Stefan Zweig, in his memoir (published in 1944), early on identified a related element in the evolution of Nazi policy-making: "Note that such monstrous things as book burnings and pilloryings which but a few months later were to be facts seemed, a month after Hitler's seizure of power still beyond the comprehension of even rather ample minds. For National Socialism in its unscrupulous technique of deceit was wary of disclosing the full extent of its aims before the world had become inured. Thus they practiced their method carefully: only a small dose to begin with, then a brief pause. Only a single pill at a time and then a moment of waiting to observe the effect of its strength, to see whether the world conscience would still digest this dose... Hitler has achieved nothing more ingenious than this technique of slowly feeling his way and increasing pressure with accelerating force against a Europe that

was waning morally and soon also militarily. The long-planned project to destroy all free speech and every independent book in Germany was effected according to this method, too. By no means was an order issued immediately—that followed only after two years—to shut down on our books; instead they first felt their way to see how far they could go... [T]he first attack on our books was assigned to an officially non-responsible group, the National Socialist students... Although propaganda minister Goebbels had decided after long hesitation and at the last moment, to bless the burning of the books, it yet remained a semi-official proceeding..."; Stefan Zweig, *The World of Yesterday*, introd. by Harry Zohn, Lincoln and London 1964, pp. 365–366.

26 See Joseph Roth, 'The Auto-da-Fé of the Mind,' reproduced in idem, *What I Saw: Reports from Berlin, 1920–1933*, transl. with an Introduction by Michael Hoffman, New York 2003, p. 207.

27 Quoted in Lischeid, p. 226.

28 Ibid., p. 242.

29 Ibid., p. 237.

30 See Oskar Maria Graf, 'Verbrennt mich!' (12 May 1933), reproduced in Friedrich, pp. 45–46.

31 This 1938 poem was part of a series of satirical poems Brecht wrote for the underground Communist German Freedom Radio, purportedly operating in Germany but actually broadcasting at different times from Spain, Czechoslovakia and a ship in the Baltic. It is reproduced in Bertolt Brecht, *Poems 1913–1956*, ed. by John Willett and Ralph Mannheim, London 1976, p. 294; see too the notes on pp. 567–568.

32 Quoted in Drogin, p. 1.

33 See Michael Wildt's important new study, *Generation des Unbedingten. Das Fürhungskorps des Reichsicherheitshauptamtes*, Hamburg 2002, which conclusively establishes the educated, humanist background of the leadership cadre of those who carried out the genocide; see esp. p. 141.

34 'Bibliocaust', in *Time Magazine*, 22 May 1933, p. 21; quoted in Lischeid, p. 17.

35 Quoted in Lischeid, p. 249.

36 I wish to thank Daniel Pekarsky for drawing my attention to this work published in 1953. I draw upon his interpretation.

37 See Erich Kästner, 'Das blutige Rot der Scheiterhaufen ist immergrün,' in *Wissenschaft und Kunst im Exil. Vorgeschichte, Durchführung und Folgen der Bücherverbrennung*, Osnabrück 1984, pp. 102–106, esp. 104.

38 The book in question is by Rabbi Nathan Kamenetsky, *Making of a Godol: A Study in the Lives of Great Torah Personalities*, 2 vols., Jerusalem and New York 2002. See the interesting piece by Joseph Berger, 'Rabbis who were Sages, not Saints', in *New York Times* (26 April 2003), pp. A19, A21.

39 See Victor Klemperer, *The Language of the Third Reich: LTI—Lingua Tertii Imperii: A Philologist's Notebook*, transl. by Martin Brady, London and New York 2002, p. 20.

40 Bertolt Brecht, 'The Anachronistic Procession of Freedom and Democracy,' in idem, *Poems*, p. 411.

41 On some literary expressions of this problem, see Roger Shattuck, *Forbidden Knowledge: From Prometheus to Pornography*, New York 1996.

42 See Freeman Dyson, 'The Future Needs Us', in *New York Review of Books*, 13 February 2003, pp. 11–13, esp. 11.

43 The former approach has recently been announced by over 20 leading scientific journals—including *Science, Nature,* and *The Proceedings of the National Academy of Science*—who have made a pact to censor articles which it is believed could compromise national security, "regardless of their scientific merit". See 'The Scientists: Journal Editors to Consider US Security in Publishing,' in *New York Times*, 16 February 2003, p. 13.

Peter Pulzer

Looking Back on the Third Reich

The Politics of German Historiography

In 2000 the Berlin historian Heinrich August Winkler introduced his massive account of Germany's zigzag course between cultural isolation and attachment to the West by stating, "[h]ow Hitler came to power remains the most important question of German history of the nineteenth and twentieth centuries, if not of all German history".[1] In doing so he echoed Jürgen Kocka's earlier verdict that

> the moral, political and anthropological weight of the Nazi experience is such, and its effects on the following decades of German, European and world history so far-reaching, that the explanation and understanding of National Socialism continues to be the central, most sensitive and most controversial issue, both in scholarship and in the public domain.[2]

At roughly the same time as Kocka, Hans-Ulrich Wehler had stressed the continuing need to explain the "breach of civilisation" that National Socialism constituted and asked rhetorically, "Who is to be convinced... by the emphatic assertion that precisely the most recent German history is to be grasped only with the aid of countless shades of grey?"[3]

These statements are significant in a number of ways. They were written at a time when one might have thought that passions about the National Socialist period were beginning to cool, as memory of it receded and the main practitioners of the historian's craft were men and women of the post-war generation, in some cases even of the second post-war generation. All of them show that what had been one of the central controversies of the recent historiography of Germany, whether there had been a *Sonderweg*, a special idiosyncratic path in Germany's development, is alive and well, even though the terms of that debate have moved on in the course of time. Above all they emphasise that the episode of the Third Reich needs to be explained within the context of modern and not-so-modern German history, not in some deterministic or teleological way, but equally as a phenomenon that was not merely contingent. Hitler, they insist, is a German problem, not an alien one or a trans-national one. Whether Winkler's, Wehler's or Kocka's conclusions will mark the final resting place of the debate about the Third Reich is doubtful. The past has a rich future, and how we view a particular episode or personality depends on the perspective of time. We perceive Luther or Napoleon or Bismarck differently from the way our predecessors did a hundred years ago, and our grandchildren will no doubt have different perceptions from ours. I offer these not very original thoughts by way of an introduction to a survey of how the German historical profession—strictly speaking the West German historical profession—has viewed the Third Reich and how the consensus on the interpretation of this deeply troubling period in Germany's recent past has mutated, decade by decade.

German historiography has long been deeply political and didactic, even by the general standards of the profession. Eckart Conze speaks of "the massive politicisation of the German historian in the context of the foundation of the Empire—historiography as a discipline of legitimation [*Geschichtsschreibung als Legitimationswissenschaft*].[4] Historians everywhere are tempted to mine the past in order to endorse or undermine the political order in which they live, or to produce a narrative that is more coherent than the muddle or the confusion of the facts will bear. One has only to consider the controversy unleashed in Britain in the 1930s by Herbert Butterfield's assault on the "Whig interpretation" of English history, which, he charged, presented an oversimplified and propagandistic narrative of the broadening of constitutional liberties, with appropriate heroes and villains,[5] and the anti-Whig rewriting of eighteenth-century English history by Sir Lewis Namier and his followers.[6] In France the conflict over who owns the nation's history has, if anything, been even more polarising, given the caesura of the Revolution. There is, on the one hand, the equivalent of the Whig interpretation in the glorification of the Revolution by, for instance, Jules Michelet,[7] and of French Republican democracy, which is portrayed not only as its offspring, but as a beacon to the world. For Ernest Lavisse, "the nation's educator" in the years before the First World War, "France has, since the Revolution, spread the values of justice and humanity throughout the world".[8]

If there is one country in Europe that could not afford this type of Whig interpretation of its past after 1945, it was Germany. Too much had gone wrong, too much that would not fit into an evolutionary trajectory, too much that needed explaining not only to its own population, but also to a world in a prosecuting mood. German historians had, in the course of the nineteenth and early twentieth centuries, evolved their own narratives, emphasising, either approvingly or critically, the cultural peculiarity of German society and its institutions and their divergence from developments in the West. Different historians chose different starting points for the special trajectory of Germany's development. The legal historian Otto von Gierke, lecturing during the First World War, saw it "in the Germanic dawn of time".[9] Gerhard Ritter, writing during the Weimar Republic, saw Martin Luther as "the founding hero of the modern German... He is ourselves: the eternal German [through whom] the history of the German spirit detaches itself in its distinctly recognisable peculiarity from the general European development."[10] Heinrich von Treitschke, writing in the early years of the *Kaiserreich*, claimed that Germany had been the first nation "to overcome the *Weltanschauung* of the eighteenth century entirely".[11] One can see the didactic message of these writers without much difficulty. What united them was a rejection of cosmopolitanism, individualism and the values and doctrines of the Enlightenment. They were anti-parliamentary, anti-commercial and anti-pluralistic. They valued the state above the citizen.

This repudiation of a real or imagined "West" reached its climax during the First World War, when Germany was in ideological as well military conflict with Britain and France. It affected even those who thought of themselves, and were considered by others, as Liberals, men like Ernst Troeltsch, Friedrich Meinecke and Gustav von Schmoller. Troeltsch reflected on

our entire ethical-religious being that is so profoundly different from its English and French equivalent... That this is a different idea from that of the West is something we have known for a long time. How very different is something we have only known since this war. Precisely in this respect the ideas of 1914 are opposed to those of 1789.[12]

The legacy of these dominant interpretations faced German historians with a dilemma after 1945. For this orthodoxy had been politicised in a double sense. During the Second World War Allied propaganda had appropriated the Sonderweg thesis to turn it against Germany. Scholars like Rohan Butler in Britain and Peter Viereck in the United States argued that Hitler and National Socialism were indeed the product of Germany's particular political culture, a culture characterised by authoritarianism, ethnocentrism and militarism, by the worship of force inspired by Hegel and Treitschke. Hitler, they argued, was indeed the heir of Luther, Fredrick the Great and Bismarck. A brief passage from Butler will illustrate the point:

[The] line of thought that leads from Herder to Hitler is traditionally and typically German... National Socialism now stands forth in true perspective. It is novel in application, surrealist in affinity, ultra-modern in technique, but ancient in inspiration, unoriginal in its ideals. National Socialism is not artificial or exotic; it is naturally German... The Nazis could never have won the devotion of the German folk by imposing upon it a regimen wholly alien to the German outlook.[13]

The first instinct of the older historians, who had been less involved in the Nazi régime than many of their younger colleagues, was to separate National Socialism and the Third Reich from the mainstream of German political culture. What followed after their work was cyclical in nature. There was a variety of attempts to re-emphasise the continuities in German history, refusing to see 1933 as an unbridgeable gulf, and, in turn, a reaction against this approach and a reaction against the reaction. Every phase in this cycle had its political undertones, sometimes deliberate and explicit, sometimes implicit and possibly unconscious. The litmus tests by which the various attempts at interpretations of the Third Reich were judged have also changed over time. They range from questions of the continuity of personnel in the economy and the public service in 1933 and 1945 to similarities in the foreign policy aims of different German régimes and the role of the armed forces in the atrocities of the Third Reich. There has been more than one study of the questions different historians ask when investigating the Third Reich. A striking example of this approach is that of a researcher at the Simon Dubnow Institut in Leipzig, Nicolas Berg, who has traced the attention, or lack of it, that post-war West German historians paid to the Holocaust.[14] Useful as all these specialised approaches are, they risk isolating questions that should not be isolated. What a German historian said, or did not say, is a function of what he says, or does not say, about the character of the Third Reich. And what he or she says about the Third Reich is a key to what that historian thinks about the history of modern Europe.

The agenda of the generation of Gerhard Ritter, Friedrich Meinecke, Hans Rothfels, Siegfried Kaehler and Ludwig Dehio, whose main publications fall within the first ten years following the end of the war, was twofold. It was to de-Germanise Nazism by Europeanising or universalising it and to locate the true continuities of German history in the anti-Hitler resistance—what Nicolas Berg calls the "extraterritorialisation of the Third Reich".[15] The clearest exponent of this double argument was Gerhard Ritter. "Hitlerism in the framework of German history", he wrote, "was as fundamentally new and emerged as unexpectedly as Fascism in Italy or Bolshevism in Russia".[16] It followed from this that

[t]he system of "totalitarian" dictatorships as such is not a specifically German phenomenon, for the explanation of which the study of German history would be enough. What happened was a radical turn from a democratic to an authoritarian constitution of the state. Such a turn can happen wherever the collapse of historical authorities leads to an attempt at direct popular rule through "the revolt of the masses".[17]

This inability to resist the onslaught of the forces of barbarism has both short-term and long-term causes. As for the shorter term, "[i]t would be premature and unjust… to proclaim National Socialism and its violent methods as a kind of hereditary vice of the Germans. It belongs rather to an epoch of general cultural decline, loss of faith and moral nihilism".[18] The longer term, on the other hand, goes back several centuries:

The "total state", which emerged in this way, can be regarded as the climax and conclusion of a development that leads from the Christian Middle Ages to modern paganism… The demonic element of the political, at one time illuminated with great clarity by Macchiavelli, no longer frightened the new wielders of power.[19]

The tyranny of Hitler, however, went beyond the cold and rational calculations of a Macchiavelli. It was not only, as the title of Ritter's book implied, demonic, it also became, in its hypertrophied form, satanic[20] and therefore outside the normal faculties of comprehension, not to mention a "satanic falsification of genuine German traditions… derived from the demonic forces of the deep".[21]

Meinecke, too, saw National Socialism as part of an international, rather than a specifically German phenomenon. It was, he argued

a phenomenon not to be derived solely from the forces of German development... but [shares] definite analogies and initial stages with the authoritarian systems of neighbouring states.
This wicked creation had penetrated not only into Germany. It must be said of the entire imperialist movement of the peoples of the West that it created the preconditions for the coming political and cultural misfortune of the Occident.[22]

Unlike Ritter, or for that matter Rothfels, Meinecke did acknowledge that the German bourgeoisie bore some responsibility for the way national feeling had degenerated into power worship—"the hardening nationalism of the pan-Germans" and "the anti-social spirit of dominance [*unsozialer Herrengeist*]" that were preludes to National Socialism.[23] Thus, though he pronounced the German people to be more victims than perpetrators in the years 1933 to 1945, he did point to continuities with the period before 1933, raising a theme and a set of questions that was to dominate and even obsess the historical profession thereafter. There was, however, nothing here that could be said to resemble what became the main theme of Germany's relationship with its recent past, namely the untranslatable concept of *Vergangenheitsbewältigung*. It is this concept, more than any other, that forms the link between scholarly publication and public discourse and the theme of much political rhetoric, memorialising and official ceremonies. Nor can it be said that all the impulses came from academia, its accepted didactic role notwithstanding. German politicians, especially the first president of the Federal Republic, Theodor Heuss, were convinced that scholarly research needed to be encouraged, organised and institutionalised. They no doubt did so with one eye on that threatening entity, "Abroad" (*das Ausland*), but also because they were convinced that it was needed if the post-1945 German democracy were to have firmer foundations than its predecessor.

The process of shifting the emphasis of historical judgement away from apologia and exculpation was slow—too slow for some later observers, as instanced in the prosecuting tone of Ralph Giordano's book of 1987, *Die zweite Schuld*.[24] Nicolas Berg, too, has noted the apparent tardiness with which the historical profession concerned itself with the *Shoah*, leaving much of the pioneering research either to writers outside Germany or to outsiders like Joseph Wulf, who lacked an academic post and had to raise his own funds.[25] This tardiness, however, was not a German monopoly. In their general concern with Nazi war crimes, including the initial crime of unleashing the war, Allied prosecutors at Nuremberg and later trials, and, indeed, historians in the West, too, were slow to appreciate the special enormity of the "Final Solution" in the catalogue of Nazi guilt.[26] Nevertheless, progress there was. 1949 saw the creation of what was later to be the prestigious Institut für Zeitgeschichte (IfZ), initially named Institut zur Erforschung des

Nationalsozialismus, and three years later the launch of its equally prestigious *Vierteljahrshefte*. Its original agenda marked a kind of half-way house between exculpation and enlightenment. There was some attention to the pre-1933 roots of National Socialism, including the Austrian ones, but little on war-time policies outside the frontiers of the *Reich* and still quite a lot on that "great counter-narrative to National Socialism",[27] the Resistance. The IfZ served a dual purpose, scholarly and didactic. The first it interpreted rather narrowly in its early years; the second was central to its activities from the start. More than any other body it launched *Vergangenheitsbewältigung* into the public domain, though the term owed its use in public parlance to a historian not connected with it, namely the medievalist Hermann Heimpel in a New Year's radio address in 1956.[28]

Before we consider the long-term effects of this turn it might be best to examine whether and how a counter-*Bewältigung* current has maintained itself. The place to look for this is the episodic, in general rather bad-tempered public controversy that breaks out, approximately once every decade, about the ownership of German history. That of the 1980s, which had by far the largest public impact, quickly became known as the historians' dispute (*Historikerstreit*), although it was neither the first nor the last of its kind, and neither of the initial antagonists, Ernst Nolte and Jürgen Habermas, was a historian. It would be nearer the mark to speak of one continuous *Historikerstreit* in the Federal Republic and, after 1990, in unified Germany, in which the battle lines were largely the same and the identities of the participants changed only by the acts of death and succession.

As in all episodes in this continuing intellectual civil war, the argument was less about the facts than about their interpretation and at least as much about the politics of the Federal Republic as about the Third Reich itself. It was initiated by an article by Ernst Nolte in the *Frankfurter Allgemeine Zeitung* which argued that the origins and inspiration of National Socialism needed to be rethought and complained that anyone who proposed this found himself sidelined by the practitioners of an oppressive left-liberal consensus that dominated academia and the media. The key passages of this article and the resultant controversy are so well known (and have indeed passed into folklore) that a brief summary of them will suffice. Nolte asserted firstly that the political movements of the radical Right were to be understood as a reaction and response to the threat from the revolutionary Left and secondly that the Red Terror and the Gulag were antecedent to the Nazi terror and a necessary model for it.[29] By themselves these assertions need not have caused shock waves. A similar argument had already appeared in an earlier article[30] and in a less explicit form in his first and generally welcomed monograph of 1963 on the comparative radical Right, *Der Faschismus in seiner Epoche*.[31] Two factors appear to have made a difference. One was the timing, the other the deliberately provocative tone of his polemic. The official historiography of the Federal Republic, he complained, was depriving Germans of a sense of national history and national identity. It was "paradoxical and grotesque" that the attention devoted to National Socialism should concentrate exclusively on the "Final Solution".[32] This, he argued a few months later, would turn a mere "negative myth" into an absolute evil, thereby shutting out any questioning of the prevailing orthodoxy on National Socialism.[33] What Germans were being offered was no more than "the established view of history of the victorious powers".[34]

What Nolte and his supporters objected to was confirmed by his antagonists. They were indeed concerned to establish and emphasise the discontinuity in German history that the creation of the Federal Republic had brought about. The Federal Republic was characterised by the separation of state and nation, entities which had been co-terminous only between 1871 and 1945; it was a market-based parliamentary democracy that belonged economically, strategically, politically and above all intellectually to the West. In direct reply to Nolte, Jürgen Habermas characterised the new consensus as "the unconditional opening of the Federal Republic to the political culture of the West", a development that was the greatest source of pride to his generation.[35] Given the way nationalism had led Germans to catastrophe, the loyalties of the Federal Republic's citizens should be directed to what Dolf Sternberger had termed "constitutional patriotism".[36]

How had this interpretation of German history that Nolte so vehemently attacked come about? The apologetic tone of the early historians could not last. A new generation of historians was bound to ask other, more searching questions. The first, whose impact was crucial, was Karl Dietrich Bracher. His book on the dissolution of the Weimar Republic concentrated not, as the early work of the IfZ had done, on the mechanics of Nazi rule, important though that was, but on the fault-lines in German politics that had made the emergence of Nazi rule possible. Still, he found it necessary to emphasise that he was offering "an investigation free from the standards of the authoritarian state and of nationalist excesses", one that would not seek the escape route of dismissing Nazism as "incomprehensible".[37] Fourteen years later, in his standard work on the Third Reich, he could still deplore that

> while the [existing] studies generally agree on how National Socialism developed and how it was structured, there is little agreement on its roots... The question does remain why Germany, which after a century-long battle for democratic government had constructed in the Weimar Republic a seemingly perfect constitutional structure, capitulated unresistingly within so short a time before so primitive a dictatorship as Hitler's.[38]

The key to this conundrum he saw in "the problem of German statehood" in which he identified four components: the "romantic-mystical" response to the French Revolution and Napoleon; the "authoritarian surrogate solution" for the liberal-national state that the 1848 revolution had failed to bring about; the structural defects of Bismarck's Reich; and "the nonacceptance of... the unequivocal defeat of 1918".[39] These statements were almost revolutionary at the time. Gone is the pathos of the demonic, the Satanic, the unexpected and the unfathomable. Instead there is the inescapable conclusion that "the course of the radical Right in Germany, its development and triumph, constitute a special case in international history".[40]

Even more revolutionary in its impact and politically even more embarrassing to the federal government of the time was the work of Fritz Fischer. Complementing what Bracher had established for continuities in domestic politics, he sought to establish them in foreign policy. Although his *Griff nach der Weltmacht*, published in 1961, restricts itself to the years 1914 to 1918, one of his concerns was to show that his research "demonstrates certain patterns of thought and objectives for German policy during the First World war which continue to be effective. From that point of view it could also be a contribution to the problem of continuity in German history from the First to the Second World War."[41] What Bracher, Fischer and their contemporaries did was to undermine the notion that Hitler was an exogenous force in German history and the shoah an exogenous event—an "Asiatic deed", as Nolte was to call it. Hitler and the *Shoah* happened because the German polity and German society had developed in a flawed way; they had followed a *Sonderweg*. What they did not do was to demonstrate that this *Sonderweg* had come to an end in 1945. That was a job for political scientists, sociologists, politicians and journalists. They came, in the course of time, not merely to accept that there had indeed been such a *Sonderweg*, but that the acknowledgement of this *Sonderweg* was necessary for the definition of the different, Westernised political culture of the Federal Republic. The *Sonderweg* for them was not merely a historical truth; it had a political and didactic function. For the Munich political scientist Kurt Sontheimer "the German *Sonderweg* is, even if not invariably under that name... a functional component of the consciousness of a new politics, whose objective it had to be to re-integrate Germany in the circle of civilised, liberal and peace-loving nations".[42] The *Sonderweg* thesis got its final imprimatur on the occasion of the fortieth anniversary of the end of the Second World War, when President Richard von Weizsäcker told his fellow citizens that 8 May 1945 had been a day of liberation for Germans, to be recognised as the end of a false path (*Irrweg*) in German history.

This particular episode in the long-term historians' dispute took place in the context of a divided Germany. The question that separated the antagonistic parties was political, but it took the form of an interpretation of history. Was the truncated Federal Republic what the preamble to the Basic Law had asserted it was not, namely a new and better German state, superseding its failed predecessors, a solution at last to the German Question? Was this "semi-sovereign" Federal Republic,[43] by virtue of the popular support for its democratic institutions and its integration into an increasingly supranational Europe, a genuine "state nation" which only lacked a public acknowledgement of this fact?[44] Within four years the context was to be transformed; the opening of the Berlin Wall and the unification of the two German states threw into doubt whether the Federal Republic was indeed the "post-national democracy" that Bracher had pronounced it to be.[45] Since the Federal Republic was now recognisable as a nation-state and not as a national fragment, those who had lost the battle in 1986 took new heart. The time had come, they felt, to demonstrate that it was the forty years of the Federal Republic that were an interlude, that it was the Westernised national fragment that had pursued a *Sonderweg*, that it was with unification that normality had been restored,[46] that "Germany is back".[47] The younger and more aggressive of them even felt that the time had come to take revenge on the "68ers" and replace their influence in German public life with the "89ers" that they conceived themselves to be. Circumstances seemed to be on their side. Many of the leading intellectuals of the Federal Republic were wrong-footed by the unexpected prospect of a German nation-state, and many of the 68ers were distinctly hostile to the idea.[48]

The 89ers' manifesto appeared in a number of collective volumes of which the prime movers were Rainer Zitelmann and Karlheinz Weißmann.[49] One of their most persistent complaints concerned the alleged intellectual tyranny exercised by the Left, which had brainwashed the German population into a loss of national identity. Whether it is the "re-education" conspiracy of the immediate post-war years,[50] the "demonisation of everything that is national",[51] the "mystical transfiguration" and fetishisation of the West and of the Federal Republic's attachment to it,[52] or the mantra of the "uniqueness" of the *Shoah* and the exploitation of "Auschwitz" in order to silence dissenters,[53] it is evident that for the 89ers unification was to put paid to the entire flawed political culture of the old Federal Republic. Only it did not. Initially it looked as though this round in the historians' dispute would be lost by the Left: it is they who had pronounced the nation-state dead, they who had not hidden their misgivings about the unity of the German nation, they who had denounced all talk of national pride as a link with a condemned past, they whose critiques of capitalism had been overturned by the collapse of its opposite. In the clear light of day, however, both the hopes of the Left and the fears of the Right were negated. Post-unification Germany turned out not to be a Fourth Reich; it did not detach itself from the West either ideologically, economically or politically. Germany did not become a new, Bismarckian pivotal power in Europe. It is not a revived "realm of the middle". What happened was that the West had moved 150 miles to the East and, with the accession of the former "satellite states" to the EU in 2004, another 150 miles further still. Habermas's "unconditional opening to the political culture of the West" remains in place. If Germany achieved normalisation in 1990, it was not through being re-attached to the state traditions of the past, but—as I have argued elsewhere—by joining those states in which there is a self-evident compatibility between nationality and democracy.[54]

I have singled out a few of the strands in what German historians have written about the Third Reich or about the problems of writing about the Third Reich. I have said nothing about the very voluminous influential interpretations by non-Germans, though a significant amount of what German historians wrote, especially in the early post-war years, was a reaction to foreign interpretations. I have said nothing about the role of politicians, journalists, novelists and poets in forming public attitudes towards the recent past, though they may collectively have been more influential than professional historians. I have not touched on controversies that may appear technical, but cannot help having political overtones, such as the debate about the "historicisation" of the Third Reich launched by Martin Broszat, or the long-running and decreasingly productive controversy between the "intentionalist" and "structuralist" schools, i.e. between those who see a pattern of decisive top-down policy-making at work and those who see a series of reactions to deal with unforeseen threats of chaos, especially but not only in the origins of the *Shoah*. My purpose was rather to take up one theme that Dan Diner has very much made his own, that of memory, not only in the sense of individual recollection, but of collective commemoration, and above all of the question of how to live with a national history that is dominated by a great trauma of shame and destruction.[55]

Because those who founded the Federal Republic and ruled it for four decades tried to square the circle of defining it as being as far removed as possible from what had gone before, while at the same time seeking connections with an honourable past—no *Deutschland, Deutschland über Alles*, but *Einigkeit und Recht und Freiheit* and keeping Haydn's beautiful melody—every German historian had also to be a politician. Even more than elsewhere, in post-Second World War Germany it is impossible to separate what one thinks about the past from what one thinks about the present, given the added problem of one's personal relationship, or at least one's family's, with the nation's past. The merits and contents of national pride are in debate in many places, in Britain and France, in the USA and Russia, in Poland and Hungary, but nowhere is the topic more sensitive than in Germany. Hence the hopes and fears invested in the unification of 1990, the doubts and taboos about unified Germany's international role and the German hesitations about taking up positions on the Arab-Israeli conflict. As Dan Diner has observed, "[i]n Deutschland ist *die* Vergangenheit Kern politischer Symbolik".[56] When Benedetto Croce said that all history is contemporary history, he could not have known how painfully true that would turn out to be.

Notes

1 Heinrich August Winkler, *Der lange Weg nach Westen*, 2 vols, Munich 2000, vol. I, p. 2.
2 Jürgen Kocka, 'German History before Hitler: The Debate about the German *Sonderweg*,' in *Journal of Contemporary History*, vol. XXIII, no. 1 (Jan. 1988), pp. 3–16, 10.
3 Hans-Ulrich Wehler, *Deutsche Gesellschaftsgeschichte*, 4 vols., Munich 1987, vol. III, p. 1251.

4 Eckart Conze, 'Nationale Vergangenheit und globale Zukunft. Deutsche Geschichtswissenschaft und die Herausforderung der Zukunft,' in Jörg Baberowski et al. (eds.), *Geschichte ist immer Gegenwart. Vier Thesen zur Zeitgeschichte*, Stuttgart 2001, p. 45.

5 Herbert Butterfield, *The Whig Interpretation of History*, London 1931. See also idem, *George III and the Historians*, London 1957.

6 Lewis Namier, *The Structure of Politics at the Accession of George III*, London 1928; idem, *England in the Age of the American Revolution*, London 1930.

7 Jules Michelet, *History of the French Revolution*, translated by Charles Cocks, Chicago 1967; orig. *Histoire de la Révolution Française*, Paris 1847–1853.

8 Ernest Lavisse, 'Le Devoir Patriotique' (1912), cited in Pierre Nora, 'Ernest Lavisse, Instituteur National', in Pierre Nora (ed.), *Les Lieux de la Mémoire*, 3 vols., Paris 1984, vol. I, p. 284.

9 Otto von Gierke, 'Krieg und Kultur', in Zentralstelle für Volkswohlfahrt (ed.), *Deutsche Reden in schwerer Zeit, gehalten von Professoren der Universität Berlin*, Berlin 1914–15, vol. I, pp. 97–98.

10 Gerhard Ritter, *Luther, Gestalt und Symbol*, Munich 1928, pp. 15, 129.

11 Heinrich von Treitschke, *Deutsche Geschichte im neunzehnten Jahrhundert*, 2 vols., Leipzig 1927, vol. 2, p. 7.

12 Ernst Troeltsch, 'Die Ideen von 1914,' in idem, *Deutscher Geist und Westeuropa. Gesammelte kulturpolitische Aufsätze und Reden*, Tübingen 1925, p. 49.

13 Rohan D'Olier Butler, *The Roots of National Socialism 1783–1933*, London 1941, pp. 283–284. See also Peter Viereck, *Metapolitics: From the Romantics to Hitler*, New York 1941.

14 Nicolas Berg, *Der Holocaust und die westdeutschen Historiker. Erforschung und Erinnerung*, Göttingen 2003.

15 Ibid., p. 139.

16 Gerhard Ritter, *Europa und die deutsche Frage. Betrachtungen über die geschichtliche Eigenart des deutschen Staatsdenkens*, Munich 1948, p. 194.

17 Ibid., p. 193.

18 Ibid., p. 199.

19 Gerhard Ritter, *Die Dämonie der Macht: Betrachtungen über Geschichte und Wesen des Machtproblems im politischen Denken der Neuzeit*, Munich 1948, p. 157.

20 Ibid., p. 158.

21 Gerhard Ritter, *Carl Goerdeler und die deutsche Widerstandsbewegung*, Stuttgart 1950, p. 87.

22 Friedrich Meinecke, *Die deutsche Katastrophe. Betrachtungen und Erinnerungen*, Wiesbaden 1946, pp. 9, 40.

23 Ibid., pp. 39, 41.

24 Ralph Giordano, *Die zweite Schuld oder, Von der Last Deutscher zu sein*, Hamburg 1987.

25 Berg, pp. 337–370.

26 Donald Bloxham, *Genocide on Trial: War Crimes Trials and the Formation of Holocaust History and Memory*, Oxford 2001; Michael Marrus, 'The Holocaust at Nuremberg,' *Yad Vashem Studies* XXVI (1998), pp. 4–45.

27 Berg, p. 174.

28 Hermann Heimpel, *Kapitulation vor der Geschichte? Gedanken zur Zeit*, Göttingen 1956, p. 90.

29 Ernst Nolte, 'Vergangenheit, die nicht vergehen will,' in *Frankfurter Allgemeine Zeitung*, 6 June 1986; in [Piper Verlag (ed.),] *Historikerstreit. Die Dokumentation der Kontroverse um die Einzigartigkeit der national-sozialistischen Judenvernichtung*, Munich 1987, pp. 39–47.

30 Ernst Nolte, 'Die negative Lebendigkeit des Dritten Reiches,' in *Frankfurter Allgemeine Zeitung*, 24 July 1980; in *Historikerstreit*, pp.13–35.

31 Ersnt Nolte, *Der Faschismus in seiner Epoche. Die Action française, der italienische Faschismus, der Nationalsozialismus*, Munich 1963.

32 Nolte, 'Vergangenheit, die nicht vergehen will', p. 41

33 Ernst Nolte, 'Die Sache auf den Kopf gestellt: Gegen den negativen Nationalismus in der Geschichtsschreibung,' in *Die Zeit*, 31 October 1986, in *Historikerstreit*, pp. 223–231, 227.

34 Ernst Nolte, *Das Vergehen der Vergangenheit. Antwort an meine Kritiker im sogenannten Historikerstreit*, Berlin 1987, p. 30.

35 Jürgen Habermas, 'Eine Art Schadensabwicklung. Die apologetischen Tendenzen in der deutschen Zeitgeschichtsschreibung,' in *Die Zeit*, 11 July 1986; in *Historikerstreit*, pp. 62–77, 75.

36 Dolf Sternberger, 'Verfassungspatriotismus,' in *Frankfurter Allgemeine Zeitung*, 23 May 1979; in idem, *Schriften*, 11 vols, Frankfurt 1977–1991, vol. X (1990), p. 13.

37 Karl Dietrich Bracher, *Die Auflösung der Weimarer Republik. Eine Studie zum Problem des Machtverfalls in der Demokratie*, Villingen 1955, pp. xxiii, xxii, respectively.

38 Karl Dietrich Bracher, *The German Dictatorship: The Origins, Structure and Consequences of National Socialism*, transl. by Jean Steinberg, London 1971, pp. 3–4.

39 Ibid., pp. 16–22.

40 Ibid., p. 493.

41 Fritz Fischer, *Griff nach der Weltmacht. Die Kriegszielpolitik des kaiserlichen Deutschland 1914/1918*, Düsseldorf 1961, p. 12.

42 Kurt Sontheimer, 'Der historische Sonderweg—Mythos oder Realität?' in Karl Dietrich Bracher et al. (eds.), *Deutscher Sonderweg—Mythos oder Realität?*, Munich 1981, p. 31.

43 Peter Katzenstein, *Policy and Politics in West Germany: The Growth of a Semisovereign State*, Philadelphia 1987.

44 Heinrich August Winkler, 'Zum Verhältnis von Historie und Politik in Deutschland nach 1945,' in *Die Zeit*, 2 January 2004, p.32.

45 Karl Dietrich Bracher, 'Politik und Zeitgeist. Tendenzen der siebziger Jahre,' in Karl Dietrich Bracher et al. (eds.), *Geschichte der Bundesrepublik Deutschland*, 5 vols., Stuttgart-Wiesbaden 1981-1994, vol. V/1 (*Republik im Wandel 1969-1974. Die Ära Brandt*, Stuttgart 1986), p. 406.

46 Michael J. Inacker, 'Macht und Moralität. Über eine neue deutsche Sicherheitspolitik,' in Heimo Schwilk and Ulrich Schacht (eds.), *Die selbstbewußte Nation. 'Anschwellender Bocksgesang' und weitere Beiträge zu einer deutschen Debatte*, Berlin 1994, p. 368.

47 Gregor Schöllgen, 'National Interest and International Responsibility: Germany's Role in World Affairs,' in Arnulf Baring (ed.), *Germany's New Position in Europe: Problems and Perspectives*, Oxford 1994, p. 35.

48 Jan-Werner Müller, *Another Country: German Intellectuals, Unification and National Identity*, New Haven 2000, pp. 120–150.

49 In addition to Schwilk and Schacht, see also Uwe Backes, Eckhard Jesse and Rainer Zitelmann (eds.), *Die Schatten der Vergangenheit. Impulse zur Historisierung des Nationalsozialismus*, Frankfurt 1990; and Rainer Zitelmann, Karlheinz Weißmann and Michael Großheim (eds.), *Westbindung. Chancen und Risiken für Deutschland*, Frankfurt 1993.

50 Klaus Rainer Röhl, 'Morgenthau und Antifa. Über den Selbsthaß der Deutschen,' in Schwilk and Schacht, p. 93.

51 Alfred Mechtersheimer, 'Nation und Internationalismus. Über nationales Selbstbewußtsein als Bedingung des Friedens,' in Schwilk and Schacht, p. 347.

52 Zitelmann, Weißmann and Großheim, p. 15 ('Einleitung: Wir Deutschen und der Westen'); Hans-Christof Kraus, 'Die deutschen Konservativen, England und der Westen,' in ibid., p. 93.

53 Reinhard Maurer, 'Schuld und Wohlstand. Über die westlich-deutsche Generallinie,' in Schwilk and Schacht, pp. 73, 77.

54 Peter Pulzer, *German Politics 1945–1995*, Oxford 1995, p. 183; see also idem, 'Unified Germany: A Normal State?,' in idem, *German Politics*, vol. III, no. 1 (April 1994), pp. 1–17.

55 See in particular Dan Diner, *Kreisläufe. Nationalsozialismus und Gedächtnis*, Berlin 1995.

56 Dan Diner, 'Zwischen Aporie und Apologie. Über Grenzen der Historierbarkeit,' in idem (ed.), *Ist der Nationalsozialismus Geschichte? Zur Historisierung und Historikerstreit*, Frankfurt am Main 1987, p. 63.

Zeit und Narrativität

Ashraf Noor

Narrative Zeit und Historiografie

I

In seinem Aufsatz »Giambattista Vico and Cultural History« schreibt Isaiah Berlin: «We call great historians only those who not only are in control of the factual evidence obtained by the use of the best critical methods available to them, but also possess the depth of imaginative insight that characterises gifted novelists."[1] Im Hinblick auf diese Fähigkeit, die für die Belebung der Vergangenheit, die sonst «dry and lifeless" wäre, notwendig ist, konstatiert er jedoch: »To employ it is, and always has been, a risky business."[2] Das, was den Gebrauch der von Berlin evozierten imaginativen Einsicht in der Historiografie so riskant macht, ist die stets vorhandene Gefahr, sich vom belegbaren Bestand der Tatsachen zu entfernen.

Die erkenntnistheoretischen und ethischen Implikationen von Theorien der Narrativität, die die Grenze zwischen Fiktion und historiografischem Wahrheitsanspruch aufzulösen oder zu verwischen drohen, sind in der Diskussion in und um Saul Friedländers Sammelband »Probing the Limits of Representation«[3] eindringlich aufgezeigt worden. Paul Ricœurs philosophische Reflexion auf narrative Zeit und Historiografie, die er vor und nach der Veröffentlichung dieses Sammelbands und der Verbreitung der von diesem entfachten Diskussion vollzog, analysierte sowohl die Gemeinsamkeit der narrativen Formgebung der Erfahrung, die Werken der Fiktion und der Geschichtsschreibung eigen ist, als auch die notwendig zu beachtenden Unterschiede zwischen beiden Arten, sich auf die Welt zu beziehen. In »Temps et récit«[4] setzt er sich mit den Aporien auseinander, die sich durch die Inkongruenz zwischen der Zeit des Universums und der Zeit des Bewusstseins ergeben. Die narrativen Formen von Historiografie und Fiktion thematisieren diese Aporien und tragen auf je verschiedene Weise dazu bei, die menschliche Zeit im Verhältnis zu den beiden Dimensionen, deren Differenz die Aporien hervortreibt, zu entfalten. Ein Augenblick hat nicht denselben Sinn in der Zeit des Universums und in der Zeit des Bewusstseins. Das narrative Gefüge bildet die die menschliche Erfahrung orientierende Formgebung angesichts der Inkongruenz jener Dimensionen. Es ist das narrative Gefüge, das bei Ricœur im Begriff der *Mimesis* gedacht wird.

Sowohl in »Temps et récit« als auch in seinem letzten Werk zur Frage der Narrativität in der Historiografie, »La mémoire, l'histoire, l'oubli«[5], geht Ricœur davon aus, dass der Mensch der Wirklichkeit gegenüber verpflichtet ist, dass er es ihr schuldig ist (endetté), Aussagen mit dem Anspruch der Wahrheit über sie zu treffen. Dies ist schließlich auch mit Ricœurs Kritik der sprachtheoretischen Grundlage jener Theorien der Narrativität der Fall, die sich, wie bei Roland Barthes und Hayden White, de Saussures Lehre von der Arbitrarität des Zeichens gegen einen als erkenntnistheoretisch naiv aufgefaßten Realismus richten und dabei das aus dem Blick verlieren, was die Verankerung eines jeden Sprechaktes bildet. Ricœur schreibt: »le référent, quel qu'il soit, constitue une dimension irréductible d'un discours adressé par quelqu'un à quelqu'un sur quelque chose.«[6]

Auf diese unhintergehbare Dimension rekurriert Ricœur, wenn er White im Hinblick auf dessen radikale Fassung der in Gattungen der Rhetorik organisierten historiografischen narrativen Formung der dargestellten vergangenen Welt die Aufhebung oder Verwischung der Grenzen zwischen Historiografie und Fiktion vorwirft. Die Eigenart der historiografischen Bezugnahme auf Gegenständlichkeit ergibt sich für Ricœur aus den aufeinander aufbauenden Operationen des dokumentarischen Belegs, der kausalen bzw. finalen Erklärung und der literarischen Formgebung.

In seinem Buch »La mémoire, l'histoire, l'oubli« entwickelt Paul Ricœur eine Analyse der Verantwortung gegenüber der Geschichte. Diese Verantwortung bestimmt er als Aufgabe, die dem Historiker als »citoyen« obliegt. Insofern er als letzterer an einem kollektiven Gedächtnis teilhat, ist er aufgerufen, der Gemeinschaft für seine Tätigkeit Rechenschaft abzulegen. Dieses Verhältnis zwischen einem Historiker und der Gemeinschaft, die durch die Teilnahme an einem kollektiven Gedächtnis konstituiert wird, ist durch die Aufforderung zur kritischen Rechenschaft bestimmt. Das Forum der Gemeinschaft ist ein Tribunal. Der Historiker wird vor die Instanz der Gemeinschaft mitsamt den der Unterscheidung zwischen Wahrem und Falschem dienlichen Mitteln seines Berufs gerufen. Wenn Ricœur in seinem Buch die Bedeutung des Narrativs für die Geschichtsschreibung im epistemologischen, logischen und ontologischen Zusammenhang untersucht, dann bildet der orientierende Zusammenhang dieser Reflexion, auf den er an den Schlüsselstellen rekurriert, die Tatsache, daß der »citoyen« die letzte, maßgebende Instanz, »l'arbitre ultime«, für das Abwägen von Fragen des Rechts und der Wahrheit im Zusammenhang mit Aussagen über die Geschichte ist.

Ricœur schreibt : »L' ultime question, en effet, est de savoir ce que les citoyens responsables font d'une querelle entre historiens et, au-delà de celle-ci, du débat entre juges et historiens.«[7] Diese Bestimmung ist Teil einer Analyse des epistemischen Charakters der Singularität bzw. der Exemplarität in der Geschichtswissenschaft. Das Phänomen, das im Zentrum seiner Reflexion steht, ist die Shoah. Im Hinblick hierauf enthüllt er die ethische Dimension der Frage nach der Singularität und der Unvergleichbarkeit. Das Problem, das seine Gedanken im Bann hält, gilt der Herausforderung, welche die Singularität im ethischen Sinn, deren Geltung für die Shoah er herausstellt, für die historiografische Reflexion auf dieses Phänomen bildet. Ricœur fragt nach der Verbindung zwischen dem ethischen und dem historiografischen Gebrauch der Singularität und der Unvergleichbarkeit, und findet sie in der Idee der Exemplarität des Singulären. Diese Exemplarität ergibt sich, so seine These, erst im Verlauf der Rezeption des Geschehen in der geschichtlichen Erinnerung. Doch bildet für Ricœur in »Temps et récit« die Verschränkung der Welt des Lesers mit der Welt des Texts in der Rezeption eine gemeinsame Dimension von Historiografie und Fiktion. Der gemeinsame Weltbezug wird in dieser Dimension vom Leser vollzogen. Handelt in Ricœurs »Temps et récit« ein wichtiges Kapitel von »L'entrecroisement de l'histoire et de la fiction«, so geht es hier um die Kreuzung zwischen Geschichte und Fiktion, aus der die menschliche Zeit hervorgeht.

Dies ist der Horizont, innerhalb dessen ich in den folgenden Bemerkungen die Frage nach dem Verhältnis zwischen narrativer Zeit und Historiografie aufgreifen werde. Ich werde in vier Schritten vorgehen. Der erste befasst sich zunächst mit dem Anspruch, der von fiktionaler Literatur erhoben werden kann, historiografisch relevante Aussagen zu machen. Als zweites Moment des ersten Schrittes gilt die Skizzierung der Art, auf die philosophische Grundlegung beansprucht, historische Narrative durch die Rückführbarkeit zeitlicher Augenblicke auf ideelle Kohärenz zu legitimieren. Schließlich wird eine Frage aufgeworfen, die das Problem der Ästhetisierung und der Universalisierung in der Geschichtsschreibung betrifft.

Im zweiten Schritt wird eine Theorie der narrativen Verschränkung von Zeit- und Raumindikatoren dargelegt, die vom russischen Philosophen, Literatur-, Sprach- und Kulturtheoretiker Michael Bachtin entworfen wurde.

Der dritte Schritt fasst das im ersten formal angezeigte Problem unter Hinzuziehung zusätzlicher Bestimmungen argumentativ stringenter auf. Er gilt einer detaillierten Besprechung der Verwandelbarkeit von Urteilen über die fiktive Welt von Kunstwerken in Urteile über die Wirklichkeit.

Zum Schluss wird im vierten Schritt Saul Friedländers Buch »Das Dritte Reich und die Juden«[8] vorgenommen und auf dem Hintergrund der im zweiten und dritten Schritt ausgeführten Theorien besprochen. Es geht hierbei 1.) um die Frage, wie die im zweiten Schritt ausgeführte Reflexion Bachtins über zeitlich-räumliche Vielschichtigkeit für geschichtliche Narrative fruchtbar gemacht werden kann und 2.) um die Erkundung der Möglichkeit, intersubjektive, allgemeine Wahrheitsgeltung in Analogie zu den im dritten Schritt für das Kunstwerk herausgestellten Konvertierungsbestimmungen auf jene Narrative anzuwenden.

II

In diesem Abschnitt gehe ich von der Darstellung eines Juden in einem Werk literarischer Fiktion aus, um anzudeuten, wie in diesem Werk ein vielstimmiges, durch gegenstrebige Vielfalt gekennzeichnetes narratives Gebilde totalisierenden Darstellungen der Geschichte entgegenwirkt. Das zeitliche Gefüge eines solchen Narrativs erläutere ich im Kontrast zum zeitlichen Charakter des Kohärenzanspruchs, der vom Geschichtsnarrativ Hegels erhoben wird. Im Anschluss hieran postuliere ich unter Heranziehung von Gedankengängen Jörg Rüsens, dass eine durch narrative Komplexität inszenierte offene Bestimmung des geschichtlichen Handlungsgeflechts zwar herkömmliche Auffassungen von Subjektivität auflöst, jedoch durchaus mit historischer Urteilsbildung vereinbar ist. Die Theorien von Zeit, Narrativität, »offener Totalität« und Dialogizität, die Michael Bachtin entfaltet, bieten die Möglichkeit für die Erkundung einer solchen Möglichkeit der Historiografie.

James Joyce, dessen aus dem Roman »Ulysses« überliefertes Wort, dass die Geschichte ein Albtraum sei, aus welchem man zu erwachen versuche[9], eine durch die Ereignisse des zwanzigsten Jahrhunderts emphatisch geförderte Kurrenz erhalten hat, ließ im selben Roman Stephen Daedalus, eine der beiden Hauptfiguren, vom Rektor der Privatschule, an der er sich als Hilfslehrer verdingt, darüber belehren, warum es in Irland kein Judenproblem gebe. Die Lösung lautet: weil man Juden nie ins Land hereingelassen habe. Diese prägnante geschichtliche Lektion wird im Roman dadurch Lüge gestraft, dass die zweite und eigentliche Hauptfigur, Leopold Bloom – ein irischer Jude, dessen ungarischer Vater man offenbar doch hereingelassen hatte – in der Joyceschen Unterwanderung nicht nur dieser geschichtlichen Unterweisung, sondern des Polterns jenes einäugigen Polyphems, der im Roman nur »the citizen« genannt wird, den *Nostos* in Ithaka feiern lässt. »Jewgreek meets Greekjew« – obwohl er Joyce zitiert, geht Derridas erste, große Lévinas-Interpretation, »Violence et métaphysique«, die der hyperbolischen Rede vom Gesicht des Anderen zu ihrer gegenwärtigen Hausse verhalf, gerade nicht detailliert auf die Verflechtung ein, welche die Gegenüberstellung und das Ineinanderwirken verschiedener Geschichtsnarrative in diesem Roman zu einem herausragenden Beispiel dessen machte, was man mit dem Lévinas von »Totalité et infini« eine »nicht-intentionale Historiografie« nennen könnte.

Der Roman lebt von der Vielfalt der Stimmen, die zueinander in Beziehung gesetzt werden und die alle einen geschichtlichen Index tragen. Gegenüber dem einäugigen »citizen«, der wie alle Lokalpatrioten desto mehr in der Selbstgefälligkeit seiner sesshaften Superiorität schwelgt je weniger er etwas anderes gesehen hat, sind der peripetetische Stephen Daedalus und der wandernde Reklame-Aquisiteur Leopold Bloom polytope Figuren, deren Stimmen den Tiraden des Polyphems gegenübergesetzt werden. Und dass sich Ahasver am Ende des Romans im Ehebett der Penelope befindet, nachdem er seine Rivalen nicht durch Waffengewalt, sondern durch jene Stärke der Ausgesetzten, die aus Intelligenz, Humor und Liebe besteht, vom Feld geräumt hat und dabei die proteische Kreatur, welche die Einbildungskraft seiner wankelmutigen Gattin bildet, in seinen Bann geschlagen hat, ist eine weitere Unterwanderung jener Denkweise, die in der Tradition des Westens den Nostos als die Rückkehr zum Selben auffasst, eine Rückkehr, worin sich die Gleichsetzung von Vernunft und politischer Macht bestätigt.

Die polytope Darstellung von Stimmen, Ereignissen, Diskursen, die Joyce in seinem Roman vollführt, lässt die Geschichte der Juden in der Gestalt von Leopold Bloom als ein Narrativ erscheinen, das gerade der historiografischen Gerinnung jener Beziehung zwischen Vernunft und faktischer politischer Macht entgegenwirkt. »Jewgreek meets Greekjew« gerade in der Beunruhigung jener Beziehung: nicht in der hyperbolischen Rede vom Gesicht des Anderen, die sich hinterrücks doch mit einer Politik der Unterdrückung arrangiert und dadurch dem einäugigen Polyphem zu seinem Triumph verhilft, sondern in einem karnevalesken Lachen, das die in der Historie verankerten Hierarchien ins Wanken bringt. Doch was hat das Lachen mit der Historiografie zu tun?

Wenden wir uns jemandem zu, der nicht lachte. Bemerkt Hegel in seinen »Vorlesungen über die Philosophie der Geschichte«, dass sich in der deutschen Sprache im Wort »Geschichte« die objektive Seite des Geschehens mit der subjektiven Seite der Geschichtserzählung verbindet, und konstatiert er, dass man »[d]iese Vereinigung der beiden Bedeutungen [...] für höherer Art als für eine bloß Äußerlichkeit ansehen« müsse, so läuft dies auf die folgende Feststellung hinaus: »es ist dafür zu halten, dass Geschichtserzählung mit eigentlich geschichtlichen Taten und Begebenheiten gleichzeitig erscheine; es ist eine innerliche gemeinsame Grundlage, welche sie zusammen hervortreibt.«[10] Das folgende Geflecht von Bestimmungen gilt dem Phänomen der Absonderung und der Differenzierung des Einzelgeschehens aus dem »gleichmäßigen Verlauf« des »Zustands«, der für die Familie und für den Stamm kennzeichnend ist. Während hiermit, schreibt Hegel, »kein Gegenstand für die Erinnerung« gegeben ist, sind es »sich unterscheidende Taten oder Wendungen des Schicksals«, welche die Mnemosyne zur geistigen Handlung anregen. Damit wird zur Bestimmung des Orts der Produktion sowohl der Geschichtserzählung als auch der geschichtlichen Taten übergegangen: »[...] der Staat erst führt einen Inhalt herbei, der für die Prosa der Geschichte nicht nur geeignet ist, sondern sie selbst mit erzeugt.«[11]

Der Staat als Produktionsstätte der Geschichte im zweifachen Sinn ist bei Hegel der Ort, an dem erst die Differenzierung von Handlungen und Ereignissen mit der kognitiven Befähigung und Erfordernis, diese Begebenheiten festzuhalten, entsteht. So wird eine Grenze aufgestellt, der *ex post facto* systematische Dignität zugesprochen wird. Der Staat ist der Ort der kognitiven Unterscheidungsfähigkeit, also des Diskrimens: »Erst im Staate mit dem Bewusstsein von

Gesetzen sind klare Taten vorhanden und mit ihnen die Klarheit des Bewusstseins über sie, welche die Fähigkeit und das Bedürfnis gibt, sie so aufzubewahren.«[12] Von diesem Ort aus lässt sich über die Zeiten nunmehr ohne Geschichte urteilen:

»Die Zeiträume, wir mögen sie uns von Jahrhunderten oder Jahrtausenden vorstellen, welche den Völkern vor der Geschichtsschreibung verflossen sind und mit Revolutionen, mit Wanderungen, mit den wildesten Veränderungen mögen angefüllt gewesen sein, sind darum ohne objektive Geschichte, weil sie keine subjektive, keine Geschichtsschreibung aufweisen. Nicht wäre diese nur zufällig über solche Zeiträume übergegangen, sondern weil sie nicht hat vorhanden sein können, haben wir keine darüber.«[13]

Der Ausdruck »nicht hat vorhanden sein können« gesellt sich zu den anderen im Verlauf der Vorlesungen durch die erst mal in Gang gesetzte Begriffsmaschine produzierten Bedingungen der Geschichtsträchtigkeit, Geschichtswürdigkeit und der geschichtlichen Erkennbarkeit. Letztere besagt: Denkbarkeit im Sinn der zugleich logischen, teleologischen und ontologischen Struktur eines sich transparent werdenden Geistes, der sich als Freiheit realisiert.

Betrachtet man den durch die Evozierung dieser Struktur sich legitimierenden narrativen Standpunkt, von dem her alle die Maßnahmen des Einschlusses und des Ausschlusses dessen, was zur Geschichte gehört, ausgehen, so ist es bemerkenswert, dass dieser aus einem eigentümlichen Verhältnis zur Zeit besteht: »[Die Freiheit] ist das Ziel der Weltgeschichte, und wir haben den langen Weg zu machen, der eben übersichtlich angegeben ist. Doch Länge der Zeit ist etwas durchaus Relatives, und der Geist gehört der Ewigkeit an. Eine eigentliche Länge gibt es für ihn nicht.«[14]

Sub specie jener *aeternitatis*, die dem Geist eignet, nistet sich der Erzähler einer Geschichte ein, in der es ohne Staat keine Geschichte gibt, in der die Weltgeschichte sich von Osten nach Westen bewegt und in der die Zeit, in der dies passiert, homogen, eindimensional und zielgerichtet ist. Wer aus dieser Geschichte herausfällt, weil er keinen Staat hat oder nicht zu den Teilen der Welt gehört, in denen »die innere Sonne des Selbstbewusstseins [...] einen höheren Glanz verbreitet«[15], also nicht eben nur von der »äußerliche[n] physische[n] Sonne« braungebrannt wird, nimmt schwerlich am *Nostos* teil, in dem der Weltgeist zu sich selbst – nunmehr etwas wacher – zurückkehrt.

Narrative Zeit geht hier eine Verbindung mit einer logischen und ontologischen Ermöglichungsstruktur ein, die hinter Hegels historiografischen Unterschieden im engen Sinn, also zwischen ursprünglicher und reflektierter Geschichte in deren dreifacher Gliederung als allgemein, pragmatisch und kritisch, steht. Die Dimension der philosophischen Geschichte strukturiert die Zeit, die als Raster für die binnenzeitliche Gliederung und Organisation der Historiografie fungiert. Die Erzählbarkeit eines jeden geschichtlichen Augenblicks hängt von der Hineinfügung in jene strukturierende Dimension ab. Darin erhält dieser

Augenblick auch den Sinn, der ihn über die Kontingenz hinweghebt und der in Aussagen festgehalten wird, die universellen Anspruch erheben. Steht die Notwendigkeit derartiger Rückführungen seit dem Zusammenbruch nicht nur dieses Systemdenkens zur Disposition, so stellt sich erneut die Frage nach der Möglichkeit, in einem geschichtlichen Narrativ zeitliche Augenblicke auf eine Struktur zu beziehen, in der sie die Kohärenz erhalten, die sie erzählbar macht. Besteht der Verdacht, dass mit der Erhebung des Anspruchs, universelle Aussagen zu treffen, jene Kohärenz in der Tat nur die Verschleierung von Partikularinteressen bildet, so scheint eine Sicht der Geschichte, die Vernunft in der Form der Einheit der allgemeine Anwendbarkeit erheischenden Erzählung und Erzählbarkeit anstrebt, von vornherein zum Scheitern verurteilt.

Auf diese Situation bezieht sich die Reflexion Jörn Rüsens, wenn er in seinem Aufsatz »Vernunftpotenziale der Geschichtskultur« das Auftreten einerseits der revisionistischen Historiografie, die den Anlass zum Historikerstreit bildete, und andererseits des unter dem Titel der *posthistoire* florierenden Schrifttums kommentiert. In Bezug auf die erstere Richtung konstatiert er den Versuch, gegen den »Universalismus normativer Gesichtspunkte«, der aus der Aufklärung stammt, einer »Sinnstiftungskompetenz« das Wort zu sprechen, die angeblich erst den historischen Einsichten zukomme, »die einer tragfähigen historischen Identität bilden können«[16]. Andererseits spricht er in Hinsicht auf die zweite Richtung von einem »Resubjektivierungs- und Repoetisierungsschub, der die bisherigen Konzepte geschichtskonstitutiver Subjektivität (vor allem die idealistischen des Historismus) und auch die bisherigen Formen historiografischer Gestalten im Zeichen einer narrativistischen Wende hinter sich lässt.«[17] Gegen beide Tendenzen vorzugehen heißt, so Rüsen, nicht lediglich die Aufklärungskultur und deren Tradition zu beschwören, sondern die Kritik ernst zu nehmen, welche die Maßstäbe historischer Urteilsbildung, die auf jene Kultur zurückgehen, einerseits unterschreitet, andererseits überschreitet. Die Maßnahmen, die er zur »Steigerung der Vernunftpotenziale in der Geschichtskultur« vorschlägt, betonen in pragmatischer Sicht das »Kriterium der Ich- und Wirstärke […], das die Fähigkeit zur Anerkennung des Andersseins des anderen und des Verstehens von Eigen-Sinn in der Vielheit zeitlich differenter Kulturen zum Maßstab konsensfähiger historischer Urteilsbildung macht.«[18]

Wie es nun auch mit dem »Kriterium der Ich- und Wirstärke« bestellt sein mag, fällt es auf, dass Rüsen in seinem »Plädoyer für ein neues Verhältnis von kognitiver und ästhetischer Seite der historischen Erinnerungsarbeit«[19] die Notwendigkeit einer erhöhten Aufmerksamkeit auf die Vielschichtigkeit und Komplexität von narrativen Vorgängen in der Historiografie hervorhebt. Diese Reflexion auf die narrativen Bedingungen des historischen Schreibens betont er ausdrücklich, wenn er sich mit dem kognitiven und mit dem ästhetischen Bereich befasst. Der politische Bereich ist der dritte, den er anvisiert. Hier geht es darum, angesichts der Verwandlung, welche die postmoderne Theorie im Hinblick auf kognitive

Kompetenzen vorgenommen hat, indem sie diese zu ästhetischen gemacht hat, gegen die Entpolitisierung vorzugehen und die politischen Implikationen der »kognitiven und ästhetischen Strategien der narrativen Sinnbildung«[20] herauszustellen. Bleiben die Hinweise auf die Art der Veränderung, die in Bezug auf die narrativen Strukturen der Geschichtsschreibung vorgenommen werden sollen, hier unbestimmt, so ist es evident, dass Rüsen die Notwendigkeit dieser Einsicht in Narrativität mit dem Anspruch »konsensfähiger« universeller Aussagen verbindet.

Wenn man zu Leopold Bloom zurückkehrt, darf man getrost konstatieren, dass Joyce die Vielschichtigkeit der Erfahrung von Zeit auf eine Weise erforscht, die jener Forderung Rüsens nach narrativer Komplexität entspräche. Gerade eine aus der Reflexion auf solche narrative Strukturen hervorgehende Sensibilisierung für zeitliche Verflechtungen müsste auch für eine Historiografie fruchtbar gemacht werden können, die sich mit der jüdischen Erfahrung befasst. Die komplexen zeitlichen Zuordnungen, durch die diese Erfahrung strukturiert wurde, das vielschichtige Verhältnis zum Ort, das damit einherging, bedürfen historiografischer Analysen, die eine Einsicht gerade in jene narrative Strategien erlangen, die es dem Romanwerk ermöglichen, eine fremde Erfahrung und die Erfahrung der Fremde darzustellen. Dazu ist eine Reflexion auf Theorien nötig, die mögliche Ressourcen für eine historiografische Sensibilisierung im Hinblick auf ihre eigenen Schreibstrategien bilden kann. Eine solche Möglichkeit produktiver historiografischer Reflexion bieten die Schriften Michael Bachtins.

Für Bachtins Denken ist die zentrale Rolle der Fremdheit konstitutiv. Die Person ist nicht das Subjekt, und die Grenze, die ein menschliches Seiendes von einem anderen unterscheidet, liegt nicht im Ich, sondern in »der gegenseitigen Beziehung mit anderen Persönlichkeiten«. Der Sinn der Person in dieser Situation, die er als dialogisch kennzeichnet, ist, betont er, nicht psychologisch, sondern semantisch.

»Im Reich der Kultur ist das Draußensein ein höchst wichtiger Faktor des Verstehens. [...] Ein Sinngehalt enthüllt seine Tiefen erst dann, wenn er einem anderen begegnet ist, mit einem anderen fremden Sinn in Kontakt tritt: sie treten in eine Art Dialog, der die Abgeschlossenheit und die Einseitigkeit dieser besonderen Sinngehalte, dieser Kulturen, überwindet.«[21]

Die Idee, dass eine jede Kultur ihre Einheit beibehält, während sie selbst das bildet, was Bachtin eine »offene Totalität« nennt, ist hier bestimmend. Diese Idee ist indessen nicht nur am Werk in Bachtins Denken über die Kultur im allgemeinen, sondern auch in seiner Reflexion über das Kunstwerk und die Literatur im besonderen. Aufzeichnungen, die er zu diesem Thema im Jahr 1970 machte, unterstreichen die Weise, auf die seine Besinnung auf ein spezifisches Phänomen in der Literatur in die Dimension einer Geschichte der Kultur eintritt.

Hier thematisiert er den kontextuellen Sinn als den Horizont, in den ein Werk hineingefügt ist und auf den das Verstehen sich durch schöpferisches Denken bezieht. Das fertige Werk ist in einem unabgeschlossenen Kontext, der sich in die Vergangenheit und in die Zukunft hineinerstreckt, »eingebettet«. Auf diese Weise ist das Verstehen dazu angehalten, sowohl retrospektiv als auch antizipatorisch vorzugehen, auf einen Sinn zu reagieren, der fließend ist und der nicht ausgeschöpft werden kann. Diese Situation wird von Bachtin beschrieben, wenn er schreibt: »Dieser Sinn (in dem unabgeschlossenen Kontext) kann nicht friedlich und heimelig sein (man kann sich nicht darin gemütlich zusammenknäulen und sterben).«[22] Die zeitliche Konfiguration des Verstehens dieses kontextuellen Sinns wird von Bachtin durch eine Reflexion über die Erinnerung und die Erwartung untersucht. Im letzteren Fall ist der Horizont die unabgeschlossene Zukunft, während im ersteren die Wahrnehmung und das Verstehen dessen, woran erinnert wird, im Kontext einer unabschließbaren Vergangenheit stattfindet. Hier ist die Stelle, an der Bachtin im Hinblick auf Platon und Husserl danach fragt, in welchen Formen das Ganze gemäß ihrem Denken im Bewusstsein vorhanden ist.

III

Es ist für Bachtins Denken charakteristisch, dass er Ideen von zentraler systematischer Wichtigkeit einführt, um sie sich dann in verschiedenen Zusammenhängen mit Sinn anreichern zu lassen, so als ob er sehen wollte, wohin sie führen. So spricht er in einer Notiz aus den Jahren 1970–71, in Bezug auf eine Sammlung seiner Artikel, die dann erst 1975 nach seinem Tod veröffentlicht werden sollte, von der »*internen* Unabgeschlossenheit« vieler seiner Ideen und unterscheidet diese von der »externen Unabgeschlossenheit«, die den Ausdruck und die Darstellung seiner Gedanken charakterisiert. Die Idee selbst, behauptet er, hat eine Einheit, die erhalten bleibt, auch wenn die externe Unabgeschlossenheit die Weisen, wie sie entfaltet wird, zerstreut. Bachtin weist schließlich auf seine: »[...] Liebe für Variationen und für eine Vielfalt von Bezeichnungen für ein einzelnes Phänomen. Die Mannigfaltigkeit von Brennpunkten. Verschiedene Dinge einander näher zu bringen, ohne die Zwischenglieder kenntlich zu machen.«[23]

Einheit und Mannigfaltigkeit sind zentrale Eigenschaften von Bachtins eigenem Denken und von dessen Darstellung, aber sie sind auch die Themen, denen er sich in seiner Reflexion widmet, ob er nun den Text in dessen Charakter als Hauptgegenstand der Geisteswissenschaften, ob er die Linguistik, die Poetik literarischer Formen oder die allgemeine Hermeneutik in den Blick nimmt. Wenn er in seinen Aufzeichnungen »Für eine Methodologie der Geisteswissenschaften« von 1974 schreibt, »nichts ist absolut tot: jede Bedeutung wird ihr Fest der Heimkehr erleben« und dazu das Wort »Das Problem der *großen Zeit* [...]«[24] hinzufügt, dann ist dies ein Hinweis, dass die Unabgeschlossenheit der Sinnzusammenhänge, in denen der Denker oder der Künstler seine Gedanken in der »kleinen Zeit« formuliert, in neue Sinnzusammenhänge hereingezogen und darin erneuert wird, wann immer der Dialog mit seinem Denken aufgenommen wird. Er kennzeichnet die »kleine Zeit« als »heute, die jüngste Vergangenheit und die vorhersehbare [erwünschte] Zukunft« und die »große Zeit« als »den unendlichen und unbeendeten Dialog, in dem kein Sinn stirbt«[25]. Die Erneuerung, von der er spricht, findet jenseits der Grenzen der ersteren in der Dimension der großen Zeit statt.

Das »Fest der Heimkehr« des Sinns ist also der Dialog, in den sich das Denken und der Ausdruck einzeichnen, und dies bringt die Enteignung dessen mit sich, was eine Tradition, gegen die Bachtin sich wendet, als den eigentümlichen, unaustauschbaren Besitz des Subjekts bestimmt. Das enteignete Subjekt ist die Person, und Bachtin behauptet, dass die Philosophie des Subjekts mit den ihr entsprechenden Merkmalen des Monologs, der Selbstbetrachtung und des immer als Möglichkeit im Hinterhalt lauernden Solipsismus eine Abstraktion von der Philosophie der Person bildet. Diese letztere befasst sich im Gegensatz dazu mit intersubjektiven Beziehungen, mit den dialogischen Verhältnissen zwischen Äußerungen und zwischen Bewusstseinsfeldern. Demnach schreibt Bachtin in seinen Aufzeichnungen von 1970–71: »Genauso wie der Leib ursprünglich in der Gebärmutter (im Mutterleib) geformt wurde, so erwacht ein Bewusstsein als im Bewusstsein eines anderen eingewickelt. Nur später beginnt man, unter neutrale Wörter und Kategorien subsumiert, das heißt als Person unabhängig vom Ich und vom Anderen definiert zu werden.«[26]

Die Tatsache, dass Bachtin dieses Beispiel benützt, ist nicht zufällig. Seine Philosophie der Person beinhaltet sowohl eine Komponente, die sich auf das Bewusstsein bezieht, als auch eine, die auf die Sprache hinweist, und sie sind beide im Phänomen der Verleiblichung geeint. Bachtins Analysen des Bewusstseins und der Sprache sind Versuche, den Sinn zu verstehen, der durch die Exteriorität vermittelt wird. Er schreibt in seinen Aufzeichnungen von 1970–71: »Alles, was mich betrifft, angefangen mit meinem Namen, tritt in mein Bewusstsein ein und rührt von der Außenwelt her, von den Mündern anderer (meiner Mutter usw.) mit ihrer Intonation, mit ihrer Emotion und Wert zuschreibenden Tonalität.«[27]

Es ist von zentraler Bedeutung, dass Bachtin hier die Schicht der Emotion und des Werts nennt und dass diese im Ton der Stimme mitgeteilt wird. Nur die abstrakte Sicht auf den Menschen und auf seine kommunikativen Beziehungen entledigt sich der Frage des Werts oder der axiologischen Dimension und sucht auf diese Weise, einen künstlichen, neutralen Gegenstand hervorzubringen. Bachtin betont, dass es sich hier nicht um ein neutrales Quantum kognitiver Information handelt, das von der Außenwelt bereitgestellt würde, sondern dass die Öffnung, in der ein Verhältnis zu sich selbst besteht, in einem Zusammenhang stattfindet, der mit Sinn und Wert gesättigt ist. Die Sprache ist in diesem Medium eingetaucht. Die soeben zitierte Notiz wird wie folgt fortgesetzt: »Ich verwirkliche mich ursprünglich durch die anderen: von ihnen erhalte ich Wörter, Formen und Tonalitäten für die Formierung einer ursprünglichen Idee meiner selbst.«[28] Wenn Bachtin in der darauffolgenden Reflexion bedenkt, dass das als Kind erhaltene Selbstbild sich durch ein ganzes Leben hindurch erhalten kann, behauptet er, dass die Tonalität der Zärtlichkeit, die von der Mutter herrührt, das Medium sei, das »die Wahrnehmung und die Idee von sich selbst, von seinem Leib, seinem Gesicht und seiner Vergangenheit [...] bestimmt«. Die Subsumierung dieser Selbstwahrnehmung und dieser Idee von sich selbst unter neutrale Wörter und Kategorien wäre also, Bachtin zufolge, nicht nur eine Konsequenz der Vergegenständlichung und der Abstraktion, die in der wissenschaftlichen Haltung vorherrschen, sondern entspräche dem Erwachsenwerden. Man könnte sagen, dass die Möglichkeit, eine objektive Haltung sich selbst gegenüber einzunehmen, eine, die sich in neutralen Wörtern und Kategorien ausdrückt, etwas ist, das nach der ursprünglichen Formierung eines emotional- und wertbestimmten Selbstverhältnisses stattfindet.

Bachtin benützt hier die Termini der Wahrnehmung und der Idee seiner selbst, aber er spricht an anderer Stelle von »Selbstgewahrung« oder »Selbstbild«. Diese Begriffe sind für ihn funktional gleichwertig, obwohl der letztere sich in einem Feld von verwandten Termen befindet, die eine wichtige systematische Rolle in seiner Reflexion über Sprache und Literatur spielen, so wie: »Sprachbild«, »Bild des Autors«, »Bild der Charaktere«, »Bild des Helden«, »künstlerisches Bild«. Seine Analyse der Selbstgewahrung in Verbindung mit dem Selbstbild wird an einer anderen Stelle seiner Aufzeichnungen von 1970–71 im Zusammenhang mit dem, was er ausdrücklich als »philosophische Anthropologie« kennzeichnet, ausgeführt. Wie bei dem bereits kommentierten Passus benützt Bachtin eine grafische Beschreibung der Exteriorität, die im Verhältnis, welches das Ich zu sich selbst hat, impliziert ist. Er schreibt: »Das Ich versteckt sich im Anderen und in Anderen, es will nur ein Anderes für andere sein, will ganz in die Welt der Anderen als ein Anderes eintreten und die Bürde von sich werfen, das einzige Ich (Ich-für-mich-selbst) in der Welt zu sein.«[29]

Die Analyse, die Bachtin hier unternimmt, bewegt sich von dem, was er das »Minimalniveau« der »primitiven Selbstempfindung« nennt, zu dem »Maximalniveau« dessen, was er als die »komplexe Selbstgewahrung« kennzeichnet. Das abstrakte Denken liegt jenseits von dieser Skala. Die Entwicklung, die zu dem Niveau der komplexen Selbstgewahrung hinführt, entfaltet das, was, schreibt Bachtin, in der primitiven Selbstempfindung »schon eingebettet« war. Diese kognitive Entwicklung ist mit einer semantischen Dimension verbunden, denn sie korreliert mit der »Entwicklung der bezeichnenden Mittel des Ausdrucks«, allem voran mit der Sprache.

Es geht für Bachtin darum, das zu enthüllen, was im Bild seiner selbst enthalten ist, vom Bild seines »Ich als eines ganzen«, und dies von der »Idee des *Anderen*« zu unterscheiden. Während er einerseits von der Notwendigkeit spricht, zu bestimmen, ob das Ich ein Bild, ein Begriff, eine Erfahrung, eine Empfindung usw. ist, und danach fragt »was die Natur der Existenz dieses Bilds« sei und woraus es zusammengesetzt sei, benützt er die Termini »Bild« und »Idee« als ob sie austauschbar wären. Auf diese Weise fragt er, wie das Bild unter anderem »Ideen über meinen Leib, meine Vergangenheit, mein Äußeres [...]«[30] beinhalte. Gleich welcher Grad der Einfachheit oder der Komplexität der Bilder des Ich und des Anderen, sie sind im ganzen vom abstrakten Denken unterschieden. Dieses »radiere« den Unterschied zwischen dem Ich und dem Anderen in Zeit und Raum aus, und schöpfe, so Bachtin, »eine einheitliche, allgemeine Menschenwelt unerachtet meiner und des Anderen«.[31] Diese Konsequenz des abstrakten Denkens über den Menschen wird von Bachtin grundsätzlich von der Art unterschieden, auf die Ich und der/die/das Andere sich auf der Ebene des Bewusstseins vermischen, die den Unterschied zwischen der Zeit und dem Raum dieser Entitäten voraussetzen. In dem, was er »lebendige Empfindung« nennt, werden diese Unterschiede erhalten. Bachtin vollzieht das, was anderswo eine phänomenologische Beschreibung der Erscheinungsweise des Ich und des Anderen auf dieser Ebene genannt werden würde. Erstens bezieht er sich auf die wahrgenommenen Grenzen des Leibs: »Meine zeitlichen und räumlichen Grenzen sind mir nicht gegeben, aber der Andere ist mir ganz gegeben.« Dann bezieht er sich auf die Welt: »Ich trete in die räumliche Welt ein, aber der Andere hat immer schon darin gewohnt.«[32] Was im Hinblick auf den Unterschied zum abstrakten Denken wichtig ist, ist dass auf der Ebene dessen, was Bachtin »primitive, naturale Selbstempfindung« nennt, eine Verschmelzung zwischen dem Ich und dem Anderen stattfindet, eine, behauptet er, bei der weder Egoismus noch Altruismus vorhanden ist.

Den konkreten Bestimmungen von Zeit und Raum, die eine so wichtige Rolle in Bachtins Analyse des Selbstbilds spielen, wird auch eine zentrale systematische Stelle bei seiner Erforschung der Idee, die er mit dem Terminus »Chronotop« kennzeichnet, gewährt. Bachtin betrachtet die Funktion des Phänomens des Chronotops als eine unzertrennliche Verbindung von Zeit und Raum in der Wirklichkeit. In seiner Monografie »Formen der Zeit und des Chronotops im Roman« von 1937/38 schreibt er von »einem wirklichen historischen Chronotop«. Während er in dieser Monografie nur kurz auf den Gebrauch von diesem Terminus in den Naturwissenschaften zu sprechen kommt, betont er die Beziehung zu diesem Zusammenhang in seinen Aufzeichnungen von 1970–71, wo er auf die »Stellungnahme des Experimentierenden und des Beobachters in der Quantentheorie« hinweist und betont, dass »die Existenz dieser aktiven Stellen die ganze Situation und folglich die Ergebnisse des Experiments« ändert.[33] In einem Entwurf der frühen siebziger Jahre mit dem Titel »Das Problem des Textes in der Linguistik, in der Philologie und in den Geisteswissenschaften«, spricht er vom Problem des Standpunkts in seiner Verbindung mit der räumlich-zeitlichen Stelle des Beobachters in der Astronomie und in der Physik. Während er in seiner frühen Monografie über den Chronotop betont, dass sein Interesse der Rolle dieser Funktion in dem Bereich der Literatur gilt, bewegt sich sein tatsächlicher Gebrauch der Idee hin und her zwischen deren Anwendung in der Wirklichkeit und seinem Charakter als einer »formal konstitutiven Kategorie der Literatur«.[34]

Der Chronotop hat sowohl einen allgemeinen Aspekt in der Wirklichkeit und einen allgemein konstitutiven Charakter, den Bachtin von der spezifischen Anwendung in der Literatur unterscheidet. Darüber hinaus hat der Chronotop eine allgemeine Funktion in der Semantik und in der Sprache, welche die Grundlage für seine strukturierende Funktion in der Literatur bildet. Schließlich definiert der Chronotop die Gattung und die Unterschiede zwischen verschiedenen Gattungen.

Bachtin unterscheidet die konstitutive Funktion der Formen von Zeit und Raum, die im Chronotop am Werk sind, von den Formen der reinen Anschauung in Kants »Transzendentalen Ästhetik« in der »Kritik der reinen Vernunft«. Indem er dies macht, weist er sorgfältig darauf hin, dass er Kants Einschätzung der Wichtigkeit dieser Formen für das, was Bachtin hier »den kognitiven Prozess« nennt, teilt. Er unterscheidet sich von Kant hinsichtlich dessen Behauptung, dass diese Formen transzendental seien. Für Bachtin sind sie in der Tat konstitutiv, sie spielen in der Tat eine zentrale Rolle in der Erkenntnis, aber sie sind nicht reine Strukturen der Anschauung, die auf den formlosen Stoff der Sinneseindrücke angewandt werden. Sie sind vielmehr, schreibt Bachtin, »Formen der unmittelbarsten Wirklichkeit«.[35] Für die Art, wie die Wirklichkeit aufgenommen wird, verwendet Bachtin einen Terminus, der bei ihm immer wieder dort auftritt, wo es um die Verwandlung der Welt in eine symbolische Ordnung geht. Die Wirklichkeit, sagt er, wird »assimiliert«. Dies kann jedoch nur partiell statthaben, denn nur Aspekte eines wirklichen historischen Chronotops können durch »Widerspiegelung« und »künstlerische Verarbeitung« aufgenommen werden. Es sind die »gattungsspezifischen Techniken«, die für diese Operation verantwortlich sind. Die Gattung spielt also eine zentrale Rolle bei der Auswahl jener Aspekte eines gegebenen historischen Chronotops, die in einem Kunstwerk widerspiegelt werden können.

Bachtin betont diese grundlegende Bedeutung der Gattung, die durch die Weise konstituiert wird, auf die einerseits die Achsen der Zeit und des Raums sich schneiden, und auf die andererseits Zeitindikatoren und Raumindikatoren sich zu einem Ganzen verschmelzen. Die Idee der Gattung, die Bachtin hier evoziert, ist literarisch, denn er sucht ja danach, zu verstehen, wie der Chronotop in der Literatur funktioniert. Aber wie im Fall des Chronotops bezeichnet der Terminus »Gattung« sowohl etwas, das außersprachlich, außerliterarisch ist, als auch etwas, dass innerhalb von Sprache und Literatur liegt. Daher unterscheidet er in seiner Besprechung von Gogols ›Tote Seelen‹ in seinem Aufsatz »Epos und Roman« zwischen der Idee der Gattung in einem »formalistischen Sinn«[36] einerseits und als »Zone und Feld der wertbehafteten Wahrnehmung, als eine Weise, die Welt darzustellen [...]« andererseits. Die weitere Beschreibung, die Bachtin diesem Verständnis des Terminus »Gattung« angedeihen lässt, betont die erkenntnistheoretische Tendenz, die hier am Werk ist: »Gogol hat Russland verloren, das heißt, er hat die Blaupause verloren, die es ermöglichen würde, es wahrzunehmen und es darzustellen. Er hat sich zwischen der Erinnerung und dem innigen Kontakt verirrt. Um es direkt auszudrücken: er konnte bei seinen Ferngläsern die richtige Einstellung nicht finden.«[37]

Der Zusammenhang dieser Bemerkung ist, dass Gogol der »Tragödie der Gattung« verfallen sei, indem er ansetzte, ein Epos zu schreiben, das die *Divina Commedia* zum Vorbild hatte, schließlich aber eine menippische Satire schrieb. Die erkenntnistheoretischen Termini, durch welche die Unterscheidung getroffen wird, treten hier in die Charakterisierung der Gattung ein. Das Epos widmet sich einer entfernten Vergangenheit, die unwiderruflich von der Gegenwart des Autors entfernt, unverändert und unveränderlich ist. Es ist, behauptet Bachtin, die Erinnerung, welche die »Quelle und Macht« dessen ist, was er den »kreativen Impuls« nennt. Die Erinnerung erhält die Tradition der Vergangenheit als etwas Heiliges, und diese Vergangenheit ist absolut, vom Bewusstsein einer Relativität, die durch die Gegenwart des Autors auftreten würde, unberührt. Das heißt für Bachtin, dass die Erinnerung, die hier am Werk ist, von der Erkenntnis unterschieden werden muss.

Im Fall des Romans jedoch gibt es eine völlig verschiedene epistemische Haltung, denn eben hier sind die ausschlaggebenden Momente »Erfahrung, Erkenntnis und Praxis«. Die zeitliche Dimension des letzteren Elements ist die Zukunft. Dies ist der Zusammenhang, in dem Bachtin behauptet, dass die Erkenntnistheorie die Leitdisziplin im selben geschichtlichen Augenblick wurde, in dem der Roman zur Leitgattung wurde.

Es ist bezeichnend, dass Bachtin vom kognitiven Rahmen als von der »Zone« oder vom »Feld« spricht. Diese Begriffe können sich wiederum sowohl auf die Literatur als auch auf die Wirklichkeit beziehen. Bachtin spricht von der Tatsache, dass der Roman dem Autor die Möglichkeit gibt, »sich frei auf dem Feld der dargestellten Welt zu bewegen«[38] und setzt dies dem »absolut unzugänglichen und geschlossenen« Feld des Epos gegenüber. Diese Mobilität befindet sich in einer Zone des Kontakts mit der wirklichen Welt, mit der »Spontaneität der unabgeschlossenen Gegenwart«. Dies ist die Öffnung zur zeitgenössischen Realität, die auch das Feld in eine diachrone Achse hineinfügt und die Möglichkeit der Veränderung mit sich bringt: »Das zur Verfügung stehende Feld, um die Welt darzustellen, ändert sich von Gattung zu Gattung und von Ära zu Ära, während die Literatur sich entwickelt. Es ist in verschiedenen Weisen organisiert und in Zeit und Raum durch verschiedene Mittel begrenzt. Aber dieses Feld ist immer spezifisch.«[39] Die Nähe dieser »Kontaktzone« des Romans zur Gegenwart öffnet ihn zur Zukunft hin und bezieht ihn in die Veränderung ein. Dies ist wiederum nicht auf den Roman als Gattung beschränkt. Bachtin weitet die Perspektive wieder einmal auch im Hinblick auf die Eigenschaften dieser besonderen Form. Der Roman ist mit der »sich entwickelnden Wirklichkeit«[40] verbunden, und

Narrative Zeit und Historiografie 273

kraft dieser Tatsache, zieht er andere Gattungen in eine Kontaktzone. Dadurch führt er Dynamik und Veränderung bei ihnen ein, löst ihre Unterwerfung unter Bedingungen auf, welche die Tendenz haben, Formen jenseits der historischen Augenblicke, in denen sie schöpferisch waren, erstarren zu lassen, und öffnet sie für die ihnen eigentümliche Entwicklung. Den Prozess, den Bachtin die Durchdringung der Literatur durch das Prinzip des Romanhaften nennt, betrachtet er als eine Kraft für sich, die sich in der Kultur bemerkbar macht.

Die Art der Konstitution, die im Chronotop, in der Gattung, in der Zone, oder im Feld am Werk ist, ist also eine, bei der die Welt und deren Wahrnehmung miteinander verflochten sind. Bachtin drückt die erweiterte Perspektive, die in der Verbindung der Kontaktzone mit den verschiedenen Formen und Gattungen, die in einem gegebenen historischen Augenblick organisatorisch fungieren, besteht, als die Beziehung zu einer Totalität aus. In seinem Aufsatz über den Bildungsroman, dem einzigen noch erhaltenen Teil eines Buchs über den Bildungsroman, an dem er von 1936 bis 1938 arbeitete, schreibt er:

»Im Roman werden die ganze Welt und das ganze Leben in einem Ausschnitt aus dem integralen Ganzen einer Epoche gegeben. Die Ereignisse, die im Roman dargestellt werden, sollen auf irgendeine Weise einen Ersatz für das totale Leben einer Epoche bilden. In ihrer Fähigkeit, das Ganze des wirklichen Lebens darzustellen, liegt ihr künstlerisches Wesen.«[41]

Bachtin benützt diese Charakterisierung als Kriterium der künstlerischen Bedeutung, die sich je nach der Art unterscheidet, wie Romane selbst ihrem Wesen nach unterschieden sind. Die Frage des Kriteriums steht auch hinter seiner Besprechung des Chronotops in diesem Text, wenn er ausdrücklich schreibt, dass das »Kriterium« seiner Thematisierung des »Zeit-Raums und des Bilds des Menschen im Roman« die »Assimilierung der wirklichen historischen Zeit und die Assimilierung des historischen Menschen, die in jener Zeit stattfindet«[42], ausmache. Trotz des totalen Horizonts des Romans, ist das Kriterium eng mit der Spezifizität verbunden. Diesem Punkt wird die gleiche systematische Bedeutung in Bachtins Text über den Bildungsroman wie in seiner Aussage in »Epos und Roman«, dass »das Feld immer spezifisch« sei, zugewiesen.

In dieser Sorge um die spezifische Assimilierung der Wirklichkeit, welche die Totalität einer Epoche öffnet, begegnet man einem der Hauptgründe für Bachtins Betonung der lebendigen Wirklichkeit der Wahrnehmung in Goethes Schriften. Wenn die Frage lautet, wie die Totalität eines historischen Augenblicks durch den Aspekt assimiliert werden kann, so sagt Bachtin, dass der Künstler dessen fähig sei, komplexe Gedankenprozesse, bei denen einerseits die kognitive Tiefe große Verallgemeinerungen ermöglicht, andererseits mit »der Arbeit des Auges, […] konkreten sinnlichen Zeichen und dem lebendigen figürlichen Wort«[43] zu verbinden. Diese immer spezifische Kombination der kognitiven Allgemeinheit des Gedankens, der lebendigen Wirklichkeit der Sinneswahrnehmung und der vermittelnden Gegenwart der Zeichen und der Wörter bildet das Feld der Repräsentation. Wenn Bachtin von der »Fähigkeit« schreibt, »Zeit zu sehen, Zeit zu lesen im räumlichen Ganzen der Welt«, und dies dann dahin steigert, dass er von der »Fähigkeit« handelt, »in allem *Zeichen, welche die Zeit in ihrem Verlauf zeigen*, zu lesen«[44], dann ist damit nicht eine passive Affizierung der Empfindungen, die auf das Sensorium eindringen, sondern eine Sättigung der Erfahrung mit Sinn gemeint. Er findet in Goethe das Zusammentreten der klarsten Sicht mit dem Wort, und dessen Werk bildet deshalb einen Konzentrationspunkt für die Assimilierung des historischen Augenblicks durch die Literatur.

Das, was er in Goethe zu zeigen versucht, ist ein besonders eindringliches Beispiel eines Prozesses, der immer zu irgendeinem Grad im Herzen jeder Wahrnehmung, jedes Gedanken und alles Sinns am Werk ist. Demnach ortet er in seiner Monografie »Formen der Zeit und des Chronotops im Roman« den Chronotop in der inneren Form des Worts und folgt Cassirers Ausführungen im ersten Buch der »Philosophie der symbolischen Formen« darin, dass er von den Merkzeichen spricht, welche die Transposition von räumlichen Kategorien in zeitliche Beziehungen vermitteln, dabei aber auch darlegt, dass der Chronotop in der Eigenschaft der Sprache, ein Ressort von Bildern zu sein, vorhanden ist. Er trifft eine Unterscheidung hier, die weitreichende Folgen für sein Verständnis der Beziehung zwischen Erfahrung und Sinn hat. Diese impliziert das Thema des ideellen Sinns. In seinem Buch »Probleme der Poetik Dostoievskis« schreibt er:

»Weder weiß Dostoievski die ›Idee an sich selbst‹ im Sinne Platons oder die ›ideelle Bedeutung‹, so, wie die Phänomenologen sie verstehen, noch nimmt er sie wahr, noch stellt er sie dar. Für Dostoievski gibt es keine Ideen, keine Gedanken, keine Positionen, die nicht jemandem gehören, keine die ›in sich selbst‹ existieren. Auch die ›Wahrheit an sich‹ stellt er im Geist der christlichen Ideologie, als im Christus inkarniert dar: das heißt, dass er sie als eine Persönlichkeit, die in Beziehung zu anderen Persönlichkeiten tritt, darstellt.«[45]

Die Behauptung, die Bachtin hier aufstellt, betrifft Ideen, die notwendigerweise inkarniert, persönlich, Teil eines Standpunkts oder einer Stimme sind. Das, was er hier im Zusammenhang der Romane Dostoievskis zum Ausdruck bringt, wird in einem allgemeineren Sinn in den Bemerkungen formuliert, die er im Jahr 1973 seiner Monografie über »Formen der Zeit und des Chronotops im Roman« von 1937/38 als Schlussteil hinzufügt. Den Zusammenhang der Überlegungen hier bildet die Frage nach den Grenzen der chronotopischen Analyse. Bachtin schreibt, dass es semantische Elemente in der Wissenschaft, in der Kunst und in der Literatur gibt, die chronotopischen Bedingungen nicht unterworfen sind. Mathematische Begriffe sind hierfür ein Beispiel. Sie sind für die Messung von Phänomenen in Raum und Zeit notwendig, aber sie sind nicht selbst räumlich oder zeitlich. Er behauptet, dass das, was er hier für Gegenstände der abstrakten Kognition feststellt, ebenfalls für künstlerische Bedeutungen sowie für axiologische Wertgegenstände zutrifft. Künstlerische Bedeutungen, konstatiert er, fügen sich nicht räumlichen oder zeitlichen Bedingungen. Phänomenen Sinn zuzuweisen, heißt nicht nur, sie durch räumliche und zeitliche Existenz zu bedingen, sondern sie in ein semantisches Reich hineinzufügen. Diese Sinnzuweisung impliziert auch eine Wertzuweisung. Die hier in Frage stehenden Sachgehalte und Gegenstände sind 1.) die Form der Existenz im Reich der Bedeutungen und 2.) die »Natur und Form der Bewertungen, die der Existenz einen Sinn geben«[46], Themen, die, wie er meint, zur Sphäre der reinen Philosophie gehören.

Im Gegensatz hierzu widmet sich die chronotopische Analyse der Erfahrung und der Form, die Bedeutungen annehmen müssen, um in diese Erfahrung eintreten zu können. Das, was hier auf dem Spiel steht, ist nicht die Art der Existenz, die abstrakte Bedeutungen haben, sondern die Art, auf die sie konkret gemacht werden müssen, wenn sie Teil einer Erfahrung werden sollen, die grundsätzlich sozial ist. Bachtin schreibt kategorisch, dass diese Bedeutungen in der »Form eines Zeichens«, das hörbar oder sichtbar ist, geprägt werden müssen. Er betont: »Ohne solchen zeitlich-räumlichen Ausdruck ist auch noch abstraktes Denken unmöglich. Folglich ist jeder Eintritt in die Sphäre der Bedeutungen nur durch die Pforte des Chronotops möglich.«[47] Im Hinblick auf das Kunstwerk wendet Bachtin den Terminus Chronotop sowohl auf die Welt außerhalb des geschaffenen Werks als auch auf die Welt, die darin dargestellt wird, an. Er unterscheidet in der Literatur zwischen dem Chronotop des Autors, oder, wie er schreibt, »der letzten auktorialen Instanz«, des Erzählers, des Helden und der Ereignisse, die in der Erzählung dargestellt werden. Der Terminus bezieht sich auch auf die hierarchischen Beziehungen, die im Werk geschaffen werden und die mit Werten korrelieren. Dieser »wertbehaftete Standpunkt« ist auf der Vertikalachse der Beziehungen zwischen »hoch« und »niedrig« geortet. Darüber hinaus und auf eminent wichtige Weise ist der Chronotop die Organisationsform in der syntaktischen, horizontalen Artikulation des Narrativs. Er ist für die Einheit des Werks verantwortlich. Bachtin schreibt hierzu in seiner Monografie über »Formen der Zeit und des Chronotops im Roman«: »Die künstlerische Einheit eines literarischen Werks in Beziehung auf eine gegebene Wirklichkeit wird durch seinen Chronotop definiert. […] In der Literatur und in der Kunst selbst sind zeitliche und räumliche Beziehungen von einander untrennbar und immer durch Emotionen und Werte gefärbt.«[48] Unter den vielen Chronotopen, die Bachtin im Fall des Romans erwähnt sind die Straße, bekannte Gebiete und fremde Welt, das Schloss, der Salon, die Provinzstadt, die Natur, die Idylle der Familie, die Idylle der Arbeit, die Schwelle, die Krise und der Bruch im Leben, die Zeit des Mysteriums, die Zeit des Karnevals und biografische Zeit.

Bachtin schreibt dem Chronotop die Funktion zu, den Sinn im Narrativ zu stiften. Der Chronotop, schreibt er, ist »der Ort, an dem die Knoten des Narrativs zugezogen und gelöst werden«. Andererseits, wie bereits bemerkt, regieren die äußeren Chronotope wie der schöpferische Chronotop die Aufeinanderwirkung und den Austausch zwischen Werk und Welt. Darin sind der Chronotop des Autors und derjenige des Zuhörers oder des Lesers impliziert.

IV

Nach dieser Skizze des Denkens von Bachtin über die Verschränkung von Zeit und Raum in narrativen und außernarrativen Gebilden, wird im nächsten Schritt ein Problem aufgegriffen, dass im ersten Schritt nicht ausgesprochen wurde, dort aber die Tiefendimension der Reflexion über den Roman von Joyce ausmachte. Es handelt sich um die Frage des Wahrheitsanspruchs, den ein Kunstwerk, in diesem Fall der Roman, erheben darf. Wurde im ersten Schritt in scheinbar naiver Weise die Darstellung der Figur von Leopold Bloom in Verbindung mit der Historiografie gebracht, so muss spätestens an dieser Stelle, da auch Bachtins Theorien Schnittstellen und Übergänge zwischen Werk und Welt sowohl thematisieren als auch implizieren, diese Frage vertieft werden. Es werden hier zwei Binnenschritte vollzogen, um das Problem zu verdeutlichen. Im ersten wird die Kennzeichnung des Romans als Feld der Forschung, die vom französischen Schriftsteller Michel Butor gegeben wird, besprochen. Der zweite Binnenschritt rekurriert auf Gedankengänge Edmund Husserls, die das Verhältnis von Urteilen über das Kunstwerk zu Urteilen über die Wirklichkeit betreffen.

Der Grund für die Ausführungen in diesem Abschnitt liegt darin, dass gerade der Reichtum von Bachtins Einsichten, die Semantik, Gattungstheorie, Hermeneutik, phänomenologische Beschreibung von Erfahrung und Geschichtsphilosophie betreffen, eine Präzisierung im Bereich der Urteilstheorie notwendig macht. Soll diese thematische Vielfalt methodisch fruchtbar werden, bedarf es einer Besinnung über die Art, wie Urteile über die Welt des Kunstwerks über diese hinaus auf die in ihr gemeinte wirkliche Welt hinweisen. Ich leite den Abschnitt mit einer Ausführung zu Michel Butor ein, weil dieser in seinem schriftstellerischen Werk Perspektiven auf die Welt der narrativen Fiktion darstellt, die phänomenologischer Provenienz sind. Sie bilden eine poetologische Erkundung einer Theorie, von der ich anschließend grundlegende Gedanken im Bereich der ästhetischen Urteilsbildung ausführe. Die erörterten Bestimmungen Husserls betreffen die Struktur der Welt eines Kunstwerks, die Erfahrung, in der dieses rezipiert wird und den ontologischen Status von Aussagen über jene fiktive Welt im Verhältnis zu Aussagen über die Welt außerhalb der Fiktion. Diese Bestimmungen sollen im letzten Abschnitt meiner Bemerkungen der Thematisierung von narrativer Zeit und Historiografie dienstbar gemacht werden.

In seinem Essay »Le roman comme recherche« charakterisiert Michel Butor das Feld des Romans wie folgt:

»Alors que le récit véridique a toujours l'appui, la resource d'une évidence extérieure, le roman doit suffire à susciter ce dont il nous entretient. C'est pourquoi il est le domaine phénoménologique par excellence, le lieu par excellence où étudier de quelle façon la réalité nous apparaît ou peut nous apparaître; c'est pourquoi le roman est le laboratoire du récit.«[49]

Die Implikationen dieser Aussage in Hinsicht auf das phänomenologische Feld als Ort des Romans in dessen Eigenschaft als Weise der Erforschung können sowohl in einem weiten als auch in einem engen Sinn entwickelt werden. Butors Behauptung wäre durch den engen Sinn mit der Methode und dem Gebiet der phänomenologischen Forschung, so, wie Husserl und seine Nachfolger sie aufgefaßt haben, verbunden, während er durch den weiten Sinn mit anderen Formen der Literatur in Kontakt treten würde. Die Aussage kann wie folgt analysiert werden: 1.) ein veridisches Narrativ beruht immer auf externer Evidenz oder bezieht sich auf sie; 2.) dies ist nicht der Fall im Roman, der immer das, wovon er spricht, selbst hervorbringen muss; 3.) dies ist der Grund, warum der Roman der wahre Bereich der Phänomenologie ist; 4.) er ist das Feld, auf dem man untersucht: a) die Weise, auf die uns die Wirklichkeit erscheint und b) die Weise, auf die sie uns erscheinen kann. In umgekehrter Ordnung vorgehend kann man zu diesen Punkten sagen, dass 4a) sich auf den empirischen, faktischen Aspekt des phänomenologischen Projekts als Beschreibung der Weise, wie uns die Welt erscheint, bezieht, während 4b) den Status der phänomenologischen Forschung als Untersuchung der eidetischen Strukturen a priori, welche diese Erscheinung bestimmen, betrifft. Die Punkte 1.) und 2.) gelten dem ontologischen Status von Narrativen, die sich beziehen 1.) auf wirkliche Gegenstände, wirkliche Gegenstandsverhalte und wirkliche Ereignisse und 2.) auf nicht-reale Entitäten und nicht-reale zeitliche und räumliche Beziehungen. Das Verifizierungsfeld der ersteren Narrative ist extern; das der zweiten Narrative ist immanent. Die ersten entsprechen realistischen Narrativen, die objektive deiktische Termini mit einem Seinsindex enthalten, während die zweiten eine Beschreibung der subjektiven Apperzeption und ihres phänomenalen Korrelates enthalten. Daher die Folgerung, die der dritte Punkt bildet: der Roman ist der wahre Bereich der Phänomenologie.

Die Art, wie das Antezedens der Folgerung hier vorgestellt wird, lässt die Möglichkeit offen, das subjektive Moment, das in dieser Charakterisierung evoziert wird, in einem starken und in einem schwachen Sinn zu verstehen. Diese beiden Auffassungsmöglichkeiten entsprechen zwei Weisen, die Subjektivität, die als Agens und als Objekt der phänomenologischen Forschung fungiert, zu interpretieren : 1.) als die Entwicklung einer Art des Idealismus auf Fichtesche Art, welche die subjektive Konstitution der Wirklichkeit als eine Form von Schöpfung interpretieren würde und 2.) als eine subjektive Erfahrung, die in Sinnschichten gegliedert ist, welche die Reflexion beschreiben soll.

Husserl thematisiert in einem Forschungsmanuskript aus dem Jahr 1918[50] die Art von objektiver Wahrheit, die sich auf zwei Domänen des Diskurses über *ficta* bezieht. Die erste ist dem Kunstwerk extern. Sie besteht aus Aussagen und Urteilen, die Rezipienten des Kunstwerks im Hinblick auf die fiktive Welt, die Figuren, die sich darin befinden, ihre Entwicklung, ihre Motive, den Verlauf der Ereignisse, aus denen das Narrativ besteht, usw. hervorbringen. Die zweite ist dem Kunstwerk immanent. Sie besteht aus den Aussagen und den Sachverhalten, die der künstlerischen Entität zugehören, die Husserl ein »Bildfiktum« nennt.

Obwohl die deskriptiven Äußerungen und die Urteile, die das Werk betreffen, von wirklichen Menschen getroffen werden, hat die Haltung, die eingenommen wird, den Index des »als ob«. Der reflexive Diskurs über die angenommene Entwicklung der Figuren, die Situationen und den Verlauf der Ereignisse findet in der Haltung der Fantasie, der Erwartung der Antizipation »als ob« statt. Ferner ist die interpretatorische Handlung, in der den Sinn der Handlung, des Charakters und der Motivation erweckt wird, Exegese in der Weise des »als ob«. Auf diese Weise sättigen sich die Intentionen, die das Werk strukturieren, und enthüllt sich das innere Leben der fiktiven Figuren. Dieses Leben ist selbst nur zugänglich in einer Quasi-Erfahrung, und sie ist nicht anschaulich im eigentlichen Sinn. Die Aussagen, die in dieser Beschreibung und dieser Analyse gründen, nehmen am Charakter der Quasi-Domäne teil, besitzen jedoch eine Art Wahrheit, die nicht lediglich in der Tatsache besteht, dass sie das dargestellte Fiktum ausdrücken. Dies zeigt sich in der Möglichkeit des Dissenses bei Aussagen, die im Hinblick auf das Kunstwerk getroffen werden, denn sie haben nicht nur den Status von Tatsachenaussagen, die durch die empirischen Umstände der Erinnerung an das Werk bestimmt werden. Konfligierende Aussagen, die das Kunstwerk betreffen, bestehen weiter fort, auch wenn, in einer Analogie mit der iterierten Erfahrung eines Wahrnehmungsgegenstands in der wirklichen Welt, auf das Werk selbst als Kriterium der Objektivität rekurriert wird.

Die Lage ist ähnlich im Fall der Urteile, die einem Werk immanent sind. Obwohl sie fiktiv sind, sind sie dennoch wahr oder falsch im Hinblick auf den fiktiven Bereich, dem sie zugehören. Die Urteile, welche im Hinblick auf die Tatsachen und Sachverhalte, die die bestimmte fiktive Welt betreffen, getroffen werden, können nur als wahr oder falsch innerhalb des Ausschnitts aus der Bildwelt, aus den Bildhandlungen und den darin enthaltenen Tatsachen betrachtet werden. Dieser Ausschnitt ist in einer Quasi-Erfahrung zugänglich und die Mittel der Verifizierung finden sich in diesem Ausschnitt vor. Außerhalb dieses Ausschnittes ist das Urteil weder wahr noch falsch.

Husserl unterscheidet Tatsachenurteilen von eidetischen Urteilen. Diese letzteren hängen nicht von der Quasi-Tatsache der fiktiven Welt ab. Sie haben in der Tat eine Grundlage ihrer Verifizierbarkeit in Fiktionen, aber sie unterscheiden sich von den bestimmten Fiktionen, auf denen Tatsachenurteile beruhen. Sie können der wirklichen Welt genauso sehr wie jeder möglichen Welt hinzugefügt werden. Aber der Status des Quasi-Urteils hat Konsequenzen für die Tatsachenurteile und die eidetischen Urteile innerhalb des Kunstwerks. Die zwei Arten unterscheiden sich im Hinblick auf die Möglichkeit, Quasi-Urteile in wirkliche Urteile zu verwandeln. Eidetische Urteile können in wirkliche Urteile frei konvertiert werden, während Tatsachenurteile nicht in wirkliche Tatsachenurteile konvertiert werden können. Sie können jedoch in hypothetische Urteile verwandelt werden, die sich auf das beziehen, was der Fall wäre, wenn gewisse Gegenstände oder Sachverhalte existierten, ob in der Wirklichkeit oder in den thematischen Korrelaten von wirklichen Akten der Einbildungskraft.

In seiner Besprechung der Konvertierbarkeit von Aussagen und Wahrheiten in Bezug auf die Bereiche der Wahrheit und der Fiktion, geht Husserl von einer gemeinsamen Basis der formalen Gültigkeit für logische und andere normative Gesetze aus. Er drückt dies prägnant aus: Die Logik privilegiert nicht die gegebene Wirklichkeit, sondern sie ist auf alle mögliche Wirklichkeit anwendbar, und die Regeln, die sie formuliert, sind für jede mögliche Aussage gültig. Die Unterschiede zwischen dem Bereich der Wirklichkeit und dem der Fiktion hinsichtlich der Aussagen, die über sie gemacht werden können, werden vielmehr im Grad ihrer Bestimmtheit durch die Vorzeichnung der Arten von Gegenständen, der Arten der typischen Sachverhalte und der Ereignisverläufe, die in ihnen enthalten sind, erwiesen.

Wenn er diesen Aspekt des Kontrasts zwischen den Bereichen der Wirklichkeit und der Fiktion betont, nimmt Husserl seinen Ausgang von Analysen, welche die Beziehung zwischen der typischen Vorzeichnung und dem Bewusstsein der Welthorizonte betreffen. Demnach wird jeder aktuelle Bewusstseinszustand in einem Bereich der wirklichen und möglichen Erfahrung integriert. »Möglich« heißt hier nicht die Möglichkeit einer Fantasie, sondern die Erfahrung, die mit einer wirklichen Erfahrung im Herzen eines spezifischen vorzeichnenden Horizonts verbunden ist und die sich auf diese Erfahrung bezieht. Von der Perspektive des Horizonts aus gesehen, impliziert dies, dass das Bewusstsein – als Korrelat seiner aktuellen Erfahrung und der vorgezeichneten Horizonte, die den Stil der möglichen Erfahrung bestimmen – eine faktische Welt hat, die nur partiell bestimmt ist, die sich aber in Hinsicht auf das, was bewusst ist, auf eine konkrete Weise in einer Kontinuität von motivierter Apperzeption bestimmbar ist. Die Welt ist innerhalb des vorgezeichneten Horizonts eine völlig bestimmbare Entität.

Im Vergleich hierzu gibt es eine unendliche Vielfalt von Fantasiewelten. Jede dieser möglichen Welten präsentiert sich als Korrelat einer kohärenten und bestimmten Ordnung der Fiktionen, die in Analogie zu der Art, auf die Gegenstände in der Welt zusammenhängen, auf einstimmige Art verbunden sind. Diese Idee ist jedoch für Husserl nur ein formaler Rahmen, zum Beispiel derjenige der Natur im allgemeinen. Ihr fehlt die Bestimmung der Vorzeichnungen, welche die syntaktische Fügung von Fiktionen innerhalb dieses Rahmens leiten könnte. Im Hinblick auf die fiktive Welt gibt es eine objektive Wahrheit als eine Quasi-Wahrheit. Diese wird jedoch auf spezifische Weise bestimmt, denn sie erstreckt sich 1.) nur bis zu dem Punkt, an dem die Fiktion einen Kontext von kohärenter Quasi-Erfahrung geschaffen hat, der aus Gegenständen, Sachverhalten und anschaulich ausgewiesenen Ereignisverläufen besteht, und 2.) insoweit als die logischen Gesetze, denen die Erfahrung unterworfen ist, die eidetische Vorzeichnung und die Vorzeichnung hinsichtlich der Logik der Erfahrung konstituieren.

Jedes Urteil, das darüber hinaus geht, ist völlig unbestimmt, außer, wenn gegen ein eidetisches Gesetz verstoßen wird. Diese Charakterisierung der Fiktion als die Domäne der Fantasie im allgemeinen ist für Husserl gültig trotz der Bestimmungen, welche die künstlerische Fiktion und die Formen, die als Mittel der Verbindung der in der Kunst untersuchten Möglichkeiten konstituieren. Sie bilden in der Tat eine Vorzeichnung, aber eine, in der die organisatorische Kraft, welche die Domäne, innerhalb derer Urteile bestimmbar sind, schafft, nur solange wirksam ist, wie die vom Künstler geschaffenen *ficta* innerhalb deren Grenzen bleiben.

Wenn wir jetzt zum Text von Butor zurückkehren, der als Ausgangspunkt gedient hat, so kann man sagen, dass für Husserl die Frage der Fiktion als Erforschung von der Natur der vorzeichnenden Bestimmungen, die in einem Kunstwerk benützt werden, abhängt und dass sie eine Reflexion auf die Grenzen verlangt, mit denen die Beziehungen zwischen dem Bestimmten und dem Unbestimmten korrelieren.

V

Mit den Überlegungen von Bachtin sind der historiografischen Reflexion begriffliche Mittel gegeben, um narrative Komplexität zu erfassen. Die Gedanken von Butor und Husserl bieten die Möglichkeit, die Frage des Wahrheitsanspruchs von Urteilen, die sich auf Kunstwerke beziehen, im Zusammenhang mit Urteilen zu sehen, die geschichtliche Wirklichkeit betreffen. Wir sind jetzt in der Lage, eine eventuell mögliche Konkretisierung dessen, was Jörn Rüsen als Desiderat der neueren Historiografie nannte, d.h. die Verbindung von intersubjektiver Konsensfähigkeit mit narrativer Vielschichtigkeit, in den Blick zu nehmen.

Um dies an einem Beispiel zu verdeutlichen, wende ich mich Saul Friedländers Buch »Das Dritte Reich und die Juden« zu. Friedländers Buch, dessen erster Band sich mit den dreißiger Jahren in Deutschland vor dem Ausbruch des Zweiten Weltkriegs befasst, zeichnet sich durch eine mehrschichtig angelegte Darstellung von Zeit und durch eine Erzählhaltung, die den Erzählstandpunkt stets von einer Ebene zur anderen wechselt, aus. Während er einerseits auf der Makroebene einzelne politische Ereignisse, langfristige Ereignisverläufe und Zustandsbeschreibungen mitteilt, wird auf der Mikroebene so vorgegangen, dass das Schicksal von Einzelpersonen aus nächster Nähe beschrieben und präsentiert wird. Verfügt der Erzähler auf der Makroebene über die Fähigkeit, ökonomische, politische, kriegsstrategische und juridische Maßnahmen langfristig zu überblicken und sie in ihrem gegenseitigen Verhältnis zu sehen, so ist er auf der Mikroebene den Figuren zeitweilig so nahe, dass er ihren beschränkten, perspektivischen Blick auf die Makroebene annimmt.

Friedländer hebt die Notwendigkeit hervor, eine »konkrete Geschichte« zu schreiben. Er begründet dieses Bestreben mit einer Reflexion auf den Seinscharakter, der den Menschen, die Gegenstand seiner Untersuchung sind, in der von ihm betrachteten Zeit zugewiesen wurde. Es handelte sich hier um die Auflösung der deutschen Juden als Subjekte, die ein »kollektives Leben« teilten, im Sog des Prozesses, der mit der planmäßigen, mit den Mitteln der industriellen Technik betriebenen Massenvernichtung endete. Friedländers Behauptung lautet, dass nach einer kurzen Zeit des Zusammenhalts die »kollektive Geschichte« dieser Juden mit der Geschichte der gegen sie gerichteten Verwaltungs- und Ermordungsmaßnahmen eins wird. Diese Geschichte wird zum Feld der statistischen Erfassung der nunmehr ihrer Identität beraubten, anonym gewordenen Menschen. Diese sind als solche Gegenstand »abstrakter« Geschichte. Die Geschichtsschreibung von solcher »Abstraktion« abzugrenzen, heißt die Menschen aus dieser Anonymität, zu welcher der politische und technisch verwaltete Prozess sie verurteilte, zu retten. Friedländer betont, dass dies nur in einer konkreten Geschichte stattfinden kann, die in persönlichen Erzählungen gründet und als »zusammenhängende Erzählung persönlicher Schicksale« verfasst wird.

Mit dieser Erkenntnis ist die Entscheidung verbunden, die Geschichte der Juden im »Dritten Reich« nicht als eine solche der technischen Apparatur des industriellen Mords und der zur Statistik gewordenen passiven Opfer darzustellen. Die parallele Entscheidung, die Geschichte des »Dritten Reichs« auf der Seite der Täter nicht lediglich als funktionalistisch betrachtete Zusammenwirkung von Bürokratie und Technokratie, die auf einer systemischen Ebene das Ergebnis der »Endlösung« hervorbrachte, verknüpft Friedländer mit der Erkenntnis der Bedeutung, die handelnde Personen für die Ereignisse in dieser Zeit hatten. Die Rolle von Hitlers Absichten und Vorausplanung wird von Friedländer besonders akzentuiert. Es handelt sich für ihn darum, die jeweils spezifische Gestalt, in der absichtsvolle, geplante Handlung mit überindividuellen systemischen Faktoren zusammenkam und in der vorausgesehene und unerwartete Handlungsergebnisse, kausale Ereigniszusammenhänge und Zufall zusammentrafen, herauszustellen. Vertritt Friedländer demnach die Position, dass die im System des Nationalsozialismus verübten Verbrechen als »Resultat konvergierender Faktoren« zu sehen sind, so heißt das für seine Geschichte der Juden im »Dritten Reich« eine Form zu finden, in der Registerwechsel vollzogen werden können und die komplexen Beziehungen, in denen verschiedenartige Bereiche der Wirklichkeit zueinander stehen, enthüllt werden können. Das heißt Diskontinuität und Inkonsequenz auf der Ebene des Systems und der Handlungen, die Inkongruenz von Bewusstsein und politischer Wirklichkeit, nicht schematisch aufzuheben, sondern als solche darzustellen.

Das Narrativ ist in wichtigen Teilen darauf hin angelegt, das Gefälle, das derart zwischen den Ebenen entsteht, zu untersuchen. Dementsprechend verändern sich die zeitliche Schichtung der Erzählung, Erzähltempo, Erzählstil und Erzählstandpunkt. Das Narrativ verflicht in seiner Komposition disparate Stränge von Einzelschicksalen, die jeweils im kleinen Maßnahmen und Ereignisse auf der Makroebene in fragmentarischer Weise wahrnehmen und ihre Handlungen darauf abstimmen. Diese Erzählstränge werden nicht kontinuierlich verfolgt, sondern durch Textpassagen unterbrochen, die eine andere größere Dimension der politischen, juridischen oder sozialen Wirklichkeit darstellen und weitere Zeitstrecken durchlaufen, bevor die Mikrogeschichten fortgeführt werden. Auf diese Weise ergibt sich eine buchstäbliche Ge-schichte, eine Schichtung, bei der die Ereignisse jeweils vertikal, oder schräg auf der Skala zwischen der Mikro- und der Makroebene situiert sind. Dabei steht im Hintergrund die durch diese Erzählstrategie implizit gestellte Frage: Was ist ein geschichtliches Ereignis überhaupt? Wie viel wusste jemand, der handelte, und im besonderen wie viel wusste ein deutscher Jude von dem, was um ihn geschah? Friedländer stellt die Konsequenzen der Gesetzgebung, die auf der Makroebene beschlossen und bestätigt wurden, in den Schicksalen auf der Mikroebene dar.

Diese Vorgehensweise mag durch den Kommentar eines der im Buch vorkommenden Erzählstränge dargelegt werden. Friedländer präsentiert das Schicksal eines Schweizer Homosexuellen, der in Berlin eingesperrt wird und brutalen Misshandlungen ausgesetzt ist. Der Mann hört nicht auf, während er im Gefängnis festgehalten wird, sich als ein Rechtssubjekt zu konstituieren, auf der Gewährung der ihm zustehenden Rechte zu beharren. Er schreibt in dieser Zeit eine Darstellung der Umstände seiner Gefangenschaft, in der er die Peinigungen und seinen verzweifelten Kampf um die Anerkennung seiner Identität als Rechtsperson festhält. Das Narrativ inszeniert die Gleichzeitigkeit des Ungleichzeitigen, indem die Diskrepanz zwischen der zeitlichen Verfassung dieser nunmehr imaginären Rechtsperson und der tatsächlichen Praxis, die in Wirklichkeit vorherrscht, vorgeführt wird. Die neue Zeit ist bereits da, und das Bewusstsein des Eingesperrten ist noch auf eine Zeit eingestellt, die verschwunden ist. Die Präsentation in verschiedenen Bereichen des Zu-spät-Seins des Bewusstseins im Hinblick auf die geschichtliche Wirklichkeit gehört zu den strukturell durch die Erzählstrategie anschaulich gemachten Hauptthemen des Buchs.

Diese Strukturen können mit den Mitteln, die Bachtin anbietet, als die Übereinanderschichtung von Chronotopen beschrieben werden. Dazu müssen die Chronotopen des Autors und des Lesers in Beziehung gesetzt werden. Als Binnenstruktur innerhalb des Chronotops des Autors differenziert sich auf vielfältige Weise der Chronotop des Erzählers. Einmal ist dieser sehr nah an der Figur, teilt ihre fragmentarische Sicht des geschichtlichen Geschehens, teilt die Zeit des verzweifelten, verprügelten und seiner Rechtssubstanz beraubten Gefangenen, dann nimmt er wiederum den Standpunkt dessen ein, der verschiedene Erzählstränge und deren Zeitebenen überblickt. An diesen letzteren, kompositorisch entscheidenden Stellen tritt der Erzähler mit der Autorität dessen, der weiß, wie das alles enden wird, hervor. So beschließt der Erzähler den zweiten Hauptteil des Buchs mit der Beschreibung, wie Juden April 1939 friedlich im Theater des Kulturbunds an der Berliner Kommandantenstraße eine Aufführung von J.B. Priestleys Stück »People at Sea« besuchten. Das Stück endet mit der Rettung der in einem schwer beschädigten Schiff auf offenem Meer treibenden Figuren. Kontrapunktisch hierzu endet das Buch mit der knappen Feststellung, dass den meisten bei der Aufführung anwesenden Juden die Vernichtung bevorstand.

Friedländer greift die Frage des Verhältnisses zwischen der Besonderheit der dargestellten Vorgänge und Ereignisse einerseits und der »universelle[n] Bedeutung« andererseits in der Einleitung zu seinem Buch auf. Dort wird der zweite Aspekt im Zusammenhang mit den Elementen des geschichtlichen Abschnitts, den Friedländer untersucht, gesehen, die Gemeinsamkeiten mit der geschichtlichen Gegenwart des Verfassers und der Leser seines Buchs aufweisen. Die den beiden Zeitstufen gemeinsamen Züge des gesellschaftlichen Lebens in der Moderne können in den dargestellten Jahren von 1933 bis 1939 wiedererkannt werden. Es handelt sich, so Friedländer, dabei einerseits um eine Gesellschaft, die nicht so weit von der heutigen Gesellschaft entfernt ist. Die technischen Mittel, die der Handlung dienen, und die technischen Bestandteile des täglichen Lebens weisen Ähnlichkeiten mit der Gegenwart des Autors sowie seiner Leser auf. Diese sind die Momente, die der Verfasser als »gewöhnlich« kennzeichnet. Sie sind andererseits jedoch mit einer Zielsetzung des Handelns verbunden, die durch Aspekte der dargestellten Gesellschaft bestimmt sind, die partikular und im hohen Maße ungewöhnlich waren. Friedländer weist auf den spezifischen Charakter des Regimes, der Ideologie und der politischen Kultur. Während die Möglichkeiten, Menschen zu ermorden, in der Gegenwart ebenfalls gegeben sind, ist das Ausmaß an Besessenheit, das im »Erlösungsantisemitismus« der Nationalsozialisten erkennbar ist, für den besonderen Charakter des Vorgehens und für die Art der Ereignisse der beschriebenen Zeit verantwortlich. Friedländer ortet in diesem Verhältnis die Erkenntnis von universeller Bedeutung und Besonderheit für den Historiker.

Es geht bei der Darstellung der Faktoren, die zum spezifischen Verhältnis vom Gewöhnlichen und vom Ungewöhnlichen gehören, letztlich um Momente, die nicht nur aus der heutigen Sicht bei denen, welche die damalige Wirklichkeit verstehen wollen, sondern vor allem bei denen, die von den Maßnahmen der Nationalsozialisten betroffen waren, Fassungslosigkeit auslösten. Auf beiden Ebenen wird von Friedländer das Phänomen der »Entfremdung« hervorgehoben. Ohne die gängigen Formeln für das Unfassliche zu bemühen, beharrt Friedländer auf der Darstellung und Evozierung dieser Entfremdung in Gegenüberstellung zur Anwendung »nahtloser Erklärungen«. Er wendet sich mit der Inanspruchnahme der Idee der zu bewirkenden Entfremdung ebenfalls gegen den Sog »standardisierter Wiedergaben«. Sowohl jene Erklärungen als auch diese Wiedergaben »domestizieren«, schreibt Friedländer, diese dazustellende Vergangenheit. Die Entfremdung ist das Ergebnis von narrativen »Verschiebungen«[51]. Diese sind zum einen durch Friedländers Bestreben, möglichst viele, verschiedene Perspektiven auf ein hochkomplexes Geschehen zu untersuchen und zur Darstellung zu bringen, bedingt. Zum anderen werden sie durch das Nebeneinanderstellen von »völlig verschiedenen Ebenen der Realität« bewirkt. Während der Erzählrahmen durch die Einhaltung eines chronologischen Ablaufs der Ereignisse geordnet wird, ist die Weise, wie innerhalb dieses Rahmens erzählt wird, variabel. Die Verschiebungen erlauben es der Erzählinstanz, innerhalb der Zeitspanne des Narrativs Erzählstränge aufzunehmen, zu unterbrechen und dann an späterer Stelle wiederaufzunehmen. Wird ein Einzelschicksal auf eine solche Weise dargestellt, wie dies in den Fällen des Schweizer Homosexuellen Obermayer oder des Chemnitzer Verwaltungsassistenten Berthold geschieht, so wird die diskontinuierliche Erzählung ihrer jeweiligen Erfahrungen mit der Rechtspraxis des nationalsozialistischen Systems durch die Beschreibung von Maßnahmen und Vorgängen auf anderen Ebenen zur Evozierung der Fragmentierung dieser Erfahrung selbst angesichts der sie übersteigenden und für sie undringlichen Verzahnung von Maßnahmen und Ereignissen.

Es wird in diesen beiden Fällen seitens der Betroffenen hartnäckig auf die Einhaltung von Rechtsnormen gepocht. Obermayer wird verurteilt und kommt im Lager Mauthausen um. Berthold wird auf undurchsichtige Weise erlaubt, seine Arbeitsstelle trotz des Verdachts, dass er einen jüdischen Vater gehabt hatte, zu behalten. Ihre Geschichten werden als exemplarisch narrativ eingesetzt. Die Behandlung Obermayers zeigt, dass das nationalsozialistische Justizsystem in Fällen wie seinem verunsichert werden konnte, aber auch, dass es Homosexuelle mit unnachgiebigem Eifer verfolgte und bestrafte. Berthold bildet ein Beispiel für die Unberechenbarkeit der faktischen Praxis im nationalsozialistisch geprägten Staat.

Auf der Ebene der Opfer wird auf diese Weise eine Wahrnehmung der Welt evoziert, in der das vermeintlich Gewöhnliche vom Ungewöhnlichen durchsetzt und den Handelnden als eine »absurde und bedrohliche Realität« erschien. Was die Täter anbelangt, so wird ein zerbrechliches Geflecht von Absicht und changierendem möglichen Handlungsraum dargestellt. Einerseits wird die unerbittliche Vehemenz des Hasses, den die Nationalsozialisten für die Juden hegten, betont, andererseits wird stets hervorgehoben, dass die Möglichkeit, diesen Hass zum Ausdruck zu bringen, von politischen Umständen, auf welche die oberen Funktionäre in ihren Planung Rücksicht nehmen mussten, bedingt und eingeschränkt war. Verändern sich diese Umstände, indem etwa der politische Einfluss der Konservativen im deutschen Staat verringert wird oder das Interesse und die Sorge für die Belange der Juden seitens der internationalen Gemeinschaft durch partikulares Machtkalkül oder innenpolitische Erwägungen geschwächt werden, so lässt sich die Verachtung für die Juden immer weniger bändigen. Das Tempo, mit dem immer restriktivere Maßnahmen auf der juridischen Ebene oder in der Verwaltung ergriffen werden, drückt sich in der Erzählweise aus. Die Ereignisse treten in gedrängter Fülle auf. So tritt die Beschleunigung der Vorgänge innerhalb der untersuchten Zeitspanne mit einer Erhöhung des Erzähltempos zusammen. Für die Opfer ist diese Beschleunigung mit einer Verengung des Raums verbunden. Diese konzentriert sich am Schluss des Narrativs metonymisch im Bild des beschädigten Schiffs, das auf dem bedrohlichen offenen Meer treibt. Die in dieser Szene konkret gemachte Verengung des Raums zieht die thematischen Fäden des Buchs in einem Bild des Zeitraums zusammen. In der Verengung, der Gettoisierung, der Konzentration ist eine der Grundvoraussetzungen für die verwaltete Effizienz der kommenden Vorgänge der Transporte und der Ermordung gegeben.

Die mit den Kategorien Bachtins gelieferten Mittel, narrative Vielschichtigkeit zu analysieren, die hier ansatzweise in Bezug auf Friedländers Geschichtswerk besprochen wurden, können dazu dienen, Phänomene wie die Gleichzeitigkeit des Ungleichzeitigen in jedem geschichtlichen Zusammenhang auf den Begriff zu bringen. Zieht man jetzt die Frage des Wahrheitsanspruchs in Betracht, so darf man anhand der Gedanken, die im dritten Schritt anhand der Theorien von Butor und Husserl ausgeführt wurden, die Möglichkeit einer Annäherung zwischen dem Kunstwerk und dem Geschichtswerk in den Blick nehmen, die dieses nicht um seine Verankerung in durch Quellenmaterial belegbaren Urteilen, und jenes nicht um seine Unabhängigkeit von durchgehender Entsprechung von singulären historischen Tatsachen bringen würde. Diese Annäherung besteht im Bereich der von Husserl analysierten eidetischen Urteilen. Es lässt sich hierin eine Modifikation ersehen, die im Hinblick auf die von Aristoteles in der »Poetik«[52] getroffene Unterscheidung zwischen Historie und Fiktion vorgenommen werden muss. Wenn, um bei unserem Beispiel zu bleiben, Friedländer das Schicksal des Schweizer Homosexuellen darstellt, dann ist mit Aristoteles darin übereinzustimmen, dass es sich um eine singuläre historische Tatsache handelt. Worin man mit Aristoteles nicht einverstanden sein darf, ist bezüglich seiner Behauptung, dass der Anwendungsbereich der daraus gewonnen Erkenntnis singulär ist. Im Gegenteil, wenn dieses Einzelschicksal dargestellt wird, handelt es sich um einen Fall, im Hinblick worauf eidetische, Wesensurteile gebildet werden können, die sogar notwendig sind, um die Tragweite des Phänomens, um das es hier geht, zu erfassen. Die Aussage ist nämlich, dass jeder, der sich unter diesen geschichtlichen Umständen, als Rechtssubjekt im Sinne eines nicht mehr gegebenen Chronotops konstituierte, von dem Konflikt mit dem nunmehr vorherrschenden bestimmt, und von den geschichtlichen Ereignissen weggefegt wurde. Das war der Skandal.

Ricœur reflektiert an einer entscheidenden Stelle seiner Ausführungen im Kapitel »L'entrecroisement de l'histoire et de la fiction« in »Temps et récit« über die Opfer der Geschichte. Er schreibt: »Les victimes d'Auschwitz sont, par excellence, les délégués auprès de notre mémoire de toutes les victimes de l'histoire. La victimisation est cet envers de l'histoire que nulle ruse de la Raison ne parvient à légitimer et qui plutôt manifeste le scandale de toute théodicée de l'histoire.«[53]

Friedländers »konkrete Geschichte« widmet sich jenen Stimmen, welche der einäugige Polyphem der Gewalt in der Geschichte zum Verstummen bestimmt. Jenen »envers de l'histoire« hervorzuheben heißt gegen jeden Versuch vorzugehen, erlittene Gewalt durch die Annahme eines Sinns in der Geschichte, der sie rechtfertigte, wegzureden. Gegen Joyces »citizen« als einäugigen Polyphem lässt sich der »citoyen« Ricœurs als Möglichkeit denken, mit der narrativen Vielstimmigkeit der Geschichte in Dialog zu treten. Bachtins Philosophie der Person bildet eine theoretische Grundlage für die narrative Darstellung jener verschütteten Erfahrung, die Friedländer in seiner Historiografie zur Sprache bringt. Im zerschundenen Leib des Gefangenen und im eingeschrumpften Raum der Zelle lassen sich die Koordinaten einer Zeit lesen, deren Gehalt aus der Inkongruenz von Chronotopen besteht. Dies ist das Feld der narrativen Zeit in der Historiografie Friedländers.

Anmerkungen

1 Isaiah Berlin, Giambattista Vico and Cultural History, in: Ders., The Crooked Timber of Humanity, Princeton 1990, S. 65.

2 Ebd., S. 69.

3 Saul Friedländer (Hg.), Probing the Limits of Representation, Cambridge, MA, 1992.

4 Paul Ricœur, Temps et récit, Paris 1985.

5 Paul Ricœur, La mémoire, l'histoire, l'oubli, Paris 2000.

6 Ebd., S. 223.

7 Ebd., S. 435.

8 Saul Friedländer, Das Dritte Reich und die Juden. Die Jahre der Verfolgung 1933–1939, München 2000.

9 »– History, Stephan said, is a nightmare from which I am trying to awake.« James Joyce, Ulysses, New York 1961, S. 34, (Nestor-Kapitel).

10 Georg Wilhelm Friedrich Hegel, Vorlesungen über die Philosophie der Geschichte, Frankfurt am Main 1986, S. 83.

11 Ebd.

12 Ebd., S. 84.

13 Ebd.

14 Ebd., S. 141.

15 Ebd., S. 134.

16 Jörn Rüsen, Vernunftpotenziale der Geschichtskultur, in: Ders. u.a. (Hg.), Die Zukunft der Aufklärung, Frankfurt am Main 1988, S. 105.

17 Ebd., S. 110.

18 Ebd., S. 114.

19 Ebd., S. 110.

20 Ebd., S. 111.

21 Michael Bachtin, Response to a Question from *Novy Mir*, in: Ders., Speech Genres and Other Late Essays, Austin 2002, S. 7. [Die in den englischen Übersetzungen von Bachtins Werken verwendete englische Transliteration seines Namens ist Mikhail Bakhtin, dieser Aufsatz folgt jedoch der deutschen Transliteration.]

22 Michael Bachtin, Towards a Methodology for the Human Sciences, in: Ders., Speech Genres, S. 161.

23 Michael Bachtin, From Notes Made in 1970–71, in Ders., Speech Genres, S. 155.

24 Bachtin, Towards a Methodology for the Human Sciences, S. 170.

25 Ebd., S. 169.
26 Bachtin, From Notes Made in 1970–71, S. 138.
27 Ebd.
28 Ebd.
29 Ebd., S. 147.
30 Ebd., S. 146.
31 Ebd., S. 147.
32 Ebd.
33 Ebd., S. 136.
34 Michael Bachtin, Forms of Time and of the Chronotope in the Novel. Notes toward a Historical Poetics, in Ders., The Dialogic Imagination, Austin 1981, S. 85.
35 Ebd.
36 Michael Bachtin, Epic and Novel., in: Ders., The Dialogic Imagination, S. 28.
37 Ebd.
38 Ebd., S. 27.
39 Ebd.
40 Ebd., S. 39.
41 Michael Bachtin, The *Bildungsroman* and Its Significance in the History of Realism (Towards a Historical Typology of the Novel), in: Ders., Speech Genres, S. 43.
42 Ebd., S. 19.
43 Ebd., S. 25.
44 Ebd.
45 Michael Bachtin, Problems of Dostoevsky's Poetics, London 1984, S. 31f.
46 Bachtin, Forms of Time, S. 257.
47 Ebd., S. 258.
48 Ebd., S. 243.
49 Michel Butor, Essais sur le roman, Paris 1959, S. 5.
50 Edmund Husserl, Phantasie, Bildbewusstsein, Erinnerung. Zur Phänomenologie der anschaulichen Vergegenwärtigungen. Texte aus dem Nachlass (1898–1925), Dordrecht 1980, S. 514ff.
51 Friedländer, Das Dritte Reich und die Juden, S. 15.
52 Aristoteles graece ex recensione Immanuelis Bekkeri edidit Academia Regia Borussica, Berlin 1831, II 1451 b.
53 Ricœur, Temps et récit, Tome III, S. 340.

Moshe Zimmermann

Wie viel Zufall darf Geschichte vertragen?

Über politische Zeit- und Krisenwahrnehmung
deutscher Juden im Januar 1933

In seinem 1996 erschienenen Buch »Hitler's 30 Days to Power: January 1933« macht Henry A. Turner auf das Problem aufmerksam, inwiefern die Machtübernahme durch Hitler am 30. Januar 1933 eigentlich dem Zufall geschuldet sei.[1] Ohne Intriganten wie von Papen oder Schleicher, so Turner, wäre es wohl kaum zur Ernennung des nationalsozialistischen Führers zum Reichskanzler gekommen. Auf keinen Fall sei der erfolgreiche Griff der NSDAP nach der Macht daher prädeterminiert gewesen – sicherlich nicht im Januar 1933. Turner zitiert einen Journalisten, der im »Berliner Tageblatt« (BT) vom 1. Januar 1933 darüber nachdachte, was er später einmal seinen Enkeln vom zurückliegenden Jahr erzählen werde: »Überall in der Welt sprachen Leute von – wie war noch sein Vorname? Adalbert Hitler? Später verschollen.« Wie bekannt, war »Adalbert« 29 Tage später Reichskanzler. Und nur zwölf Jahre sollten vergehen, bis »Adalbert« zum Symbol des Bösen geworden war, den alle Welt mit der schrecklichsten Terrorherrschaft, mit 60 Millionen Kriegsopfern und mit Auschwitz assoziierte. Gibt es – so fragt der Historiker – so viel Zufall in der Geschichte?

Diese Frage und Turners These sind auch für die Beurteilung des jüdischen Aspekts des Dramas relevant. Oft wurde im Nachhinein die Frage gestellt – ja nahezu der Vorwurf gemacht – wieso die deutschen beziehungsweise europäischen Juden nicht begriffen hätten, was ihnen bevorstand? Frage und Vorwurf, so könnte man sagen, erübrigen sich, wenn man Turners These zustimmt. Sollten sich Juden etwa eher im Klaren gewesen sein über eine keineswegs vorhersehbare Entwicklung?[2]

Diese Frage muss differenzierter beantwortet werden. Einerseits war man im deutschen Judentum ebenso wenig wie in der breiten Öffentlichkeit über die Machenschaften hinter den Kulissen informiert und in der Folge auf die Ereignisse nach dem 30. Januar 1933 nicht adäquat vorbereitet. Andererseits war sich gerade die jüdische Bevölkerung dem Charakter der Krise seit 1929 – wirtschaftlich wie politisch – derart bewusst, dass sie sich durchaus auf eine post-weimarische Ära fatalistisch eingestellt hatte. Aber eben diese Einstellung sollte dazu führen, dass der Unterschied zwischen der Katastrophe, die mit Hilfe des Zufalls am 30. Januar einsetzte, und der Katastrophe, die man aufgrund der Beobachtung der Tiefenströmungen der Zeit eigentlich erwartet hatte, nicht begriffen wurde, auch nicht in den Wochen nach dem Januar 1933.

Es handelt sich also um zwei Phasen der Auseinandersetzung mit dem Element des Zufalls, mit dem man schwer rechnen konnte. Zum einen geht es um die Prognose im Januar 1933 – also um die Frage, wie man aus jüdischer Sicht während dieses Monats die politische Zukunft Deutschlands einschätzte – und dann um die Prognosen in den Reihen der deutschen Juden im Februar und somit um die Frage, wie sich die Ernennung Hitlers zum Kanzler nach Meinung der Zeitgenossen wohl auf die so genannte Judenfrage auswirken werde.

Die Haltung derer, die sich bewusst als Juden verstanden (die Meinung der so genannten Indifferenten kann hier aus methodologischen Gründen nicht berücksichtigt werden) wird vor allem durch einen Blick in die jüdische Presse vermittelt, denn die jüdische Minderheit verfügte im Januar 1933 über keinen Rundfunksender. Dabei ist davon auszugehen, dass die Presse, wie stets und überall, sowohl Stimmung machte als auch Stimmung wiedergab. Was allerdings die öffentliche Meinung artikulierte und bewegte, kommt eher im Dialog zwischen Zeitungen und Lesern zum Ausdruck. Und dabei geht es nicht um die Beziehung zwischen Fakten und Darstellung in der Presse, zwischen Wahrheit und Lüge, sondern um die Elemente, die Gemüter und Handlungen der Menschen bestimmten, also um Erwartungen, um Zukunftsperspektiven und deren Quellen. So ist die Bereitschaft, an Gerüchte zu glauben, Indiz genug für Wünsche, Erwartungen und Befürchtungen des »gemeinsamen Nenners« in einer Gesellschaft. Und eben darum soll es im Folgenden gehen.

Dem Historiker bietet sich eine große Vielfalt an jüdischen Zeitungen an: Zionistische und nichtzionistische, orthodoxe und liberale Blätter, dazu Zeitungen aller Richtungen aus verschiedenen Regionen – das »Israelitische Familienblatt« und das »Hamburger Familienblatt«, die »CV-Zeitung«, »Der Israelit«, »Der Morgen«, die »Jüdische Rundschau«, »Das jüdische Echo«, »Der jüdische Handwerker«, »Der jüdische Beamte«, das »Kölner Jüdische Wochenblatt« und viele andere mehr. Wenn man vom deutschen Judentum spricht, meint man selbstverständlich nicht eine homogene Gemeinschaft. Die verschiedenen Sektoren gaben nicht nur verschiedene Zeitungen heraus, sondern hatten auch unterschiedliche Einschätzungen und Prognosen anzubieten. Sie reflektieren das Bild einer durch tiefe Risse gespaltenen jüdischen Gruppe.

Als Ausgangspunkt für die folgenden Ausführungen möchte ich den nicht uninteressanten Blick auf den jüdischen Aspekt in Turners eingangs erwähntem Buch benutzen. Juden und Antisemitismus werden bei Turner ganz am Rande in der Einleitung und im Schlusskapitel gestreift. Während der Beschreibung der Ereignisse und des politischen Kalküls im Januar 1933 kommt das jüdische Thema nur einmal zur Sprache: Bei Düsterbergs jüdisch-stämmigem Großvater. Die einzige für unser Thema relevante Bemerkung fällt, als Turner Schleichers Unterbewertung der nationalsozialistischen Energie kritisiert: Auch Juden glaubten an die Wahrscheinlichkeit einer Zähmung der Nationalsozialisten.[3] Entscheidend aber ist dabei, dass ideologische Überlegungen einschließlich Überlegungen zum

Antisemitismus nicht zu einem strategischen oder taktischen Pro und Contra der Verhandlungen im Januar 1933 gehörten. Das wiederum könnte erklären, weshalb die jüdischen Zeitungen sich wenig auf die im Nachhinein als entscheidend gewerteten Ereignisse bezogen haben – sie fielen nicht in den Rahmen der spezifisch jüdischen Agenda. Was konnte zum Beispiel eine jüdische Zeitung nach dem geheimnisvollen Treffen zwischen von Papen und Hitler am 4. Januar schon zu einer relevanten Stellungnahme veranlassen? Andererseits erklärt dieser Umstand, weshalb die Diskussion in den jüdischen Kreisen wie eine Exklave des allgemeinen Diskurses aussah – ihre Belange waren für die »allgemeine« Gesellschaft nicht von Interesse.

Turners These vom Zufall führt nun aber keineswegs zu der voreiligen Schlussfolgerung, ohne den zufälligen Hitler wäre es nicht zum Ende der Weimarer Republik bzw. zur Beeinträchtigung der Judenemanzipation gekommen. Dafür ist Turner zu sehr Historiker. Es gab also Tendenzen, deren Ursprünge man verfolgen und beobachten konnte und die das Ende des Weimarer Systems signalisierten. Wie zu sehen sein wird, beteiligten sich Juden gerade an dieser Art von Beobachtung der langfristigen Tendenzen. Die relevante Frage zur besonderen jüdischen Perspektive ist jedoch, ob man tatsächlich die »tiefen Strömungen« der Zeit weniger richtig eingeschätzt hat, als die »allgemeine Gesellschaft« es tat, oder umgekehrt sie sehr wohl erkannt, jedoch nicht mit dem historischen Zufall gerechnet hat und als der Zufall dann eintrat, ihn falsch einordnete. Das ist eben die Frage der Perspektive, die sich immer stellt, wenn man das Wissen von heute mit dem Wissen oder auch nur den Ahnungen von gestern vergleicht, bei Juden wie bei Nichtjuden: Wer ist aus der Sicht des Teilnehmers am historischen Prozess im »frame«, auf wen »stellt man die Linse ein«, auf wen wird die Kamera »eingezoomt«? Wieso war das »falsche Objekt« im Bild, wieso konzentrierte man sich auf Hugenberg, von Papen, Hindenburg oder andere und nicht auf die »richtigen« Objekte? Hier kehrt man zurück zu der oben erwähnten Bemerkung vom 1. Januar bezüglich »Adalbert«.

Ein gutes Beispiel dafür, wie man in einem ganz unmetaphorischen Sinne die Linse – aus der Retrospektive betrachtet – falsch eingestellt hat, gibt uns der Wochenschaubericht über die Vorstellung des neuen Kabinett Hitlers. Der Kameramann richtet zunächst naturgemäß dem aktuellen Anlass geschuldet seinen Blick auf Hitler und von Papen. Dann aber wandert der Blick der Kamera auf die zweite Reihe (hinter Hitler, von Papen und Göring), wo sich sechs Minister versammelt haben, bis die Linse gezielt auf die oben rechts stehende Person den Fokus einstellt und dort einige lange Sekunden verweilt – nämlich auf der Gestalt Hugenbergs. Er steht im Mittelpunkt des Bildes. Dem Kameramann und seinen Zuschauern, aber auch der Mehrheit der Politiker war klar: Hugenberg ist der starke Mann hinter Hitler. Praktisch galt das vorgestellte Kabinett als seine Regierung. Es dauerte etwa einen Monat, bis außerhalb der NSDAP bewusst geworden war, dass diese Einstellung und Perspektive falsch waren.

Unter der Überschrift »Jüdische Zukunft in Deutschland« behandelte die »CV-Zeitung« fünf Tage nach Jahresbeginn, also am Tag nach dem noch nicht an die Öffentlichkeit gedrungenen Treffen zwischen von Papen und Hitler, die jüdische Jugendtagung. »Die liberalistische Epoche ist zu Ende«, also müsse das deutsche Judentum »nach außen kollektivistisch [...] wirken«. Ohne zu merken, wie man sich hier die Sprache der Republikfeinde angeeignet hatte, fuhr man fort und war stolz darauf, »wie wenig die Problematik von nationaljüdisch [also zionistisch] und deutschjüdisch der alten Generation [...] für die jungen Juden [...] noch zutrifft. Es besteht für sie keinerlei Zweifel, dass ihr Lebensraum Deutschland ist, und dass ihre Zukunft als Juden mit dem Schicksal ihrer deutschen Umwelt unlösbar verknüpft ist.«[4] Dieses Pfeifen im Walde war typisch in den Reihen der so genannten assimilierten Mehrheit des deutschen Judentums: Die »CV-Zeitung« wiederholte immer wieder die Floskel, dass es »tief verwurzelt mit dem deutschen Volke [...] und der ganzen deutschen Kultur – eine deutschjüdische Gemeinschaft gibt.«[5]

Vom »überwundenen Liberalismus« zu sprechen, war in den Reihen der jüdischen Bevölkerung keineswegs allgemein akzeptiert.[6] Unter den Zionisten wurde Entsprechendes aber dann doch deutlich zum Ausdruck gebracht. Schon 1930 war es der »Jüdischen Rundschau« klar, dass »der alte Liberalismus keine Partei mehr hat«,[7] während Kurt Blumenfeld sogar so weit ging zu behaupten, »die antiliberale Welt im Deutschtum [...] [trifft] sich mit der antiliberalen Stellungnahme im Zionismus«, und »das Fehlen einer Gesamtverpflichtung [ist] [...] eben die Signatur der liberalen Ära.«[8] Für oder gegen den Liberalismus – bezeichnend ist hier, dass man zwar die »unterirdischen Strömungen« an sich realistisch einschätzte, nicht aber den Charakter der bevorstehenden Wende, die über einen Antiliberalismus in Politik und Wirtschaft hinaus eine antiliberale Haltung mit sich bringen sollte, von der auch die nichtjüdische politische Klasse noch keine Ahnung hatte. Selbst wenn die jüdischen Zeitungen sich irrten, symptomatisch für den Januar 1933 war, dass man aus der Not – und erörtert wurde vor allem die wirtschaftliche Not – eine Tugend machen wollte, jetzt nach dem Entscheidungsjahr 1932 und vor dem Hintergrund des Traumas der großen Spaltung in der jüdischen Gemeinde in den zwanziger Jahren.[9] Die Auschwitzperspektive konnte sich Anfang 1933 nicht anbieten, obwohl man sich der Tiefe der Krise bewusst war.

Liest man Turners Geschichte des Januars 1933, kann man sich darüber auch nicht wundern: So wie die politischen Entscheidungsträger dachte auch die »CV-Zeitung« am 12. Januar: Bei den Nationalsozialisten herrsche »Angst vor dem finanziellen Zusammenbruch der Partei« und »Angst vor Neuwahlen«, »Furcht vor Gregor Strasser.« Und weiter heißt es: »Sehen sie nicht die Schwäche, die hinter dem Kraftaufwand steht?« Daran hielt man sogar nach dem – mit etwa vierzig Prozent – unerwartet großen NS-Wahlerfolg in Lippe fest: In der »dreifachen Krise der Partei [...] wird das schwindende Vertrauen weiter Volkskreise erkennbar.«[10] Schleicher selbst hätte es nicht anders formuliert. Im Gegensatz jedoch zu den Politikern fehlte es der jüdischen Öffentlichkeit an falschem Optimismus: »Die NSDAP wird zwar in kürzerer Zeit zusammenfallen, als sie gewachsen ist, zur Bedeutungslosigkeit wird sie aber durch die nächsten Wahlen noch nicht sinken.«[11] Nach dem Erfolg in Lippe griff man erneut zur Taktik »aus der Not eine Tugend zu machen« und schrieb: »Für uns hat dieser Wahlkampf die Bestätigung [!] unserer alten Behauptung gebracht, dass Propaganda und Massenbeeinflussung [...] die wichtigsten Mittel im politischen Kampf sind.«[12] Aber, wie gesagt, zum Optimismus rief man die jüdische Öffentlichkeit nicht auf. Die einzige optimistische Einschätzung, die aus der Feder des Philosophen Constantin Brunner, setzte man weit hinten auf Seite 28. Vier Tage vor der Machtergreifung konnte der siebzig Jahre alte Brunner noch behaupten: »Zum Glück aber ist auch Deutschland nicht verdächtig, dass es ein ganz und gar nationalsozialistisches Deutschland werden könnte [...] Das schönere Deutschland erwacht [...]. Der Nationalsozialismus findet viele und immer mehr Gegner, bis die von dieser Karikatur des Deutschtums her drohenden Gefahren besiegt sind.«[13]

Ein treffendes Beispiel für ein Perspektivenproblem gibt uns das »Israelitische Familienblatt« (IF) vom 19. Januar. Wie man heute weiß, befand man sich chronologisch bereits nicht nur nach dem von den Nationalsozialisten aufgeblasenen Wahlerfolg in Lippe, sondern schon in einer Phase, in der Hitler mit von Papen gegen Schleicher konspirierte. Bis zur Ernennung Hitlers zum Reichskanzler waren es nur noch elf Tage. Und womit befasste sich der Leitartikel von Hermann Zucker? Mit »Vizekanzler Strasser«. Die Frage, die die Zeitung aufwarf, lautete: »Wäre also [...] von einem Vizekanzler Strasser nichts besonders Bösartiges für das deutsche Judentum zu erwarten?« Und die klare Antwort war: »Mitnichten!« Damit reagierte der Leitartikel auf eine Rede Strassers vom Juni 1932, in der es hieß: »Wir wollen keine Judenverfolgung, aber wir fordern eine deutsche Führung, ohne jüdischen und fremden Geist, ohne jüdische Hintermänner und jüdische Kapitalsinteressen.«[14] Zucker glaubte nicht daran, dass sich Strasser geändert hatte. Wahrscheinlich hofften andere Juden auf das Ende der NS-Bewegung und drückten ein Auge zu, als der Preis dafür die Vizekanzlerschaft Strassers zu sein schien. Zucker ließ auch Artur Dinters Verdacht nicht unerwähnt, wonach der Name Strasser aus der Sicht der Rassisten auf die »unkoschere« Herkunft des NS-Politikers hinweise.

Man weiß im Nachhinein ebenso wie die bereits zum Zeitpunkt der Veröffentlichung informierten Zeitungsleser: Strasser war kein Thema mehr. Dennoch hatte der Leitartikel für die Leser Relevanz, weil er sich mit ihren Hauptproblemen befasste: Antisemitismus und Prognosen. Und ein Satz in dem Text war dann doch hochaktuell: »Das deutsche Judentum ist so eingeschmiedet in den Ablauf der Entwicklung, dass eine Ernennung Gregor Strassers zum Vizekanzler höchstens eine Nuance für es bedeuten kann.«[15] Anders gesagt: Die Lage ist für Juden bereits so extrem geworden, dass die Teilnahme eines Nationalsozialisten an der Regierung eine Nebensache ist. Strasser werde nicht weniger antisemitisch werden. In einer Krisenzeit war ein Nachlassen von Antisemitismus nicht zu erwarten. Davon war man, wie gesehen, schon überzeugt gewesen, als man von der nächsten Wahlschlappe der NSDAP gesprochen hatte, und um wie viel mehr jetzt, nachdem Lippe einen Strich durch derartige Hoffnung gemacht hatte. Diese Resignation kann auch die jüdische Reaktion am 30. Januar erklären.

Ein anderer Artikel auf der Titelseite des »Israelitischen Familienblattes« vom 19. Januar befasste sich mit dem Problem des außerordentlichen Jura-Professors an der Universität Breslau Ernst Joseph Cohn. »Professor Cohn bleibt im Amt« heißt es, nach einem langen Hin und Her, das bereits im Oktober 1931 begonnen und nun seinen Höhepunkt erreicht hatte, nachdem Preußens SPD-Regierung durch von Papen beseitigt worden war. Professor Cohn hatte den Zorn der braunen Studentenschaft auf sich gezogen, weil er Cohn hieß, dazu angeblich Sozialist war und schließlich auf eine Frage, ob Trotzki in Deutschland Recht auf Asyl habe, nicht mit »nein« geantwortet hatte.[16] Es darf nicht verwundern, dass im Januar 1933 diese Nachricht im Mittelpunkt der Berichterstattung von jüdischen Zeitungen stand: Es ging um die Judenemanzipation und insbesondere um die Errungenschaften der Juden in der Weimarer Republik. Man tendierte dazu, den Fall Cohn als Signal zu bewerten, zu dieser Stunde noch als Signal für die Möglichkeit, doch die Gleichberechtigung zu retten. Eine Woche später allerdings musste dieselbe Zeitung zugeben, dass der Fall trotz der scheinbaren positiven Lösung des Problems in der zweiten Januarwoche in der Woche danach noch keineswegs erledigt zu sein schien: »Kaum ein anderer Vorfall der letzten Zeit zeigt so deutlich die Unsicherheit und innere Unhaltbarkeit der Lage der im deutschen öffentlichen und Geistesleben stehenden deutschen Juden.«[17] Ebenso beunruhigt verfolgte das »Israelitische Familienblatt« die Debatte im Preußischen Landtag über den Ausschluss von Juden aus Theater und Rundfunk. Zwar kam es zu dieser Stunde noch nicht zum Gesetz, aber der Ausschluss von Juden aus bestimmten Theatern konnte nicht verhindert werden.[18] Ähnlich reagierte die »CV-Zeitung« auf die antijüdische Boykott-Initiative des hessischen NS-Abgeordneten Lenz: Man erkannte die Gefahr, man versuchte, deutlich zu machen, dass damit nicht Juden allein, sondern das deutsche Wirtschaftssystem insgesamt gefährdet war, freute sich über die Ablehnung des Antrags durch die hessische Regierung und war am Ende aber doch nicht davon überzeugt, ob die hessische Reaktion sich anderswo wiederholen werde oder ob der Angriff auf die Emanzipation tatsächlich abgewehrt worden war.[19]

Für die orthodoxe Zeitung »Der Israelit« war der breitere Zusammenhang des Falls Cohn bereits Anfang Januar eindeutig: »Es ist dies heute kein Einzelfall in unserem lieben Deutschland. Der Fall ist typisch für hundert andere, von denen man weniger spricht. Die Säuberungsaktion im Rundfunk und in den staatlichen Theatern [...] gehört auch in dieses Kapitel.«[20] Mit anderen Worten: Nach dem Coup vom 20. Juli 1932 in Preußen – dem sogenannten »Preußenschlag« Papens –, nach den diversen Wahlerfolgen der NSDAP schien das Schlimmste bereits gekommen zu sein. Man befand sich mental lange vor dem 30. Januar im »Rückzugsgefecht«, ein Begriff, der von den zionistischen Zeitungen nicht selten benutzt wurde.[21] Nicht nur orthodoxe Juden gingen davon aus, dass die Katastrophe nicht in der Zukunft, sondern bereits in der Gegenwart, ja in der unmittelbaren Vergangenheit läge. »Zwischen Ost und West steht Deutschland mit seinem Hitlertum als Quelle des Unheils, die alle Hasszentralen [...] von Warschau bis Bukarest [...] geistig nährt«[22], so »Der Israelit« fünf Tage vor der »Machtergreifung«. Was von Demokratie oder Parlamentarismus noch funktionsfähig geblieben war, schien für manche Juden keine Emanzipationsgarantie mehr zu sein: Es wird »jede spärliche Gelegenheit weidlich ausgenutzt, das Parlament mit den Juden zu beschäftigen« und so »das Interesse von den brennenden Lebensfragen der Nation auf die Judenfrage zu lenken.«[23] Kein Wunder also, dass man im deutschen Judentum nicht auf eine demokratische Karte – im Endeffekt mit einer parlamentarischen Regierung der Nationalsozialisten –, sondern auf die konservativ-autoritäre Lösung der politischen Krise setzte. Wenn Demokratie mit Mehrheitsbeschlüssen dieser Art gleichzusetzen war, dann wird eine dadurch gefährdete Minderheit eben anti-demokratisch.

Der von Turner vermittelte Eindruck, wonach der Unterschied zwischen einer Zeit vor Hitler und einer Hitlerzeit für Politiker und Öffentlichkeit unklar war, wodurch sich die Dynamik der Ernennung Hitlers zum Kanzler erkläre, trifft, so sonderbar es klingen mag, noch mehr auf die Juden in Deutschland zu. Sie schienen, wie bereits erwähnt, die Republik ohnehin bereits im Juli 1932 aufgegeben zu haben und waren nun auf Schadensbegrenzung bzw. auf Zusammenschluss der eigenen Reihen bedacht, mit oder ohne Hitler. Wo es um konkrete Alternativen ging, wie vor den Wahlen im Juli 1932, war man selbstverständlich dafür, dass die konservative Regierung »nicht durch ein Regime Hitler« abgelöst werde.[24] Aber grundsätzlich war das, was dieselbe zionistische Zeitung einen Monat zuvor, also im Juni 1932, angesprochen hatte, zur eigentlichen Einstellung geworden: Es sei im Endeffekt egal, »wer in Deutschland ans Ruder kommen« werde.[25] Das politische Tief der Sommermonate Juli und August 1932, die auf der Straße marschierende SA, die Radikalisierung des Antisemitismus – so wie im Falle Professor Cohns – das alles schien Juden bereits ausreichend erdrückend zu sein und die Perspektiven mit oder ohne Hitler waren so unerfreulich, dass man bei der Betrachtung der deutschen Innenpolitik im Januar nicht stärker als vorher Alarm schlug und schließlich die revolutionäre Bedeutung des 30. Januar 1933 nicht im vollen Umfang erkennen konnte.

Dass unter Juden über die eigentliche Gefahr – über das Thema Antisemitismus hinaus – Unklarheit bestand, zeigte Mierendorfs Aufsatz »Baut einen Damm gegen die geistige Vergiftung«[26] in der »CV-Zeitung« vom 5. Januar 1933. Der Generalsekretär der SPD-Reichstagsfraktion Mierendorf, der später im Konzentrationslager sein Leben verlieren sollte, warnte die jüdischen Zeitungsleser davor, dass die NSDAP die antisemitische Hetze, »einerlei ob sie siegt oder sich gegen den ihr drohenden Verfall wehrt[27], als Waffe radikal benutzen werde. Was bedeutete diese Warnung? Einerseits, dass bei Juden wahrscheinlich in Anbetracht der internen Krise der NSDAP seit November ein bestimmtes Aufatmen, eine Art Optimismus[28] – quasi nach dem Motto »Die werden uns jetzt anders als im Juli in Ruhe lassen« – durchaus verbreitet war, andererseits aber, dass Juden fatalistisch geworden waren, weil die Ereignisse des Jahres 1932 als das Schlimmstmögliche bewertet wurden. Mierendorf versuchte vor diesem Hintergrund, die jüdische Bevölkerung aufzurütteln – ja, man müsse den Antisemitismus auch als »unterirdische Strömung« bekämpfen, selbst wenn der Nationalsozialismus jetzt zerbröckele.[29] Die Absicht war deutlich: Es galt, den Juden zu zeigen, dass sie eben nicht eine Exklave der Gesellschaft waren und dass der Antisemitismus als eine Gefahr für die gesamte Gesellschaft gelten musste. Aber andererseits weist dieser Aufruf auch darauf hin, dass Juden sich dem großen Lager der Republikaner anpassten: Die singuläre Bedeutung einer NS-Herrschaft bzw. einer Regierung unter Beteiligung der Nationalsozialisten hatte man zu dieser Stunde noch nicht erkannt. Zur Entwarnung bzw. Lethargie trug die Tatsache bei, dass die »Schreckensbilder«, die man sich ausgemalt hatte – z.B. »für Pogrome freigegebene Straßen« – sich in ein »Nichts« auflösten,[30] wie eine Zeitung nach der Wahlschlappe der NSDAP vom November geschrieben hatte. Hier lag der Kern der falschen Perspektive und Bildeinstellung: Als absolute Katastrophe galt der Pogrom, aber mit der Rückkehr zum Mittelalter im rechtlichen Sinne hatte man sich halbwegs abgefunden.

Womit befasste sich die jüdische Öffentlichkeit im Januar 1933 sonst noch? Selbstverständlich mit weiteren Aspekten des Antisemitismus und mit Wegen zu seiner Bekämpfung. Die »Blätter für Erziehung und Unterricht« des »Israelitischen Familienblattes« empfahlen Juden am 12. Januar, an christlichen Feiern teilzunehmen und so zum gemeinsamen Leben beizutragen.[31] Einerseits sprach der Leitartikel im »Israelitischen Familienblatt« unter dem Titel »Evangelische Kirche und Nationalsozialismus« am 19. Januar von der anti-antisemitischen Haltung der Kirche; andererseits pries er aus Anlass des siebzigsten Geburtstags von Werner Sombart dessen Lebenswerk, welches keinerlei Antisemitismus enthalte. Nicht nur die zionistischen Zeitungen, sondern auch die »CV-Zeitung« bejubelte Sombart als Beispiel für diejenigen Deutschen, die vor Juden Achtung hätten.[32] Andererseits wurde auf die immer stärker antisemitisch orientierte Herder-Enzyklopädie hingewiesen.[33] Hier setzte sich der Diskurs fort, der für die gesamte Weimarer Zeit typisch gewesen war. Man war sich der Krise und des Ernsts der Lage bewusst, man war auf eine Radikalisierung der Lage gefasst, aber die besondere Dringlichkeit dieser Zeit, die Singularität der kurz bevorstehenden Katastrophe war nicht zu spüren, eben weil der Höhepunkt bereits im Juli 1932 erreicht gewesen zu sein schien. Die Rede vom »Entscheidungsjahr 1932« ist also buchstäblich zu verstehen.

Symptomatisch für das »Rückzugsgefecht« war die Sportberichterstattung. Am 5. Januar wurde der Kampf Max Schmelings gegen Maxi Bärr angekündigt, zwischen dem größten deutschen Boxhelden und einem angeblichen Nachkommen deutscher Juden. Das Motiv ist bekannt: Gerade im agonalen Bereich des Sports wurde versucht, die Ebenbürtigkeit von Juden im Vergleich mit »Ariern« zu bekräftigen. Deshalb zählten die Nachrichten von der Zugehörigkeit Theo Levys zu den dreißig deutschen Spitzenathleten, Fräulein Friedenheims zweiter Platz im deutschen 80-Meter-Hürdenlauf der Frauen und Fräulein Feldmanns achter Platz im 200-Meter-Lauf der Frauen in Deutschland, oder auch Daniel Prenns Tenniserfolge zu den besonders relevanten und berichtswürdigen Ereignissen im Januar 1933.[34] In einer Gesellschaft, die vom völkischen Denken und Rassismus verleitet worden war, schienen diese Informationen aus der Sicht der jüdischen Minderheit besonders gut geeignet zu sein, die gegen sie gerichteten Vorwürfe zurückzuweisen.

Es gab aber auch ein anderes Thema, das in der jüdischen Öffentlichkeit im Januar 1933 weit im Vordergrund stand und die im Nachhinein überraschend erscheinende relative Gelassenheit in Anbetracht der bevorstehenden »Machtergreifung« erklärt: Die Auseinandersetzung zwischen Judentum und Kommunismus.[35] Am 4. Januar 1933 erschien die Nachricht vom Überfall eines jüdischen Kommunisten auf Ezriel Carlebach, seit 1931 Redakteur des »Israelitischen Familienblattes« und nach der Gründung des Staates Israel 1948 Chefredakteur der von ihm gegründeten und seinerzeit populärsten Zeitung »Ma'ariv«, die eine konsequent nationalistische Haltung vertrat. Eine Woche später befasste sich das »Israelitische Familienblatt« dann ausführlich mit dieser Attacke.[36] In einem Zeitalter der gewalttätigen Auseinandersetzung zwischen Nationalsozialisten bzw. Nationalisten und Kommunisten überraschte der Angriff von jüdischen Kommunisten auf einen jüdischen Antikommunisten auf offener Straße weniger, als es aus heutiger Sicht nahe zu liegen scheint. Von Januar bis März 1933, also über die entscheidende Phase der NS-Machtübernahme, erstreckte sich die von Carlebach im Familienblatt verfasste Serie über Sowjetrussland, in der er seine Eindrücke aus der UdSSR unter dem Titel »Sowjetjudäa« zusammenfasste:

»[…] bei uns haben sie alle aufgejubelt, als die Revolution [in Russland] kam […] und bei uns sehen nun alle schmerzhaft dieses Gut, für das eigentlich die Freiheit erkämpft wurde, auf ein Nichts, auf ein Schemen zusammenschrumpfen. Damit aber wird der einzelne Mensch vor die entscheidende Wahl zwischen Judentum und Kommunismus gestellt. Früher hat es noch die Illusion gegeben […] zwischen der simplen Existenzform der jüdischen Massen und dem Kommunismus [könnte es] eine Synthese geben, es wäre möglich ›jüdischer Kommunist‹, zu sein. Allmählich ist diese Illusion geschwunden.«[37]

Carlebach rechnete mit Lenin ab, aber noch nicht mit Stalin, setzte sich mit dem Kommunismus auseinander, nicht aber mit dem Nationalsozialismus! Aus einer zionistischen Sicht hatte Carlebach nichts Neues gesagt. Bereits im Juni 1932 hatte eine zionistische Zeitung gemeint: »Was heute Hitler ist, kann morgen Thälmann sein.«[38] Diese interne jüdische Debatte im Schatten des Aufkommens des »Dritten Reichs« überrascht letztlich nicht. Sie fügt sich in den öffentlichen Diskurs der Weimarer Republik vortrefflich ein. Was sich am Ende Januar ereignete, war ebenso wie die Art der Reaktion der jüdischen Minderheit ohne die eine gleichfalls akute Angst vor dem Kommunismus nicht zu verstehen. Was meinte die »CV-Zeitung« wohl mit der Feststellung, »Die schwere Problematik der ›roten Assimilation‹« werde von der überwiegenden Mehrheit als »jüdische Fragestellung und nicht als parteipolitische Verpflichtung« erkannt?[39] Vor lauter Sorge um einen internen Zwist freute man sich auf die einheitliche Stellung gegen die Roten. Auf nationaler Ebene half es paradoxerweise, die Gefahr des Rechtsrucks zu relativieren.

Dass man nicht aufmerksam genug den Unterschied zwischen Hitler innerhalb oder außerhalb der Regierung beziehungsweise zwischen Thälmann und Hitler wahrgenommen hatte, lag verständlicherweise auch daran, dass »das Problem« beziehungsweise »die Krise« oder »die Not« im Bereich der Wirtschaft gesehen wurde. Hier suchte man nach einer »konstruktiven« Lösung. Für Alfred Marcus, den Verfasser eines Buches über die Wirtschaftskrise der deutschen Juden, hing die Lösung weniger mit der Regierung oder dem System zusammen, als vielmehr mit der inneren Reform des jüdischen Wirtschaftslebens.[40] Auf Experten wie Jakob Lestschinsky, Fritz Naphtali, Kurt Zielenziger und andere wurde gehört – die Wirtschaftskrise war seit 1929 das Wichtigste, nicht die parteipolitische Auseinandersetzung. Den Antisemitismus bekämpfe man, so die weit verbreite Meinung, am besten mit Produktivierungsbemühungen und mit einer Überwindung des »jüdischen Schmarotzertums«.[41] Die »Machtergreifung würde […] lediglich das Tempo [der Abschaffung des Wirtschaftsliberalismus] anders bestimmen«, sagte 1932 Hugo Marx.[42] Auch die Wirtschaftsnot hatte zum politischen Fatalismus beigetragen, wie das zionistische »Echo« bereits im Februar 1932 zugegeben hatte.[43] Ein Jahr später konnte sich diese Haltung noch weiter verfestigen. Und was zu den Wahlen im März 1933 offen gesagt wurde, war bereits im Januar 1933 richtig:

»[…] auch in Deutschland gibt es viele Juden, die das wirtschaftliche Programm der heutigen Rechten billigen, die aber nicht die Möglichkeit haben, sich ihr anzuschließen, da diese Parteien in völlig unlogischer Weise ihre wirtschaftlichen und politischen Ziele mit einem Kampf gegen das Judentum […] verkoppelt haben.«[44]

Vor diesem Hintergrund war es kaum noch erstaunlich, dass die »CV-Zeitung« noch am 16. Februar 1933 den Aufsatz von Kurt Zielenziger »Das wirtschaftliche Schicksal des deutschen Judentums« in einer Form erscheinen ließ, als wäre der Aufstieg der Nationalsozialisten zur Macht zwei Wochen zuvor eine irrelevante Angelegenheit gewesen.[45]

Nachdem auf verschiedene Erwartungshorizonte deutscher Juden bis zum 30. Januar 1933 eingegangen worden ist, wird diese Erörterung sich nun noch auf den eigentlichen Prüfstein konzentrieren – auf den Tag unmittelbar nach dem Antritt Hitlers als Reichskanzler. Den Centralverein deutscher Staatsbürger jüdischen Glaubens (CV) überraschte die Meldung, nachdem man in einer Sitzung tags zuvor davon ausgegangen war, Hitlers Taktik werde scheitern. Gleich nach Erhalt der Nachricht versuchte man, von Papen und Minister Grauert zu kontaktieren. Dass an diesem Tag sowohl der Vorsitzende Ludwig Holländer als auch Syndikus Alfred Wiener krank waren, hatte vielleicht eine symbolische Bedeutung. Am Geschehen hätten beide auch bei voller Gesundheit nichts ändern können.[46]

Was Jacob Ball-Kaduri im Nachhinein berichtet, steht im Einklang mit dem Eindruck, der sich aus der Zeitungslektüre des Februars 1933 ergibt: Am 30. Januar fand eine Versammlung von jüdischen Handwerkern im Café Leon am Berliner Kurfürstendamm statt. Rabbiner Tramer benutzte die Gelegenheit, alle Juden angesichts der gemeinsamen Gefahr zur Einheit zu rufen, aber »er machte mit seiner Rede gar keinen Eindruck. Das ganze Publikum hielt das für Schwarzmalerei«.[47] Dass der Bericht vom Eintreffen des Lubawitscher Rebbe, Rabbi Schneiersohn, der aus Riga nach Berlin gekommen war, »wo er sich einer Kur unterziehen muss«[48] mehr Aufmerksamkeit erregte, mag absurd anmuten, kann aber als Bestätigung dafür gesehen werden, dass auch bei Juden der 30. Januar keine besondere politische Aktivität auslöste.

Die Zeitungen schienen auf Gefasstheit zu setzen – keine Alarmrufe wurden laut. Es ist gut möglich, dass man glaubte, Alarmrufe würden als Provokation der sich als Geiseln fühlenden Juden gewertet. Vielleicht blieben sie aber auch aus, weil das Ausmaß der Katastrophe vor dem bereits geschilderten Hintergrund unklar geblieben ist. Man ging von einer Regierung aus, die mit Duldung der Zentrums-Partei eine parlamentarische Mehrheit haben werde, und man war auch froh darüber, dass die Regierung wohl keine Verfassungsänderung vornehmen würde. Kurz: Hitlers Täuschungsmanöver waren auch bei Juden erfolgreich. »Wie sich der Regierungswechsel für die deutschen Juden auswirken wird, vermag nach den ersten Tagen noch niemand zu sagen«, schrieb das »Israelitische Familienblatt« am 2. Februar. Man setzte die Hoffnung erstens darauf, dass »die führenden Persönlichkeiten der Nationalsozialisten« nun »verantwortliche Regierungspolitik zu treiben« hätten und zweitens auf die »verehrte Gestalt des Reichspräsidenten.«[49] Und eine Woche später, wieder mit Blick auf Hindenburg, hieß es in derselben Zeitung: »Wir deutschen Juden gehen einen schweren Weg! Aber zu verzweifeln und zu resignieren, liegt kein Grund vor.«[50]

Die »CV-Zeitung« reagierte fast reflexhaft mit dem Aufruf »Ruhig abwarten!«. Im von Ludwig Holländer selbst verfassten Leitartikel[51] wird auf diese Regierung so wie auf jede andere Regierung geschaut: Ist sie funktionsfähig oder nicht? Für Holländer ist hier die negative Antwort der Hauptgrund zur Sorge. Mit von Papen und Hindenburg hingegen könnten sogar Juden »ganz zufrieden sein«. Ein weiterer Grund für eine voreilige Beruhigung lautete: »Die neue Reichsregierung wird bald merken, dass sie ganz andere und schwierigere Fragen zu lösen hat als die so genannte Judenfrage!« Aber als CV-Vertreter musste der Verfasser auch zugeben, daß die deutschen Juden »ernst und besorgt« in die Zukunft blickten.[52] Die praktische Schlussfolgerung war also, daß man auf die Wahlen zu warten habe und »keine Abenteuer«[53] im wirtschaftlichen oder politischen Bereich zulassen dürfe. Als ob hier das eine Prozent der Deutschen, die Juden waren, eine bedeutende Rolle spielen konnte.

Der orthodoxe »Israelit« setzte seine Hoffnung auf die Annahme, dass die Nationalsozialisten nicht etwa »nach dem Rezept des Angriffs« vorgingen, weil sie es nicht könnten – das traute ihnen der Verfasser ohne weiteres zu – , aber daß sie es aus Rücksicht auf Deutschlands Ruf als Kulturnation aus taktischen Gründen nicht wollten.[54] Die Zeitung versuchte, ihre Leser zu beruhigen, indem sie indirekt den Nationalsozialisten vorschlug »durch Erneuerung des großen Beamtenkörpers im nationalsozialistischen Sinne viel realere Dienste zu leisten als durch offene Zugeständnisse an den brutalen Judenhass.«[55] Als wäre der nun zu erwartende »trockene Pogrom«, der zur »Aussperrung der Juden im wirtschaftlichen und kulturellen Leben«[56] führen sollte, ein Trost gewesen. Darüber dass man in orthodoxen Kreisen auf die Tolerierung der Hitler-Regierung durch das Zentrum hoffte – was Turner ja als zentrales Täuschungsmanöver Hitlers beschreibt –, kann man sich nicht wundern; dadurch wurde die Gefahr für die Schechita, das koschere Schlachten, aufgehoben. Um der Schechita willen war man in der Orthodoxie bereit, eine parlamentarische Mehrheit Hitlers hinzunehmen.[57]

Die Blauäugigkeit eines Teils der jüdischen Presse machte sich auch eine Woche nach der Machtergreifung bemerkbar. Während die »CV-Zeitung« die Notverordnung vom 4. Februar eher mit Vorsicht beobachtete, interpretierte das »Israelitische Familienblatt« das in der »Verordnung zum Schutze des deutschen Volkes« eingeschlossene Verbot von antireligiösen Beschimpfungen als »gutes Omen«,[58] und im »Israelit« hieß es etwas zynisch, aber im Grundton doch eher naiv: »Danach darf man hoffen, dass der größte Teil der nationalsozialistischen Presse sich umstellt oder schleunigst verboten wird.«[59] Diese Interpretation wurde in der Zeitung auch am 16. Februar wiederholt. Man hoffte darauf, dass hier nicht nur eine Initiative der Nicht-Nazis in der Regierung, sondern auch Hitlers zugrunde lag: Was Hitler und Frick »an der Spitze einer Bewegung« nicht gekonnt hatten, würden sie »an der Spitze der Regierung« ohne weiteres erreichen.[60] Die Orthodoxen rechneten hier auch gleich mit dem »Central-Verein« ab: »Wir halten es daher für nicht richtig, dass der CV der Regierung und der Partei, die sie als die ihrige in Anspruch nimmt, angesichts der neuen Verordnung das frühere Sündenregister entgegenhält. Vielleicht hat der 4. Februar einen eisernen Vorhang gezogen zwischen gestern und heute«,[61] also zwischen der Zeit der Unruhe in der Demokratie und der Zeit der Ordnung! Dieser Aufsatz war weniger eine Auseinandersetzung mit Hitler, als mit der »CV-Zeitung«, die radikale Hans-Frank-Zitate vom 31. Januar 1933 als Zeichen für die schwebende Gefahr für die Juden angeführt und die Notverordnung in einem Artikel vom 9. Februar als mögliches Alibi für Ausschreitungen gegen Juden bezeichnet hatte.[62]

Berichte, die nicht den Charakter des Pfeifens im Walde hatten, wiesen sofort nach dem 30. Januar auf eine eher düstere Perspektive hin: Im Artikel »Jüdische Kinder und der Nationalsozialismus« wird von Kindern berichtet, die psychologisch ganz im Zeichen der nationalsozialistischen Drohung lebten, von Nazis träumten und von Beschimpfungen berichteten, wie: »Und dann kommt Hitler, und da werden alle Juden geschlachtet.«[63] Und an einer Stelle, die eigentlich der Idee von Gesetz und Ordnung dienen sollte, gibt man unverblümt zu, was man anderswo marginalisiert: »Furchtbare Zustände haben sich in Deutschland entwickelt. Mord und Totschlag sind an der Tagesordnung und kein Ende ist abzusehen.«[64]

Schließlich gibt es noch eine relevante Perspektive, die das »Israelitischen Familienblatt« zum Ausdruck brachte. Diese Perspektive hat mit der jüdischen Presse selbst zu tun. Die Notverordnung, die wie oben erwähnt, eine positive Reaktion hervorrief, machte die Zeitungsredaktion in eigener Sache nachdenklich: »In diesen Wochen politischer Hochspannung«, hieß es am 23. Februar 1933, »sollte die Presse, ihre eigentliche Aufgabe darin sehen, die Stimmung der Massen nicht nur wiederzugeben, sondern sie in die richtigen Wege zu leiten.« Eine nicht selbstverständliche Vorstellung an sich, aber sie erklärt das, was man in den Zeitungsberichten um den 30. Januar vermisst. Entscheidend ist, was nun kommt:

»Es kann in der nächsten Zukunft darum leicht der Fall eintreten, dass wir nicht mehr in der Lage sein werden, uns in der gewohnt freimütigen Weise mit den Vorkommnissen des Tages zu beschäftigen. Dann muss unsere Leserschaft sich sagen, dass es immer noch besser ist, eine Zeitung zu lesen, die das Interesse an den meisten sie bewegenden Fragen behandelt, als eine Zeitung nicht zu lesen.«[65]

Wie eine jüdische Zeitung unter Druck gesetzt werden konnte, hatte man bereits eine Woche vorher, nämlich am 16. Februar, sehen können. Die »CV-Zeitung« musste sich, nachdem sie im »Angriff« attackiert worden war, dafür entschuldigen, dass man den Aufsatz »Keine Abenteuer« als einen »unzulässigen Angriff auf die Regierung« und als Beweis dafür, dass die Juden »begeisterte Revolutionäre« seien, interpretieren konnte. In einer Zeit, wo der Feind Nummer Eins der Regierung der Kommunismus war, bedeutete diese Anschuldigung, dass der Centralverein Juden unnötig gefährdete. Die »CV-Zeitung« konnte aber ihre Aufgabe bei der Abwehr gegen den Antisemitismus nicht aufgeben. Die Parole »Nichts wird so heiß gegessen, wie es gekocht wird« durfte man drei Wochen nach dem 30. Januar nicht mehr als Alibi benutzen. Auf Angriffe im »Angriff« wurde geantwortet.[66]

Vier Tage später brannte der Reichstag in Berlin. Bis zu den Wahlen versuchte man noch, Boden zu gewinnen, aber spätestens am 25. März waren die Verhältnisse klar. Nur der Wettbewerb zwischen Zionisten und »Assimilanten« um die richtige Lösung der Judenfrage – trotz oder mit Hitler – wurde fortgesetzt. Mit Zufall hatte das nichts zu tun.

Anmerkungen

1 Henry A. Turner, Hitler's 30 Days to Power: January 1933, London 1996.
2 Der vorliegende Beitrag wurde durch ein Gespräch angeregt, das ich kurz nach Erscheinen des Buches von Turner mit Dan Diner geführt habe. Die Frage nach der Rolle des Zufalls im Januar 1933 bedrückt Historiker immer besonders stark, nicht nur bei diesem Thema, hier jedoch eher noch mehr als bei anderen Problemen. Meine Überlegungen zur »jüdischen« Perspektive der Frage nach dem Zufall, die für mich danach in den Vordergrund rückten, wurzeln gewissermaßen in dem damaligen Gespräch. Wie Dan Diner zu diesem Thema steht, ist in seinem Buch, Das Jahrhundert verstehen. Eine universalhistorische Deutung (München 1999), zu finden.
3 Turner, Hitler's 30 Days to Power, S. 22.
4 Alfred Hirschberg, Jüdische Zukunft in Deutschland, in: CV-Zeitung, 5. Januar 1933.
5 Aufgabe des C.V. in dieser Zeit. Erziehung der Jugend zum deutsch-jüdischen Gedanken, in: CV-Zeitung, 19. Januar 1933, S. 21.
6 Vgl. Nüchterne Betrachtung zur Judenfrage?, in: CV-Zeitung, 19. Januar 1933.
7 So in: Zur Lage der deutschen Juden, in: Jüdische Rundschau, 2. September 1930.
8 So dieser in: Jüdische Rundschau, 24. Mai 1932; Jüdisches Echo, 23. Mai 1932; 3. Juni 1932.
9 Zum Begriff «Entscheidungsjahr 1932« vgl. den Sammelband, Werner E. Mosse (Hg.), Entscheidungsjahr 1932: Zur Judenfrage in der Endphase der Weimarer Republik, Tübingen 1965.
10 Das wird in Zukunft noch schlimmer, in: CV-Zeitung, 26. Januar 1933.
11 Zur Politik des Tages, in: CV-Zeitung, 12. Januar 1933.
12 Ebd.
13 So in: Nur ein Beispiel, in: CV-Zeitung, 26. Januar 1933, S. 28.
14 Zit. nach: Vizekanzler Strasser, in: Israelitisches Familienblatt, 19. Januar 1933.
15 Ebd.
16 Vgl. Helmut Heiber, Universität unterm Hakenkreuz, Teil 1, München 1991, S. 115ff.
17 So in: Der ›erledigte‹ Fall Cohn, in: Israelitisches Familienblatt, 26. Januar 1933.
18 Vgl. Israelitisches Familienblatt, 26. Januar 1933, S. 2, 4.
19 So in: Eine große Anfrage und eine deutliche Antwort, in: CV-Zeitung, 19. Januar 1933.
20 So in: Der Umfall der Breslauer Universitätsbehörden, in: Der Israelit, 5. Januar 1933.
21 Zum Beispiel in: Zur Lage der deutschen Juden, in: Jüdisches Echo, 25. November 1932.
22 Ebd.
23 Vgl. Judendebatten in den Parlamenten, in: Der Israelit, 26. Januar 1933.
24 Vgl. Ein Schicksalstag, in: Jüdisches Echo, 29. Juli 1932.
25 Vgl. Im Wirbel, in: Jüdisches Echo, 17. Juni 1932.
26 In: CV-Zeitung, 5. Januar 1933, S. 1–2.
27 Ebd.
28 Vgl. Zur Politik des Tages, in: CV-Zeitung, 12. Januar 1933.
29 In: CV-Zeitung, 5. Januar 1933, S. 1–2.
30 Vgl. Zur Lage der deutschen Juden, in: Jüdisches Echo, 25. November 1932.
31 Vgl. Von jüdischen Schülern der nicht-jüdischen Schule, in: Israelitisches Familienblatt, 12. Januar 1933.
32 Vgl. CV-Zeitung, 19. Januar 1933.
33 Vgl. Israelitisches Familienblatt, 19. Januar 1922, S. 2.
34 Vgl. Sportecke, in: Israelitisches Familienblatt, 5. Januar 1933; 12. Januar 1933.
35 Dazu Donald Niewyk, Jews in Weimar Germany, Baton Rouge 1980, S. 82.
36 Vgl. Israelitisches Familienblatt 5. Januar 1933; 12. Januar 1933.

37 Ezriel Carlebach, Sowjetjudäa, in: Israelitisches Familienblatt, 19. Januar 1933.
38 So in: Wahlparole, in: Jüdisches Echo, 15. Juli 1932.
39 So in: Jüdische Zukunft, in: CV-Zeitung, 5. Januar 1933.
40 So in: Schöpferischer Pessimismus, in: Jüdisches Echo, 22. Mai 1931.
41 Vgl. Alfred Hirschberg, Der jüdische Handwerker, Nr. 8, Dezember 1932, S. 1–2.
42 Hugo Marx, Was wird werden?, Wiesbaden 1932, S. 17, 21.
43 Vgl. Politische Entscheidungen, in: Jüdisches Echo, 12. Februar 1932.
44 So in: Wie wählen wir am 5. März?, in: Hamburger Familienblatt, 2. März 1933.
45 Vgl. CV-Zeitung, 16. Februar 1933, S. 51–52.
46 Vgl. Jakob Ball-Kaduri, Das Leben der Juden in Deutschland im Jahre 1933, Frankfurt am Main 1963, S. 41.
47 Ebd., S. 34.
48 So in: Die Woche, in: Der Israelit, 9. Februar 1933.
49 Deutschlands neue Regierung, in: Israelitisches Familienblatt, 2. Februar 1933.
50 So in: Ein schwerer Weg, in: Israelitisches Familienblatt, 9. Februar 1933.
51 Ludwig Holländer, Die neue Regierung, in: CV-Zeitung, 2. Februar 1933.
52 Ebd.
53 Vgl. Keine Abenteuer!, in: CV-Zeitung, 9. Februar 1933.
54 Ebd.
55 Ebd.
56 Ebd.
57 So in: Die neue Lage, in: Der Israelit, 2. Februar 1933.
58 So in: Ein schwerer Weg, in: Israelitisches Familienblatt, 9. Februar 1933.
59 So in: Die neue Notverordnung – Bericht vom 7. Februar, in: Der Israelit, 9. Februar 1933.
60 Ebd.
61 So in: Zum Schutz des deutschen Volkes, in: Der Israelit, 16. Februar 1933.
62 Vgl. Zum Schutz des deutschen Volkes, in: CV-Zeitung, 9. Februar 1933.
63 So in: Israelitisches Familienblatt, 9. Februar 1933.
64 So in: Randbemerkungen, in: CV-Zeitung, 16. Februar 1933.
65 So in: Es gibt eine Zeit zum Schweigen, in: Israelitisches Familienblatt, 23. Februar 1933.
66 Vgl. Wem nutzt das?, in: CV-Zeitung, 23. Februar 1933.

Totalitarismus und Terrorismus

Omer Bartov

Nazi State Terror and Contemporary Global Terrorism: Continuities and Differences

Introduction

My goal in this essay is to examine the extent to which we can talk about contemporary global terrorism in relationship to the mass violence perpetrated in the twentieth century by totalitarian regimes and, most specifically, by the Third Reich.

Global terrorism has come to be associated with earlier cases of mass killing, especially since the 11 September attack on the World Trade Center and the Pentagon, in which some 3,000 American citizens were murdered. Terrorism is, of course, a very old phenomenon, and even its modern global variety has been with us for some time. Nevertheless, the number of the victims, and the fact that the attacks happened in the United States, has drawn much greater attention to this phenomenon than at any other time in the recent past.

In thinking about this topic, I have drawn on a couple of earlier essays concerned with related issues. The first was based on a paper delivered at a conference that took place in France less than three months after 9/11.[1] Since the conference was focused on "extreme violence", none of the participants could entirely ignore the attacks on the United States. Nonetheless, this recent and admittedly baffling as well as shocking event seemed to evoke rather remarkable evasions, blind spots, and even apologetic arguments among some speakers. Academics might be expected to speak more frankly and critically than politicians; but their views are hardly free from ideological bias. Since my own paper at that conference was devoted to the complicity of academics and intellectuals in previous crimes against humanity, I could not but sense the irony of the situation, and this impression was reflected to some extent in the final version of my essay. It was just as stunning to note that a conference devoted to extreme violence and taking place at a prestigious school in Paris failed to include a single paper on the genocide in Rwanda, a recent event in which France had been deeply complicit and about which much of the French intelligentsia had maintained a rather thunderous silence.

Subsequently, this meeting made me think about the not uncommon predilection of academics and intellectuals to evade or cover up some aspects of precisely those issues with which they are most concerned—in other words, to leave part of what they seek to expose entirely invisible: the syndrome of the elephant in the room. A good illustration of this tendency was a paper delivered at that conference by the political scientist Isabelle Sommier, who distinguished between two types of terrorism. The first had supposedly more or less clear political goals, and thus could be understood, if not necessarily condoned.[2] According to her argument, this brand of terrorism is used as a means of drawing attention to the plight of minorities or oppressed groups whose voices would otherwise not be heard. Adopting an argument made decades earlier by Frantz Fanon[3], Sommier displayed a good deal of sympathy for such tactical use of terrorism, which would necessarily also include suicide bombings in Israel—although she scrupulously avoided any mention of this example in her paper (she conceded that she had this in mind during a verbal exchange).

Conversely, Sommier argued that what happened on 11 September belonged to an entirely different category of violence, since it was inexplicable, lacking a clear political goal, and was seemingly nothing more (or less) than an expression of inarticulate and vastly destructive energy. Hence it had to be clearly distinguished from acts of terrorism with a well-defined political agenda. What characterises the former is that it constitutes "blind" or "total violence" that rejects any distinctions between its victims. This total violence—a term proposed by Sommier as an alternative to "extreme violence"—is, in turn, a response to the extreme violence normally exercised by the state.

Examining Sommier's argument, we can see that while she sets out by postulating that "total violence" is inexplicable, she simultaneously identifies its causes, namely the "extreme violence" exercised by a state. In other words, such terrorism as that of 9/11 is not at all "blind", but in fact strikes precisely at those who belong to the societies and political entities that use extreme violence against the terrorists' own socio-cultural base. And indeed, Sommier's argument notwithstanding, al Qaeda has articulated a set of political goals that seem perfectly rational and achievable (and moral) to its leaders and followers, just as the goals of US policy in Afghanistan and Iraq seem both rational and achievable (and moral) to the current American administration.

My thinking on the relationship between global terrorism and totalitarianism was also shaped by an earlier paper I wrote on the Holocaust as a leitmotif of the twentieth century.[4] My general argument was that while nowadays most people in the United States and Europe would agree that the Holocaust specifically and genocide more generally are a major component of the previous century, this is a relatively recent "discovery". The closer in time we move to the event, the less consensus we find about its centrality. Thus histories of World War II written in the first post-war decades fail entirely to mention the Holocaust. It was simply not considered to be part of the history of the war.

What caused the appearance, disappearance, and re-emergence of genocide and the Holocaust in the public consciousness? After all, Raphael Lemkin, the intellectual father of the 1948 United Nations Convention on Genocide, had coined the word "genocide" very much in reaction to the Holocaust.[5] He did not limit the term to the genocide of the Jews, and certainly thought of many other cases of mass killing and genocide; indeed, Lemkin's definition of genocide was quite open ended. Similarly, the Nuremberg Tribunal was the first international court to try major state figures for crimes against humanity, even if it hardly dealt directly with the Holocaust. Yet shortly thereafter the event "disappeared". What has seemed so obviously central and visible in the last twenty-odd years was quite invisible for decades after its occurrence.

When we consider the present topic from this perspective, we might note that often enough events whose scale, cost and potential ramifications make them ostensibly impossible to ignore may acquire an uncanny ability to be publicly acknowledged and yet to disappear from public view and memory, to be seen by everyone and yet to remain unrecognised and unseen for long stretches of time. This is a legacy well worth remembering in the context of the following discussion.

Background and Agendas

In the immediate aftermath of 11 September two basic arguments were offered regarding the nature and causes of contemporary global terrorism. In an article published in January 2002, Avishai Margalit and Ian Buruma suggested that the kind of Islamic fundamentalism responsible for the attacks on the United States was the equivalent, or rather the continuation, of totalitarianism.[6] The implication of this argument was clear. The twentieth century had demonstrated that the only way to deal with totalitarian regimes was to destroy them before they destroy you, whether through military, economic or political means. This same conclusion seemed to apply to the new militant fundamentalism spewing violence today. Nevertheless, the authors qualified their argument by pointing out that it would be preferable to use "un-heroic" bourgeois methods of financial manipulation and espionage rather than macho commando tactics and propaganda about a clash of civilizations, whose only consequence would be to swell the ranks of the terrorists.

The second argument, to which Sommier's above-mentioned paper was related, had to do with the resumption of an old debate over the possibility of distinguishing between "good" and "bad" terrorism. However, because terrorism had acquired a bad name since the glorious days of decolonization, the debate was framed differently, focussing rather on the question of "what is terrorism?" The roots of this dispute go back the state terror of the French Revolution and to the tactics of individual terrorism employed by a variety of anarchist, socialist and fascist groups during the late nineteenth and early twentieth centuries. At its core, the debate is between those who claim that all terrorism should be condemned and those who insist that certain types of terrorism should be condoned or understood, whether because of the ideology behind them, the circumstances that provoke them, the nature of their targets or the goals they hope to achieve.

This dispute was revived during the 1970s, when a host of groups with Marxist, anarchist and nationalist agendas terrorised several European countries, as well as carrying out some spectacular actions against Israeli citizens. Such groups included, for instance, the Baader-Meinhof organization in West Germany, the Red Brigades in Italy and the Palestine Liberation Organization in its previous, strictly secular-Marxist incarnation, along with many others such as Sinn Féin (and its military arm, the IRA) in Ireland and ETA in Spain. Debates over the causes, nature and means of combating this terrorism were widespread in the Western media at the time, where fear of the terrorists mingled with worries about the liberal state appropriating excessive powers through real or ostensible anti-terrorist actions. Intellectuals both in Europe and in the United States also debated which kinds of terrorism might be legitimate and how one distinguishes between freedom fighters—or guerrillas—and terrorists with less noble motivations.[7]

In the intervening years these debates receded and were largely forgotten. Following 11 September the discussion was revived for obvious reasons, although the context has significantly changed. Here two main arguments have been proposed that support or at least condone terrorism. The first justifies terrorism if it serves as a tool of resistance to occupation and oppression by a state, a series of states or an economic system. Such terrorism may use questionable methods, but its violence as such is legitimate. The argument runs along similar lines to those of the distinction between just and unjust war.[8] One can wage a just war with unjust means, or wage an unjust war but use just means. Hence one can distinguish between the very legitimacy of waging a struggle of liberation and the manner in which the struggle is waged.

The second argument is derived from the first, namely that if terrorism as such is a response to oppression, humiliation, exploitation, frustration and so forth, it can both be understood—even if we do not accept it as legitimate—and be provided with a certain moral quality that distinguishes it from truly illegitimate violence, whether criminal or political in nature. We can reject the methods of violence, but understand why the perpetrators resorted to action and even sympathise with their goals. The only kind of terrorism that should be entirely condemned, then, is mindless, purposeless or purely destructive violence for its own sake. But this, of course, raises the question: who is to say? Who defines what is mindless, purposeless and entirely destructive? Clearly, this definition depends on and reflects one's political/ideological position. Terrorism whose political goals are unacceptable will be presented as purely destructive, while terrorism whose political underpinnings are deemed just will be described as employing violence as a means to a legitimate end.

Perhaps more than at any other time in the past, both those who condemned terrorism as the continuation of totalitarianism by other means, and those who condoned it as the means to liberation from imperialist oppression, post-colonial exploitation and capitalist globalization, were in a certain, fundamental sense actually debating the possibility of distinguishing between the global terrorism of 11 September and the campaign of suicide attacks waged against Israel. Those who had condoned attacks on Israel sometimes found it difficult to condone also the attacks on the United States (among other reasons because they realised that they, too, had become potential targets of an organization that did not care a hoot about their identity or opinions). Those who condemned the terror campaign in Israel saw the attacks of 9/11 both as a logical continuation and as an opportunity to draw attention to the reality of the mass killing of civilians that had become almost a routine in Israel. But while the supporters of Israel were keen to make this comparison, those who explicitly or implicitly supported terrorism against it were loathe to compare it with the almost universally condemned attack on the United States. Nevertheless, this subtext of the debate was all the more revealing precisely when anti-Israeli terrorism was left out of the discussion altogether, as if it were not in any way relevant.

Both the outright condemnation of global terrorism as the equivalent of past murderous ideologies, and its defence as a legitimate tool of resistance, take the moral high ground by direct or implied reference to totalitarianism and fascism. After all, arguments about tyranny in the twentieth century, both during the existence and after the fall of those regimes, were often focussed precisely on the legitimacy of violence—by the precursors of these regimes, by these regimes once installed in power, by domestic and foreign resistance to them and by those waging war against them. The continuing public sensitivity of this issue can be seen in the recent debate in Germany over the exhibition, 'Crimes of the *Wehrmacht*,' which focused on the complicity of the German army in mass murder and genocide during World War II.[9] Who were the terrorists? The guerrillas who ambushed and killed regular soldiers, or the soldiers who devastated the lands they occupied through brutal policies of collective punishment, requisitioning of goods and labour, and political and racial persecution and murder? Did state terror justify indiscriminate terrorism as resistance? When one side's terrorist and bandit is another side's guerrilla and freedom fighter, can there be a universally accepted definition?

The attribution of terrorism, either to the state or to those who resist it, is at the very heart of the debates over fascism, totalitarianism and war. As I noted earlier, these debates often ignored the unique fate of the Jews during the height of this period. Hence, beyond the direct political agenda, which often involves explicit or implicit views on Israel, the discussion is rooted squarely in the debates over the legitimacy, indeed, the necessity, of violence against terrorism versus that of violent resistance to oppression. And here too, it was often the unmentioned fate of the Jews, their violent extermination, their allegedly insidious role in the world, or conversely, their alleged lack of resistance in the face of certain murder, that often constituted the unacknowledged core of the debate.

Comparison: Distinctions

Now I shall point out some of the fundamental distinctions between the phenomena of totalitarianism and global terrorism. This comparison is hardly all-inclusive and leaves much to be filled in; nor does it provide any clear-cut definitions. But it may help clarify some of the complexities of the issue.

When speaking of totalitarianism—if we accept the term—we mean regimes rather than merely abstract ideologies. Those that come readily to mind are Soviet Russia, especially under Stalin, and Nazi Germany. Conversely, when we speak about fascism, we associate Nazi Germany with fascist Italy, along with a variety of other fascist or quasi-fascist regimes, such as in Hungary, Romania, Portugal, Spain and so forth, as well as with movements that never came to power, as in France, Belgium, Norway etc. Hence, employing either of these models has obvious implications for the comparison I have in mind. For the present discussion I will focus on the former. Totalitarianism, then, is an ideology and a system of rule that can be produced both by the right and by the left. We need to keep in mind this multifaceted nature of totalitarianism when comparing it with global terrorism.

While totalitarianism is a state system, its Nazi and Soviet versions were based on a completely open-ended definition of the state's boundaries. The Nazi state rejected not only the borders determined in the Versailles Treaty, but also those of the Old Reich. This state not only wanted to rule every territory on which Germans were living, it also wanted to settle Germans on every territory it occupied. Hence German rule had no ideological limits and could expand farther and farther into infinity.[10] As for Soviet Russia, whatever the intricacies of the conflict between Stalin and Trotsky, it was founded on the idea of bringing communism to all nations. And since the USSR was both the first socialist state and a vast empire, it was seen as a given that international communism would be directed from Moscow. Thus, ideologically, Russian-controlled communism also had no geographical limits.

Nevertheless, the Third Reich and the Soviet Union were highly controlled and organised state systems. Conversely, global terrorism is exactly the opposite: global terrorism has no state. The United States found that global terrorism is a highly elusive entity: one can conquer the state that harbours it, but the terrorists merely move elsewhere. Whereas the destruction of Nazi Germany spelled the end of Nazism, the occupation of Afghanistan has hardly put an end to terrorism, since terrorism was not an inherent part of the Afghan state, but merely used it as its temporary base.

Moreover, totalitarian regimes use highly sophisticated and modern means of waging war and controlling domestic and occupied populations. During World War II the USSR received a great deal of modern equipment from the United States, but it also produced vast quantities of excellent war matériel itself. Similarly, the Third Reich had a highly sophisticated arms industry whose output expanded rapidly well into 1944. Both regimes were on their way to producing an atom bomb, even if Germany's antisemitism not only robbed it of some of the most valuable physicists for this undertaking, but actually handed them over to the Americans.[11]

Beyond the use of sophisticated technologies for war making, the totalitarian states relied heavily on elaborate, if not always particularly efficient, bureaucracies. Indeed, there is nothing more typical of the modern totalitarian regime than its bureaucratic apparatus. Conventional views to the contrary, in certain ways the Soviet Union was even more bureaucratic than Nazi Germany: the pedantic descriptions of persons persecuted by the regime even as they were treated as "human dust", along with the enormous files kept on the regime's victims, bear witness to a bureaucratic fetish inherent to totalitarian regimes. For their part, the Nazis kept endless lists of people transported to extermination camps and carefully registered individuals whose destiny it was to be worked to death in concentration camps.[12]

Directly related to this practice was, of course, the creation of a complex secret police apparatus, as well as the encouragement of and significant reliance upon denunciations by members of the public.[13] The attitude of the public to these regimes was hardly one-sided. People collaborated with the regime not only out of fear, but also because they felt, at least for part of these regimes' existence, that they were being well served in certain crucial aspects of their lives. Apart from the mass production of armaments, these regimes also produced—or promised to produce—such consumer items as cars and radios, built highways and supplied electricity, and provided work, education, health services and entertainment. To be sure, all of this culminated in the most characteristic feature of these regimes: the mass production of death, be it in the Nazi concentration and extermination camps or in the vast Gulag system of the USSR and its policies of state-induced famine and mass deportations.[14]

Conversely, when we speak of terrorism, we need to keep in mind that by its very nature it must be entirely decentralised. Just as it cannot have a state, so, too, it cannot have a nerve centre. The idea that one can find and destroy the "brain" of global terrorism is false, because such a brain is nowhere to be found. The Israelis have never succeeded in doing so within their own limited sphere of operations, and there is little likelihood that the Americans will succeed on the global scene, for there is no centre, body or brain that can be located and destroyed. Global terrorism is, by definition, never where you seek it. Furthermore, unlike totalitarianism, terrorism largely relies on primitive means of destruction. Strapping on an explosive belt and walking into a restaurant or a school is hardly a sophisticated way of perpetrating violence. It has little in common with the kind of violence Soviet Russia and Nazi Germany used against each other. Thus terrorism employs violence in an entirely different manner and with completely different goals.

Another crucial distinction has to do with the fact that totalitarianism—as in the case of Nazi Germany and the USSR—is opposed to tradition. It is particularly opposed to religion, and most hostile to any religious hierarchy that might present an alternative source of authority. To be sure, totalitarian efforts undertaken against religion have never been entirely successful. The Soviet Union conducted a concerted campaign against established religion but eventually had to reach a compromise with the Orthodox Church. In such countries as Poland attempts to limit the influence of the Catholic Church merely enhanced its position as the embodiment of the Polish people, increasingly united in its opposition to Russian hegemony and communist rule.

Nevertheless, a basic urge of totalitarianism is to suppress or obliterate the influence of tradition and religion and to weaken or destroy any religious leadership. Nazi Germany was similarly opposed to the influence of religion, even though it was compelled to make many compromises in order to avoid popular protest. Members of the SS, for instance, were expected to relinquish their affiliation to any established church and to declare themselves instead "*Gottgläubige*", or believers in God unaffiliated with any specific church and thus unhindered in their total loyalty to the Führer. The term *Gottgläubige* is interesting also in that it both reflected one's independence from established religion and at the same time indicated that this was a man of faith—and therefore neither a Bolshevik nor a Jew, who were perceived as the incarnation of godlessness and treachery.

Conversely, contemporary global terrorism presents itself as spearheading the struggle to preserve or return to the traditional social and religious order. It is fundamentally a rebellion against the impending transformation, precipitated by modernity, of the old, paternalistic hierarchy and is essentially a call for religion, faith and handing back power to the old elites. Hence, on the face of it, while the violence of totalitarian regimes is directed against tradition and religion, that of fundamentalist terrorism sees its legitimacy in its role as a defender of the old order (or, in fact, a mythical version of it).

A second set of oppositions has to do with origins and motivation. Totalitarianism originates in a modernising society. Without delving too deeply into the variety of theories on the origins of fascism and totalitarianism, the initial impetus for these movements is modernization, industrialization and the consequent atomization of the individual through urbanization, the destruction of the traditional family and communal modes of living and the erosion of the religious authority that was at the core of traditional society. Going back to Hanna

Arendt's analysis, the community becomes progressively atomised even as it is transformed into a mass society, which a totalitarian regime can then seek to mobilise to its own ends.[15]

The terrorism that we are presently observing is a phenomenon that originated in societies that were or feel they were left behind.[16] They are non-industrialised and non-industrialising societies; in fact, they perceive themselves as going backward rather than forward in terms of development and progress, improvement in the standard of living and in opportunities for the young. This terrorism is largely an elitist and individualistic action. Rather than a mobilization of the masses, it is the actions of the individual that are at the core of this terrorism. Such individuals may claim to represent, or to serve as, an example of the spirit they believe ought to motivate the masses. Yet they do not mobilise the masses, preferring instead to act as martyrs. They do not use the kind of mass demonstrations and gatherings that constituted an essential component of any self-respecting totalitarian regime's routine. From this perspective terrorism is an entirely different phenomenon.

Totalitarianism as such negates the very notion of individual initiative. Hence Winston in George Orwell's *1984* must be lobotomised precisely because he tries to think for himself, to detach himself from the masses.[17] The entire concept of totalitarianism is opposed to the individual's assertion of his or her unique character and spirit. Conversely, in fundamentalist terrorism, the individual martyr stands at the forefront of the struggle. It is the individual who acts and the individual—not the people, the group or the mass—who, by dint of his (and increasingly also her) actions, enters paradise. Individual decision, action and sacrifice lead to individual gains.

Finally, totalitarianism is all about control. It seeks to control people, fates, faith, opinion, production, thought, reproduction and so forth. Global terrorism, conversely, seeks disintegration. It strives to tear everything down. To be sure, earlier types of terrorism, such as that practiced by the Baader-Meinhof gang in the 1970s, were also about disintegration. The main goal of that group was to incite the capitalist state into overreacting against terrorism, thus causing it to set aside its liberal mask and reveal its "true" fascist face. Making the state panic would cause it to respond in a manner that would alienate those social forces that would eventually come over to the side of the terrorists. Contemporary Islamic fundamentalist global terrorism is even more ambitious in its goals: it hopes to undermine the perceived hegemony of the West, especially of the American superpower and its regional proxy Israel, by toppling Middle Eastern regimes propped up by the United States, thus revealing the true imperialist-colonial nature of those regimes. Doing so would sow panic in the West and, following the ensuing chaos of war and destruction, would win the support of the Arab-Islamic masses for the fundamentalists.

Comparison: Similarities

There are, however, certain striking similarities between totalitarianism and contemporary global terrorism. These can be glimpsed by examining the inner contradictions within each of the two phenomena. Thus while totalitarianism is forward-looking as far as its use of modern technology and organization, as well as its opposition to tradition, are concerned, its vision of the future emanates from an idealised mythical past, and its first enemy is the modernising state it wishes to replace. The Third Reich, for instance, rejected the very notion of the German state as it existed before Hitler came to power. It did not recognise its authority, its borders or its historical narrative. Rather, it relied on a fabricated myth of the ancient Reich that Nazism was supposed to resurrect. Similarly, communism urged its followers to "destroy the old world and build a new one on its ruins", even as it argued that the new world was modelled on the imaginary "primitive socialism" of pre-modern societies. Hence the rejected reality of the immediate past was to be replaced with a new world legitimised through myth.

Conversely, while the new global terrorism calls for the reestablishment of the old order, the kind of society it actually seeks to establish may well, in fact, have little in common with any historical past or existing traditional state. One example of the attempt to re-establish a mythical old order is the Islamic theocracy of Iran. But Iran is obviously a declining theocracy with powerful modernising currents among its restless youthful majority, and in any case was never ruled by the kind of global terrorists that concern me here, even though there is certainly a relationship between them. Another example would be the Afghanistan of the Taliban, a regime without any historical precedent whose combination of naivety and barbarism was a manifestation of the distorted psyches of the young orphans educated in Pakistan's madrasses. In any case, it is clear that the kind of order that might be established by fundamentalist global terrorists would bear no comparison with the Islamic empire of the seventh century. Those who call for the reestablishment of the past would therefore bring about a completely new, unprecedented social and political order.

In a sense, then, despite the rhetoric of restoring tradition, the traditional order is actually what exists in the present, and whatever may replace it will constitute transformation into a revolutionary experiment. This can be seen most clearly by considering the roots of Islamic fundamentalism, which are neither ancient nor traditional. Rather, they stretch back only to the establishment of the Islamic Brotherhood in Egypt in the late 1920s.[18] This movement is not part of traditional Islam, but rather a reaction to modernity that offers a new interpretation of tradition.

Looking at Islamic fundamentalism from this perspective, one may well be reminded of the fact that Nazism was also in large part motivated by a powerful opposition to modernity, even as it made use of sophisticated military and civilian technology. There was also a much greater overlap between Nazism and conservatism—including both dominant churches—than people conceded either at the time or subsequently. Much of this overlap had to do with the identification of an allegedly corrosive modernity with Jews and communists. Communism, too, even though it certainly numbered among the most modernising political movements of the century, turned against much of what modernism stood for once it had seized power. Thus capitalism allegedly represented the dark, atomised side of modernity, whereas true socialism was on the path to recreating in the future the modern equivalent of the harmonious village community that existed only in the ideologues' minds. If communism looked forward, it used the modern reality it strove to destroy as a foil against which to create its own vision of utopia. This dialectical relationship between the old and the new, the modern and the mythical, is thus very much part of the totalitarian state and its ideology.

Contemporary fundamentalist terrorism, for its part, while it is clearly anti-modernist, manifests no principled opposition to exploiting the most modern means of mass destruction in order to realise its goals. Suicide bombers may just as well carry a nuclear device instead of an explosive belt filled with rusty nails and ball bearings. There is no principled difference between using a passenger airplane as a bomb to murder 3,000 civilians and using some other device to kill 30,000, or 300,000. When we speculate what the repercussions on world history would have been if had Hitler acquired an atom bomb, we cannot avoid thinking about how radically Ossama bin Laden could transform our own reality with a nuclear device. For there can be no doubt whatsoever that fundamentalist terrorists of his ilk would be quite willing to wreak untold destruction on the Satan of modernity in the name of restoring what they believe is a better traditional order.

When speaking of the apocalyptical aspect of fundamentalism, it should also be pointed out that although totalitarianism views established religion as a competing authority, some observers have argued that totalitarian systems themselves created a kind of ersatz political religion.[19] This is an old argument that goes back to the 1930s and has now resurfaced for reasons that may have to do with contemporary political reality. Be that as it may, the argument itself cannot be easily dismissed. For while totalitarianism opposes traditional religion, it strives to create faith not only in the form of leader worship, but also by a sacralisation of the state, the party, the race, blood and soil, the proletariat or any other central element of the ideology underpinning the system. This form of political religion also tends to demonise the system's real or perceived enemies much along the lines of traditional religious images of Satan and Hell.[20] Exclamations of faith in Führer, Volk and Reich that closely followed the model of the Christian credo, for instance, were liberally distributed to *Wehrmacht* soldiers, just as Hitler's own rhetoric often presented him as a religious figure sent to Aryan humanity by an unnamed Providence.[21] This was part of a concerted attempt by the Nazi regime to inculcate the population, and especially its soldiers, with a sort of religious fervour. No wonder that especially as the fortunes of war turned against the Third Reich, it increasingly resorted to using the term "fanaticism" as a positive value. Precisely because this word denotes irrationality or even madness, it neatly encapsulates the kind of quality needed by either religious extremists or ideological zealots.

Conversely, one might say that beyond the historical fact that it is a new phenomenon, fundamentalist terrorism is always an attempt to create something new, a new religion that is tailored to contemporary needs as perceived by its creators even as it legitimises itself by reference to tradition, religious authority and reinterpretation of sacred texts. In other words, fundamentalism can be described as much as a rebellion against traditional religious authority as an attempt to restore it. Fundamentalist terrorism strives in fact to overthrow the very tradition in whose name it acts. In this sense it is, of course, revolutionary.

The question of motivation and origins can be examined from yet another perspective. To be sure, totalitarianism is geared to mobilizing the masses and to exploiting the atomization of modern society, replacing the sense of rootlessness, alienation and existential fear with devotion to a cause, loyalty to a leader and attachment to a collective community. But it should also be noted that both in the Third Reich and in the Soviet Union, the rhetoric of individual sacrifice, martyrdom and heroism was never absent, and was greatly accentuated during times of crisis. Thus we can in fact identify a glorification of the individual even when this individual always remained part of the collective and was ultimately embodied in the Führer, the race, the Party or the working class.

In Nazi Germany, Adolf Hitler had two faces: he was both the superhuman leader of millions and the little man of humble origins. He was both the "greatest warlord of all times", and the *Frontsoldat*, the "grunt" of World War I, with whom every *Wehrmacht* soldier could identify since he had experienced the same reality of slaughter and sacrifice they had to endure in the war he unleashed. Coming from the multitude, he was raised above the people, above the law, even above religion. Fashioning himself as both a pagan warrior and a Christ figure, he became the representative, if not the very embodiment, of Providence.

Considering the reality of totalitarianism from this angle, we can begin to grasp the built-in tension in these regimes between mass mobilization and the ideal of individual sacrifice. For just as the leader was both of and above the people, so, too, was every member of society both part of a collective and called upon to make his own individual sacrifice modelled on the figure of the Führer (or the great heroes of Bolshevism). This dynamic can be glimpsed in the art of totalitarian regimes, in which the warrior and the worker, the German and the Russian, look strikingly similar, save for their different uniforms and the slightly different captions. And yet, these standardised figures also represent, and are meant to encourage, individual sacrifice in the service of a greater cause. In other words, they fabricate an individual who is both every man and at the same time is elevated above the multitude.[22]

Similarly, while fundamentalist terrorism indeed stresses individual sacrifice and promises individual rewards, it is never free of rhetoric about the masses. This is not only because, in the words of Yasir Arafat, "millions of *Shahids* [martyrs]" are waiting for the opportunity to blow themselves up, but also because the suicide of the individual is meant as an appeal to the multitude, which is not expected to make this ultimate sacrifice. Such appeals, amplified through clever use of the electronic media, strive to create the circles from which individual martyrdom can emerge, within which it can find support and shelter and upon which it can function as a radicalizing agent. As Mao Zedong observed, the guerrilla fighter must feel like a fish in the sea. Fundamentalist terrorism depends on an environment of concentric circles that fill in the gaps, providing terrorists with logistical and psychological support, or protecting them through fearful silence or passive consent. Mass consensus about the actions of a radical minority is a critical precondition for success, and is in turn dependent on the dissemination of ideas, beliefs, images and role models among the masses.

It should also be noted that the conventional narrative on the relationship between death and the future in totalitarian regimes often obscures their intoxication with self-destruction. It is true that both Nazism and Communism based their entire rhetoric on building a better future. One of the Nazis' favourite songs had the refrain "the future belongs to us", and Communist lyrics consistently justified the suffering and deprivations of the present as a mere passageway on the path to an idyllic future. But at the same time, totalitarianism—more blatantly and compulsively in the case of Nazism, but also quite present in its Bolshevik variant—thrived on a cult of death, whereby dying was not merely a means to accomplishing a better future, but also an end to be sought for its own unique merits. Indeed, worshipping heroic, meaningful, beautiful death, exalting it as an act of fate and faith, is just as inherent to totalitarianism as is its call to fight for a better future. It is part of a particularly morbid version of the cult of the young which privileges sacrificing oneself in the prime of youth over dying in one's bed after a long and uneventful life.

Similarly, fundamentalist terrorism seems to appeal to those who seek liberation from material and spiritual oppression by catapulting themselves into a good spot in the afterlife. To be sure, many of the terrorists of 9/11, as well as many recent male and female Palestinian suicide bombers in Israel, did not at all come from deprived backgrounds. But they appear to have seen themselves as the representatives of the hopeless and underprivileged, and as avengers of a humiliation that they, perhaps, experienced all the more keenly precisely because their relative material and educational advantage enabled them to observe the vast gap between their societies and the West. But whether they were German-educated Egyptian architects, young mothers with law degrees or high school students, they seem to be united by the subjective sense of total hopelessness, the firm belief that they and their families had no future in this world. The only future they could envision, one that had obviously been drummed into their heads by fundamentalist teachings falling on the fertile ground of true despair, was liberation through self-destruction. Whether they believed that they would be allowed into heaven by knocking on its gates with Jewish skulls, or even that they would spend their afterlife with seventy virgins (possibly not an appealing prospect for female suicide bombers), it is clear that the future they envisioned was a death that would give retrospective meaning to a life perceived as lacking all meaning and hope. There may therefore be more similarities between the totalitarian and the fundamentalist cult of death, both on the ideological and the personal psychological, level than initially meets the eye.[23]

This brings us also to the question of control and disintegration. Although, as noted above, totalitarianism is obsessed with control, this obsession is at least partly motivated by a phobia of disintegration through racial pollution, betrayal of doctrine or outside intervention. Hence the domestic purges, show trials, concentration camps, population displacement, ethnic cleansing and genocide. Indeed, because totalitarianism is ultimately a system of mass destruction—Nazism had a particularly nihilistic component, and Bolshevism devoured its own adherents and people in vast numbers—the issue of control loses its meaning: eventually everything is destroyed. Hitler, for instance, ordered a total destruction of Germany on the eve of defeat, which his loyal but technocratic armaments minister, Albert Speer, refused to carry out. Hitler's model was Stalin's policy of scorched earth during the retreat of 1941, in which he sacrificed millions of Russians in the name of defending his own murderous regime. Hence, while up to a point totalitarianism is indeed all about control, its Nazi variant was ultimately more nihilistic than controlling. The regime's final frenzy of annihilation exposed its true nature, whereas its controlling aspects were more a carry-over of the old Prussian militaristic monarchy. As for the Soviet Union, it disintegrated and rotted away not because of lack of control, but because of an excess of it, which hampered all economic and intellectual initiative. Communist control, then, destroyed the very edifice it was supposed to hold together.[24]

Fundamentalist terrorism is, of course, about disintegration, yet its vision is not one of chaos, but of order. Ultimately it seeks to create a timeless, ahistorical, eternal utopia. Judaism, Christianity and Islam, all have this component—the notion that the world will end up out of time, out of history, in perpetual immobility. But some elements in these religions conceive at certain points an urge to accelerate the process, to speed up, so to speak, the arrival of the Messiah or to bring about the apocalypse, the Day of Judgement, in whose aftermath eternal peace will reign. Fundamentalist Islam, like many other religious fanaticisms in the past, wants to bring about the end of days right now and will use all available means to reach that goal.

It should be stressed that the term totalitarianism encompasses both right wing and left wing ideologies. Hence despite their similarities, Nazi Germany and Communist Russia were hardly the same phenomenon and had very different origins. To be sure, five decades ago Jacob Talmon made a powerful argument regarding the origins of both right-wing and left-wing totalitarianism as emanating from the same ideological and political root, namely the Enlightenment and the French Revolution.[25] But the similarity between the two should not be stretched to the extent that it obscures the differences.[26] Indeed, one can just as much speak of Nazism as part of fascism and of Stalinism as being a branch or a particularly insidious distortion of communism and socialism.

Conversely, we should recall that terrorism has deep roots that span the secular and the religious, the right and the left, individual actions and state policies. Suffice it to mention here the impact of such early exponents of political violence as Sergei Nechayev, whose "Revolutionary Catechism" not only influenced Michael Bakunin, but can be seen as having provided the inspiration for a whole range of modern terrorists. Nechayev, of course, served as the model for Peter Verkhovensky in Fyodor Dostoyevsky's *The Possessed*. For Dostoyevsky the anarchist's nihilistic urge stemmed from his "discovery" that God was dead (made over a decade before Friedrich Nietzsche made his own proclamation about the death, or rather the assassination, of God).[27] In fact, however, it would be difficult to distinguish between the assertions made by those allegedly acting in the name of God's absence from the world, such as Nechayev, and those committing murder according to God's presumed will, such as bin Laden. It is worthwhile to cite a few lines from the "Catechism", which was discovered by the Swiss authorities upon the arrest of Nechayev in 1870, to illustrate this point:

> The Revolutionary is a man under vow. He ought to occupy himself entirely with one exclusive interest, with one thought and one passion: the Revolution... He has only one aim, one science: destruction... Between him and society there is a war to the death, incessant, irreconcilable... He must make a list of those who are condemned to death, and expedite their sentence according to the order of their relative iniquities.[28]

This early anarchist text, which can just as much be read as a religious credo, demonstrates an affinity with a whole range of exponents of violence. This affinity has also made it possible for individuals and organizations to move from one ideology or faith to another without transforming in any way their dedication to the politics of the deed, the enforcement of their will by brute force. The last hundred years have produced endless examples of people who transferred loyalties from communism to fascism and vice versa, from religious fanaticism to communism and from Marxism to fundamentalism. The PLO, for instance, legitimised its call for the creation of a Palestinian state in the 1970s, when it relied on support from the Soviet Union, by reference to Marxist ideals of secularism and "democracy". Nowadays it calls for the creation of the same state by reference to Islam, as a reflection of the growing power and influence of fundamentalism among the Palestinians. When allied with such organizations as Hamas, Islamic Jihad and Hizbullah, any talk of secularism and democracy must be muted; yet the means of accomplishing the goal of statehood have hardly changed. If anything, they have become more violent than ever before.

Nazism and Global Terrorism

When comparing Nazism and contemporary global terrorism, it is important to establish whether one is referring to Nazism in the making or to Nazism as a state system. In the latter case the argument could be made that we are, strictly speaking, comparing apples and oranges. While the Nazi State certainly used terror against both its own citizens and those of other countries, there is little point in speaking of a terrorist state if we conceive of terrorism—rather than state-directed terror—as a stateless phenomenon.

Further, in discussing Nazi state terror, we need to distinguish between using terror as a means to intimidate and control the Reich's domestic population—which is how it was seen by most scholars until recently—and using terror as a means of extermination of foreign populations. While employed by the same state, legitimised by related aspects of the same ideology and often implemented by the same bureaucracy or even individuals, there is nevertheless a great difference between these two types of state-sponsored violence.

Conversely, it is necessary to establish whether we can define contemporary global terrorism as genocidal. To be sure, it may indeed become genocidal if it acquires the weapons of mass destruction it appears to be seeking. But beyond our own fears and fantasies, and the presumed fears and fantasies of the potential perpetrators, we have no evidence of global terrorism presenting a genocidal danger at the moment. Yet precisely for this reason the one exception to this observation is of particular importance, not least because it constitutes another troubling link between Nazism and contemporary terrorism. As far as the State of Israel is concerned, and to a certain extent also Jews living in other countries, the rhetoric of contemporary Islamic fundamentalist terrorism is as close to being genocidal as was Hitler's. Taking into account Israel's exposed geographical position and concentration of population in a very limited space, the danger of mass murder once the expressed desire of destruction is backed up by the necessary weapons should not be discounted.[29]

As an increasing body of scholarship has shown, while Nazism relied on domestic control, its legitimacy was not derived from the oppression of German citizens, but rather from the creation of a certain category of demonic enemies. To be sure, Nazi Germany was a police state and the Gestapo was greatly feared, but its efficacy depended largely on denunciations by simple citizens who thus helped enforce its racial policy.[30] Moreover, until the latter years of the war the Nazi regime existed as a consensual dictatorship that could rely on popular support built during the "good times" of the 1930s and fortified during the war by instilling the population with terror of the Reich's domestic and foreign enemies.[31]

What represented these enemies more than anything else was the "Jew", not as an individual, but as a type. Whether the enemy was described as "Judeo-Bolshevism" or as "Jewish plutocracy", what determined his demonic aspect was his nature as the "Jew", a figure that evoked the most unsettling associations in Christian Europe, coupled more recently with the widely propagated arguments of "scientific racism". The most important aspect of this phenomenon was that in reality it was impossible to tell who was a "Jew" and who was not. In other words, the distinctions so crucial for the regime to establish its credentials and implement its ideology were in fact impossible to determine with any degree of scientific certainty. Instead, they were arbitrarily determined by administrative means, using the mechanisms established by the modern state to categorise its citizens.[32] Thus the most demonic aspect of this figure was his elusiveness. Even top Nazi officials were suspected of having some Jewish blood. Who could tell? It could have been anyone. This was, of course, the stuff of fear, phobia, aggression and violence. And it is here more than anywhere else that we may find the closest link between Nazism and global terrorism.

The current fundamentalist Islamic global terrorism has become increasingly obsessed with the figure of the "Jew". The origins of this obsession are not to be found in Islam, for this is a phobia largely imported from Christian Europe. Nevertheless, the disease of antisemitism has become more and more integrated into a radical discourse on the "enemy", who features as a figure that controls much of the world and seeks to destroy Islamic civilization. This figure, it is asserted, already dominates the United States and, of course, uses the State of Israel as its forward base in the Arab-Islamic world.

The propagators of this blatantly antisemitic discourse have found strange bedfellows in recent year, which is one reason why the discussion on the phenomenon is both taking place and not taking place at the same time. A great deal of ink has been spilled on this issue, yet a great deal has been left unsaid. Thus many critics of Israel's policies of oppression and occupation—whose numbers in Europe far exceed those in the United States—do not feel entirely uncomfortable with the argument that things are as they are because of excessive Jewish power and control. European anti-American sentiments, which have been on the rise in recent years, are often bound together with assertions about Jewish influence on American policies.[33] Hence, when Islamic fundamentalists, indeed, even more moderate Islamic voices in the United States, and much more so in Europe, let alone in Islamic countries in the Middle East and elsewhere, speak of the "Jew" as a figure that threatens the peace of the world through American imperialism,

Israeli aggression, economic globalization and so forth, the voices that one would have expected to be raised in opposition to such assertions are often muted or not heard at all. This is an issue on which there is as yet not a sufficiently frank discourse. It is the question of liberal, left-wing acquiescence in antisemitism tinged with a genocidal potential.

This lack of open discussion, whether in the United States or in Europe, brings us back to the beginning, since each group that avoids discussing the antisemitic element in contemporary fundamentalist Islamic global terrorism does so for different reasons. But the resulting conspiracy of silence about the insane and murderous conspiracy theories circulating in entire societies that form the ocean in which homicidal fanatics swim must be broken if we are to deal with this menace. So much of what is not being spoken about is right in our face: we know they are there, we can see and recognise and identify them, but we lack the will to do so, we allow them to spread their poison. This essay is my attempt to speak out.

Notes

1 Omer Bartov, 'Extreme Violence and the Scholarly Community,' in *International Social Science Journal*, vol. LIV, issue 174 (December 2002), pp. 509–518.

2 Isabelle Sommier, 'Du "terrorisme" comme violence totale?,' in ibid., pp. 473–481.

3 Frantz Fanon, *The Wretched of the Earth*, trans. by Constance Farrington, New York 1963.

4 Omer Bartov, 'The Holocaust as Leitmotif of the Twentieth Century,' in Dagmar Herzog (ed.), *Lessons and Legacies VII: The Holocaust in International Perspective*, forthcoming.

5 Raphael Lemkin, *Axis Rule in Occupied Europe; Laws of Occupation, Analysis of Government, Proposals for Redress*, Washington 1944. See also John G. Heidenrich, *How to Prevent Genocide: A Guide for Policymakers, Scholars, and the Concerned Citizen*, Westport 2001; Howard Ball, *Prosecuting War Crimes and Genocide: The Twentieth-Century Experience*, Lawrence 1999.

6 Avishai Margalit and Ian Buruma, 'Occidentalism,' in *New York Review of Books*, vol. XLIX, no. 1 (17 January 2002).

7 See, for example, Walter Laqueur, *Terrorism*, Boston, 1977; Paul Wilkinson, *Terrorism and the Liberal State*, New York 1977; Brian Jenkins, *International Terrorism: A New Mode of Conflict*, Los Angeles 1975.

8 See, for example, Michael Walzer, *Just and Unjust Wars: A Moral Argument with Historical Illustrations*, New York, 1977.

9 Omer Bartov, Atina Grossman and Mary Nolan (eds.), *Crimes of War: Guilt and Denial in the Twentieth Century*, New York 2002, esp. the introduction and chap. 5.

10 See for example Norman J.W. Goda, *Tomorrow the World: Hitler, Northwest Africa, and the Path toward America*, College Station 1998.

11 See most recently John Cornwell, *Hitler's Scientists: Science, War, and the Devil's Pact*, New York 2003.

12 Peter Holquist, 'State Violence as Technique: The Logic of Violence in Soviet Totalitarianism,' in Amir Weiner (ed.), *Landscaping the Human Garden: Twentieth-Century Population Management in a Comparative Framework*, Stanford 2003, pp. 19–45; Raul Hilberg, *The Destruction of the European Jews*, 3 vols., 3rd edn., New Haven 2003.

13 Sheila Fitzpatrick and Robert Gellately (eds.), *Accusatory Practices: Denunciation in Modern European History, 1789–1989*, Chicago 1997; Robert Gellately, *The Gestapo and German Society: Enforcing Racial Policy 1933–1945*, New York 1990.

14 Richard Overy, *Russia's War*, New York 1998; idem, *War and Economy in the Third Reich*, New York 1994; Omer Bartov, *Murder in Our Midst: The Holocaust, Industrial Killing, and Representation*, New York 1996; Nicolas Werth, 'A State against Its People: Violence, Repression, and Terror in the Soviet Union,' in Stéphane Courtois *et al.* (eds.), *The Black Book of Communism: Crimes, Terror, Repression*, trans. by Jonathan Murphy and Mark Kramer, Cambridge 1999, pp. 33–268; Yitzhak Arad, *Belzec, Sobibor, Treblinka: The Operation Reinhard Death Camps*, Bloomington 1987; Ulrich Herbert, Karin Orth and Christoph Dieckmann (eds.), *Die Nationalsozialistischen Konzentrationslager: Entwicklung und Struktur*, Göttingen 1998.

15 Hannah Arendt, *The Origins of Totalitarianism*, New York 1951. See also George L. Mosse, *The Nationalization of the Masses: Political Symbolism and Mass Movements in Germany from the Napoleonic Wars through the Third Reich*, New York 1975.

16 Bernard Lewis, *What Went Wrong? The Clash between Islam and Modernity in the Middle East*, New York 2003; idem, *The Crisis of Islam: Holy War and Unholy Terror*, New York 2003.

17 George Orwell, *Nineteen Eighty-Four, a Novel*, New York 1949.

18 Matthias Küntzel, *Djihad und Judenhass: Über den neuen antijüdischen Krieg*, Freiburg 2002.

19 This argument was most recently made in Michael Burleigh, *The Third Reich: A New History*, New York 2000; Hans Maier (ed.), *Wege in die Gewalt. Die modernen politischen Religionen*, Frankfurt am Main 2000; Emilio Gentile, 'The Sacralization of Politics: Definitions, Interpretations and Reflections on the Question of Secular Religion and Totalitarianism', trans. by Robert Mallett, in *Totalitarian Movements and Political Religions*, vol. I, no. 1 (2000), pp. 18–55. See also the classic Erich Voegelin, *Die politischen Religionen*, Vienna 1938.

20 See for example Emilio Gentile, *The Sacralization of Politics in Fascist Italy*, trans. by Keith Botsford, Cambridge 1996.

21 Omer Bartov, *Hitler's Army: Soldiers, Nazis, and War in The Third Reich*, New York 1991, chap. 4.

22 See, for example, Wolfgang Schmidt, '"Maler an der Front" Zur Rolle der Kriegsmaler und Pressezeichner der Wehrmacht im Zweiten Weltkrieg', in Rolf-Dieter Müller and Hans-Erich Volkmann (eds.), *Die Wehrmacht. Mythos und Realität*, Munich 1999, pp. 635–684; Richard Stites (ed.), *Culture and Entertainment in Wartime Russia*, Bloomington 1995.

23 This type of thinking is described well, even as it is ascribed to a Chinese communist, in André Malraux, *La Condition Humaine*, Paris 1933.

24 For the larger case on this issue, see William H. McNeill, *The Pursuit of Power: Technology, Armed Force, and Society Since A.D. 1000*, Oxford 1983.

25 Jacob L. Talmon, *The Rise of Totalitarian Democracy*, Boston 1952.

26 Both Burleigh, *The Third Reich*, and Eric D. Weitz, *A Century of Genocide: Utopias of Race and Nation*, Princeton 2003, as many before them going back to the early Cold War and even to the 1930s, are keen on stressing the similarities rather than the differences between "Hitlerism" and "Stalinism".

27 In Nietzsche's *The Gay Science* (1882): "God is dead! God remains dead! And we have killed him! How shall we comfort ourselves—we who are the greatest murderers of all?" Cited in Michael D. Biddiss, *The Age of the Masses*, Harmondsworth 1977, p. 86.

28 Cited in George Woodcock, *Anarchism: A History of Libertarian Ideas and Movements*, Harmondsworth 1962, pp. 159–161.

29 See more on this in Omer Bartov, 'He Meant What He Said', in *The New Republic* (2 February 2004), pp. 25–33.

30 Gellately, *The Gestapo and German Society;* idem, *Backing Hitler: Consent and Coercion in Nazi Germany*, Oxford 2001; Eric A. Johnson, *Nazi Terror: The Gestapo, Jews and Ordinary Germans*, New York 1999; Gisela Diewald-Kerkmann, *Politische Denunziation im NS-Regime oder die kleine Macht der "Volksgenossen"*, Bonn 1995.

31 Ian Kershaw, *The "Hitler Myth": Image and Reality in the Third Reich*, New York 1987; Ulrich Herbert, '"Die guten und die schlechten Zeiten". Überlegungen zur diachronen Analyse lebensgeschichtlicher Interviews,' in Lutz Niethammer (ed.), *"Die Jahre weiß man nicht, wo man die heute hinsetzen soll." Faschismuserfahrung im Ruhrgebiet. Lebensgeschichte und Sozialkultur im Ruhrgebiet 1930 bis 1960*, vol. 1, Berlin 1983, pp. 67–96.

32 Omer Bartov, *Mirrors of Destruction: War, Genocide, and Modern Identity*, New York 2000, chap. 3; Robert Proctor, *Racial Hygiene: Medicine under the Nazis*, Cambridge 1988; Paul Weindling, *Health, Race, and German Politics between National Unification and Nazism, 1870–1945*, Cambridge 1989; George L. Mosse, *Toward the Final Solution: A History of European Racism*, Madison 1985.

33 Dan Diner, *America in the Eyes of the Germans: An Essay on Anti- Americanism*, trans. by Allison Brown, Princeton 1996; idem, *Feindbild Amerika. Über die Beständigkeit eines Ressentiments*, Munich 2002; Jean-François Revel, *Anti-Americanism*, trans. by Diarmid Cammell, San Francisco 2003; Philippe Roger, *L'ennemi américain. Généalogie de l'antiaméricanisme français*, Paris 2002; Pierre-André Taguieff, *La nouvelle judéophobie*, Paris 2002; Andrei S. Markovits, *Amerika, dich haßt sich's besser. Antiamerikanismus und Antisemitismus in Europa*, Hamburg 2004.

Anson Rabinbach

Otto Katz: Man on Ice

> Every propagandist is a schizophrenic. He lives a double life in the maze of his own creating, with no thread of Ariadne to show him the way out, and no Daedelus wings either.
>
> (Gustav Regler)

Just as there is no "Jewish radicalism" but "only radical Jews," there has never been a "Jewish Communism" but many Jewish Communists.[1] During the first half of the twentieth century, left-wing and secular ideologies were never representative of the outlook of the vast majority of Jews either in Western Europe or in the *shtetls* of Eastern Europe.[2] But, almost everywhere, men and women of Jewish descent were drawn in numbers, vastly out of proportion to non-Jews, to radical movements. What Isaac Deutscher called the "non-Jewish Jew" was only in certain respects the continuation of a specifically Jewish tradition of transcending the narrow and restrictive borders of Judaism to achieve the "universal as against the particularist, and for the internationalist, as against the nationalist, solutions to the problems of their time."[3] The roads taken by "secular leftist Jews" had many highways and byways, some universalist, taken by a wide variety of socialists, Bundists, and messianic leftists, but most others avowedly particularistic, including most variants of Zionism. As Yuri Slezkine observes: "Jewish participation in radical movements of the early twentieth century is similar to their participation in business and the professions: most radicals were not Jews and most Jews were not radicals, but the proportion of Jewish radicals among Jews was, on average much higher than among their non-Jewish neighbours."[4]

No specific dimension of Jewish culture, society, or thought led inexorably to the Communist career path. In Western Europe, and to an even greater extent in the largely unacculturated communities of Eastern Europe, Communism was rare amongst those Jews who chose to abandon the separate communal and religious life of their parents and grandparents in increasing numbers, especially after the Great War. Even those drawn into the orbit of Communism exhibited a wide variety of national differences and many distinctive types: fellow-travellers, intellectuals, party members, officials and leaders. After 1917, the Soviet Union seemed to offer a degree of Jewish emancipation unprecedented in Russian history and in the 1920s, Jews comprised between four and five percent of party membership.[5] If there is a common feature among Jewish Communists, virtually all abandoned any connection with Jewish identity, taking as their article of faith Marx's famous axiom that social emancipation of the Jews can only occur through the emancipation of society from Judaism.[6] Nonetheless, in the Soviet Union and Eastern Europe during the 1950s, these non-Jewish Jews were also murdered in disproportionate numbers because of their having been born Jewish. One of those was Otto Katz, who, according to a not entirely unflattering portrait by the historian Theodor Draper, written shortly after his death, was "not merely a Communist type; he was an archetype."[7]

Otto Katz was what might be called a quintessentially Habsburg Jewish Communist: self-educated, worldly, and fluent in five languages, with no "national" identity apart from his German mother-tongue and his Austrian and later, Czech citizenship. He was born on 27 May 1895 in the Bohemian village of Jestibnice, some 65 kilometres southeast of Prague. Little is known about his childhood or formative years, but he probably attended only high school (*Realschule*). His father was a businessman, perhaps even a factory owner, and Otto had a year of commercial education at the *Hochschule für Welthandel* in Vienna before the World War, which may account for his admittedly limited business acumen.[8] He served in the Austrian army and was briefly married to a Prague actress named Sonya Bogs with whom he had a daughter. His journalistic career began in Berlin, where he arrived in 1920, joining the German Communist Party (KPD) two years later, after having found a job in the advertising department of the *Montag-Morgen*, a Berlin party weekly.

During the 1920s, Katz spent much of the decade in Moscow. When he returned to Paris in 1932, he was the experienced right-hand-man of Willi Münzenberg, the Comintern's "cultural impresario of genius" in the Western European Communist movement and a key figure in orchestrating the international campaigns of the 1920s, including the International Worker's Aid (IAH), the Sacco-Vanzetti case, and efforts to secure justice for the Scottsboro Boys, eight African-Americans convicted of rape in Alabama in 1931.[9] In 1933, Katz was responsible for Münzenberg's most ambitious campaign of the early Nazi years, centring on the Reichstag Fire and the ultimately successful effort to free the four Communists on trial in Germany for conspiracy to commit arson. In 1937, when Münzenberg was cast off by the Comintern, in serious jeopardy, Katz established himself in both style and substance as Münzenberg's successor; the organiser and propagandist for European anti-Fascism in the era of high Stalinism.

Many facts of Katz's biography have been confirmed only with difficulty; some are still shrouded in mystery. A great deal of what has been written about Katz drew on or amplified the many legends that circulated about him during his lifetime. Some historians have even accepted the verdict of the FBI that he was "a dangerous Soviet agent and (arrestingly, arguably) 'probably a Nazi agent as well'."[10] As the novelist Ludwig Marcuse, who spent a good deal of time with him in the summer of 1938, wrote:

The function of this worldly functionary with the pseudonyms Breda, André Simone, etc. was to speak 'with understanding' to left-wing non-Communists in their own language. It was a pure pleasure, if someone was as naïve as I was. We understood each other perfectly. What he would have done if I had not understood him, I don't know. The wildest rumours circulated. I am convinced that the same might have been said about Metternich, and he was already called 'the Prince of darkness'.[11]

To complicate matters, Katz enhanced the aura of secrecy by his uncanny ability to disguise his past and adapt to the multiple countries, contexts, communities and political challenges that confronted him at every turn. An FBI agent who followed his career noted that he "changes his name just about the same as the Camelion [sic] changes its colours."[12]

The most persistent accusation against Katz in later years was that he was a Soviet agent during the 1930s and 1940s. According to one FBI informant, Katz was "an extremely dangerous type of person and being a real Agent either of the Communist Party or of the G.P.U."[13] Special agent (SAC), R.B. Hood, who handled the Katz file, noted that Katz "is known to be a trained Ogpu agent, who has been suspected of several Ogpu assassinations in Europe."[14] In March 1942, the gossip columnist Walter Winchell (then in the U.S. Navy Reserve) told the FBI that "'Simone-Katz' was one of the 'G.P.U. killers'."[15] He was at times credited with "the murder of Trotzky [sic] and other enemies of Stalin and the Third International," with having "founded the international brigade for the Spanish Revolution," of having a hand in the murder of his former boss, Willi Münzenberg, or of involvement in the death of Jan Masaryk in Prague in 1948.[16] In one particularly bizarre conjecture, he has even been linked to the death of Walter Benjamin (they lived at the same address in Paris).[17]

In January 1942, the writer Gustav Regler, who had worked closely with Katz in Paris, pseudonymously published what he called a "satirical portrait" in a Mexican émigré journal, *Análisis*, edited by a group of prominent anti-Stalinists, including Victor Serge and Julian Gorkin. The article, entitled "Retratos [portraits] (André Simone)," described Simone (Katz) as a devious demagogue in the service of his masters in the Kremlin, achieving his nefarious goals with innuendo, intrigues, bribery; distrusting and if necessary betraying his friends.[18] Ludwig Marcuse recalled that Katz "gradually revealed himself to be the Grey Eminence of the Party, a devilish string-puller behind—how many—affairs?"[19]

The espionage accusation has to be treated carefully, since the various channels of the Comintern, the military, and the Soviet secret services (NKVD and GPU) were deeply intertwined and since no solid evidence of his having worked for the NKVD has emerged.[20] Arthur Koestler recalled that "one of Otto's tasks was, of course, to spy on Willy for the apparatus. Willy knew this, and did not care."[21] In fact, French archives reveal that Willi also spied on Otto, sending regular reports to the Comintern.[22] In her secret conversations with the FBI in October 1951,

Thomas Mann's daughter Erika, who had known him in Paris in 1937, described Katz as "an avowed Communist" and "probably a Comintern agent."[23]

Eavesdropping on a party given for Billy Wilder in Hollywood in 1945, the FBI picked up Bertolt Brecht's remark that Katz was "an alleged OGPU agent in Mexico," but also noted the dramatist's caveat that he "had no official connection and was of no political importance."[24] There is no doubt that Katz worked for the Comintern. As the recently published diaries of Georgi Dimitrov, head of the Comintern from 1934 to 1943, clearly demonstrate, Katz was entrusted with the financing and operation of a number of its European activities, including special errands for Dimitrov.[25] More serious is the question of whether Katz was involved in espionage while in the USA and Mexico. According to James Weinstein and Alexander Vassilev, Katz, "known for his role in tracking down and assisting in the murder of key Soviet intelligence defectors in Europe, visited several of [Whitaker] Chambers's friends seeking information on his whereabouts, further confirming the latter's fear of reprisal."[26] The espionage charge would certainly have to be measured against the more ambiguous notations in the declassified and decoded "Venona" cable traffic from Moscow to Mexico City in June 1944, which explicitly indicate: "André Simone must not be drawn into our work. Details to follow."[27] By 1944, in any case, the Soviet secret service agencies were as suspicious of Katz as the FBI (considering him a possible British agent). To call Katz a "spy" is unfortunately to overstate his role and thus to underestimate his considerable talents, which lay elsewhere.[28] The controversy over whether Katz was in fact a "spy" ironically reproduces the same accusations and exonerations made during his lifetime; the tension between anti-Fascism's Machiavellianism and "progressive" idealism was a decisive component in Katz's political dramaturgy. The charge that Katz was a deceiver, that he "duped" the innocent abroad while remaining the loyal servant of Moscow, or, conversely, that he performed a necessary service in mobilizing the enemies of Fascism, misses the essential point. Katz was clearly both: Without the trust of both Moscow and his influential Western contacts he could not have succeeded in establishing the political hegemony of anti-Fascism among the liberal left in Europe and America.

Katz's private life was hardly exempt from the rumour-mill. He often regaled compatriots with the story of his love affair with Marlene Dietrich when she was still a "chorus girl" (she was a member of the 'Thiel-Girl' troupe) in the early 1920s, before she achieved stardom.[29] Over the years, the story was embroidered until Katz was recently revealed to be Marlene's lover and the father of her only child. "Both were exceptionally talented, sexually insatiable, and relentlessly charming," writes Diana McLellan in her gossipy, *Sappho goes to Hollywood*. "Under his own and many aliases, Otto Katz would serve the party well—as an international writer and editor in five languages, as a Moscow-trained spy and organizer, as a fundraiser and bagman, as an expert originator of Soviet disinformation, and—according to intelligence sources—as an arranger of political murders."[30] Since Katz had been a Communist for only about one year when he met Marlene, and since Stalin was still (in 1923) a bit player, this is a tabloid version, though Katz's Hollywood connections were very real and in the late 1930s he was a prominent figure in the tinsel town circle that included not only Dietrich but Peter Lorre, Charlie Chaplain, Greta Garbo and screenwriter Salka Viertel whose legendary Santa Monica gatherings Katz frequently attended.[31]

These rumours often found their way into the administrative biographies compiled and documented by the police and secret services that took a lively interest in him, as is evidenced by the extensive dossiers on Katz in the archives of the NKVD, the Comintern, the FBI, the British Secret Service (MI 5), the Czech Security Services, and the State Security Apparatus (*Stasi*) of the German Democratic Republic (GDR). For example, one of the sources of the claim that Katz was a "member of the OGPU" and "very closely associated with the Communist cause" was the influential American journalist and columnist, Dorothy Thompson, who phoned the FBI with information about him in February 1940.[32] As for the allegation that Katz worked for French intelligence, in his testimony before a Prague military court in 1956, Ivo Milén, one of the heads of Czech Security Police, testified that the Czech intelligence services had received information from a Soviet source about Katz's espionage work for the French Republic.[33] This assertion, of course, had already played a role in Katz's own Prague espionage trial in 1952. During the war, J. Edgar Hoover's Special Intelligence Service for Latin America monitored the cable and letter traffic of Katz and the other Communist émigrés in Mexico. In an internal memorandum, Hoover noted that "the Bureau is well aware of the international scope of the subject's Communist activities," and "fully aware of the activities of Katz and his associates in Mexico City."[34] With the exception of the Soviet secret service materials, most of these files are now available. Unfortunately, in all too many cases the files reiterate the same unsubstantiated, sometimes outlandish rumours that followed Katz, and which he himself sometimes embroidered. One that proved fatal when Katz was arrested in Prague in 1952, called Katz "the most intelligent" and "the agent of a great imperialist power, probably England."[35] "It is a pity," wrote his friend Theodor Draper, "that Otto could never tell the truth about himself, because his real life was just as amazing as any imaginary one."[36]

Of the many accusations levelled against Katz by his captors in 1952, one is not without its black irony. His accusers concluded that Katz, "was French, German, Czech, that is to say, Jew, and gives the impression of a typical cosmopolitan, without roots in any country or in any nation."[37] There was more than a kernel of truth in the antisemitic *maledicta*: Katz was at home in Prague, Berlin, Moscow, Paris, New York, Barcelona, Mexico City and Hollywood, to name just some of the stations on his remarkable itinerary. One historian of the Prague trials called him "the 'Wandering Jew' of the Czechoslovak Communist leadership."[38] Though rarely in the limelight, the "globetrotter" was simultaneously a talented journalist, public speaker, Comintern bagman, and fundraiser. But his greatest talent was in attracting to his circle of friends people of different backgrounds and orientations, for a common purpose. As Claud Cockburn, the fellow-travelling journalist who worked for him in Spain, noted in his memoirs, Katz demonstrated "an almost necromantic capacity for getting people who naturally loathed and suspected one another organized for joint action. The nature of the—so to speak—material worked on seemed not to interest him greatly; he was as happy welding mutually hateful novelists and poets into a literary league for the defence of this or that."[39]

Katz's charm, his wit, his vanity and his fondness for well-tailored suits enhanced his reputation as a "playboy" and a "dandy." The FBI characterized him as "suave, moving in better society, especially among educated and intellectual groups."[40] To add to his "vast supply of continental charm," Katz displayed a prominent aristocratic sabre scar (*Schmiss*) on his left cheek, probably acquired during his student days in Vienna. Photographs show him to have been handsome, though not extraordinarily so. Draper recalled:

Physically, there was nothing heroic about him. He was a cut below average height, a trifle on the heavy side, with a walk that was a little too much like a shuffle to be graceful. If he had sat quietly with his mouth shut in a roomful of people, nobody would have taken any notice of him. But physical features were the least important part of Otto's equipment. He was a character actor.[41]

"He must have been in his late forties when I met him," wrote the American theatre critic, Hy Kraft, in his memoirs. "Well built, solid, deep X-ray eyes, a winning, welcoming smile, an instant magnetism, a handshake so firm and friendly that it immediately sealed camaraderie."[42]

In 1927, Berlin's most renowned avant-garde director, Erwin Piscator, was introduced to Katz by the "roving reporter," Egon Erwin Kisch, Katz's life-long friend. He offered Katz the job of business manager of his experimental Piscator-Bühne on the Nollendorf Platz, at the time the most famous experimental theatre in Berlin. The Piscator-Bühne boasted such names as Bertolt Brecht, Walter Mehring, Erich Mühsam, John Heartfield and George Grosz as its collaborators. To ensure the theatre's survival, Piscator "needed a man who can really help me financially, as Katz has proved."[43] Just two years later, however, the theatre was so hopelessly mired in debt that it was forced to move from its illustrious home to less auspicious quarters in the Lessing Theater. Its productions suffered as well; it could no longer be called Berlin's most innovative experimental theatre. Hounded by creditors and harassed by tax officials who frequently confiscated the evening profits, the theatre finally collapsed in 1930. Piscator blamed Katz, who resigned immediately. Both men were at the centre of a criminal investigation (no doubt politically motivated) of the theatre's financial improprieties by the Berlin-Schöneberg tax authorities that demanded 16,000 Marks in back taxes. With characteristic understatement, Piscator later noted that "nothing would be further from my mind than to reproach the personal integrity of O. Katz or to question his unconditional loyalty to the enterprise. But Katz too ranked experiment higher than profitability, though he of all people should have considered profitability most important since he was responsible for it, while I was the one responsible for experimentation."⁴⁴ The boulevard press called Katz the "Shylock of Schöneberg," not merely for his failure to pay the local "amusement" tax [*Lustbarkeitssteuer*] but for the bad debts owed to any number of financial supporters and wealthy investors. In the end it was Piscator, not Katz, who was the target of the law, and, convicted of tax evasion, he was briefly sent to debtor's prison for failure to pay municipal taxes, though his sentence was commuted in the midst of a blizzard of favourable publicity surrounding the case.⁴⁵

The story of Katz's embarrassing flight from Berlin contributed greatly to the persistent rumours that circulated about Katz's notoriously loose relationship to money—especially other people's. In Moscow, Piscator warned the Soviets that Katz was the "main protagonist and the one responsible for my collapse" and that Katz had said to him: "If you ever give me another job, whatever you do, please don't put a penny's worth of money in my hand!!"⁴⁶ One acquaintance recalled,

I think that he liked money, not to keep it but to spend it. The more money he had the more women he had and the more notorious or famous they were. Otto was a playboy, not a politician. He scoffed at politics, Communist or any other kind, as a ridiculous waste of time. Parties and cafes suited him better. He was no intellectual himself, but liked to hang around intellectuals. No one took Otto seriously. He was too busy enjoying himself.⁴⁷

Katz himself spoke of his "*vie Bohème*" in those years.⁴⁸

In self-imposed exile in Moscow, Katz published his first (and only) book under his own name, *Neun Männer im Eis: Dokumente einer Polartragödie*, the story of the ill-fated Italian polar expedition of the dirigible airship *Italia*, piloted by Umberto Nobile.⁴⁹ The seven survivors were rescued by the Soviet ice-breaker *Krassin* in July 1928, creating an early propaganda triumph for the regime in the Kremlin. Katz, who provided the first documentary account of the rescue, was now working full-time for Münzenberg, to whom he had been introduced by Piscator. He served as editor and publisher of Münzenberg's Universum Bücherei für Alle, a German-language book club, which between 1926 and 1933 published 131 titles, boasted some 40,000 subscribers and printed 422,000 copies, including translations of works by Upton Sinclair and Maxim Gorki.⁵⁰ Katz's job was to find the appropriate books, cultivate authors and to make publicity for the editions; his departure was occasioned by what he later called Münzenberg's "dictatorial" style of accepting a book for publication without consulting him.⁵¹

A close associate of Lenin's during his period in Switzerland in 1916, Münzenberg was the most sophisticated propagandist and gifted fundraiser among "bourgeois" supporters of the Soviet Union outside Russia. His success in the West won "Willi" the confidence, if not the whole-hearted trust, of Lenin, Zinoviev, and Karl Radek, the Comintern's German expert. He organized the vast propaganda efforts on behalf of the victims of the Volga famine of 1921, creating the Foreign Committee to Assist the Starving in Russia, perhaps the first of the many front organizations that defined Münzenberg's distinctive style of propaganda. Münzenberg's International Worker's Aid (IAH) was created in the image of a modern corporation, even filing for it as a stockholder association, like any other commercial undertaking. Its main purpose was as much to raise money for relief as it was to disguise the famine as a natural disaster, as opposed to an agricultural catastrophe exacerbated by the severe political repression of Lenin's war against the peasantry.[52] Though he vastly exaggerated the amount he raised, Münzenberg shipped a limited amount of aid in the form of machinery and food to Russia. Far more important was Münzenberg's discovery that active support and financial commitment to the Soviet Union had great propaganda potential.[53]

After German Communists abandoned their insurrectionary hopes in 1923, Münzenberg recognized that in the era of Mussolini's March on Rome, the failed Kapp Putsch of 1920, and Hitler Putsch in 1923, "anti-Fascism" could be a source of support for European Communists, especially if combined with pacifism elicited by fears of a European war, anti-colonialism, and anti-imperialism.[54] By the mid-1920s, his Friends of Soviet Russia boasted a prominent array of Western intellectuals and writers like Albert Einstein, Henri Barbusse, and Upton Sinclair as charter members. While a few contemporaries scoffed at Münzenberg's network of organizations as just so many "Potemkin Villages," his apparent success in mobilizing sympathizers and fellow-travellers—however repetitive the membership lists might be—impressed KPD sceptics and his Moscow backers. Münzenberg's obedience to Stalin's 1924 dictum that Fascism and Social Democracy "are not antipodes but twins" was unquestioning, yet even during the ideologically rigid Third Period (1928–1935), his papers managed to represent the cheerful face of Communism, sporting colourful features on everything from polar expeditions to the exploits of deposed or fraudulent royalty.[55] Unlike the dour German Bolsheviks, Münzenberg's "trust" was a popular front *avant la lettre*, directed at a broad audience of non-Communists, sympathizers, and fellow-travellers. Münzenberg's skill was his ability to remain within the bounds of party discipline while inventing ever more novel ways of enlisting the support of sympathizers without alienating them by crude assaults on the integrity of non-Communists.[56]

In 1931, Münzenberg put Katz in charge of the Moscow based *Mezhrabpom* Film company (*Mezhrabpom-Rus*), founded in 1924 as the extensive film production and distribution branch of the IAH. The German concession, Prometheus Film Rental and Distribution, was instrumental in bringing more than thirty Soviet films (for example, Eisenstein's *Battleship Potemkin* and Pudowkin's *Storm over Asia*, but also popular dramas) to Berlin and other German cities. Many of the films were officially German-Soviet co-productions, thus avoiding tax and import duties.⁵⁷ In the summer of 1932, Katz was again in difficulty due to his mismanagement of the *Mezhrabpom* funds. In an angry (but unsent) letter to the Soviet ministry, Piscator described his experiences with Katz:

The financial affairs administrator in the *Mezhrabpom* is comrade Katz, who has demonstrated his complete incompetence and untrustworthiness through his activity in Germany and as a former employee of mine. Despite all this, he has not just remained in the *Mezhrabpom* but occupies his posts with an utter lack of responsibility. I brought his mendacious and tactless behaviour to the attention of the German party. There is an investigation, which I can only wish you would take up from your side. In Berlin people say to me: since last year this Katz, who was in charge of foreign productions, has risen to be the man responsible for the *Mezhrabpom*.⁵⁸

Perhaps escaping another impending scandal, in August 1932, Katz returned to Europe where he helped organize Münzenberg's famous Amsterdam-Pleyal Conference under the auspices of the Committee Against War and Fascism.⁵⁹ Katz learned that the key to any large-scale campaign was adequate financing, the purely symbolic presence of celebrities, dignitaries, and literary lions at the top and a well-organized press onslaught that reached a crescendo in a highly public forum as the culminating event. In short, he learned from Münzenberg the mechanisms of a modern publicity campaign and the techniques of public relations. Münzenberg and Katz brought flash and fame to the Comintern's European efforts even if Münzenberg was often frustrated with Moscow's caution, frugality, or simply indifference to his new propaganda "formula," summed up in the slogan "Against War, for the Soviet Union."⁶⁰ In his final days, Katz recalled that "Only in Moscow did I really come to understand the mission and principles of the Communist Party ... I can truthfully state that in Moscow, in the Soviet environment, I changed."⁶¹ As Draper described him, "Now, under forty, a man in his prime, politics entered his blood. Much of his playboy and business experience still stood him in good stead. His talent for charming certain types of people, his genius for inducing them to part with money, and his gift for intrigue never left him."⁶²

In Paris, Katz proved to be an efficient organizer and he quickly found himself at home, not only among the exiles, but among the *crème* of that segment of European society drawn to the anti-Fascist cause. Combining his passion for the theatre with his passion for Communism, Katz was in the words of the economic historian, Jürgen Kaczynski, "one of the most capable comrades among the [fellow-travellers] non-comrades."⁶³ At the end of August 1933, a small group of German exile-Communists, most of whom had just barely escaped to Paris in the wake of the massive repression that followed the Reichstag Fire, which Hitler and Goebbels blamed on the Communists, arresting Ernst Torgler, Georgi Dimitrov, Vassili Tanev and Blagoi Popov and charging them with conspiracy.

Within months, Münzenberg and Katz published a book challenging the Nazi story and revealing the particulars of a Nazi conspiracy, entitled *The Brown Book of the Reichstag Fire and Hitler Terror*. The Brown Book was the prism through which much of the world outside Germany saw Nazism for more than a generation.[64] One of the all time bestsellers of world Communism, *The Brown Book* was a work of enormous ingenuity which brilliantly matched fabrication with fabrication, conspiracy with conspiracy, and combined mendacity and imagination, invention and plausibility. It created an alternative political world, quite different from the crude Communist one-dimensional worldview, characterized by wooden phrases and clumsy rhetoric. Münzenberg's propaganda network, publications, and organizations projected a picture of Nazism that was to become all too familiar in subsequent years: a regime devoid of popular support, resting on terror, orchestrated by a band of degenerates, dope-fiends, pimps, homosexuals and devious politicians. Even the Social Democratic press considered the *Brown Book* "the most remarkable compilation of documents that was ever orchestrated."[65] Translated into more than twenty-four languages, published in more than fifty-five editions with more than a half-million copies in circulation by 1935, the *Brown Book* was a world-wide Communist "triumph."[66]

Münzenberg was erratic, impulsive, and tempestuous, but he had a genius for orchestrating public campaigns and creating "front organizations," which he practically invented. In Paris, Münzenberg founded the "World Committee for the Relief of the Victims of German Fascism" and at least a dozen organizations world-wide to orchestrate the *Brown Book* campaign.[67] Katz's talent was to manage and coordinate these tactically complex propaganda efforts, especially the tribunal ("counter-trial")—composed of a dozen international lawyers—staged in London in September 1933, which delivered a "not guilty" verdict just days before the actual trial of van der Lubbe and those accused of conspiracy—Dimitrov, Popov, Tanev and the chief of the Communist delegation the Reichstag, Torgler—began in Leipzig.[68] Though the Leipzig Supreme Court condemned to death the Dutch anarchist (council Communist) Marinus van der Lubbe, who almost certainly acted alone in setting the fire (he was executed under a special law enacted ex post facto to make arson a capital crime), the acquittal of Dimitrov, his two Bulgarian colleagues, and Torgler, resulted in no small part from the international attention that the *Brown Book* and the counter-trial attracted. Koestler wrote: "It was a unique event in criminal history that a court—and a Supreme Court to boot—should concentrate its efforts on refuting accusations by a third, extraneous party."[69] Katz followed the first *Brown Book* with another volume, entitled *Dimitrov versus Göring*, focusing on Dimitrov's "heroic" stance in the Leipzig Court. Overnight, Katz turned Dimitrov into a world-wide Communist celebrity.[70] Communism's image, tarnished by the KPD's inaction in January, was instantly refurbished.

On 10 September 1935, Katz travelled to the USA under the pseudonym Rudolph Breda (Breda, in Holland, was the birthplace of Marinus Van der Lubbe) to undertake what was to become his most successful mission, to earn money for the anti-Fascist cause. As "Breda," Katz relished the part of an anti-Nazi underground fighter dedicated to "freeing the world of Nazism."[71] In Hollywood he met Fritz Lang, the legendary German director, whom he greatly impressed and who soon agreed to become the leading figure in the new "Anti-Nazi League" Katz envisioned. "When you were here, I had the feeling that I could at last do something, no longer just sitting around waiting, that I could be active doing anything for a cause which is close to my heart," Lang wrote to Katz shortly after they met. "You gave me the feeling of belonging someplace again. That is a great deal for me."[72] At Lang's request, Katz sent him materials about current events in Germany and promised to return in March 1936 with a "very interesting man."[73] That man, no doubt, was the Catholic intellectual (former member of the Centre Party) and authentic Prince, Hubertus Prinz von und zu Löwenstein, whose visit to Hollywood was surrounded with much fanfare. With Lang and Dorothy Parker on the masthead, Katz founded the Hollywood League Against Nazism, later Hollywood Anti-Nazi League (ANL). Among the other prominent members were Eddie Cantor, Charlie Chaplin, Oscar Hammerstein III, Edward G. Robinson, Donald Ogden Stewart, Boris Karloff and Marlene Dietrich.[74]

The Anti-Nazi League was launched at a hundred dollar a plate dinner at the appropriately named Victor Hugo restaurant on 23 April, 1936. Present were Prince Löwenstein, legendary studio chiefs, [Irving] Thalberg, [Jack] Warner, [David O.] Selznick and [Samuel] Goldwyn, and even a few American legionnaires. Blessing the event was the Cardinal of Los Angeles, John Joseph Cantwell; upon meeting him, "Breda" fell to his knees and ostentatiously kissed his ring. As Cockburn remembered, "Löwenstein 'told me that, though prepared for anything, he had, after all, been startled when he saw Herr Simone-Katz 'genuflect three times and kiss the ring of a cardinal to whom he then presented a Marxist professor just out of jail in Rio de Janeiro'."[75] Bravura aside, though Katz was a huge success, Löwenstein proved lacking in star quality: "But, you ought not to have settled us with the little prince," wrote Lily Latté, Lang's companion, in despair, "he is, as you know, already a few months here, but he has not got your spirit. He makes a bad impression, and we don't like him at all."[76]

Salka Viertel, the screen writer, confidante of Greta Garbo, and Santa Monica *salonière*, was more than a little surprised that when she was introduced to a Mr. "Breda" he "turned out to be none other than the Otto Katz whom we had known in Berlin as a Communist."[77] One day, she recalled, the famous director Ernst Lubitsch called her to say that he was resigning from the League because it was controlled by the Communists. Viertel replied that the Prince was certainly no Communist and that Breda was "back in Germany risking his life and that the Popular Front was the only way to fight Fascism."[78] Though Breda/Katz was actually back in Paris, his appeals to the cocktail party left in Hollywood yielded donations for the Anti-Nazi League. Even when Katz was not in town, he was effective in mobilizing Hollywood support against Nazi Germany. "Many people ask me here when you are coming again," Lang wrote in 1938, "they think a great deal of you. But when you come again, for God's sake don't bring any princes with you."[79] In March 1940, Kisch, then in New York, thanked Lang for his efforts: "You must not think that I am arrogant if I tell you that it is not for my own sake that I am glad of this salvation and this assistance but also for the sake of the saviour the helper. For what would be an artist without solidarity, and what would be the aesthetical without the ethical?"[80] As Draper later recalled, "Otto, the heroic German 'underground fighter', was a great success at private parties and collected more money than anyone had imagined possible for a political cause."[81] More than once, Lang asked Katz to return to Hollywood to help with the fundraising efforts since his charming personality and "newness" to the Hollywood scene proved so persuasive for Hollywood celebrities.[82]

In a "Letter from Breda," in the possession of the FBI, which kept close tabs on the League as early as 1935, Katz outlined the structure and purpose of the organization, recommending that the League disseminate information through "publicity in the press, meetings, small gatherings, cultural forums, discussions and the propagandising of anti-Nazi literature."[83] Katz saw the larger purpose of the League as fighting against Nazism and Nazi agents in the U.S., but seemed to give priority to supporting the anti-Nazi movement inside Germany, both "politically, morally, and financially."[84] He underlined the importance of a campaign to free the most important political prisoners in German concentration camps: "Carl von Ossietzky, Carlos Mierendorff, Ernst Thälmann, [Karl Wilhelm] Liebke and [Fritz] Brandes." In addition he announced that "a special amnesty conference for the political prisoners in Nazi Germany will be held in Paris and New York."[85] Above all, the League would give its support to the campaign to "liberate Thälmann" (the former head of the German Communist Party imprisoned in Buchenwald). Though the League was less inclined to implement some of the more obvious party-oriented items on Katz's list, fearing that it would alienate most members who were not Communists, Katz clearly played a central part in its conception; even Katz's recommendations for varying levels of membership dues—sponsors ($25), members ($2), and associated members ($1)—were implemented almost exactly as he had suggested.[86] Katz liked to say: "'Columbus discovered America,' and 'I discovered Hollywood'."[87]

Even when not in Hollywood, Katz was always busy as a "sharp-shooting press agent and public relations counsellor for the organizations in which he was interested."[88] From abroad, Katz sent the committee updates on the events in Europe, pamphlets, and reading material informing them of resistance efforts. As Katz wrote to Lang, "I believe that my time in Hollywood was satisfactory. We must now see that our connection is not broken."[89] The Hollywood Anti-Nazi League was hardly Katz's only preoccupation. In 1934, he led a British committee that included the left-wing Labour MP Ellen Wilkinson and the Earl of Listowel to investigate the suppression of the miner's revolt in the Asturias region of Spain. He was instrumental (along with fellow *Brown Book* author Gustav Regler) in the utterly hopeless Communist campaign against Nazi efforts to detach the Saar region from France in a plebiscite in 1934 (the plebiscite was an overwhelming Nazi success).[90] While in Paris in 1938, Katz organized a committee to support German and Austrian underground volunteers against Hitler. Again, Katz contacted Lang for his help in convincing Hollywood activists that they could "really do something for the German volunteers."[91] In 1938, through his contacts with Heinrich, Erika, and Klaus Mann, Katz can also be credited the attempt to bring into existence a "Provisional Thomas Mann Committee," with a kind of German government-in-exile to be headed by Mann.[92]

During the Spanish Civil War, Katz ran the *Agence Espagne*, a Communist sponsored press and information office, founded in Paris in October 1936 by Jaume Miravitlles, a member of the Republican government.[93] Its official role was to "produce" the image of the Spanish Civil War that would influence public opinion in Britain, France, and the United States. Katz himself published *Hitler en Espagne* which provided some of the first documents to prove that Hitler and Mussolini had long prepared for war in Spain, intending to expand the peninsula conflict to the rest of Europe.[94] The office coordinated the activities of British Parliamentary delegations, influential visitors, and journalists, among them Arthur Koestler whom Katz sent to Malaga to report on the Southern front, and Claud Cockburn (the notorious Frank Pitcairn of George Orwell's *Homage to Catalonia*) was dispatched to Barcelona. "Katz's journalists" also included the American Louis Fischer and an English journalist, William Forrest, who had previously reported from Madrid for the right-wing *Daily Express*.[95] Cockburn described Katz's *modus operandi* in his memoirs: when he arrived in Spain, Katz greeted him effusively and told him what he needed was "a tip top, smashing, eyewitness account of the great anti-Franco revolt which occurred yesterday at Tetuan, the news of it having been suppressed by censorship." When Cockburn replied that he had never been to Tetuan and know of no such revolt, Katz said impatiently, "Nor have I heard of any such thing," the real point was to pressure the French government into supplying arms by making it look as if Franco might lose the war.[96] His new position, according to his wife Ilse, allowed him to disseminate news from Spain throughout Europe and it turned out to be very interesting work for Katz, who, she said, "discovered his journalistic capacities."[97] Katz frequently called on Hollywood activists to collect funds for the loyalist cause and kept them well-informed of events in Spain. He embellished his reports accordingly: "I was in Barcelona and experienced all of the fights there. I saw how the workers, with knives, pistols, and hunting guns went out against cannons and machine guns and won," Katz reported to Lang, adding "the fight which we are fighting there will also be fought against Hitler, who financed and armed the Spanish Fascists."[98] In reality, Katz's sojourns in Spain were less adventuresome. In his memoir, Louis Fischer recalled that Katz often lunched with the Prime Minister, Juan Negrín, at his villa outside Barcelona. In August 1937, he was vacationing in Sanary-Sur-Mer on the Riviera with the procommunist MP Ellen Wilkinson and filmmaker Friedrich Wolf.[99]

Nonetheless, Katz put his literary talents to good use in Spain, writing what the press called "a new Brown Book," exposing the Nazi involvement in the Civil War. In December of 1936, he mailed a copy of the book to Hollywood, which he referred to then as "Spies and Plotters in Spain" but later titled *The Nazi Conspiracy in Spain*.[100] "We have to show the German manipulations in these happenings," Katz remarked in a letter accompanying the book.[101] It was reviewed in the League's newsletter, *Hollywood Now*, as a "true thriller" which contained "documentary evidence" showing the direct connection between Spanish rebels and Berlin. Though Katz was not referred to by name, the reviewer encouraged readers to heed the warnings of his book: "Here are presented the facts of the direct Nazi intervention in Spain. It is an indication of how Nazism is working in every democratic country as part of its war program which has already born bloody fruit in Spain."[102]

What did not appear in Katz's publications was his increasingly difficult situation in the late 1930s. By November 1937, Münzenberg was in dire straits. Stalin called him a "Trotskyite" and personally pressed Dimitrov to lure him to Moscow: "If he comes here we will arrest him immediately. Make an effort to entice him to come."[103] The crime of "Trotskyism," as Münzenberg well knew, carried a death-sentence, and his organisation was rapidly shut down and its funds expropriated by a Soviet agent named Bohumir Šmeral, a Czech *apparatchik* well-known to Katz.[104] As Katz's wife, Ilse, later recalled, in late 1937, Katz was confronted with the choice of whether to remain loyal to Münzenberg: "He submitted to party discipline—out of his sense of loyalty—" and "because he could avoid the predictable isolation and continue to maintain his contacts with the most influential circles in Western Europe and America and pursue his successful struggle against the Nazis."[105] Katz's work on behalf of the Spanish Republic—which meant taking an active part in covering up the Communist crushing of the non-pro-Soviet parties in Spain—was one of Katz's lifelines in 1937–38.[106]

On 20 April 1939, Katz arrived in New York under his own name (with a valid Czech passport) and visited Hollywood and Washington, where his connections once again proved lucrative. Significantly, there was nothing particularly illegal about his activities at that juncture. As one FBI informant summed up his activities: "Katz used money for subsidising papers, bribes, etc. and in his smooth way in social circles brought influence to bear with the right people as far as possible. Especially welcome were funds used to ingratiate Communists to build up a 'popular front' among the German émigrés in Paris."[107] In May, on the recommendation of Thomas Mann, he met Supreme Court Justice Felix Frankfurter and James Roosevelt, the president's son, who helped him raise the "considerable sum of money" which was turned over to (KPD *Politbüro* member) Franz Dahlem upon his return.[108]

Unlike most of the German émigrés in Paris, Katz was spared internment in September 1939 because of his Czech citizenship. In December, however, Otto and Ilse were arrested and held briefly until they gained their release through the offices of the pro-Soviet French Interior Minister Georges Mandel who had them deported to the U.S.[109] Arriving in New York on the *President Adams* on 21 January 1940, Katz told immigration authorities that he had come to write articles for *L'Œuvre* [sic : *L'Ordre*] "on the attitude of the American people with regard to the war in Europe."[110] In Hollywood, along with Kisch and the writer Bodo Uhse, he helped organise the Joint Anti-Fascist Refugee Committee, working to gather funds for internees in the French detention camps and for refugees fleeing Europe.[111] While in New York, he wrote his best-selling book, "*J'Accuse: The Men Who Betrayed France*," the story of France's 1940 defeat from the perspective of an eyewitness, André Simone, the pseudonymous author.[112] So convincing was the narrative that even the author of the English preface was convinced of the masquerade: "Simone wields his weapon of rhetoric with that combination of farce and sarcasm which is inimitably French."[113] Katz may have written the book in the U.S., but its command of the facts, its passages attesting to intimate, first-person knowledge of events and personalities, and its outrage appeared utterly authentic. Its indictment of the Munich appeasers, of the French right, and of the Socialists (especially Leon Blum, "son of a wealthy Jewish silk and ribbon merchant" who, he claimed, lacked the requisite "ruthless courage") sounded like the rage of a Frenchman betrayed.[114] The thesis is simple: "France was not beaten by Hitler. It was destroyed from within by a Fifth Column with the most powerful connections in the Government, big business, the State administration and the Army."[115] Only the Hitler-Soviet pact and the role of the French Communists in bringing about the French collapse are not mentioned. Once again, what Katz succeeded in doing was not so much ignoring the "border" between fact and fiction, but of deftly crossing and re-crossing it in order to create an alternative political and historical reality, built on a broadly outlined conspiracy, invented sources and interviews, pretended intimacies, and of course, "real facts." Katz's perfect orchestration of these elements was the key to the final product: "Instead of an author with a German name, readers in the USA would rather believe a French journalist, to whom 'his' politicians and military men revealed the most intimate secrets."[116] Both the *Brown Book* and *J'Accuse* illustrate what has come to mean "anti-Fascism," not so much an ideology, nor merely the conviction that the Nazis were evil and had to be opposed, but a particular variant of that conviction that was in fact a political *trompe l'œil*, a way of envisioning the enemy that preserved the integrity of two diametrically opposed worlds: the heroism, martyrdom, sacrifice (the pro-Soviet "resistance") of the (largely Communist) Left, and the weakness, lack of will, and corruption of Capitalism and its allies. *J'Accuse* was written during the heyday of the Hitler-Stalin Pact and its denunciation of Western appeasement, justified as it was, ignored the more dramatic appeasement of the Soviet Union.

By 1940, U.S. Immigration authorities, acting on detailed information, were alerted to Katz, who was suspected of being a "member of the OGPU." Otto and Ilse were held on Ellis Island but gained their freedom (and a three-month visa) through the intervention of his close friend, the writer Lillian Hellman, who helped raise the one thousand dollar bond necessary to gain their release.[117] In an affectionate portrait of Katz in her memoirs (Hellman acknowledges that it was Katz who persuaded her to go to Spain) claimed that Katz had stayed in Spain "until the very last days of Franco victory, and when, in New York, a few of us found the bail to buy him out and to send him on to Mexico" (Katz was not in Spain by the time of the Loyalist defeat).[118]

In 1940, when the F.B.I. was particularly anxious about interventionist circles on the left, Katz (or André Simone, as he was now known) was attracting the attention of J. Edgar Hoover, and in June 1940 the Katzes were temporarily taken into custody by immigration authorities for failure to depart from the U.S.[119] In November they entered Mexico from Laredo, Texas, where Otto joined the growing community of well-known Communist functionaries that included Alexander Abusch, Otto Börner, Erich Jungmann and Leo Katz. Also gathered in Mexico City were the Communist writers Kisch, Ludwig Renn, Anna Seghers, Bodo Uhse, Getrude Düby and the journalists Bruno Frei, Walter Janka, and Rudolf Feistmann.[120] The centre of German Communist exile cultural activity was the Heinrich-Heine Club, with Seghers as President, and the publishing house, *El Libro Libre*, with Kisch, Uhse, Seghers, Paul Mayer and Renn as its most prominent authors. Among its publications were the successful novels, *Totenjäger,* by Leo Katz, and *Revolte der Heiligen*, by Ernst Sommer, the first to deal with the extermination of Jews in Eastern Europe.[121] A number of Jewish Communists were also active in the *Menorah*, an association of German-speaking Jews, founded in 1938.[122] In the political spectrum of German exiles, the Communists were a small minority, comprising no more than a hundred (of whom sixty were of Jewish origin) of the three thousand German speaking émigrés.[123] Katz's arrival was noted by the German Embassy, which passed on to Berlin the news that "sharply anti-German and pro-Stalinist articles" by "a certain André Simone" had lately appeared in the Marxist press, and that "Simone is identical to the notorious German Communist Otto Katz."[124] The exiles enjoyed the protection of Vicente Lombardo Toledano, the charismatic Mexican trade union leader, who was pro-Soviet and anti-Nazi. Katz became Toledano's foreign policy advisor, accompanying him on a trip to Cuba where he lauded the—then—pro-Soviet dictator, Fulgencio Batista.[125] After the German attack of 21 June 1941, Katz published *La Batalla de Rusia*, a report on the heroic defence of the Soviet Union, and in March 1941, the group created the "Bewegung *Freies Deutschland*" (BFD) with Simone as Secretary and Renn as President. In November, the periodical, *Freies Deutschland*, appeared with Katz/Simone and Bodo Uhse as chief editors.

Though Mexico might have appeared to be an almost idyllic reunion of some of the *Brown Book*'s main authors—including Abusch, Feistmann, and Regler—not all had remained in the Communist fold during the years of the Hitler-Stalin Pact. In August 1939, Regler, who had been a political commissar in the International Brigades, privately registered his disbelief at the news of the pact; it was the beginning of the end of his allegiance to Communism. When Regler was interned at the Le Vernet camp a few months later, he found himself increasingly isolated among the German political refugees who were predominantly still Stalinists.

In the fall of 1940, Regler arrived in Mexico City. By then, he had not yet openly broken with the Stalinists, but was already a close associate of Victor Serge and other pro-Trotsky intellectuals, active in the leadership of the Liga Pro-Cultura Alemana, an anti-Nazi umbrella organisation driven with political hostilities. In his diary, Regler recorded that he first saw Katz in Mexico on Bastille Day, 14 July 1941, speaking at a large trade union rally in Mexico City "beneath the dead volcano."[126] Not quite one month after the invasion of the Soviet Union, only a few weeks since the strictures of the Hitler-Stalin Pact prevented Katz, or any other Communist, from publicly attacking, even uttering the name of the enemy that had driven them out of Europe into Central American exile, Katz suddenly reappeared. "Why," Regler asked himself, "was my first thought to draw a pistol and drop him in mid-sentence?" "Did I fear certain lynching," he wondered, "or was I just inhibited by the sudden and overwhelming realisation that he was doing the right thing to so completely underestimate the people below him; did they not cheer for the theatre which he so boldly staged?"[127]

In January 1942, Regler published many—though not all—of his thoughts about Katz in the avowedly anti-Stalinist *Análisis*: "He has no friends, he distrusts every human being and is convinced that anyone could betray him. He himself could instantly betray, in a minute he could go over to the enemy."[128] Regler had brazenly levelled the first public attack; the reaction was not long in coming. In February 1942, Kisch published a vituperative article accusing Regler of denouncing leading Communists to the Gestapo at Le Vernet. No one, Kisch asserted, who was not a spy or a "fully subscribed member of the Nazi Party" would have been made barracks chief or enjoyed such privileges. A declaration signed by a number of Communist internees (Georg Stibi, Paul Krauter, Rudolf Feistmann and Paul Hartmann) named Regler as the one who had denounced Franz Dahlem and Siegfried Redel, both prominent German Communists.[129] Among the Communists in Mexico, hatred of those who had become "renegades" was intense, absolute: "We never get together with Gustav [Regler] and Bab[ette Gross – Münzenberg's companion], indeed, I never saw them anywhere," commented Seghers about her one-time close friends in 1941.[130] Kisch's accusations—which also appeared in the Spanish language press—were of course baseless; in a letter to the *New Republic* (co-signed by Paul Willett), Koestler denied the charges and in his account of Le Vernet, *Scum of the Earth*, included a description of how the Germans in Barrack 33 had elected Regler (called Albert) as their leader.[131] Regler recorded the events in his diary; it was a "popular Katz campaign," orchestrated to paint him as an "agent of the *deuxième bureau* a spy or even a Nazi."[132] For Regler, it was Katz who was "the real agent," the incarnation of the great Stalinist deception, but "it could have been any one of "a thousand other professional colleagues."[133] Even some of those close to Katz at the time, like Bodo Uhse, were repelled by his machinations: "It is almost exciting to see how this clever player rides the ebb and flow of things. Physically, he shudders under every blow. Mornings he spins like a top, occupied and preoccupied with all manner of business as if he had a thousand hands. He does much good and much evil—and feels his powerlessness."[134]

Katz's [having officially adopted the name André Simone] very real powerlessness was soon apparent in the so-called "Stibi-Affair" that consumed the "Mexicans" (as the exile Communists were called) during 1942. In January, a closely knit "smaller party leadership" was formed with Leo Katz, Bruno Frei, Otto Börner, Simone and Feistmann, with Stibi at the top (ironically, Leo Katz was Rumanian, Frei, from Bratislava, and Katz from Bohemia, which gave the group a decidedly *K. u. K.* flavour). Stibi, whose wife had worked for Walter Ulbricht, was loyal to the so-called "Moscow" group and was reputed to have launched party purges in Paris. In 1942, his presence in Mexico City created a great deal of anxiety among the exile Communists since it was obvious that he wanted to assume the leadership of the BFD and had already put forward—following a Moscow directive—a plan to accept in the organization former officers of the Reich military (which in fact occurred after the capture of General Paulus and the surrender of the Sixth Army in 1943). In April, Leo Katz and Otto rejected Stibi's proposal, whereupon he duly denounced them both as "agents of the western secret services," forcing them to give up their functions until the arrival in Mexico of Paul Merker in June 1942. As the only member of the KPD *Politbüro* in Western exile and the head of the Mexican exile group, Merker took over the leadership of the BFD, rehabilitated Katz/Simone and Leo Katz, and, in 1943, suspended Stibi and Börner "for an unlimited period of time." With Merker in charge, Erich Jungmann and Alexander Abusch, Simone, Leo Katz, and Zuckermann took over the leadership of the BFD.[135]

The new leadership was no less Stalinist than the old; Katz's sycophantic portrait of Stalin in the December 1942 number of *Freies Deutschland* can only be read as an act of reparation. Among other things, he argued that the victories of the Red Army were unthinkable without the liquidation of the "Trotskyite Fifth Column" and asserted that the "rectitude" of the Moscow Trials and their importance for the victory over Hitler were "almost universally acknowledged."[136] Katz demonstrated that he was a loyal subaltern of Stalin, but at the same time, the anti-Fascists in Western exile took the initiative in bringing to the fore the Jewish dimension of Nazi criminality. According to Walter Janka, what distinguished the "Mexicans" from the party leaders in Moscow, like Walter Ulbricht and Wilhelm Pieck, was their "moral and political commandment" to acknowledge the crimes against the Jews and other victims of the Nazis.[137] The Communist exile milieu in Mexico City was largely of Jewish origin and even if there was little that one could legitimately call "Jewish" about these non-Jewish Jews, anti-Fascism was the natural stance of those who understood the stakes for European Jewry earlier and with greater alarm than was otherwise the case.

Paul Merker, as Jeffrey Herf has shown, published the only works by "a leading member of the KPD—and then, after 1946, of its successor, the Socialist Unity Party—in which the Jewish question occupied centre stage in a Communist analysis of Nazism."[138] In October 1942, Merker published "The Jewish Question and Us," in which he acknowledged the responsibility of the German people for not opposing racial antisemitism, called for the re-emigration and restitution of the exiles, and, argued that the creation of a national Jewish state should be considered at a future international peace conference after the defeat of Nazi Germany.[139] In the June 1943 issue of *Freies Deutschland*, its editor, Erich Jungmann appealed to the (non-Communist) Jewish émigré groups to take part in the exile movement against Hitler.[140] Perhaps even riskier—given the silence of the Soviets and the party leadership in Moscow—was his assertion that Jews could be both anti-Fascists and likewise affirm "their membership in the Jewish world."[141] In March 1945, the Bund Freies Deutschland held a public memorial for Jews murdered in Europe.[142] Given the overwhelming proportion of Communists of Jewish origin in Mexico, these acts should not be surprising; moreover, even the Soviets supported the famous trip by the leader of the Jewish Anti-Fascist Committee, the actor Solomon Mikhoels, to the West in 1942, which included a stopover in Mexico City.[143]

Years later, after their return to the GDR, these courageous actions were re-inserted in a perverse narrative that centred on the "Zionism" and "cosmopolitanism" of the exiles, directly threatening the lives of the "Mexicans." On 20 December 1952, the Central Committee of the Socialist Unity Party (SED) accused Merker of having "ordered the majority of German émigrés to join the Zionist lodge Menorah" in order to come into contact with businessmen engaged in shipping arms to Japan.[144] Ten days later, a resolution of the SED concluded that "André Simone inspired this Zionist policy and Merker announced it in the press of the German emigration group."[145] Merker, Abusch, Jungmann and Stibi were arrested and interrogated in preparation for a planned trial that focussed on their participation in the "Menorah Circle" and on Merker's philosemitic and pro-Zionist articles. There is no question that while in exile, Merker sincerely believed in the creation of a Jewish state in Palestine and regarded it as the duty of any future Germany to create the conditions for Jews "who either want to continue living in Germany or despite everything, want to return one day, to guarantee complete respect, security, protection and economic advancement."[146]

Suddenly, the non-Jewish Jew became a negative identity; a dangerous, indeed, a threatened identity that was proof of the politically dangerous consequences of their "cosmopolitanism." Even during the Great Purge of 1936–1938, which claimed many victims in the Soviet Union of Jewish origin, they had been stigmatised as Germans, Czechs, or Poles, rather than as Jews.[147] During the war, Jews regarded the Soviets as liberators, though Communists, including the Jewish Communists, were inhospitable to non-Communist Jews and practicing Jews. But, Communists of Jewish origin found themselves in an increasingly difficult situation, however much they believed themselves to be first and foremost Communists and not Jews. Communism, especially in the post-1945 Stalin era, was a national phenomenon; those Communists, like Katz, Kisch, Seghers, Weiskopf and countless others who had spent their lives in an international milieu, did not easily fit themselves into the nationally oriented Communist parties that emerged after the war. Katz, for example, had no great desire to return to Prague; his choice was Berlin.

In 1946, after almost six years in Mexican exile, Katz was called back to Prague to work as a journalist where he eventually became foreign affairs commentator for *Rudé Právo*, the Czech Communist Party (KPČ) daily, the first official party post that Katz had ever held. During his tenure at *Rudé Právo*, Katz proved a compliant writer, carrying out the directives of the party without question. Among his many articles was an especially glowing portrait of Rudolf Slánský, General Secretary of the Czech Communist Party (KSČ) (which would contribute to his undoing). While attending a Communist-sponsored Peace Congress in Paris during that summer, Soviet Foreign Minister Molotov noticed Katz and asked the ominous question, "What is this globetrotter doing here?"[148] As Eduard Goldstücker, first Czech ambassador to Israel and, like Katz/Simone, a victim of the Slánský purges, noted, "after that the name cosmopolitan would be identical with the name Jew. Jews were the cosmopolitans par excellence—scattered about the whole world, they served Imperialism."[149]

On 19 June 1952, Katz was arrested and accused of high treason, espionage, sabotage and military treason. Along with eleven other defendants, Katz was convicted and sentenced to death on 27 November 1952. At the brief trial, Katz confessed to having been recruited into the British Intelligence Service in 1939 by the English actor and dramatist Noel Coward, as well as to the crimes of espionage and "cosmopolitanism," admitting, among other things, to having been a "triple agent," working simultaneously for Britain, France, and the United States.

Katz's courtroom statement was an ostentatious display of abjection, culminating in a plea for his own execution: "An Architect of the Soul, such as I am," he said, "belongs on the gallows."[150] He was hanged on 3 December 1952 along with eleven other Communist leaders (eight were Jews).

For a brief time, during and (even after) the Prague Spring in 1968 and 1969, an official historical commission (Piller Commission) was empowered to investigate the political trials in Prague with access to previously secret archives of the Czechoslovak Communist Party. Among the dossiers of those condemned during the epoch of the great show trials of 1949–1953 was that of one André Simone/Otto Katz, who, like all of the accused, surrendered after months of humiliation, physical and psychological torture, and threats, inevitably signing the (already prepared) confession demanded by his case officer and testifying in open court to a conspiracy fabricated in advance by his jailers and carefully scripted by Soviet advisors. A prominent part in the trial was played by certain (fabricated) documents that arrived in Prague at the end of 1950 via the intermediary of the Italian Communist Party (PCI) claiming that "above all Katz," but also Leo Katz (a Rumanian journalist and no relation), Rudolf Feistmann, Paul Merker, Ludwig Renn and others" had worked together in Mexico "against the USSR and were without a doubt double agents."[151] All of these individuals, most prominently, Merker, were of course in the inner circle of Communist exiles in Mexico City from 1941 to 1945.[152] The trial of the Czech Party leadership ("Slánský – Centre") was occasioned by the antisemitic wave in the Soviet Union (beginning with the murder of the leaders of the Jewish Anti-Fascist Committee in 1948 and 1949), though the specific occasion for the Prague trial was to demonstrate the "anti-Zionist" and anti-Israel (now identified with U.S. Imperialism) turn in Soviet Foreign Policy in 1951. There is no doubt that had Stalin not died in March 1953, other, similar trials would have followed, most likely in the GDR where preparations were underway for a "German Slánský-trial" against Merker.

Among the papers found in Katz's dossier in the secret archives of the party by historians working for the [Piller] Commission investigating the political trials during 1968–69 were his prison letters to Ilse, to whom he wrote poignant and moving notes in his last days ("Not being able to lessen your terrible torment is worse than any punishment.") and a letter to the President of Czechoslovakia, Klement Gottwald, dated 3 December 1952, the day of his hanging in the Pankrac prison. There he wrote, "I declare every word of this letter is based on the truth." Katz denied ever having been "a conspirator or a member of Slánský's anti-state centre. I was never guilty of high treason, never a spy, never an agent beholden to Western or other services."[153] Like all of his co-defendants, Katz broke under the combination of physical and psychological pressure, along with the appeals to party loyalty. In his final letter to Gottwald, Katz described how he was systematically broken by his case officer: "He said my arrest implied that the party had already condemned me, that I had no right to present evidence, that if I didn't confess, he and his colleague would take turns interrogating me all night, and that if I collapsed, they'd drench me in ice water. He threatened me with the punishment cell and with beatings. That scared me; but one particular threat affected me tremendously, namely, that my wife would be arrested if I didn't confess."[154]

For these Communists, especially the Jewish defendants, biography, not biology was destiny. "My past," Katz wrote, played a great role in the interrogation. The case officer stated in the court protocol that I had been undermining the labour movement for thirty years and that I advocated Trotskyite positions as early as in 1927. The fact is that in those days, I wasn't even interested [in politics], that I lived a Bohemian life."[155] His entire history was turned into a seamless trail of deception, betrayal, criminal conspiracy. His interrogator browbeat him for days on end:

Interrogator: "We know that your father was a member of Jewish organizations."

Katz: "Father never did belong to any Jewish association."

Interrogator: "You made the rounds of the newspapers and hawked your stories like a salesman."[156]

Katz: "I never did anything of the sort. All my stories were written on request."

Even his most well-known book *J'Accuse* was now "imperialist propaganda" (the interrogator admitted to never having laid eyes on the book before the trial). At one point the staff captain told him that "if two case officers failed to extract a confession, another team would come, and a third, a fourth and so on. If it were to take five years." Eventually he caved in.

> I reflected on this perspective. I reached the conclusion that only the intervention of higher authorities could turn the situation around. I therefore decided to confess whatever the case officer wanted, in statements so preposterous that they were bound to catch his superiors' attention, make them investigate the case, and give me a chance to prove my innocence. Unfortunately, this hope—and I realize today how naïve it was—didn't work out.[157]

Katz's letter sheds light on the thought-process of the accused in these trials; contrary to Koestler's famous explanation in *Darkness at Noon*, they did not confess solely out of identification with the logic of Marxism-Leninism, Historical Necessity, or, because one cannot be wrong against the party, even when it might be unjust. It is true, of course, that the "crimes" to which Katz confessed were not "crimes" when they were allegedly committed; he may indeed have had contact with the Americans investigating Nazi activity in Mexico, and he had been (it was his job) in contact with foreign journalists in Prague. He most certainly had written pro-Jewish and even pro-Jewish statehood articles in exile. But the Soviet Union and the Czech government had then supported the division of Palestine and a Jewish State; the Czech government was one of the first to recognize the new state and supply it with arms. Indeed, Otto's "crimes" were yesterday's party line.[158] For the Communists on trial for their convictions, it was their past lives that condemned them. In the surreal world of Communist anti-Fascism, the same biography could endow enormous power and prestige or be a source of danger and destruction. Those who joined the party before 1933, who were key figures in the anti-Fascist movement, who went to Spain, either to fight or write, who were in jail or exile was the ideal "curriculum vita," and simultaneously, the most suspect.[159] This was all the more true for Katz, who had been instrumental in creating the myth of anti-Fascism, who wrote the triumphal story of the heroism, sacrifice, and suffering of illicit Communists in Germany, trumpeted the Spanish Republic, and condemned the West for its failure to rise to the Nazi threat. From one day to the next, Katz could embrace Social Democrats and excoriate them as traitors during the years of the pro-Hitler alliance. Draper's explanation for Simone's abjection is only in part true: "Deep in his cynicism was a core of fanaticism, and it was the combination of both that made it possible for him to go through with a confession that was at once a shameless swindle and an apotheosis of loyalty."[160] But it was not just cynicism and fanatical belief that led Katz to his extreme (and in its extremity suspect) self-abnegation. The clarity of his final appeal to President Gottwald indicates that though Katz was and remained loyal to his party masters, he was not at all won over by their arguments and remained convinced of his innocence (as were most of the defendants). He was simply, as he had perhaps dimly seen when he first became a Communist, a man on ice.

Notes

1 Jaff Schatz, *The Generation: The Rise and Fall of the Jewish Communists of Poland*, Berkeley and Los Angeles 1991, p. 13. See also Stanislaw Krajewski, 'Jews, Communism, and the Jewish Communists,' in *Central European University Yearbook* 1, http://www.ceu.hu/jewishstudies/yearbook01.htm.

2 Jan T. Gross, 'Jewish Community in the Soviet Annexed Territories on the Eve of the Holocaust: A Social Scientist's View,' in *East European Politics and Societies*, vol. 6, no. 2 (Spring 1992), p. 195.

3 Isaac Deutscher, *The non-Jewish Jew*, Oxford 1968, p. 33.

4 Yuri Slezkine, *The Jewish Century*, Princeton 2004, p. 90.

5 See Dan Diner and Jonathan Frankel, 'Introduction – Jews and Communism: The Utopian Temptation,' in *Dark Times, Dire Decisions: Jews and Communism. Studies in Contemporary Jewry An Annual*, vol. XX, Oxford 2004, pp. 3–12 and Arno Mayer, *Why Did the Heavens Darken? The "Final Solution" in History*, New York 1988, pp. 48–63.

6 Diner and Frankel, p. 11.

7 Theodore Draper, 'The Man Who Wanted to Hang,' in *The Reporter* (6 January, 1953), pp. 26–30.

8 Marcus G. Patka, '"Columbus Discovered America, and I Discovered Hollywood" Otto Katz und die Hollywood Anti-Nazi League,' in *Filmexil* 17 (May 2003), p. 45. For other facts of Katz's biography, I follow Patka's account. Also see Hans-Albert Walter, 'Ein Opfer seiner Selbst. Otto Katz: Lebensspuren eines außergewöhnlichen Durchschnittsfunktionärs,' in *Das Plateau* 36 (August 1996), pp. 4–24. Unfortunately, this article, which is well-informed, has no references.

9 James A. Miller, Susan D. Pennybacker, and Eve Rosenhaft, 'Mother Ada Wright and the Inter-

national Campaign to Free the Scottsboro Boys, 1931–1934,' in *The American Historical Review*, vol. 106, no. 2 (2001), pp. 387–430.

10 Stephan Koch, *Double Lives: Spies and Writers in the Secret Soviet War of Ideas against the West*, New York 1994, p. 89.

11 Ludwig Marcuse, *Mein zwanzigstes Jahrhundert: Auf dem Weg zu einer Autobiografie*, Munich 1960, p. 245.

12 FBI Report, Hood, Re: aliases for Otto Katz, New York 16 March 1942. U.S. Department of Justice, FBI, FOIA, 65-9266-13 [hereafter, FBI, Katz File].

13 FBI, Katz File 65-9266-15, 6 October 1942, p. 5.

14 FBI, Katz File 75-9226-15, 31 August 1942.

15 FBI, Katz File 65-9266-15, 6 October 1942, p. 4.

16 On his alleged part in the murder of Trotsky, see FBI, Katz File 65 – 9266 – 20, 20 January 1943, p. 1. The claim about Münzenberg is discussed and rejected by Koch in *Double Lives*, pp. 94, 95. Koch, however, adds to the confusion by claiming that Katz may have been "a Nazi agent." For the allegations about Masaryk, see E.H. Cookridge [Edward Spiro], *The Net that Covers the World*, New York 1955, p. 249. Harald Wessel, Münzenberg's sympathetic biographer, considers it likely that Katz may have had a hand in a seventeen-page French police document about Münzenberg that ended up in the hands of the Gestapo. He writes: "The paper is a denunciation of the worst sort, created by an absolutely unscrupulous master of this métier, who must have been in possession of insider knowledge. The suspicion exists that [Genevieve] Tabouis was capable of such a dubious masterwork, supported by Simone." Harald Wessel, *Münzenbergs Ende. Ein deutscher Kommunist im Widerstand gegen Hitler und Stalin: Die Jahre 1933 bis 1940*, Berlin 1991, p. 359. For the source of the rumour of Katz's involvement in Münzenberg's death, see also, FBI, Katz File, 65-9266-89, p. 3, 30 December 1933, interview with Hermann Rauschnigg.

17 Stephen Schwartz writes: "... Koestler knew very well something else about Benjamin. The two men had lived next door to each other in Paris in the period after Willi Münzenberg's split with Moscow, and had frequently joined Otto Katz in poker games. ... Benjamin may have come to know too much." Stephen Schwartz, 'The Mysterious Death of Walter Benjamin,' in *The Weekly Standard*, vol. 6, no. 37 (11 June 2001).

18 Gustav Regler [pseudonym El observador d'Artagnan], 'Retratos (André Simone),' in *Análisis* (Mexico), January 1942, pp. 25–28.

19 Marcuse, p. 244.

20 This claim was originally made by Gustav Regler and is repeated by Koch, p. 342, fn. 23.

21 Arthur Koestler, *The Invisible Writing*, New York 1984, p. 256.

22 *Archives Nationales*, Paris, Cote F-7 15130. [hereafter AN].

23 Alexander Stephan, *"Communazis" FBI Surveillance of German Émigré Writers*, trans. by Jan Van Heurck, New Haven and London 2000, p. 103.

24 Cited in ibid., p. 125.

25 Among Katz's chores was to provide sums of money for Dimitrov's family members and his former lover Any Krüger. See Bernhard H. Bayerlein (ed.), *Georgi Dimitroff* [vol. I], trans. by Wladislaw Hedeler and Birgit Schliewenz, and Bernhard H. Bayerlein, Wladislaw Hedeler, Birgit Schliewenz and Maria Matschuk (eds.), *Kommentare und Materialien zu den Tagebüchern 1933–1943* [vol. II], Berlin 2000, vol. I, pp. 110, 112. One can safely assume that Katz was also entrusted with financing other Comintern activities.

26 James Weinstein and Alexander Vassiliev, *The Haunted Wood: Soviet Espionage in America—The Stalin Era*, New York, 1999, p. 46. Chambers's biographer, Sam Tanenhaus, notes: "Katz was not a hit man. But his interest in Chambers meant Comintern officials in Europe knew of Chambers's defection and might be planning action of some kind." Sam Tanenhaus, *Whitaker Chambers: A Biography*, New York, 1997, p. 149.

27 See National Security Agency, Central Security Service, The Venona Documents, 9 June 1944. In February 1945, a document entitled "Check to be made on [C% English]man 'Rabin' and his connection with André Simone" contained the following comment: "André Simone, who is connected with the ISLAND [OSTROVNYE] COMPETITORS [KONKURENTY]." According to these data "Rabin"

is an unprincipled man, whom SIMONE skilfully uses in his political intrigues. "ISLAND" refers to Britain and "COMPETITORS" to non-Soviet intelligence agencies (e.g., MI 5). In other words, Katz was suspected by Moscow of working for the British! Whether this condemns him as a Soviet "agent" or partially exonerates him is not clear. See http://www.nsa.gov/venona/index.cfm.

28 The locution "spy" is used indiscriminately by Koch, see p. 89, passim.

29 Marcus G. Patka, *Zu nahe der Sonne: Deutsche Schriftsteller im Exil de Mexico*, Berlin 1999, p. 74.

30 According to McLellan, Marlene "plainly told Otto [Katz] that he was the father of the child she bore on December 12, 1924. He mentions a daughter in his writings (his later wife was childless). But the baby needed a name. And in 1924 Berlin, the name of a Jewish communist ... was a bad choice." Diana McLellan, *The Girls: Sappho Goes to Hollywood*, New York 2000, pp. 103, 107, 108. Documents in the Martin Gropius Bau in Berlin show that Marlene married Rudi Sieber on 17 May 1923. Katz's daughter was by his earlier marriage. Despite McLellan's claim to originality, the story was first told by Claud Cockburn, *Crossing the line: being the second volume of autobiography*, London 1958, p. 24.

31 Salka Viertel, *The Kindness of Strangers*, New York 1969, p. 211.

32 FBI, Katz File, 65-1763, Section 1, 15 February 1940, p. 2. Attachment to Hoover, Letter to Adolf A. Berle, Assistant Secretary of State, 20 April 1940, p. 2. Cited in Stephan, p. 179.

33 Trial of Osvald Zadovsky, cited in Karel Bartosek, *Les Aveux des Archives: Prague – Paris – Prague 1948–1968*, Paris 1996, p. 289.

34 FBI, Katz File, 64-9266-42, p. 1. Letter from J. Edgar Hoover, to SAC Los Angeles, Re: Otto Katz, 24 March 1943. Since the FBI was restricted to the United States (but did not always adhere to the law), Hoover deemed it unnecessary to conduct "technical surveillance on these individuals in question." In fact, the cable and post was carefully monitored. See also Stephan, pp. 223, 224.

35 Cited in Bartosek, p. 81.

36 Draper, p. 26.

37 Cited in Bartosek, p. 81.

38 Meir Cotic, *The Prague Trial: The First Anti-Zionist Show Trial in the Communist Bloc*, New York 1987, p. 226.

39 Cockburn, pp. 24, 25.

40 FBI, Katz File 75-9266-52 (1940).

41 Draper, p. 26.

42 Hy Kraft, *On My Way to the Theater*, New York 1971, p. 145.

43 Fritz Lang, letter to Wilhelm Herzog, 30 April 30 1927, Erwin Piscator, *Briefe 1909–1936*, Berlin 2005, p. 161.

44 Erwin Piscator, *Das politische Theater*, Berlin/GDR 1968, p. 121. Cited in Patka, 'Otto Katz,' p. 46.

45 Paul Willett, *The Theater of Erwin Piscator*, New York 1979, p. 82. See also Walter, 'Otto Katz,' p. 7.

46 Letter to Alexi Iwanowitsch Stetzki (Abteilung Bildung und Kultur beim ZK der WKP [B]), 7 July 1932, in Piscator, *Briefe*, p. 238.

47 Cited in Draper, p. 28.

48 Bartosek, p. 406.

49 Otto Katz, *Neun Männer im Eis; Dokumente einer Polartragödie*, Berlin 1929.

50 Rainhard May, 'Proletarisch-revolutionäre "Öffentlichkeit", die IAH und Willi Münzenberg', in Rainhard May and Hendrik Jackson (eds.), *Filme für Volksfront*, Berlin 2001, p. 43.

51 Kaplan, 'André Simone,' (Appendix A) in *Report on the murder of the General Secretary*, p. 275

52 Nicholas Werth, 'A State against its People: Violence, Repression and Terror in the Soviet Union', in Stéphane Courtois [et al.] (ed.), *The Black Book of Communism: Crimes, Terror, Repression*, trans. by Jonathan Murphy and Mark Kramer, Cambridge, Mass. and London 1999, pp. 118, 119.

53 Sean McMeekin, *The Red Millionaire: A Political Biography of Willi Münzenberg: Moscow's Secret Propaganda Tsar in the West*, New Haven and London 2003, p. 133.

54 Ibid., p. 198.

55 On Stalinism and anti-Fascism, see Stanley Payne, 'Soviet Anti-Fascism: Theory and Practice 1921–45,' in *Totalitarian Movements and Political Religions*, vol. 4, no. 2 (Autumn 2003), pp. 1–62 and

F.I. Firsov, 'Stalin und die Komintern', in *Woprossy istorii*, vol. 8, pp. 3–23, vol. 9, pp. 3–19 (1989). German translation: Helmut Heinz et al. (eds.), *Die Komintern und Stalin: Sowjetische Historiker zur Geschichte der Kommunistischen Internationale*, Berlin 1990, pp. 65–132.

56 McMeekin, p. 228. On Münzenberg, see Babette Gross, *Willi Münzenberg: Eine politische Biografie*, Stuttgart 1967; Helmut Gruber, 'Willi Münzenberg's German Communist Propaganda Empire 1921–1933,' in *The Journal of Modern History*, vol. 3, no. 3 (September, 1966), pp. 278–297; 'Willi Münzenberg, Propagandist for and Against the Comintern,' in *International Review of Social History*, X (1965), pp. 188–210; Wessel, *Münzenbergs Ende; Willi Münzenberg 1989–1940; Un Homme Contre. Colloque International Aix-en-Provence Actes*, 26–29 March 1992 (Aix-en-Provence 1993); Gerhard Paul, 'Lernprozess mit tödlichem Ausgang. Willi Münzenbergs Abkehr vom Stalinismus. Politische Aspekte des Exils,' in *Exilforschung* 8 (1990), pp. 9–28.

57 May, 'Willi Münzenberg,' p. 54.

58 Piscator, letter to Alexi Iwanowitsch Stetzki (Abteilung Bildung und Kultur beim ZK der WKP [B]), 7 July, 1932, Piscator, *Briefe*, p. 238.

59 Yves Santamaria, 'D'Amsterdam à Stockholm, 1932–1952: deux générations dans la "lutte pour la paix",' in *Communisme*, 78/78 (2004), pp. 177–188.

60 McMeekin, p. 202.

61 Kaplan, *Report on the Murder of the General Secretary*, p. 276.

62 Draper, p. 28.

63 Cited in Patka, 'Otto Katz', p. 48.

64 The *Brown Book* appeared in August 1933 as *Braunbuch über Reichstagsbrand und Hitler-Terror*, Basel 1933.

65 Klaus Sohl, 'Entstehung und Verbreitung des Braunbuchs über Reichstagsbrand und Hitlerterror,' *Jahrbuch für Geschichte*, 21 (Berlin 1980), p. 321.

66 AN F-7 15130.

67 Ibid.

68 On the history of counter-trials, see Arthur Jay Klinghoffer and Judith Apter Klinghoffer, *International Citizens' Tribunals: Mobilizing Public Opinion to Advance Human Rights*, New York 2002.

69 Koestler, *Invisible Writing*, p. 242.

70 World Committee for the Victims of German Fascism (ed.), *Dimitroff contra Goering. Enthüllungen über die wahren Brandstifter*, Paris 1934. Katz also published a "White" Book on the Röhm purge, *Weißbuch über die Erschießungen des 30. Juni 1934* and *Das Braune Netz* (both 1934), on Nazi fifth-column activities outside of Germany.

71 Kraft, p. 145

72 FBI, Katz File 65-9266-35, 16 February 1943 (contains excerpts of correspondence), letter from "F.L." [Fritz Lang] to "O.K" [Otto Katz], (no date).

73 FBI, Katz File 65-9266-35, p. 16. Letter from "O.K" [Otto Katz] to "F.L." [Fritz Lang], 28 February 1936.

74 The FBI files on the Hollywood Anti-Nazi League are available from the Department of Justice, FBI, FOIA, 100-6633. I am indebted to Julia Straus's senior thesis: 'Hollywood Fights Fascism: The Rise of Political Activism in the Film Industry, 1936–1941,' Princeton University, Spring 2005, for information on the League's activities.

75 Cockburn, *Crossing the Line*, p. 25.

76 FBI, Katz File 65-9266-35, pp. 20, 21. Letter from Lily Latte to Otto Katz, 8 October 1936.

77 Viertel, *The Kindness of Strangers*, p. 211.

78 Ibid.

79 FBI, Katz File 65-9266-35, p. 31. Letter from Fritz Lang to Otto and Ilse Katz, 30 July 1938.

80 FBI, Katz File 65-9266-35, p. 37. Letter from "Egon Erwin" [Kisch] to Fritz Lang, 3 March 1940.

81 Draper, p. 27.

82 FBI, Katz File 65-9266-35, p. letter from "L" [ily Latte] to K[atz] 11 October 1938 (in a letter in 1938, Lang: "But when you come again, for God's sake don't bring any princes with you." 30 July 1938).

83 FBI, Katz File 65-9266-46, p. 4. (ca. 1940).

84 Ibid.
85 Ibid.
86 Ibid., pp. 4, 5.
87 Draper, p. 27.
88 Cockburn, *Crossing the Line*, p. 25.
89 Letter to Lang, 10 August 193? (35).
90 See Gustav Regler, *Owl of Minerva: The Autobiography of Gustav Regler*, trans. by Norman Denny, New York 1959, pp. 221–229.
91 FBI, Katz Files, 65-9266-35, p. 34, letter from O.K. to "Fritz" [Lang], 22 November 1938.
92 Stephan, "*Communazis*," p. 59.
93 David Wingate Pike, *Les Français et la Guerre d'Espagne. [1936–1939]*, Paris 1975, p. 54. For a description of the office, see Walter, 'Otto Katz,' pp. 18, 19.
94 O.K Simon [Otto Katz], *Hitler en Espagne (préface d'Emile Buré)*, Paris 1938.
95 The *News Chronicle* had no chance of getting its own correspondent into Falangists' territory owing to its fierce opposition to General Franco.
96 Cockburn, *Crossing the Line*, p.26.
97 FBI, Katz Files, 65-9266-35, p. 27, Ilse [Katz] to Fritz Lang, n. d., ca. 1937.
98 FBI, Katz File 65-9266-35, p. 10, "Otto" [Katz] to "Fritz" [Lang] 28 July, 1936.
99 Louis Fischer, *Men in Politics, Europe between the Two World Wars*, New York 1966, p. 550. Juan Negrín headed the Popular Front government after 17 May 1937. He was a member of the PSOE, but close to the Communists.
100 André Simone, *The Nazi conspiracy in Spain (by the editor of The Brown Book of the Hitler Terror)*, trans. from the German manuscript by Emile Burns, London 1937.
101 FBI, Katz File 65-9266-35, p. 22, letter from "Otto" [Katz] to "F"[ritz Lang], 17 December 1936.
102 '"The Nazi Conspiracy in Spain" New Brown Book Exposes Schemes of Swastika Agents Abroad,' in *Hollywood Now*, 5 February 1937.
103 Dimitroff, *Tagebücher 1933–1943*, vol. I, p. 165.
104 Reinhard Müller, 'Bericht des Komintern-Emissärs Bohumir Šmeral über seinen Pariser Aufenthalt 1937 (Document),' in *Exilforschung: Ein Internationales Jahrbuch*, vol. 9 (1991), *Exil und Remigration*, pp. 236–261.
105 Cited in Wolfgang Kiessling, *Partner im "Narrenparadies": der Freundeskreis um Noel Field und Paul Merker*, Berlin 1994, p. 247.
106 Koch claims he was involved in the political murders conducted by the NKVD in Spain. Koch, p. 286.
107 Note from George E. Carpenter, Managing Editor of the *Montreal Gazette*, to John Edgar Hoover, Federal Bureau of Investigation, Washington, D.C., re: Otto Katz, 19 November 1941. FBI Files, FOIA, 65-9266-9. Carpenter alleged that Katz "was Münzenberg's secretary [and as a] G.P.U. agent was watching his bosses communistic activities."
108 Kaplan, *Report on the Murder of the Secretary General*, p. 277. Also Franz Dahlem, *Am Vorabend des Zweiten Weltkrieges, 1938 bis August 1939: Erinnerungen*, Berlin 1977. Cited in Patka, 'Otto Katz,' p. 60.
109 Draper erroneously claimed that Katz was not detained but instead managed to take a ship to New York. Draper, p. 27.
110 FBI, Katz File 65-9266, 13 April 1940, "The Immigration Service advised that because of the information that had been furnished them in connection with Otto Katz, they did not intend to grant the extension [visa]."
111 Patka, 'Otto Katz,' pp. 60, 61.
112 The book sold 15,000 copies in the U.S., making it one of the most influential books about the fall of France published in the 1940s. See Draper, p. 27.
113 Carleton Beales, 'Introduction,' in André Simone, *J'Accuse: The Men Who Betrayed France*, New York 1940, p. 7.
114 Ibid., pp. 166, 168.

115 Ibid., p. 353.
116 Walter, 'Otto Katz,' p. 15.
117 FBI, Katz Files 65-1763, report dated 15 February 1940.
118 Lillian Hellman, *An Unfinished Woman: A Memoir*, Boston 1969, p. 68. See also the discussion in Koch, pp. 80, 82.
119 FBI, Katz Files 65-1763, 18 June 1940. See also Hoover's response to a letter denouncing Katz by Carpenter, *Montreal Gazette* (28 November 1941), FBI, Katz File 65-9266-9.
120 In one amusing escapade, the FBI found the name "Otto Katz" in the "trick book" of a well established Hollywood madam. This discovery led to a feverish investigation of known Hollywood call girls by agents of the American crime buster organization. Several other celebrities were exposed during the interviews conducted with numerous sex workers, though Katz, as it turned out, was not a customer. FBI, Katz File, 65-9266-20, 1 April 1943, p. 7, passim.
121 See Dokumentationsarchiv des österreichischen Widerstandes (ed.), *Österreicher im Exil Mexiko 1938–1947. Eine Dokumentation*, Vienna 2002, p. 213. On Sommers' novel, see Anthony B.J. Grenville, '"The Earliest Reception of the Holocaust: Ernst Sommer's Revolte der Heiligen",' in *German Life & Letters*, vol. 51, Issue 2 (April, 1998), pp. 250–266.
122 Patka, *Zu nahe der Sonne*, p. 82.
123 Ibid., p. 70.
124 PAAA Band Inland II A/B, Az 83-68. Band R 999549. DÖW 50.227. See also, *Österreicher im Exil Mexiko*, p. 111.
125 Patka, *Zu nahe der Sonne*, p. 77, also André Simone, 'Interview mit Präsident Batista,' in *Freies Deutschland*, vol. 2, no.10 (September 1943); Havana Post (1 August 1933) in FBI, Katz File, 65-9266.
126 Regler, *Tagebuch 1940–43*, p. 506.
127 Ibid.
128 Regler [pseudonym El observador d'Artagnan] 'Retratos (André Simone),' in *Análisis* (Mexico), (January 1942), pp. 25–28.
129 Kisch [Egon Erwin], 'Wer ist eigentlich dieser Regler?,' in *Freies Deutschland* (Mexiko), no. 3 (January 1942) p. 28; 'Gegen die fünfte Kolonne,' in *Freies Deutschland* (Mexiko), no. 4 (February 1942), p. 29. Egon-Erwin Kisch, 'Ein Held unserer Zeit,' in *Freies Deutschland* (Mexiko), no. 4 (February 1942), p. 26.
130 Anna Seghers, letter to F.C. Weiskopf, 14 September 1941, cited in Christiane Zehl Romero, *Anna Seghers: Eine Biografie 1900–1947*, Berlin 2000, p. 390.
131 Paul Willert and Arthur Koestler, 'Gustav Regler,' in *The New Republic* (January 1942), p. 83.
132 Ralph Schock and Günter Scholdt (eds.), *Gustav Regler – Dokumente und Analysen*, Saarbrücken 1985, p. 494. Gustav Regler, *Sohn aus Niemandsland. Tagebuch 1940–43*, in Günter Scholdt and Hermann Gätje (eds.), *Gustav Regler Werke*, vol. 6, Basel and Frankfurt am Main 1994, pp. 504–14. Though Regler did not identify himself in the *Análisis* portrait, he contributed a signed letter to the editor of *The New Republic* denouncing the communist members of a (never created) German government-in exile as "disciplined Stalinists without reason or heart." Gustav Regler, 'The New Germany,' in *The New Republic* (5 January 1942), p. 23.
133 Ibid.
134 Bodo Uhse, *Reise- und Tagebücher*, vol. I, Berlin and Weimar 1981, p. 368 cited in Schock and Scholdt, Regler, p. 491. See also Kiessling, *Partner im "Narrenparadies"*, p. 8.
135 Fritz Pohle, *Das mexikanische Exil: Ein Beitrag zur Geschichte der politsch-kullturellen Emigration aus Deutschland (1937– 1946)*, Stuttgart 1986, pp. 73–75.
136 André Simone, 'Stalin', in *Freies Deutschland* (November–December, 1942), p. 7.
137 Walter Janka, *Spuren eines Lebens*, Berlin 1991, p. 199. During his interrogation Abusch (himself of Jewish origin) vilified the "Jewish-chauvinist" line of "the dictator" Merker and his henchman, Katz. Janka somewhat unfairly chastises Abusch, for having worked side-by-side with Katz in exile, unquestioningly accepting his help in France and Mexico, and then in a "reprehensible way" turning his back on him when Simone was convicted and executed. Janka, however, seems not to realize that Abusch himself had been arrested and, faced with the choice of either testifying against Merker or standing trial with him,

barely saved himself from a similar fate in the GDR. On Abusch's case in the GDR see Kessler, *Die SED und die Juden—Zwischen Repression und Toleranz. Politische Entwicklung*, Berlin 1995, pp. 135, 136.

138 Jeffrey Herf, *Divided Memory: The Nazi Past in the Two Germanys*, Cambridge, MA and London 1997, p. 48.

139 See Paul Merker, 'Hitlers Antisemitismus und Wir,' in *Freies Deutschland* (October 1942), pp. 9–11.

140 Erich Jungmann, in *Freies Deutschland* (June 1943).

141 Cited in Herf, p. 55.

142 *Österreicher im Exil Mexiko*, p. 217.

143 On the Jewish Anti-Fascist Committee, see Joshua Rubenstein and Vladimir P. Naumov (eds.), *Stalin's Secret Pogrom: The Postwar Inquisition of the Jewish Anti-Fascist Committee*, trans. by Laura Esther Wolfson, New Haven and London 2001.

144 Kiessling, *Partner im "Narrenparadies"*, pp. 174, 175.

145 Published in Kessler, *Die SED und die Juden*, p. 154.

146 Kiessling, *Partner in "Narrenparadies"*, p. 176. See also Herf, *Divided Memory*.

147 On the purges and anti-Semitism in the USSR, see *In den Fängen der NKWD, Deutsche Opfer des stalinistischen Terrors in der UdSSR*, Berlin 1991, p. 370, and David Pike, *Deutsche Schriftsteller im sowjetischen Exil 1933–1945*, Frankfurt am Main 1981, p. 463.

148 Edward Goldstücker, 'Der Globetrotter,' in *Das Blättchen* vol. 1, no. 7 (15 April 1998), p. 14. During his arrest it was also alleged that Molotov had made a remark about Simone to Slánský during the same conference according to which, he said Simone "works for the French intelligence." Cited in Karel Kaplan, 'André Simone,' (Appendix A) *Report on the Murder of the General Secretary*, trans. by Karel Kovanda, Columbus 1990, p. 197.

149 Eduard Goldstücker, 'Der stalinistische Antisemitismus,' in Leonid Luks (ed.), *Der Spätstalinismus und die "jüdische Frage": Zur antisemitischen Wendung des Kommunismus*, Cologne 1998, p. 25.

150 Katz's confession is published in Eugene Loebl, *Sentenced and Tried: The Stalinist Purges in Czechoslovakia*, trans. by Maurice Michael, London 1969, p. 158. See also Patka, 'Otto Katz', p. 45.

151 The source of the accusation was Vittorio Vidali, Secretary General of the Communist Party of Trieste, see Bartosek, pp. 80–81.

152 On Merker, see Herf, pp. 43–68.

153 Kaplan, *Report on the General Secretary*, p. 272. The Katz material was made public after 1990 by Kaplan and appeared (in French translation) in Bartosek, p. 404 (Appendix 29). It was first discovered in 1968 by the Czech historian, Paul Reimann in the Archives of the State Security. See Kiessling, *Partner in "Narrenparadies"*, p. 250.

154 Kaplan, *Report on the General Secretary*, p.198.

155 Ibid., p. 275.

156 Ibid., p. 273.

157 Ibid.

158 Draper, p. 29.

159 For a subtle analysis of the role of biography for the "Old Communists" in postwar Germany, see Catherine Epstein, 'The Politics of Biography: The Case of East German Old Communists,' in *Daedalus*, vol. 128, no. 2 (Spring, 1999), pp. 1–30; and idem, 'The Production of "Official Memory" in East Germany: Old Communists and the Dilemmas of Memoir-Writing,' *Central European History*, vol. 32, issue 2 (1999), pp. 181–202.

160 Draper, p. 29.

Autorinnen und Autoren

Steven Aschheim ist Inhaber des Vigevani Chair of European Studies und lehrt am Fachbereich Geschichte der Hebräischen Universität in Jerusalem.

Omer Bartov ist John P. Birkelund Distinguished Professor of European History an der Brown University.

Seyla Benhabib ist Eugene Meyer Professor of Political Science and Philosophy und Direktorin des Programms in Ethics, Politics and Economics an der Yale University.

Nicolas Berg ist Leitender Wissenschaftlicher Mitarbeiter am Simon-Dubnow-Institut für jüdische Geschichte und Kultur an der Universität Leipzig.

Detlev Claussen ist Professor für Soziologie an der Universität Hannover.

Raphael Gross ist Reader in History an der University of Sussex und Direktor des Leo Baeck Instituts in London und Direktor des Jüdischen Museums Frankfurt.

Omar Kamil ist Wissenschaftlicher Mitarbeiter am Simon-Dubnow-Institut für jüdische Geschichte und Kultur an der Universität Leipzig.

Markus Kirchhoff ist Wissenschaftlicher Mitarbeiter am Simon-Dubnow-Institut für jüdische Geschichte und Kultur an der Universität Leipzig.

Paul Mendes-Flohr ist Professor für moderne jüdische Geistesgeschichte an der University of Chicago und Direktor des Franz-Rosenzweig Minerva Forschungszentrums für deutsch-jüdische Literatur und Kulturgeschichte an der Hebräischen Universität Jerusalem.

Ashraf Noor ist Research Fellow am Franz-Rosenzweig Minerva Forschungszentrum für deutsch-jüdische Literatur und Kulturgeschichte an der Hebräischen Universität Jerusalem.

Moishe Postone ist Professor für Geschichte an der University of Chicago.

Peter Pulzer ist Gladstone Professor Emeritus of Government and Public Administration an der Oxford University und Vorsitzender des Leo Baeck Instituts in London.

Anson Rabinbach ist Professor für moderne europäische Geschichte und Direktor der Programms in European Cultural Studies an der Princeton University.

Yfaat Weiss lehrt jüdische Geschichte an der Universität Haifa und ist Direktorin des Bucerius Institute for Research of Contemporary German History and Society in Haifa.

Moshe Zimmermann ist Professor für deutsche Geschichte und Direktor des Koebner Minerva Centre for German History an der Hebräischen Universität Jerusalem.